九色鹿

内亚渊源

中古北族名号研究

罗新 著

社会科学文献出版社
SOCIAL SCIENCES ACADEMIC PRESS (CHINA)

修订版小序

我从 2004 年开始对中古史料所记内亚（Inner Asia）阿尔泰语人群（Altaic Peoples）的名号感兴趣。所谓名号，主要指政治组织和政治制度中的称号，但也涉及由政治名号化生而来的各种专名，如人名、地名和部落名称。我发现，一组政治名号其实是由两部分组成的，一是官称（title），一是官号（appellation），前者是语法意义上的被修饰词，后者是语法意义上的修饰词。如"毗伽可汗"（Bilge Qagan）是由修饰性的官号毗伽（Bilge）与被修饰性的官称可汗（Qagan）两部分构成的。官称是稳定的，是一个具体的职务，并不专属于任何个人，由担任这一职务的人所共享。官号则是不稳定的，专属于特定的任职者，基本上不与他人分享，略似个体的名字。一组完整的名号可能十分冗长，却都可以采用这种方法加以分解。比如，古突厥文暾欲谷碑记中暾欲谷的完整名号是 Bilge Tonyuquq Boyla Bagha Tarqan，按唐代音译习惯当译作"毗伽暾欲谷裴罗莫贺达干"。这组名号中，Tarqan（达干）是官称，是暾欲谷的正式职务，而 Bilge Tonyuquq Boyla Bagha "毗伽暾欲谷裴罗莫贺"则是他的修饰性官号。很显然，这一组官号又可以分成三组，相互间是平等的并列关系。突厥汗国担任过达干一职的人是很多的，同时任达干者也不少，但是被称为"毗伽暾欲谷裴罗莫贺达干"的只有一个，是官号决定了某一官称拥有者的唯一性，从而具有了表达身份（Identity）的性质。当然名号太长往往不便称呼，实际行用时可能截取一组官号中的部分来作为省称，比如暾欲谷碑里总是以这组官号中前两组"毗伽暾欲谷"当作省称，而唐代汉文文献更是只用"暾欲谷"来当作他的名字。因而，名号研究中最有拓展空间的是官号而不是官称。

这个发现激励我连续写了多篇文章，并在 2009 年由北京大学出版社结集出版。现在承郑庆寰先生盛意青眼，要把该书放在"九色鹿丛书"修订再版，我趁机做一些改动，补进 2009 年之后在名号问题上续写的几篇，其中包括本已收入《王化与山险》的五篇，目的是让此书可以集中展示我在名号研究上的努力和尝试。因为增加篇幅较多，改以"内亚渊源"为书名，以原书名副之。原有附录和索引也都删去，以求简洁。书中涉及非汉语专名的拉丁字母转写，学界向来有多套规则，各文因写作时间不同，发表刊物亦异，采用规则不一，此次就不强行统一。同样的，引用文献存在版本不同，亦各存旧貌，不予统一。

重读旧日习作，深惭学业荒疏，无以报师友恩谊。风雨如晦，空叹老之将至。再诵"人生天地间，忽如远行客"，酸怅莫名。

是为序。

庚子仲秋于北京五道口

初版前言

惶恐地呈在读者面前的这本小书，是我近年来在中国中古史与内亚史（Inner Asian History）的交叉领域学习心得的小结。书以《中古北族名号研究》为名，"中古"是中国史分期一般用法中的中古（medieval）阶段，主要指魏晋南北朝隋唐时期；"北族"即北方民族，主要是阿尔泰语系诸民族；"名号"则主要指政治名号（political titulary），以及从政治名号衍生出来的其他专名（proper names），如人名、地名和族名，等等。专名及政治制度是北族史研究者历来关注的问题，但过去的研究分属于并往往各自局限于历史比较语言学（historical comparative linguistics）、语文学（philology）和历史学等不同的领域。我的兴趣和目标都是历史学，但我愿尽力跨越这几个领域之间

的围墙，了解和学习其他领域，特别是所谓阿尔泰学（Altaic Studies）的成果，努力把中国中古史有关北族的史料，置于内亚史的背景中重新认识。本书所致力分析的北族政治名号，就是在这样的观察之下才显现出自己的价值。

我相信，一切出现在历史视野里的所谓民族，都是政治体（polity），都是以政治关系和政治权力为纽带构建起来的社会团体，尽管这种团体总是要把自己打扮成以血缘关系为基础的、具有生物学意义上紧密联系的社会群体。进入历史学研究范畴的北方民族，都是一个又一个的政治集团，而不是通常理解的一个又一个在"种族"意义上彼此区别的"族群"。只有把所谓民族理解为政治体，我们才不至于深陷在古代史料所布下的有关起源和迁徙的迷魂阵里难以自拔，才有可能填平民族史与一般历史之间的鸿沟。为真正说明这一理解对于民族史研究的重要意义，需要在许多方面做许多工作。以中古北族的政治名号为对象所进行的这些专项分析，只是我们的尝试之一。

本书的基本方法是对中古北族的政治名号进行结构与功能的分析。一个完整的北族政治名号通常由两个部分组成，比如毗伽可汗，"可汗"无疑是一个制度化了的政治职务，"毗伽"则是一个修饰性的美称。我们把职务部分称为"官称"，把修饰性的美称部分称为"官号"。任何获得一个政治职务（官称）的人，都会同时获得只从属于他个人的、与官称一起使用的官号。政治名号 = 官号 + 官称。官号使官称的获得者具备了唯一性，因而官号就具有了与"姓名"一样的标志个人身份的功能。正是在这个意义上，通常是名号中的官号而不是官称代替政治人物的原有名字（或前一个政治名号），成为他的新身份标志。其中一些领袖人物的官号（或官号的一部分）逐渐变成他所领导的政治体（部族）的名称，即史籍中的族名。同样的道理，这些政治名号还会沉淀在地名等其他专名上。因此，对这类名号的研究就可以使中古北族史原本十分有限的史料得到拓展。

《北史》解释柔然官制中的官号传统说："蠕蠕之俗，君及大臣因其行能，即为称号，若中国立谥。既死之后，不复追称。"《通典》也有一段有关突厥名号的重要记录："其初，国贵贱官号凡有十等，或以形体，或以老少，或以颜色、须发，或以酒肉，或以兽名。"与柔然的官号致力于表达官员个人的"行能"相同，突厥官号也是为了反映官员个人的形貌或气质特征，具有本质上的个别性、独一性。虽然对于柔然和突厥汗国已经进入高级形态的政治发育水平来说，这种描述并不那么洽切。《魏书》记道武帝建国时期的制度特征，有一段过去没有被准确理解的话："初，帝欲法古纯质，每于制定官号，多不依周汉旧名，或取诸身，或取诸物，或以民事，皆拟远古云鸟之意。诸曹走使谓之凫鸭，取飞之迅疾；以伺察者为候官，谓之白鹭，取其延颈远望。自余之官，义皆类此，咸有比况。"其实这并不是道武帝时期拓跋制度的特有情形，而是拓跋鲜卑以及其他北族共有的古老传统。"或取诸身，或取诸物，或以民事"，即柔然之所谓"行能"，也即突厥之"或以形体，或以老少，或以颜色、须发，或以酒肉，或以兽名"。这些出自华夏人士的观察和叙述，虽然未能精确传达中古北族制度传统的基本精神，但毕竟突出了北族制度中那些明显不同于汉魏制度的地方，对于我们理解中古北族的官号、官称的传统，是有很大帮助的。

官号与官称都源自早期政治组织（较低级政治体）的名号，这种名号是真正表述和标志个人"行能"的称号，完全依据个人的人格特征、形貌特征或功德经历，只与个人相关。原始政治体的政治性称号是繁杂丰富的，每一个政治人物都有专属于他个人的称号。随着政治体的发育（主要体现为规模的扩大和层级管理的复杂），其中一些称号会凝固下来成为制度化的官称，而配合官称使用却仍然保持早先的"专属"性质的，则是官号。当然，被反复使用的官号也会有一部分凝固下来变成官称，而已经成为官称的名号也有可能会保留其美称性质，在某些场合被用作官号。无论如何，官称相对来说数量较少并且较为稳定，而官号则数量较多而且很不稳定。早期官号较为单一的情况也会随着政治体的发育变得越来越复杂，一个官称可能会与一组复杂的官号配合使用，但可能出于实际使用中的方便简洁的要求，事实上一组复杂的官号中只有其中某一部分会具备身份标志的功能。例如，根据暾欲谷碑，暾欲谷的名号全称是 Bilge Tonyuquq Boyla Bagha Tarqan（毗伽暾欲谷裴罗莫贺达干），其中达干是官称，其余都是官号。但从碑文来看，只有 Bilge Tonyuquq 是暾欲谷用以自称的名字，而在汉文史料中，更是只有"暾欲谷"发挥着人名的功能。一长串复杂的官号中，被凝固下来成为标志性符号的也只是其中的一部分而已。

正是运用这样的名号分析方法，本书各部分的写作才可能进行。但仅有这一方法还是不够的，尽可能地了解和学习国际阿尔泰学的相关成果是本书的另一个基础。提到这一点我首先要感谢土耳其学者涂逸珊（İsenbike Togan）教授。她于 2004~2005 学年来北大访问，在北大中古史中心主持了"古突厥文暾欲谷碑研读班"。在她的鼓励和具体指导下，我开始学习土耳其文和古突厥文，而且还在 2007 年到她执教的中东技术大学（Orta Doğu Teknik Üniversitesi）讲授"Inner Asia and China"的课程，更进一步学习了突厥史。这些学习给了我粗浅涉猎国际阿尔泰学所必需的信心和勇气，其结果则是大大扩展了自己的知识面。当然直到现在我对阿尔泰学也谈不上入门，也许将来我也无法达到入门的水平，但是哪怕是十分粗浅的涉猎也给了我极大的帮助。

虽然我对自己并不真懂的阿尔泰学充满敬意，但就中古北族史的研究来说，我很想强调对汉文史料进行深入解读的重要性。古代内亚史最重要的史料就是汉文史料，而掌握汉文史料并不是那么容易的事情，即使对以汉语为母语的人来说也是如此。无论是在国际突厥学界，还是在国际突厥史学界，尽管汉文史料的重要性从来没有人否认过，但研究中的确存在着更依赖古突厥文碑铭的倾向。出现这种倾向固然有学科属性的内因，但也与汉文史料的难以掌握有关。或许以护雅夫为代表的日本学者在这一领域能够取得卓越成绩，就是因为较好地掌握了相关汉文史料。中国学者如果不能发挥出掌握和解读汉文史料的天然优势，那么在这个领域就难以做出真正的成绩。我自己是学习魏晋南北朝史的，本书虽然涉及汉唐，但重点还是魏晋北朝。而我能够较多地使用魏晋南北朝史料，全拜近二十年来田余庆先生和祝总斌先生两位恩师的教诲。特别是田余庆先生十多年前开始思考北魏早期历史（其成果就是 2003 年出版的《拓跋史探》），我有机会观摩他的研究过程，这对于我重新思考魏晋南北朝时期的北族问题及相关史料，是一个巨大的促进和提高。

　　我开始关注中古北族问题以来，得到很多师友的指点和鼓励，其中王小甫、吴玉贵、荣新江、刘浦江、罗丰、张帆等，更是我经常请益求助的对象。本书各章基本上曾以论文形式单独发表，在论文的构思、写作和修改中，他们都提出过宝贵的批评意见。北京大学历史学系中古史方向的研究生有很多是我这些篇章最早的读者和批评者，他们的批评对我的意义之大恐怕是他们自己不太了解的。显然在这里尽数罗列那些对本书写作发挥过重要作用的人的姓名，是容易造成这篇"前言"布局失衡的，因此我把感谢的话埋在心里。当然我知道，我这本小书并不足以答谢他们对我的帮助，但我宁愿给出远在未来的承诺，但愿今后的工作配得上那些温暖的友谊和快乐的时光。

目录

第一章　可汗号之性质

——兼论早期政治组织制度形式的演化

据杜佑《通典》，北亚草原游牧部族中，首先以可汗作为政体最高首领称号的，是柔然的社崙，所谓"社崙始号可汗，犹言皇帝"，[1] 又称"可汗之号始于此"。[2] 胡三省也说："可汗，北方之尊称，犹汉时之单于也。"[3] 但是胡三省注意到"拓跋氏之先，《通鉴》皆书可汗，又在社崙之前"。[4]《资治通鉴》叙拓跋鲜卑先世，从可汗毛到可汗力微之间，还提到可汗推寅、可汗邻，[5] 显然以可汗为拓跋鲜卑酋首之称号，即胡三省所谓"此时鲜卑君长已有可汗之

1　杜佑:《通典》卷一九四《北狄一·序略》，中华书局点校本，1988，第 5301 页。

2　杜佑:《通典》卷一九六《北狄三·蠕蠕》，第 5378 页。

3　《资治通鉴》卷七七胡注，中华书局点校本，1956，第 2459 页。

4　《资治通鉴》卷一一二胡注，第 3534 页。

5　分别见《资治通鉴》第 2459、2548 页。

称"。[1] 然而魏收《魏书》中，全然没有这方面的痕迹。这可能是因为孝文帝改革以后，北魏前期的历史资料被大幅度地修订过，故有关史实不得见于《魏书》。著名的嘎仙洞石壁祝文有"皇祖先可寒""皇妣先可敦"，即不见于《魏书》。[2] 北魏奚智墓志称"始与大魏同先，仆胩可汗之后裔"，罗振玉认为"仆胩可汗"即《魏书》卷一《序纪》所记献帝邻之父威皇帝侩。[3] 可见《资治通鉴》记拓跋先世君长为可汗，必有所本。《旧唐书》记"后魏乐府始有北歌，即《魏史》所谓《真人代歌》是也……今存者五十三章，其名目可解者六章：《慕容可汗》《吐谷浑》《部落稽》《钜鹿公主》《白净王太子》《企喻》也。其不可解者，咸多'可汗'之辞。按今大角，此即后魏世所谓《簸逻回》者是也，其曲亦多可汗之辞。北虏之俗，皆呼主为可汗。吐谷浑又慕容别种，知此歌是燕、魏之际鲜卑歌"。[4]《乐府诗集》引《古今乐录》记北魏乐府的"北歌"曲目有《慕容可汗》等，此外还有许多北歌，"其不可解者，咸多'可汗'之辞"。[5] 田余庆先生说这些北歌"可以确认为魏世之作"。[6]《宋书》卷九六《鲜卑吐谷浑传》记慕容鲜卑乙那楼对吐谷浑言"处可寒"，并解释云"宋言尔官家也"。[7] 可寒即可汗。[8]《晋书》记载魏晋之际陇西鲜卑的纥干被部众推为"统主，号之曰乞伏可汗托铎莫何"。[9] 可见可汗一词，虽然从语源（Etymology）上看可能并非阿尔泰语系原生词，[10] 但至

1　《资治通鉴》卷八〇胡注，第 2548 页。

2　米文平：《鲜卑石室寻访记》，山东画报出版社，1997，第 55 页。

3　罗振玉：《丙寅稿》，《罗雪堂先生全集续编》第一册，台北：文华出版公司，1969，第 185—186 页。

4　《旧唐书》卷二九《音乐志二》，中华书局点校本，1975，第 1071—1072 页。

5　郭茂倩编《乐府诗集》卷二五，中华书局，1979，第 363 页。

6　田余庆：《拓跋史探》，三联书店，2003，第 219 页。

7　《宋书》卷九六《鲜卑吐谷浑传》，中华书局点校本，1974，第 2369 页。

8　《北史》卷九六《吐谷浑传》载此事与《宋书》略同，可寒即可作可汗。见中华书局点校本，1974，第 3178 页。

9　《晋书》卷一二五《乞伏国仁载记》，中华书局点校本，1974，第 3113 页。

10　Peter B. Golden, *An Introduction to the History of the Turkic Peoples: Ethnogenesis and State-formation in Medieval and Early Modern Eurasia and the Middle East*, Wiesbaden: Otto Harrassowitz Verlag, 1992, p.71.

少在鲜卑语中早已存在，[1] 可汗并非始见于柔然。[2]

　　然而，吐谷浑时期的慕容鲜卑和力微以前的拓跋鲜卑，政治体都处于较低级别的发展阶段，尚未进入原始国家（primitive states），甚至还只是处于酋邦（chiefdoms）的早期或初始阶段。而柔然社崙称可汗，是与北魏天子相对抗的一种政治形态，其政治体已经具备早期国家的基本特征。因此，依据现存史料，认为可汗作为原始国家或酋邦这一级政体（supratribal polities）首脑（supreme ruler）的称谓，最早见于柔然，也是可以成立的。朱熹断言《木兰诗》只似唐人作，其间'可汗''可汗'，前此未有"。[3] 即使《木兰诗》作于唐代的可能性较大，[4] 但以可汗称谓作为证据，显然是不对的，因为北朝代人社会音乐及故事中与可汗相关者甚多，已如前述。无论可汗一词最早出现于哪一部族、哪一语言，[5] 在柔然之后，经嚈哒、吐谷浑，特别是突厥等民族的传布，作为高级政治体首脑、取代匈奴单于的可汗称谓，已广泛流行于内亚各语言、各族群的政治体中。[6]

　　文献上最早以可汗为高级政治体元首称谓的柔然君主社崙，据《北史》卷九八《蠕蠕传》，"自号豆代可汗。豆代，犹魏言驾驭开张也；可汗，犹魏言皇帝也"。[7] 今本《魏书》卷一〇三《蠕蠕传》补自《北史》，豆代作丘豆伐，[8] 与《通典》同。[9] 很可能《北史》传写中出现了讹夺。《资治通鉴》系其事于晋安帝元兴元年，即北魏道武帝天兴

1　町田隆吉：《北魏太平真君四年拓跋焘石刻祝文をめぐって—"可寒"·"可敦"称号を中心として》，载《アジア诸民族における社会と文化—冈本敬二先生退官记念论集》，东京：国书刊行会，1984，第88—114页。

2　陈发源：《柔然君名"可汗"考》，《新疆社会科学》1988年第2期。

3　黎靖德编《朱子语类》卷一四〇，中华书局，1986，第3328页。

4　唐长孺：《〈木兰诗〉补证》，《江汉论坛》1986年第9期。

5　李志敏：《可汗名号语源问题考辨》，《民族研究》2004年第2期。

6　白鸟库吉：《东胡民族考》上编，收入白鸟库吉《塞外民族史研究》上册，东京：岩波书店，1986；兹据中译本，方壮猷译，商务印书馆，1934，第64—72页。

7　《北史》卷九八《蠕蠕传》，第3251页。

8　《魏书》卷一〇三《蠕蠕传》，中华书局点校本，1974，第2291页。

9　杜佑：《通典》卷一九六《北狄三·蠕蠕》，第5378页。

五年（402）。既然可汗称谓意犹华夏的皇帝，社崘自称可汗已成至尊，为什么还要在可汗前面加上"丘豆伐"的修饰词呢？《北史》有一段非常重要的解释："蠕蠕之俗，君及大臣因其行能，即为称号，若中国立谥。既死之后，不复追称。"[1] 这段话的意思是，柔然"君及大臣"在职务称号之前另有修饰性称号，以表其行能，性质类似于华夏帝王贵族死后立谥，不同的是华夏立谥在死后，而柔然加号在生前，死后则没有类似活动，所谓"既死之后，不复追称"。这是对柔然乃至其他内亚民族（Inner Asian Peoples）政治文化传统的一个重要的观察和理解。如果我们把可汗作为游牧政治体元首职务的称号（title for the official position），即一种"官称"，那么每一个可汗都有的这种修饰性称号，即本章所谓的"可汗号"（appellation for the title of Qaghan），便是官号（appellation for the official title）之一种。丘豆伐即社崘的可汗号。

　　本章通过考察古代北方各部族的可汗号传统，论证作为官号的可汗号与作为官称的可汗之间有不可分割的关系，并尝试分析可汗号的起源、结构及功能，由此探索早期政治组织的制度形式，使北方部族可汗号的性质、功能及历史特性得以昭显，并联系华夏社会早期的所谓"生称谥"纷争，发挥可汗号及官号研究的民族志和人类学思想素材的作用，反观华夏历史早期的制度分化问题。在可汗之前作为北方草原最高政治体首领重要官称的"单于"称号，当然同样存在"单于号"。单于号与可汗号一样，都是内亚政治传统中的官号。由于两汉史料较少，认识单于号需要借重对可汗号的研究。单于号问题只有在可汗号被清楚认识之后，才能被纳入同一个思路中予以解决。这就是为什么我们首先要讨论时间上较晚的可汗号而不是单于号。

---

1 《北史》卷九八《蠕蠕传》，第 3251 页。

一 北亚草原部族政治文化中的可汗号传统

考察古代北方部族的可汗制度，可以发现所有的可汗都有可汗号，可汗与可汗号不可分离。从柔然到高车到突厥，从吐谷浑到铁勒诸部到契丹，都没有例外。试分述如下。

从社崘到阿那瑰，柔然共有十三位可汗，其中只有第三任可汗步鹿真即位不久为大檀所杀，其可汗号未曾传写下来，其他十二个可汗都有可汗号。兹据《北史》卷九八《蠕蠕传》，分别列此十二可汗之名及其可汗号如下：（1）社崘，号豆代（丘豆伐）可汗；（2）斛律，号蔼苦盖可汗；（3）大檀，号牟汗纥升盖可汗；[1]（4）吴提，号敕连可汗；（5）吐贺真，号处可汗；（6）予成，号受罗部真可汗；（7）豆崘，号伏古敦可汗；（8）那盖，号候其伏代库者可汗；（9）伏图，号他汗可汗；（10）丑奴，号豆罗伏拔豆伐可汗；（11）婆罗门，号弥偶可社句可汗；（12）阿那瑰，号敕连头兵伐可汗。阿那瑰之后，柔然可汗还有铁伐、登住、库提等人，但国势衰残，典章涣散，早已不为北朝君臣看重，其可汗号亦无由载录。[2]《北史》在记录可汗号的时候，还解释了这些美称的意义，比如丘豆伐意为"驾驭开张"，蔼苦盖意为"资质美好"，牟汗纥升盖意为"制胜"，等等。[3]

政治文化深受柔然影响的突厥，也保持着在可汗称谓前附加可汗号的传统。综合《周书》卷五〇《异域下・突厥传》、《隋书》卷八四《北狄・突厥传》、《北史》卷九九《突厥传》、《通典》卷一九七至一九九"突厥条"和《旧唐书》卷一九四《突厥传》，可以知道在突厥历任可汗中，除了个别因资料残缺没有记载，绝大多数在即可汗

---

[1] 大檀的可汗号，在隋代《郁久闾伏仁墓志》中作莫洛纥盖。见赵万里《汉魏南北朝墓志集释》，科学出版社，1956，图版第五九九号。

[2] 关于柔然可汗家族世系传承，可参看周伟洲《敕勒与柔然》一书卷末所附《柔然世系表》，上海人民出版社，1983。

[3] 白鸟库吉：《东胡民族考》下编，第71—82页；周伟洲：《敕勒与柔然》，第154—157页。

位后得到一个可汗号。突厥第一个称可汗的是土门，他自号伊利可汗，号其妻为可贺敦，这是在政治上不复臣服柔然的明确表示，采用的手段则是在政治体制上学习柔然，以可汗为突厥政体的最高首脑。土门死，子科罗立，号乙息记可汗，又译作阿逸可汗；[1]科罗死，弟俟斤立，号木杆可汗；俟斤死，弟某为他钵可汗；他钵可汗死，科罗子摄图立，号伊利俱卢设莫何始波罗可汗，简作始波罗可汗（İşbara Qakhan），隋译为沙钵略可汗，可视为一种异译；[2]沙钵略死，弟处罗侯立，号叶护可汗；处罗侯死，沙钵略子雍虞闾立，号颉伽施多那都蓝可汗；等等，此不赘述。东突厥（北突厥）如此，西突厥亦如此。岑仲勉先生考证室点密即四（肆）叶护可汗，室点密是名，肆叶护是可汗号。[3]室点密之子玷厥号达头可汗，泥利可汗子达漫号泥撅处罗可汗，其他不赘。[4]

　　与柔然不同的是，突厥政体中往往多个可汗并立，其中只有一个可汗是最高首脑，是为大可汗，其他可汗分据方面，是为小可汗。突厥的多汗制，有学者认为源自高车的大、小可汗并立制。[5]比如他钵可汗时期，他钵自然是大可汗，他立摄图为尔伏可汗，又以褥但可汗为步离可汗，都是小可汗。在多汗并立的情况下，可汗号本身未必具有标识作用。有的学者推测大小可汗的区别在于"可汗"与"汗"

1　《北史》卷九九《突厥传》对突厥先世有几种不同的记载，一种记伊利可汗死后，"弟阿逸可汗立"；另一种又说："土门死，子科罗立，科罗号乙息记可汗。"（见第3286—3287页）无论与土门是兄弟关系还是父子关系，阿逸即乙息记，同音异译，是没有问题的。这种一号两译的情况，反映了《北史》在叙述突厥先世历史时使用了来源不同的材料，所以对突厥起源竟有不同的说法。

2　《隋书》卷八四《北狄·突厥传》记录了沙钵略与隋文帝的往来书信，沙钵略信中自称"伊利俱卢设莫何始波罗可汗"，隋文帝复信中称对方为"伊利俱卢设莫何沙钵略可汗"，可见始波罗即沙钵略之异写，区别在于前者用嘉字，后者则含贬义。见《隋书》，中华书局点校本，1973，第1868页。《通典》卷一九七《北狄四·突厥上》："其勇健者谓之始波罗。"沙钵略即始波罗同音异译，又译作沙钵罗，车鼻可汗时期有沙钵罗特勤，西突厥有沙钵罗咥利失可汗，皆以勇健称。

3　岑仲勉：《西突厥史料补阙及考证》，中华书局，1958，第116—119页。

4　沙畹：《西突厥史料》，冯承钧译，商务印书馆，1934，第1—4页；岑仲勉：《西突厥史料补阙及考证》，第120—129页。

5　薛宗正：《突厥史》，中国社会科学出版社，1992，第88—89页。

（Khan）的不同。[1]其实，可汗与汗源于同一个词，[2]至少在突厥史料中看不到以二者区分多汗制下不同可汗等级的用例。比如他钵死后，摄图（尔伏可汗）立为大可汗，改号"伊利俱卢设莫何始波罗可汗"。这一新的可汗号或许足以表明其地位的变更。"莫何始波罗可汗"又可作"始波罗莫何可汗"，"莫何"（bagha）是北方诸族都接受的重要美称，广泛使用在可汗号及其他官号之中。前引《晋书》记陇西乞伏鲜卑的纥干被推为"乞伏可汗托铎莫何"，托铎莫何是纥干的可汗号。《晋书》解释了"托铎"的意思，"托铎者，言非神非人之称也"，[3]却没有解释"莫何"。加拿大学者陈三平认为莫何来自古伊朗语的bagapuhr，原意为神之子，与华夏之天子相对应，甚至与天子一词有着共同的远源，这个名号后来经历了贬值（devaluation）过程（陈三平认为历史上这种名号贬值是世界范围内的普遍现象），被北方诸族用于指称部落酋长。[4]即使"莫何"很多时候仅仅是酋长一级的官称，但这个词无疑保留了尊贵美称的意义，因而经常作为可汗号的一个重要部分，有时甚至取代可汗号的其他部分，可以简称"莫何可汗"，故后来的叶护可汗又被称为莫何可汗。小可汗升为大可汗后，往往要改变自己的可汗号，除了前面提到的摄图，西突厥的玷厥为小可汗时号曰达头可汗，后改为步迦可汗（Bilgä Qakhan），等等。而且，小可汗也无一例外地拥有可汗号，如大逻便为阿波可汗（Apa Qakhan），染干为突利可汗，等等。

出自东部鲜卑的吐谷浑，自有以可汗为部族酋首的传统，前引《宋书》记乙那楼对吐谷浑言"处可寒"，即其显例。据《晋书》，在西秦乞伏乾归时期，吐谷浑主树洛干"号为戊寅可汗"。[5]这里的可汗

1　韩儒林：《突厥官号考释》，《穹庐集》，上海人民出版社，1982，第312—313页。

2　芮传明：《古突厥碑铭研究》，上海古籍出版社，1998，第200—204页。

3　《晋书》卷一二五《乞伏国仁载记》，第3113页。

4　Sanping Chen, "Son of Heaven and Son of God: Interactions among Ancient Asiatic Cultures Regarding Sacral Kingship and Theophoric Names," *Journal of the Royal Asiatic Society*, Series 3, Vol. 12, No. 3 (2002), pp. 289-325.

5　《晋书》卷九七《四夷·吐谷浑传》，第2541页。

已经是较高级政体的首脑，戊寅是可汗号。树洛干称戊寅可汗的时间，与柔然社崙称丘豆伐可汗的时间，相去不过数年，看不到两者间相互影响的可能，反映了可汗与可汗号相结合的传统，在内亚草原民族（Inner Asian Steppe Peoples）政治文化中有深刻的历史渊源。史料中偏重吐谷浑与中原王朝发生种种关系的线索，强调吐谷浑接受中原政治文化影响的一面，所以很难见到吐谷浑君主延续了在部族政体内自称可汗的情况。直到六镇乱起，北魏秦陇地区原有秩序崩溃，吐谷浑主"伏连筹死，子夸吕立，始自号为可汗"。[1]此前吐谷浑长期接受南朝诸政权和北魏的封授，到伏连筹时期，"准拟天朝，树置官司，称制诸国，以自夸大"，[2]虽然政治文化受到中原王朝的强烈影响，[3]但吐谷浑已经不满足于作为中原王朝的藩附。所以，夸吕趁着北魏对秦陇控制力大大衰弱，以可汗代替受自北魏的"使持节、都督西垂诸军事、征西将军、领护西戎中郎将、西海郡开国公、吐谷浑王"，标志着吐谷浑政权已经摆脱藩附地位。虽然夸吕以可汗官称超越"吐谷浑王"，对应中原的"皇帝"，但可能主要是效法柔然。[4]而从树洛干的例子看，吐谷浑政权内部长期延续可汗称谓的传统，应当是存在的。无论是效法柔然还是秉承自身传统，夸吕既已称可汗，理应有可汗号，可惜史料付之阙如。从夸吕"始自号为可汗"的句式看，此后吐谷浑君主皆称可汗。据《旧唐书》，唐太宗授夸吕孙慕容顺为趉胡吕乌甘豆可汗，后来授慕容顺子诺曷钵为乌地也拔勒豆可汗，而"乌地也拔勒豆可汗"为诺曷钵的子、孙所袭，直到唐德宗贞元十四年（798）十二月，吐谷浑后裔慕容复还袭"长乐州都督、青海国王、乌地也拔勒豆可汗"。[5]从唐代授予吐谷浑可汗号的情况看，慕容顺之前的吐谷浑可

1　《北史》卷九六《吐谷浑传》，第 3185 页。

2　《北史》卷九六《吐谷浑传》，第 3185 页。

3　周伟洲：《吐谷浑史》，宁夏人民出版社，1985，第 118—119 页。

4　周伟洲：《吐谷浑史》，第 120 页。

5　《旧唐书》卷一九八《西戎·吐谷浑传》，第 5300—5301 页。《资治通鉴》分别作"乌地也拔勤豆可汗"和"乌地也拔勤忠可汗"，分见卷一九四唐太宗贞观十年三月丁酉条、卷二〇六则天后久视元年三月条，第 6119、6546 页。

汗原本必有可汗号。

　　长期被突厥统治并深受突厥影响的铁勒诸部（九姓乌古斯），在反抗突厥处罗可汗的时候，也建立了自己的可汗号。《隋书》："遂立俟利发俟斤契弊歌楞为易勿真莫何可汗，居贪汗山；复立薛延陀内俟斤字也咥为小可汗。"[1]"字也咥"《北史》作"子也咥"。[2] 照这个说法，铁勒诸部立契弊部的酋长歌楞为大可汗，号易勿真莫何，又立薛延陀部的酋长（或酋长之子）也咥为小可汗，可汗号漏记。可是《旧唐书》是这样记载的："铁勒相率而叛，共推契苾哥楞为易勿真莫贺可汗，居贪汗山北；又以薛延陀乙失钵为也咥小可汗，居燕末山北。"[3] 这样，也咥是可汗号，乙失钵才是名字。学者称这个政权为"契苾—薛延陀汗国"，[4] 其大小可汗都有可汗号。出自铁勒并且各自建立政权的回纥、薛延陀，都保持了可汗与可汗号的传统。如唐太宗主动册拜薛延陀乙失钵的孙子夷男为真珠毗伽可汗；夷男死，夷男之子嗣位，号突利失可汗，被夷男少子肆叶护拔灼所杀，拔灼自立为颉利俱利薛沙多弥可汗；后来西逃的薛延陀部众，推举夷男兄子咄摩支为可汗，号伊特勿失可汗；等等。[5] 而回纥自吐迷度称可汗后，"署官号皆如突厥故事"，[6] 政治制度照搬突厥，可汗带有可汗号自是理所当然。据《旧唐书》，唐玄宗时回纥酋长叶护颉利吐发自称骨咄禄毗伽阙可汗，唐玄宗册封其为怀仁可汗。[7]"颉利吐发"，《新唐书》和《资治通鉴》作"骨力裴罗"。[8] 此后，回纥汗国以至甘州回鹘时期，回纥（回鹘）的可汗都与唐、五代、宋、辽政权保持了亲密联系，先为兄弟之国，后成父子之国，终为甥舅关系，回纥（回鹘）除自定可汗号外，都由中原政权册封一个

1　《隋书》卷八四《北狄·铁勒传》，第 1880 页。

2　《北史》卷九九《铁勒传》，第 3303 页。

3　《旧唐书》卷一九九下《北狄·铁勒传》，第 5343—5344 页。

4　段连勤：《丁零、高车与铁勒》，上海人民出版社，1988，第 353—356 页。

5　《旧唐书》卷一九九下《北狄·铁勒传》，第 5344—5348 页。

6　《旧唐书》卷一九五《回纥传》，第 5196 页。

7　《旧唐书》卷一九五《回纥传》，第 5198 页。

8　《新唐书》卷二一七上《回鹘传上》，中华书局点校本，1975，第 6114 页；《资治通鉴》卷二一五唐玄宗天宝三载八月条，第 6860 页。

可汗号。[1]1890 年发现于蒙古鄂尔浑河（Orkhon Gol）西岸九姓回鹘牙帐城（Kharabalgasun，意即黑虎城）南的三体文（粟特文、汉文、突厥文）九姓回鹘毗伽可汗碑[2]，其汉文题作"九姓回鹘爱登里啰汨没蜜施合毗伽可汗圣文神武碑"，汉文部分就记录了回鹘可汗名若干，都有详细的可汗号。[3]

　　契丹很早即称可汗，武则天时期的李尽忠，自称"无上可汗"。[4]无上是可汗号（不知是借用汉文原文语音还是汉文翻译）。据《辽史》卷六三《世表》，在耶律阿保机之前，迪辇俎里（李怀秀）为阻午可汗，屈戍为耶澜可汗，习尔为巴剌可汗，钦德为痕德堇可汗。[5]阻午、耶澜、巴剌、痕德堇都是可汗号。契丹族传说中的先世可汗有奇首可汗、胡剌可汗、苏可汗、昭古可汗等，[6]都只有可汗号而不存姓名。今本元修《辽史》记耶律阿保机于唐天祐四年（907）继痕德堇可汗，"设坛于如迂王集会埚，燔柴告天，即皇帝位。尊母萧氏为皇太后，立皇后萧氏。北宰相萧辖剌、南宰相耶律欧里思率群臣上尊号曰天皇帝，后曰地皇后"。[7]据此，阿保机即位之始即称皇帝，而没有继承痕德堇可汗的可汗职位。可事实上，九年以后，阿保机再次举行了"即尊号"的盛大仪典。神册元年（916），在龙化州，"迭烈部夷离堇耶律曷鲁等率百僚请上尊号，三表乃允。丙申，群臣及诸属国筑坛州东，上尊号曰大圣大明天皇帝，后曰应天大明地皇后。大赦。建元神册"。[8]然而，据叶隆礼《契丹国志》，只是到了神册元年，"阿保机始自称皇

1　程溯洛：《唐宋回鹘史论集》，人民出版社，1993，第 82—101 页。
2　关于九姓回鹘毗伽可汗碑的位置，有学者介绍说在"柴达木河畔"。其实回鹘牙帐城周围并没有一条柴达木河，该城的东面是自南向北流的鄂尔浑河。我于 2004 年和 2006 年两次到此地及附近地区考察，疑所谓"柴达木河"是指突厥毗伽可汗和阙特勤碑东北的柴达木湖。
3　王国维：《九姓回鹘可汗碑跋》，载《观堂集林》卷二〇，中华书局影印本，1959，第 989—998 页。又可参看程溯洛《唐宋回鹘史论集》，第 102—116 页。
4　《旧唐书》卷一九九下《北狄·契丹传》，第 5350 页。
5　《辽史》卷六三《世表》，中华书局点校本，1974，第 955—956 页。
6　《辽史》卷六三《世表》，第 950 页。
7　《辽史》卷一《太祖纪上》，第 3 页。
8　《辽史》卷一《太祖纪上》，第 10 页。

帝"。[1] 可见天祐四年那一次,阿保机并没有称帝,而只是继承痕德堇称可汗。《辽史》所谓"天皇帝",《契丹国志》记作天皇王,应当就是"天可汗","天"乃可汗号,[2] 当然"天皇王"三字都是汉文的意译。辽太宗以下诸帝,不再见可汗称号,而只有类似唐宋诸帝的皇帝尊号。可是辽天祚帝被金人俘虏后,耶律大石建立西辽时,"号葛儿罕,复上汉尊号曰天祐皇帝"。[3]《辽史》所附《国语解》,解释葛儿罕为"漠北君王称"。[4] 葛儿罕,《元史》或作阔儿罕,[5] 或作鞠儿可汗,[6] 皆同音异译。在波斯史学家志费尼(Ata-Malik Juvaini)的《世界征服者史》中,葛儿罕记作菊儿汗(gür-khan),并解释曰"即众汗之汗"(the khan of khans)。[7] 罕即可汗,葛儿或菊儿是可汗号。学者一般认为这是"采用突厥称号",[8] "因为他的臣民绝大多数是突厥语部民,……处于突厥语部落聚居的地方,称'汗'是随乡入俗"。[9] 这是忘记了可汗一词早就进入契丹语社会、契丹先世皆称可汗的事实。

契丹之后的内亚民族,也多以可汗为政体元首称号。对于契丹以后内亚部族可汗号的种种事实,本章不复赘述,只举两个最著名的例子。金章宗泰和六年(1206)蒙古人铁木真被推举为成吉思汗(Činggis Khan),明万历四十四年(后金天命元年,1616)满族人努尔哈赤被尊奉为承奉天命覆育列国英明汗,"成吉思"和"承奉天命覆育列国英明"都是可汗号。又如西夏诸帝在庙号、谥号、皇帝尊号

1 叶隆礼:《契丹国志》卷一,上海古籍出版社,1985,第 2 页。

2 关于"天可汗",请参看本书"从可汗号到皇帝尊号"一章。

3 《辽史》卷三〇《天祚皇帝纪四》,第 356—357 页。

4 《辽史》卷一一六《国语解》,第 1541 页。

5 《元史》卷一二〇《曷思麦里传》,中华书局点校本,1976,第 2969 页。

6 《元史》卷一二四《哈剌亦哈赤北鲁传》,第 3046 页。

7 Ala-ad-Din Ata-Malik Juvaini, *The History of the World-Conqueror*, translated from the text of Mirza Muhammad Qazvin by John Andrew Boyle, Vol. I, Manchester: Manchester University Press, 1958, p. 354. 亦请参看中译本:志费尼《世界征服者史》,何高济译,内蒙古人民出版社,1980,第 417 页。

8 李桂芝:《辽金简史》,福建人民出版社,1996,第 140 页。

9 魏良弢:《西辽史纲》,人民出版社,1991,第 41 页。

之外，还有所谓"城号"。[1]其庙号、谥号与尊号自然是学习唐宋，[2]而城号也许就本于党项的部族传统，也就是源于可汗号与官号的古老传统。

二 可汗号的起源、功能、形式与性质

内亚民族可汗号的传统，绵历久远，我们有理由认为，可汗与可汗号之间不可分割的联系，是内亚草原游牧族群政治文化的重要传统之一。这种传统有时是通过学习与继承的形式在不同部族集团间传播，有时则是从各部族自身古老的制度中自然演化而来。当某些部族受到中原文化的强烈影响而渐渐放弃或部分地放弃原有传统时，内亚新起的部族，在社会进化的基础上迅速完成政治发育，建立起较高级别的政治体，从而继承这种传统。当然也存在这种情况：有些部族在发育过程中，比较独立地演化出先行部族的某些政治文化传统，类似于某种"历史重演"（historical re-enactment）。重演得以发生，是因为前面提到的包括可汗号在内的那些政治文化传统，都深深植根于内亚族群的社会制度之中。

可汗号应当是在可汗正式即位的典礼上获得的。[3]《周书》记录了突厥可汗登位的仪式："其主初立，近侍重臣等舆之以毡，随日转九回，每一回，臣下皆拜。拜讫，乃抚令乘马，以帛绞其颈，使才不至绝，然后释而急问之曰：'你能作几年可汗？'其主既神情瞀乱，不能详定多少。臣下等随其所言，以验修短之数。"[4]虽然后一半关于预

---

1 李范文：《西夏皇帝称号考》，《西夏研究论集》，宁夏人民出版社，1983，第76—99页。

2 关于皇帝尊号之制度文化渊源，请参看本书"从可汗号到皇帝尊号"一章。

3 傅礼初说草原部族的可汗，并不像伊朗、罗马和中国中原的皇帝们那样被包围在繁文缛节的神秘礼仪之中。如果从绝对的装饰意义上看，当然是成立的，但是如果认为草原政治中缺乏形式或形式主义，或低估形式主义的价值与意义，那就是不对的。见 Joseph Fletcher, "The Mongols: Ecological and Social Perspectives," *Harvard Journal of Asiatic Studies,* Vol. 46, No. 1, 1986, pp. 11-50。

4 《周书》卷五〇《异域下·突厥传》，中华书局标点本，1971，第909页。

测在位年数的仪式尚无其他可靠史料予以支撑，但"舆之以毡，随日转九回，每一回，臣下皆拜"的记录，应当是可汗即位仪典的重要部分。《北史》记录高欢立魏孝武帝，"用代都旧制，以黑毡蒙七人，欢居其一，帝于毡上西向拜天讫，自东阳、云龙门入"。[1] 拓跋旧制立君主之仪，与突厥立汗之仪，都有拥立者负毡、被立者在毡上的形式。由此推测，柔然立可汗的仪式应当类似于此。契丹立汗有所谓"柴册仪"，"拜日毕，乘马，选外戚之老者御。皇帝疾驰，仆，御者、从者以毡覆之"，云云。[2] 柴册仪也来源于内亚民族古老的政治文化传统。[3]

在这样的仪式之后，可汗始得称可汗，同时也就要有可汗号。可汗号的拟定和宣布应该是这一仪式中相当重要的一部分。前引《北史》所谓"因其行能，即为称号"，恐怕也是柔然以外的突厥等其他草原民族择定可汗号的原则。拥有可汗职务与可汗号之后，可汗本人原有的名字就被可汗号取代了。就现有史料看，古代北族可汗与中原政权文书往来之中，绝不提及可汗原有名字，而一律称呼可汗号。这种可汗号与可汗密不可分的制度，决定了对可汗合乎礼仪的称呼中，要把可汗号与可汗连称，而绝不能把可汗的名字与可汗连称。1897 年发现于蒙古土拉河（Tuul Gol）上游巴颜楚克图地区的突厥文暾欲谷碑，其第二碑东面第 1 行（总第 51 行）提到一个可汗，据 Talât Tekin 的释读，作"k（a）pg（a）nk（a）g（a）n"，[4] 转写作

1　《北史》卷五《魏本纪·孝武帝纪》，第 170 页。
2　《辽史》卷四九《礼志一》，第 836 页。
3　著名的突厥史学家 Zeki Vilidi Togan（1890—1970）在其回忆录中提到，在乌拉尔巴什基尔突厥语族群的旧式经学堂（medrese）里，学生团伙在选举自己的头目（kadi）时还举行一种仪式，被选中者要坐在由四个男孩托起来的白毡上，其他学生则对他施以捶掐打击，甚至还用尖钻捅他全身各处，把他折腾至疼痛哭叫。Togan 认为这反映了突厥民族古老的选汗制度。他也指出，经学堂里这种选举 kadi 的习俗是来自花剌子模（Khorazm）地区的。见 Togan 的回忆录 *Memoires: Struggle for National and Cultural Independence of the Turkistan and other Moslem Eastern Turks*, translated by H. B. Paksoy, http://www.spongobongo.com/zy9857.htm。
4　Talât Tekin, *Tunyukuk Yazıtı*, Ankara: Türk Dil Kurumu, 1994, p. 21.

Qapγan Kagan；[1] 而 Rybatzki 释作 qpγnqγn，转写作 Qapγan Qaγan。[2] 这个可汗按理是指东突厥第二汗国的默啜。耿世民的中译本径作"默啜（qapaghan）可汗"。[3] 然而，即使这个可汗的确是指默啜，碑文中也不可能称"默啜可汗"，因为默啜是他任可汗之前的官号加官称，[4] 不是可汗号，qapγan 必定是可汗号。默啜的可汗号，唯见于《册府元龟》卷九七九《外臣部·和亲第二》："开元二年四月辛巳，突厥可汗遣使上表求婚，自称曰'乾和永清大驸马天上得果报天男突厥圣天骨咄录可汗'。"[5] "圣天骨咄录"应当是可汗号，也许圣天是意译，骨咄录（Qutluk）是音译。岑仲勉译 qapγan 为"乾和"，[6] 芮传明译为"夹毕汗"，[7] 苏联学者直接音译为阿波干，[8] 虽难有定论，但都理解为可汗号，大方向是对的，qapγan 应当与"圣天骨咄录"有关。耿世民的译本以默啜与可汗连称，当然是错误的，错误的原因就是对突厥可汗号制度缺乏了解。从功能上说，可汗号的出现，就是要使担任可汗的人具备全新的身份，这个可汗号就是他今后的身份，在正式场合其他的名号都将被新的可汗号代替。

　　这一特性不仅仅反映在可汗号上。据《北史》所记，"蠕蠕之俗，君及大臣因其行能，即为称号，若中国立谥。既死之后，不复追称"。[9] 据此，柔然的政治制度中，基于"行能"而给定的装饰称号（decorative appellation），不只有可汗号，还有大臣的官号。周伟洲指

1　Talât Tekin, *A Grammar of Orkhon Turkic*, Bloominton: Indiana University Publications, 1968, pp. 252, 289.

2　Volker Rybatzki, *Die Toñuquq-Inschrift*, Szeged: Department of Altaic Studies, University of Szeged, 1997, pp. 39, 71.

3　林幹：《突厥史》附录，内蒙古人民出版社，1988，第251页。

4　有学者认为即 bögü，不过我认为更可能是 Bäg Čor。在 Bäg Čor 这一名号组合中，Bäg 是官号，Čor 是官称。

5　《宋本册府元龟》卷九七九，中华书局影印本，1989，第3906页。

6　岑仲勉：《突厥集史》，中华书局，1958，第877页。

7　芮传明：《古突厥碑铭研究》，第284页。

8　С.Г.克利亚什托尔内：《古代突厥鲁尼文碑铭——中亚细亚史原始文献》，李佩娟译，黑龙江教育出版社，1991，第30、44页。

9　《北史》卷九八《蠕蠕传》，第3251页。

出："柔然大臣或别部帅名前，往往冠以莫弗或莫弗去汾之称号，可能
此号既为官职名，也有名号勇健者之意在内。"[1]从早期社会政治组织生
长发育的角度来看，名号先于官职，官职是一部分名号凝固的结果。
这类名号，产生于对"行能"的概括和总结，其基本功能则是使名号
获得者具有新的身份，从而可以行使新的权力。从这个意义上说，柔
然的莫何、莫何去汾、俟利发（俟匿伐、俟利弗）[2]、吐豆发、吐豆登、
俟利、俟斤等，首先是官号，其次才是官职（Title）。其中有些官职
为突厥所继承，如吐豆登（吐屯）、俟斤等。[3]莫何更是经常使用在突
厥可汗号中。莫何去汾作为官职也为高车所继承，弥俄突时期有莫何
去汾屋引叱贺真。[4]

　　高车部落酋长一级的首领称为莫弗，这很可能来自其役属柔然
时期所得到的官号和官职。《北史》记载在柔然社崘为可汗时，高车
有两个莫弗，一个是"姪利曷莫弗敕力犍"，一个是"解批莫弗幡
豆建"。[5]这两个莫弗都分别具有官号、官职和名字——莫弗是官职，
姪利曷与解批是官号，敕力犍和幡豆建是名字。莫弗有号，不见于
现存的柔然史料，但是相信高车这一制度得自柔然，柔然本有这一
制度。北魏孝文帝太和十一年（487），[6]高车副伏罗部脱离柔然控制，
首领阿伏至罗与从弟穷奇"自立为王"，"国人号之曰候娄匐勒，犹
魏言大天子也；穷奇号候倍，犹魏言储主也"。[7]高车建立与柔然对
等的政治体，其最高首领理应如柔然称可汗。如果是这样，"候娄匐
勒"与"候倍"就都是可汗号。如果高车不称可汗，则"候娄匐勒"
与"候倍"就是新生的官号加官职，也可以反映可汗号和官号的出

1　周伟洲：《敕勒与柔然》，第 166 页。
2　隋代《郁久闾伏仁墓志》中，提到伏仁的曾祖"俟利弗"，俟利弗即俟利发的异译。见赵万里
　　《汉魏南北朝墓志集释》，图版第五九九号。
3　请参看本书研究柔然官制诸章。
4　《北史》卷九八《高车传》，第 3275 页。
5　《北史》卷九八《高车传》，第 3272 页。
6　冯承钧：《西域南海史地考证论著汇辑》，中华书局，1957，第 36—47 页；段连勤：《丁零、高
　　车与铁勒》，第 219—223 页。
7　《北史》卷九八《高车传》，第 3274 页。

现过程及其意义。

突厥政治制度中的官号与官职的区别已经比较成熟。在突厥先世的种种传说中，突厥祖先有纳都六设、阿贤设和大叶护。[1] 纳都六设、阿贤设和大叶护都不是人名，设（šad）和叶护（yabgu）是官职（官称），纳都六、阿贤和大是设与叶护的号，即官号。突厥先世的传说反映了突厥政治体的成长过程，符合突厥各部役属柔然时期，突厥政治体以部落或小规模部落集团为最高政治单位的历史实情。突厥的官号传统既可能得自柔然或高车，也可能源于自身的部族政治体发育。在突厥政治制度中，官职都有官号，官号亦因人而异。比如始毕可汗死后，其子什钵苾立为泥步设，始毕可汗的弟弟俟利弗设（名字已不可考）立为可汗，号处罗可汗；处罗可汗死后，启民可汗的第三子咄苾立为可汗，咄苾先为设，号莫贺咄设，立为可汗后，号颉利可汗。[2]林幹指出突厥东西二部的官职，“东部官号常用‘突利’，西部官号常用‘叶护’，这也许是一种习惯（不是制度）”。[3]林幹这里所说的官号，包括了官称与官号，当然也包括可汗号。应当注意到，叶护、设、俟斤（irkin）、俟利发（eltäbär）等，[4]虽然早已凝固成突厥的官职（官称），但也经常作为可汗号和官号而出现。究其原因，这些官职名称本来就与官号有着共同的起源，官号与官称都是从名号（titulary）中发展出来的，一部分名号凝固成官称，一部分名号成为官号，某些名号在凝固为官称的同时，其“美名”“美称”的属性并未消失，仍然可以被当作修饰词使用，也就是说，某些官称同时保留了官号的属性与形式。

摩尔根（Lewis Henry Morgan）在《古代社会》（*Ancient Society*）第二编《政治观念的发展》（Growth of the Idea of Government）中，探讨易洛魁印第安人部落联盟的形成，注意到“在联盟开始创立之时，

---

1 《北史》卷九九《突厥传》，第3285—3286页。

2 《旧唐书》卷一九四上《突厥传上》，第5154—5155页。

3 林幹：《突厥史》，第49页。

4 有关俟利发与eltäbär对应关系的讨论及我自己的意见，请参看本书“柔然官制续考”一章。

即设立了五十名常任首领，并授以名号，规定永久分属于各指定的氏族。……每一个首领职位的名号也就成了充任该职者在任期内的个人名字，凡继任者即袭用其前任者之名"，首领就职需要经过一个仪式，"由一次联盟会议正式授职"，"经上述仪式就职以后，他原来的名字就'取消'了，换上该首领所用的名号。从此他就以这个名号见知于人"。[1]这些名号包括"中立君""梳发君""不疲君""言简君"等，[2]比较这些具有政治地位和权力的名号，我们看到它们正符合柔然制度中的"因其行能，即为称号"。摩尔根所说的这些与"行能"相关的名号，最终凝固下来成为制度性职务，恐怕也正是大多数早期社会政治组织生长发育的共同特征。

　　在探讨早期社会政治组织的制度形式时，各有职掌的名号无疑是焦点所在。对于这些名号的产生及其功能，除了政治学的解释以外，人类学关于原始民族讳名习俗的研究，也是可以参考的。詹姆斯·乔治·弗雷泽（James George Frazer）在《金枝》（*The Golden Bough*）里专章探讨了词语的禁忌，其核心便是人名禁忌。他指出，由于人名禁忌扩展到亲戚、死者和社会上层成员，故"欧洲人听到的达荷美历代国王的名字都非他们的真名，不过是他们的称号，或者为本国人所谓的'坚强的名字'"；暹罗人从不称呼国王的名字，"说到国王，只能用一些响亮的头衔、称号"；在缅甸，"国王即位以后只能以王号称呼"；在古希腊，"对那些贵人只能以他们的神圣尊号相称，而不能再用原名称呼"。[3]弗雷泽把贵人称尊号的古老习俗，与人名禁忌联系起来，是不是适用于本章讨论的政治名号的起源与分化，当然还有待深入研究，但他指出人类社会普遍存在这类现象，则很有参考价值。屈万里先生研究甲骨文，也得出了殷人讳名的结论，"就卜辞验之，尔时已知直斥尊长之名为不敬"，

1　路易斯·亨利·摩尔根：《古代社会》，杨东莼、马雍、马巨译，商务印书馆，1977，第126—127页。
2　路易斯·亨利·摩尔根：《古代社会》，第145—146页。
3　詹姆斯·乔治·弗雷泽：《金枝》，徐育新等译，大众文艺出版社，1998，第381—385页。

卜辞中"无一语直斥王名者"，商代诸王以十干为庙号，即与讳名有关。[1]

首先见于鲜卑、柔然政体里的莫何（或莫贺，即 bagha）、莫贺弗（简化作"莫弗"[2]，即 bagha bäg），在高车、室韦、乌洛侯、勿吉等北亚部族中成为重要酋帅的官职，这如果反映了内亚民族政治文化继承性和连续性的一面，那么，也就反映了早期内亚部族社会政治发育中由名号凝固而为官职的一面。同时，莫何、莫弗作为修饰性的可汗号和官号大量出现，又反映了在名号分化为官职和官号的过程中，两者发生了重叠和分裂。名号作为官号与官称一元性的起源，导向官称与官号二元分化的发展。这就是说，早期政治组织的重要职位，由某些装饰性很强的词来标示，这些词就是某种名号。慢慢地，某些名号词会被这些职位所专有，即名号凝固而成为官称。但是，在凝固过程中，有些名号保留了装饰功能，并被分配用以装饰早已凝固下来的那些职位，以确保任何单一官称承担者的独特性。这种独特性，与早期政治组织常见的卡里斯马（charisma）型领袖是恰相吻合的。这些保留了装饰性功能的名号就是官号。这就是形式上的官号与官称的结合。官称是明确的、有限的，而官号是模糊的、无限的。无限的官号与有限的官称相结合，使任何个别的官称承担者都可能具有独特的身份。可汗处于官称系列的顶端，可汗号的性质与功能，也应当从这个角度去观察以求得深入的理解。

在内亚民族特别是草原民族的政治传统中，有些官称历经不同时期，在不同部族中长期存在，但形式与职能会发生变化，这些变化包括官号与官称相结合这一传统的破坏。比如突厥的达干，即柔然的

---

[1] 屈万里：《谥法滥觞于殷代论》，《中央研究院历史语言研究所集刊》第 13 本，1948 年。

[2] 拓跋鲜卑有莫弗官职，见于北魏奚智墓志，奚智曾祖为"大莫弗乌洛头"，见赵万里《汉魏南北朝墓志集释》，图版第二〇七号。

塔寒，是专统兵马的重要职官，很可能并不是突厥语原生词。[1] 东突厥第二汗国骨咄禄时阿史德元珍任阿波大达干，[2] 默啜时有莫贺达干，[3] 西突厥肆叶护可汗时有设卑达干，[4] 等等。突骑施乌质勒曾在斛瑟罗部下为莫贺达干，[5] 唐初回纥有俱罗勃为俱陆莫贺达干，[6] 等等。据沙畹（Chavannes）《西突厥史料》引东罗马史学家弥南（Menander）《希腊史残卷》，东罗马使臣 Zémarque 谒见西突厥 Dizaboul 可汗返回时，"有一突厥使臣名 Tagma 者偕行，其人为一 Tarakan，此种官号在毗伽可汗突厥文碑中见之，即中国载籍中之达干或达官是已"。[7] 韩儒林考证，蒙古时期非常重要的答剌罕（或作达拉寒），就是柔然的塔寒、突厥的达干，只是其职掌不再专统兵马，而且答剌罕的授受中也不再见附有官号。[8] 古老的达干官职继续存在，却不再需要附加官号了。事实上，从突厥后期和回纥时期达干官号多为莫贺，已经看得出官号的变化空间越来越小，官号的实际功能渐渐萎缩。然而，事实上，古代内亚草原民族历史上，可汗号与官号的传统悠久而长远，这又如何理解呢？

我认为，这是由北亚草原部族政治体发育的历史复杂性所决定的。北亚草原的历史，就是各种规模和形态的部族政治体因应时代和社会条件生成发育的历史，是这些政治体之间复杂关系的历史，是某些时

---

1 Gerard Clauson, "The Foreign Elements in Early Turkish," 此文在 1971 年 8 月举行于匈牙利塞格德市（Szeged）的第 14 届国际阿尔泰学会议上宣读，收入 Louis Ligeti 主编的 Researches in Altaic Languages（Budapest, 1975, pp.43-49）。克劳森认为很多突厥语汇特别是官名来自古伊朗语，比如达干、特勤和设，因而强调伊朗语及伊朗文化对突厥社会的深刻影响。持同样意见的还有很多学者，可参看 Louis Bazin（路易·巴赞），"Pre-Islamic Turkic Borrowings in Upper Asia：Some Crucial Semantic Fields," Diogenes, XLIII, 1995, pp. 35-44。这种影响当然是可能的，但并不是直接的。事实上，可汗、达干和特勤，都更早地见于鲜卑和柔然社会。特勤，即拓跋鲜卑的直勤，请参看本书"北魏直勤考"一章。

2 杜佑：《通典》卷一九八《北狄五·突厥中》，第 5434 页。《旧唐书》卷一九四上《突厥传上》作"阿波达干"，见第 5167 页。

3 《旧唐书》卷一九四上《突厥传上》，第 5170 页。

4 《旧唐书》卷一九四下《突厥传下》，第 5183 页。

5 《旧唐书》卷一九四下《突厥传下》，第 5190 页。

6 《旧唐书》卷一九五《回纥传》，第 5197 页。

7 沙畹：《西突厥史料》，第 213 页。

8 韩儒林：《蒙古答剌罕考》，《穹庐集》，第 18—46 页。

刻在这些政治体之上生成超大政治体的历史。从历史叙述即史料形成过程的角度来看，容易被今人误读为民族形成过程的历史过程，其实主要是一个政治过程（political process），即政治体发育、组合、解体与重组的过程。这种连绵长久的历史运动，使草原政治传统的相沿不绝成为可能，也使原始政治体组织形式的反复重演成为可能。政治体之间在政治文化、制度文化等方面，当然存在着继承和扬弃的多种关系。在某一政治体里本已徒具形式的某些制度，被另一政治体继承吸收之后就具有了新的生命。这些继承和吸收过来的制度，在帮助和保证社会进步和政治提升方面，作用巨大，无可取代。这就是可汗号和官号制度长久存在的原因。比如，在柔然之后，有高车和突厥；在突厥之后，有回纥和薛延陀；等等。一直到耶律阿保机称帝之后，还"拜曷鲁为阿鲁敦于越。'阿鲁敦'者，辽言盛名也"。[1] 阿鲁敦（可能就是 altun），即于越的官号。甚至当 1607 年努尔哈赤最早被喀尔喀蒙古的代表尊奉为汗时，号称"昆都仑汗"，与他此前担任的淑勒贝勒合称，就是"淑勒昆都仑汗"。到 1616 年，随着雄心的提振与成就的扩大，为了"寻求一种新的更好的权力标志，以便最终高居于他从未真正信任过的其他部落首领和自己的子侄之上"，他"以称汗的方式，获得了部落联盟的最高权力"。[2] 于是努尔哈赤采用了新的可汗号"承奉天命覆育列国英明汗"。努尔哈赤称汗并采用新的可汗号，是否受到蒙古历史传统的影响，尚有待讨论，但这种做法可以满足他及其势力集团的政治需要，则毋庸置疑。在这里，我们看到可汗号传统长盛不衰的历史动力，就来自内亚部族苏醒与崛兴的生生不息的政治过程。

三　从所谓"生称谥"看古代中国的名号分化问题

前引《北史》云："蠕蠕之俗，君及大臣因其行能，即为称号，若

1　《辽史》卷七三《耶律曷鲁传》，第 1221 页。
2　魏斐德：《洪业：清朝开国史》，陈苏镇、薄小莹等译，江苏人民出版社，2003，第 13 页。

中国立谥。既死之后，不复追称。"这是把北族可汗号和官号的制度
形式，与华夏传统的立谥制度联系起来做了对比。这种对比是很有启
发的，民族史的研究，在这个意义上具有了民族志和人类学思想素材
的价值，成为我们反观中国古史某些文化现象的参照物。上节我们探
讨了北族政治组织的早期制度形式，可以发现，早期政治组织的制度
形式，都是从名号开始的，由名号分化而为官号与官称。可汗号与可
汗官称的紧密关系，即属于这一分化的高级形态。而作为先进民族的
华夏[1]也理应经历过同样的制度分化过程，并且由于社会分层的复杂和
政治规模的宏大，这种分化要更加繁复和精致。然而，经过战国至汉
代礼家的整理和系统化，本来是一个历史过程的制度形式，便呈现出
一幅被绝对化和神秘化后的文明面貌。[2]本章研究的古代名号分化而为
官号和官称的历史过程，也存在于中国古史的某些阶段。对于学者聚
讼已久的立谥制度的起源等问题，我们下面试从早期政治组织名号分
化的角度，提供一个新的理解。

　　《逸周书》解释"谥者，行之迹也"，[3]与北族之"因其行能，即为
称号"，的确颇为相近。谥是什么？谥的本字是益，益就是增加。唐
兰先生说："人已有名，而另外再加美称，叫做益。"[4]《礼记·郊特牲》：
"死而谥，今也。古者生无爵，死无谥。"[5]"生无爵，死无谥"的情况
什么时候开始改变了呢？《史记》记录秦始皇二十六年完成统一之后
制曰："朕闻太古有号毋谥，中古有号，死而以行为谥。"[6]秦始皇知道
谥是"中古"以后才有的，此前只有"号"。这个号，当然是生前行

1　就本书的着眼点而言，所谓先进民族，是指在政治发育与政治体建设方面先行一步，从而确立
　　了对周边其他部族、其他政治体的人力、军事和文化优势的民族。在本书中，民族主要不是指
　　社会单元，而是指政治单元。
2　"古史辨"派史学家在清理古史中被神秘化和绝对化的文化现象与历史问题方面，功勋卓越，人
　　所共知。当代学者中亦有人从人类学和民族志的资料出发，致力于此，启发多多，请参看汪宁
　　生《民族考古学论集》，文物出版社，1989；《古俗新研》，敦煌文艺出版社，2001。
3　黄怀信、张懋镕、田旭东：《逸周书汇校集注》卷六，上海古籍出版社，1995，第668页。
4　唐兰：《西周青铜器铭文分代史征》，中华书局，1986，第354页。
5　朱彬：《礼记训纂》，饶钦农点校，中华书局，1996，第404页。
6　《史记》卷六《秦始皇本纪》，中华书局点校本，1959，第236页。

用的，与本章所讨论的北亚部族的名号性质相同。秦始皇废除谥号，自称始皇帝，就建立皇帝制度而言当然是创新，就恢复官号传统而言则是复古。

谥法起源是古史学界至今聚讼的难题之一。谥法起源与"生称谥"联系在一起，更加显示出问题的复杂性。典籍中颇有当时言语指称在世人物使用谥号或类似谥号的某种名号的，与谥行于死后的常识不符。顾炎武《日知录》有"生称谥"一条，列举典籍中生称谥若干例，认为"生时不合称谥"，"皆后人追为之辞"，把典籍中这类现象都归于"后人追为"。[1] 可是出土青铜器铭文中，也颇有生时指称王号者。王国维作《遹敦跋》，据西周金文中周穆王生前即称穆王，联系相关事例，提出"周初诸王，若文、武、成、康、昭、穆，皆号而非谥也"，这些号都是"美名"，可见"周初天子诸侯爵上或冠以美名，如唐宋诸帝之有尊号矣。然则谥法之作，其在宗周共、懿诸王以后乎"。[2] 王国维此文最直接的后果是引发谥法起源时间先后的争论。后来郭沫若著《谥法之起源》，引据更丰富的金文与典籍例证，指出生称谥的现象在春秋战国也大量存在，因此"疑谥法之兴当在战国时代"。[3] 谥法与生称谥不能共存，有生称谥则意味着谥法尚未产生，这是讨论生称谥问题时多数学者的基本逻辑。可是典籍中谥法起源于周初甚至更早的记载也必非全出伪造，这与生称谥的现象构成了明显的冲突。直到最近，还有学者努力证明金文中所谓"生称谥"，并非生前制作，而是死后追为，即制作于"下一王世"。[4] 也有学者试图淡化生称谥与谥法起源之间的冲突，使二者可以并存。师宁《论生称谥及谥法起源问题》一文认为，生称谥与死后加谥是谥法起源与发展史上

1　顾炎武：《日知录》卷二三，顾炎武著，黄汝成集释《日知录集释》，岳麓书社，1994，第833—835页。

2　王国维：《遹敦跋》，《观堂集林》卷一八，第895—896页。

3　郭沫若：《谥法之起源》，《金文丛考》，日本文求堂书店，1932，第89—101页；收入《郭沫若全集》考古编第五卷，科学出版社，2002，第201—226页。

4　彭裕商：《谥法探源》，《中国史研究》1999年第1期；杜勇：《金文"生称谥"新解》，《历史研究》2002年第3期。

的不同阶段,"谥之兴起在周初,谥号是由生称之发展到死亦称之,由美称发展到可恶可美,最后发展到只能死称谥"。[1]这样表面上调和了谥法与生称谥的矛盾,但又引出另外一个问题:如果生前死后的美称都属于谥法范畴,那么从生前美名向死后定谥的转变,又是如何实现的呢?人都是希望生前专有美名的,有权势的人更是如此。他们是怎样自动放弃了生前的美称,而甘心接受死后由别人给定的一个"可美可恶"的谥号呢?

考察内亚民族可汗号、官号的起源及其功能,观察古代政治组织制度形式的演化,可以得出一个对于生称谥问题的新理解。王国维并没有提到"生称谥"的问题,他提到的是"美名"与"号",与本章所讨论的可汗号和官号是一样的。华夏政治组织的制度形式,也应当是从"名号"开始演化的。前文已经论证,北族的名号分化而为官号与官称,华夏早期也应当有这一过程。西周的制度形式中,已经有官、爵、号、谥的分别,这是官号与官称进一步分化的结果,反映了华夏文明圈社会分层程度的日渐提高和政治组织的高度复杂。爵很可能是从官称中分化出来的,谥则是从官号中分化出来的;爵用于生前,谥用于死后。典籍与金文中的生称谥,应当是尚未演化为谥的官号,或者是官号与谥并存混用时期的产物,反映的恰恰是名号分化的历史过程。

从爵制的起源与发展,可以了解官号分化出谥号的历史依据。班固《白虎通义》说"爵者,尊号也"。[2]爵是从尚未系统化的官称中分化出来的。晁福林认为,爵制的起源与西周册命制度关系甚大,"赐命与爵位制度所表示的正是周代上下级贵族间的主从关系的确立","接受君主的爵位赐命,就意味着臣下对于君主必须忠诚尽力"。[3]因此,爵制能够从官称中分化出来,反映了政治体成长过程中,权力越来越集中,政治体之内所有人的地位与权利,越来越与权力中心相联系。

---

1 师宁:《论生称谥及谥法起源问题》,《首都师范大学学报》(社会科学版)1994年第6期,第45页。
2 陈立:《白虎通疏证》卷七,吴则虞点校,中华书局,1994,第313页。
3 晁福林:《先秦时期爵制的起源与发展》,《河北学刊》1997年第3期,第75—76页。

从形式上看，整个政治体各组成部分权利及地位的合法性，来自权力中心的辐射。政治体成长的过程，也就是权力集中的过程。被集中的权力以自上而下、自中心而边缘的方式，再分配到政治体的各个部分，遂呈现为早期制度形式的演变。在这个过程中，社会的整合首先表现为政治体的整合，而政治体的整合，就是权力关系的重组，制度形式当然要服从于这种权力关系重组的需要。爵制的起源与发展，正是集权体制成长过程的一个环节。从这个意义上说，谥法的产生和发展，也是政治体成长、权力集中和集权体制演化历史中的一个侧面。

从一个方面说，在政治组织进入较高阶段后，随着制度的稳定、完备和行政机关权力的扩大，政治体中个人权位及可获取利益的大小，取决于官称本身，与个人性格或背景（所谓"行能"）之间的相关性，已经不那么明显。高度发展的政治体制，并不依赖卡里斯马型领导人大量及不间断的涌现。因此，官称承担者的个人独特性，与成熟的政治体制之间，出现了不协调，或者说，体制并不需要强调，甚至倾向于忽略具体官员的独特性。换句话说，随着政治权力对社会生活越来越广泛深入的渗透，政治体制日益成为社会构造与运作的核心，在这个过程中，可汗号和官号的初始功能与意义处于淡化和衰减之中。如果说随着集权的加强，政治体制中的君臣距离将会扩大，而可汗号尚有助于在形式上强调君臣关系的这一变化（表现为皇帝尊号的出现），那么一般官称的装饰性官号，继续留存的空间已经越来越小了。

另一方面，官号是经过任职仪式而获得的，从起源上说，是在各级别政治体中的人们同意让渡部分权力的仪式上，由同意让渡权力的人们共同授予的。政治首领的权力来自政治体成员，因此官号也来自政治体成员的讨论和批准。然而，随着政治体之间关系的变化，基于暴力和征服而形成的整合，使政治体的规模越来越大，政治组织越来越复杂和庞大，权力关系也有了重大变化，集权意味着权力获得和分配的方向发生了颠倒。因此，形成于自下而上权力关系时代的官号，最终被自上而下权力关系产物的谥号所代替。也就是说，谥法的产生，就是要体现权力关系的这一重大变化，或者也可以说，是为了配合乃至强化这一变化。这当然是一个缓慢的、复杂的过程，谥法完全取代官号经历了一个漫长的过程。周代以字为谥、以号为谥的众多事例，[1]反映了这一历程的复杂和曲折。字也是从官号中分化出来的，以字为谥、以号为谥，反映了谥法产生之后官号与谥号并存的情况，是谥号取代官号历程中的一个阶段。

因此，"生称谥"的说法是不准确的，能够生称的不是谥号，而是官号，生前的官号（包括字）死后用作谥号，只不过是官号与谥号并存混用的结果。谥号取代官号，反映了新型权力关系中权力中心要求掌握对权力结构中所有成员的评价和判断。随着谥法的成熟，这种评价和判断会应用于权力结构内的全体成员身上，周天子亦不能例外。秦始皇注意到谥法应用到天子身上，会造成"子议父，臣议君"的局面，[2]威胁皇帝权威，因而废除谥法，但他不知道，谥法正是作为集权的伴生物才在集权政体的历史中得以发生和发展。

搞清楚了谥号与官号的这种关系，就对所谓"生称谥"问题有了合乎历史逻辑的理解。事实上，不仅爵制与谥法，而且后世官制的日渐繁复的演化，也都可以纳入制度形式的名号分化背景下进行观察，从而获得更具历史纵深感的新认识。以上考察可汗号的形式与性质，进而探讨早期政治组织制度形式的演化，不仅仅是要对内亚民族的政治文化传统有所触及，而且还是为了从这种探讨中获得某些一般性的历史知识。

1　杨希枚:《论周初诸王之生称谥》,《先秦文化史论集》, 中国社会科学出版社, 1995, 第274—281 页。

2　《史记》卷六《秦始皇本纪》, 第236 页。

第二章　匈奴单于号研究

　　作为匈奴国家的最高政治职位，单于是中国史籍所见的内亚草原政治体最高统治者（supreme ruler）最早的、明确的称号，按本书所使用的术语系统，应即一种"官称"（political title）。内亚政治体的演进到了匈奴国家这个历史阶段后，草原上诸种政治力量之间的斗争，主要表现为对单于职位的争夺。无论单于一词在语源、语义方面有多少探究的余地，[1]匈奴国家建立之后，单于作为草原政体制度形式中的最高职务，从此凝固下来，成为内亚政治传统重要的一部分，影响深远，直到公元3—

1　有关研究者对单于一词语源、语义的研究，内田吟风有集中的介绍和评议，见所著《"单于"の称号と"匈奴单于庭"の位置に就て》，收入氏著《北アジア史研究·匈奴篇》，京都：同朋舍，1975，第83—91页。

4 世纪被可汗称号所代替。[1]

　　本章要讨论的不是单于这一职位名称（即官称）本身的语源、语义、职权及其在北族政治文化中的意义等问题，这些重要问题或者已经被深入研究，或者暂时难有确解。[2] 本章要讨论的单于号（appellation for the title of Shan-yu），是指附加在单于称号之前的、带有装饰意义却又具备稳定制度形式的某种衔号，即一种官号。根据我们对可汗号的研究，我们确信在内亚民族中存在着一种古老的政治名号演化现象，即装饰性的美称被用作政治名号以后，会发生向官号和官称二元分化的过程。完整的政治名号是由官号与官称两个部分构成的，官称指某种制度化的政治职务（institutionized political title with an office），官号则是附加在官称之前的装饰性荣衔。任何一个重要的政治人物，只要在政治体内控制某种制度性资源，具备制度性身份，就必定同时拥有一个官称及与此官称相搭配的、具有强烈个人色彩的官号。我们相信匈奴时代的游牧帝国政治体制内，也存在着官号与官称共同构成政治名号的传统。本章主要讨论匈奴最高政治职务单于及相关名号的问题，而非讨论作为官称的单于本身。

　　虽然史料中没有明确记载匈奴的单于号制度，但史料中许多匈奴单于的单于号被保存下来了。比如，《史记》和《汉书》所记的匈奴单于中，有些单于明确具有这种单于号。《汉书》记虚闾权渠单于死，颛渠阏氏与左大且渠都隆奇谋，"立右贤王屠耆堂为握衍朐鞮单于"。[3] 在这里，单于是政治职务，屠耆堂是原有的名字（given name），握衍朐鞮是单于号，即一种官号。后来姑夕王"与乌禅幕及左地贵人共立

1　单于被可汗取代，应当有一个较长的过渡期。从现有史料看，这个过渡期大致相当于从北匈奴政权崩溃到鲜卑诸部确立其对蒙古高原（特别是蒙古高原的中部和东部）统治地位这一时期。

2　Peter B. Golden, *An Introduction to the History of the Turkic Peoples: Ethnogenesis and State-formation in Medieval and Early Modern Eurasia and the Middle East*, pp. 57–60.

3　《汉书》卷九四上《匈奴传上》，中华书局点校本，1962，第 3789 页。

稽侯狦为呼韩邪单于"，[1]稽侯狦是名字，呼韩邪是单于号。握衍朐鞮和呼韩邪是装饰性词语，是附加在单于称号之前的，这种附加性装饰是制度性的，绝不是可有可无的。屠耆堂和稽侯狦登上单于位后，就分别获得握衍朐鞮和呼韩邪的单于号，他们此后被人称呼的是单于号而不是原有的名字。在历代单于的系列名单里，正是专属于他们的单于号使他们具有独一的身份。

下面我们就根据对内亚政治文化传统的认识，特别是对"政治名号＝官号＋官称"这一模式的认识，来界定匈奴单于号的性质、功能和形式，由此尝试恢复西汉匈奴单于号的本来面目。我们认为，西汉匈奴史料中有关单于号的记录虽然是模糊甚至是错误的，但在以上分析模式指导下，仍然有可能探究匈奴政治名号的实质与真相。在这一认识的基础上，还将考察呼韩邪单于之后，特别是东汉南匈奴时期的单于号问题，以探寻匈奴政治传统在汉朝文化的强烈影响下所发生的深刻变革。

一　西汉匈奴的单于号问题

据《汉书》，从呼韩邪单于以后，西汉匈奴历任单于及所有争位自立的单于都有单于号，比如，呼韩邪时期有所谓五单于，除呼韩邪单于外，还有屠耆单于（本名薄胥堂），西方呼揭王自立为呼揭单于，右奥鞮王自立为车犁单于，乌藉都尉自立为乌藉单于。后来屠耆单于的从弟休旬王自立为闰振单于，呼韩邪单于之兄呼屠吾斯自立为郅支骨都侯单于。[2]这些单于都是在立为单于后，立即获得一个专属于自己的单于号。西汉后期，呼韩邪诸子依次继为单于，亦循此制，各有单于号。看起来，单于有单于号，源于匈奴的政治文化传统，那么，是不是西汉所有单于都有单于号呢？

---

1 《汉书》卷九四上《匈奴传上》，第 3790 页。
2 《汉书》卷九四下《匈奴传下》，第 3795—3796 页。

　　《史记》所记最早的匈奴单于是头曼和冒顿，[1]"匈奴单于曰头曼，……单于有太子名冒顿"。[2]从这个叙述看，头曼和冒顿应当是名字。冒顿死后，"子稽粥立，号曰老上单于"。[3]显然，稽粥是名字，老上是单于号。可是接下来《史记》又称"老上稽粥单于初立"云云，似乎单于号可以与名字混合使用。[4]据《史记》，"老上稽粥单于死，子军臣立为单于"；军臣死，"军臣单于弟左谷蠡王伊稚斜自立为单于"；伊稚斜死，"子乌维立为单于"。[5]把军臣、伊稚斜和乌维都看作名字而不是单于号。乌维死，"子乌师庐立为单于，年少，号为儿单于"。[6]《汉书》乌师庐作詹师庐。[7]如果不是因为幼小，是不是就可以直接号为乌（詹）师庐单于呢？在儿单于之后，《史记》又记录了呴犁湖单于和且鞮侯单于，也把呴犁湖和且鞮侯看作名字而不是单于号。[8]

　　据《史记》，匈奴单于多在单于前加上本名，除了老上单于和儿单于，都没有单于号。为什么老上单于和儿单于会成为例外呢？而且，根据《汉书》，西汉后期的匈奴单于，都明确地具有不同于其本来名字的单于号，带有单于号的单于才是正式称号。这种分别是怎样形成的？是不是匈奴单于本来没有单于号，单于号是西汉后期才出现的呢？正如我们在讨论可汗号时所认识到的，作为一种官号的单于号，是匈奴政治制度的一部分，源于草原政治文化的古老传统，并不

1　《史记》卷八一在记战国赵将李牧与匈奴作战时，提到匈奴单于；卷八六《刺客列传》引鞫武谏燕太子丹之语，有"请西约三晋，南连齐、楚，北购于单于"云云，分见《史记》，第2450、2529页。说明战国时匈奴已有单于。但这些记载没有指明单于姓名与单于号，无从据以研究匈奴单于的世系等问题。有明确世次名氏的单于资料，还是始于头曼与冒顿。

2　《史记》卷一一〇《匈奴传》，第2887—2888页。

3　《史记》卷一一〇《匈奴传》，第2898页。

4　裴骃《史记集解》引徐广语："一云'稽粥第二单于'，自后皆以弟别之。"见《史记》卷一一〇《匈奴传》，第2898页。照徐广的理解，匈奴单于自冒顿之后，依世次排列，如秦始皇所设计的二世、三世以至万世那样。可是，除了徐广自己这句话，还没有史料可以证明汉代匈奴单于号有排列世次的功能。

5　《史记》卷一一〇《匈奴传》，第2904—2912页。

6　《史记》卷一一〇《匈奴传》，第2914页。

7　《汉书》卷九四上《匈奴传上》，第3774页。

8　呴犁湖，《汉书》作句黎湖，见《汉书》卷九四上《匈奴传上》，第3775页。

是到西汉后期才出现的。从这个意义上说，匈奴单于历来都是有单于号的，这个单于号绝不是单于本人担任单于之前的名字，而是在登上单于位之后获得的专有名号。

在讨论可汗号问题时我们已经强调过，通过考察北朝至隋唐柔然、突厥等北族的可汗号和官号，进一步论及早期政治组织制度形式的演化，可以得出"早期政治组织的制度形式，都是从名号开始的，由名号分化而为官号与官称"的结论。可汗号是官号的一种，是由更早的名号分化而来的一种制度形式。这种制度形式在华夏早期同样有迹可循，而在中国史籍中的北族史料里尤为明显。每一任可汗，在其任职仪式中，都会获得一个专属于他的可汗号，此后只能以可汗号称呼他，他原有的名字不再有人提起。从功能上说，可汗号的出现，就是要使担任可汗的人具备全新的身份。可汗号与其他官号的意义要从这个角度理解。据《北史》所记，"蠕蠕之俗，君及大臣因其行能，即为称号，若中国立谥。既死之后，不复追称"。[1] 基于"行能"而给定的装饰称号，不只有可汗号，还有大臣的官号。从早期社会政治组织生长发育的角度来看，名号先于官称，官称是一部分名号凝固的结果。这类名号，产生于对"行能"的概括和总结，其基本功能则是使名号获得者具有新的身份，从而可以行使新的权力。

匈奴单于号问题，也应当放在这一政治文化传统的大背景中去认识。因此，每一个单于都有专属于他自己的单于号，他也以这个单于号而为人所知。对于遥远的敌对政权来说，了解单于世系本身，已经是相当复杂的工作，要准确记录单于登位前后名号的变化，有很大的难度。特别是对于汉朝官方来说，当他们开始搜集有关匈奴的情报时，发现匈奴国家与汉朝之间横亘着空间的、政治的和文化的鸿沟。汉人对于匈奴单于的单于号制度的清楚认识，要等到他们与匈奴政权间建立亲密关系之后，而那已经是汉宣帝时候了。正是在这个意

---

1 《北史》卷九八《蠕蠕传》，第 3251 页。

义上，我认为《史记》《汉书》中关于虚闾权渠单于之前的历任单于，所记录的都是单于号而不是名字。

也就是说，包括头曼、冒顿、军臣以至虚闾权渠在内的那一长串称呼，都不是名字而是单于号。长期以来把头曼、冒顿等当作名字，实是一种误会，而这一误会的原因，就是汉朝对于单于号制度不甚了解。比如前面引《史记》记冒顿死后，"子稽粥立，号曰老上单于"，把作为单于登位之前的名字稽粥与登位之后的单于号区分得很清楚，可是接下来却说"老上稽粥单于初立"，又混为一谈了。大概当时汉朝对冒顿单于死亡前后的情报十分重视，所以能够获知老上单于登位之前的名字，也知道他登位之后才"号曰老上单于"，但是并不清楚单于号与他本人名字之间的关系。与此相关，《史记》记乌维单于死，"子乌（詹）师庐立为单于，年少，号为儿单于"，其实乌（詹）师庐也不是名字而是正式的单于号，只是由于年幼才又被人称为"儿单于"，后者应当不是正式的单于号。一般单于名、号都是匈奴语的音译，而"儿单于"之"儿"，显然是意译。

头曼、冒顿作为单于号而不是人名既已说明如上，对其语义的理解便有了新的视角。夏德（F. Hirth）最早发现头曼即突厥语 tumen，意思是"万"。[1]白鸟库吉赞成这种联想，并指出蒙古语及满语中表示"万"的词语均作 tumen，可见头曼的意思是表示万人、万户。[2]使用这样一个字眼，如果理解为尚未强大到统一草原诸部族时期的匈奴单于的单于号，似乎更加合理些。夏德又考证冒顿即突厥语和蒙古语 bagatur 的对音，巴克尔（E. H. Parker）即从此说。[3]白鸟库吉却认为应当是蒙古语的 Bogdo，意为神圣，并举清代漠北蒙古人尊清天子为

1 Friedrich Hirth, *Sinologische Beiträge zur Geschichte der Türkvölker I: Die Ahnentafel Attila's nach Johannes von Thurocz*, St. Petersburg: Wissenschaften, 1900, p. 230.

2 白鸟库吉:《西域史上の新研究》,《西域史研究》上册, 东京: 岩波书店, 1941, 第223—224页。

3 E. H. Parker, *A Thousand Years of the Tartars*, London & New York & Bahrain: Kegan Paul Limited, 2002, p. 9. 该书第一章 "The Empire of the Hiung-Nu" 被向达译作《匈奴史》出版（商务印书馆, 1934）。

博格多汗（Bogdo Khan）为例。[1] 有关研究当然还可以继续，[2] 但这种意义的词语，只有理解为弑父篡位之后获得的单于号，而不是幼年获得的名字，才是比较稳妥的。

现在我们来讨论"撑犁孤涂单于"的问题。据《汉书》："单于姓挛鞮氏，其国称之曰'撑犁孤涂单于'。匈奴谓天为'撑犁'，谓子为'孤涂'，单于者，广大之貌也，言其象天单于然也。"[3] 荀悦《汉纪》卷一一："自商、周已来，世为中国患。至匈奴，姓挛鞮氏，国人称之曰'撑黎孤涂若单于'。匈奴谓天为'撑黎'，谓子为'孤涂'，'若'言天子也；'单于'者，广大之貌，言其单于然也。"[4] 显然后者是依据前者而来，还有了些增窜，如"若单于"，可能是指西汉后期及东汉的单于谥号"若鞮"。如果《汉书》这一记录不误，那么历任单于除了各自单于号之外，还有"撑犁孤涂"这个名号。问题是这个材料仅此一例，实际上汉匈使节在出使及书信往来时，没有任何有关这一称号的记录。冒顿单于与汉文帝书，自称"天所立匈奴大单于"；老上单于与文帝书，自称"天地所生日月所置匈奴大单于"。[5] 老上单于的自称，是汉人中行悦所写，冒顿的信也应当出自汉人之手，虽然"倨傲其词"，但不免夹杂模拟汉制的因素，比如写上了"大单于"，却没有写上单于号。尽管冒顿父子的自称中充满天崇拜的倾向，认定单于的合法性来自天，但并没有承认单于是"天之子"。也就是说，在冒顿父子的自称中，看不到与"撑犁孤涂"相对应的因素。有学者联想到突厥可汗致隋文帝书，自称"从天生大突厥、天下贤圣天子、伊利俱卢设莫何始波罗可汗"，及元代白话碑有"长生天气力里皇帝"云云，认为这是北族传统。[6] 可是隋代突厥可汗自称"天下贤圣天子"，显然

1　白鸟库吉：《西域史上の新研究》，《西域史研究》上册，第224页。
2　岑仲勉：《冒顿之语源及其音读》，原载《西北通讯》第3卷第1期，1948年7月，后收入林幹编《匈奴史论文选集（1919—1979）》，中华书局，1983，第217—221页。
3　《汉书》卷九四上《匈奴传上》，第3751页。
4　荀悦：《汉纪》孝武皇帝纪二卷一一，见张烈点校《两汉纪》上册，中华书局，2002，第177页。
5　《史记》卷一一〇《匈奴列传》，第2896、2899页。
6　冯家昇：《匈奴民族及其文化》，《禹贡》第7卷第5期，1937年5月，第21—34页。

只是比附隋制，无论是可汗一词，还是其可汗号"伊利俱卢设莫何始波罗"，都没有"天之子"的意思。

因此，我认为《汉书》有关"撑犁孤涂"的记载，并不反映匈奴单于名号制度的实际，这个词语，是匈奴方面为了向汉朝解释"单于"职位时，比附汉制、出之以匈奴语而出现的，也就是对"天子"一词的匈奴语直译。白鸟库吉考证"撑犁"即蒙古语表天意之 tängri、tengeree 和 tangara，及突厥语表天意之 tängri 的对音，而"孤涂"即通古斯语族中 Apogir 语表子意之 hútta 及 Barguzin 语表子意之 gutó 的对音。[1] 虽然后来学者对"孤涂"的对音有不同意见，[2] 但白鸟氏有关"撑犁"乃 tängri 对音一说则被广泛接受。[3] 这个研究对于了解古匈奴语与今天阿尔泰语系各语族的亲缘关系，当然是很有意义的，但是并不能帮助澄清单于名号制度，因为"撑犁孤涂"在当时只是解释性的词语，并不是正式名号。《艺文类聚》引皇甫谧《玄晏春秋》，称执烛之胡奴解释"棠梨孤涂"曰："棠梨天子也，言匈奴之号单于，犹汉人有天子也。"[4] 这个胡奴也明确把"棠梨孤涂"看成单于名号对汉天子的比附。陈三平从探讨"天之子""神之子"这些古代称号，研究古伊朗文化对阿尔泰语系草原文化的深刻影响，涉及"撑犁孤涂"一词时，他比较倾向于截取前引执烛胡奴"棠梨天子也"的话，把撑犁（棠梨）这个词直接看成天子的意思。[5] 我认为胡奴的回答是解释"棠梨孤涂"的，只不过简省了"孤涂"而已，不能据以论证"孤

1　白鸟库吉：《西域史上の新研究》，《西域史研究》上册，第 212 页。

2　Edwin G. Pulleyblank, "The Consonantal System of Old Chinese: Part Ⅱ ," *Asia Major*, New Series, Vol. IX, 1962, pp. 206−265.

3　Sir Gerard Clauson, *An Etymological Dictionary of Pre-Thirteenth-Century Turkish*, Oxford: the Clarendon Press, 1972, pp. 523−524.

4　欧阳询：《艺文类聚》卷八〇火部烛门，上海古籍出版社，1982，第 1371 页。

5　Sanping Chen, "Son of Heaven and Son of God: Interactions among Ancient Asiatic Cultures Regarding Sacral Kingship and Theophoric Names," *Journal of the Royal Asiatic Society*, Series 3, Vol. 12, No. 3(2002), p.308.

涂"一词没有意义。[1] 总之，无论还存在多少历史比较语言学方面的问题，"撑犁孤涂"不过是匈奴人对汉朝"天子"一词的匈奴语直译，是为了使单于获得对应于汉朝皇帝的礼仪和地位，而向汉人做出的生硬解释，并不是稳定的、正式的、在匈奴政治生活中被实际使用的单于号。[2]

　　综上所述，《史记》记录的历任单于名单，从头曼到且鞮侯，除了老上单于原名稽粥这一条外，都只有单于号而没有人名，历来视这些单于号为人名，实是司马迁时代汉人对单于号制度缺乏了解而造成的误会。《汉书》接着《史记》记录了且鞮侯单于之后的狐鹿姑单于、壶衍鞮单于和虚闾权渠单于，但是叙述上有了变化。比如，记且鞮侯单于死，"长子左贤王立为狐鹿姑单于"；狐鹿姑单于死，"立子左谷蠡王为壶衍鞮单于"；壶衍鞮单于死，"弟左贤王立，为虚闾权渠单于"。[3] 这种叙述方式的变化，使单于号不再被误认为名字，而显示出是在即位之后才获得的称号。这表明班固知道狐鹿姑单于在登位以前，是不叫狐鹿姑的，因为身份的变化，才"立为狐鹿姑单于"。根据我们对早期政治组织制度形式的理解，狐鹿姑单于在任左贤王的时候，也应当有他专属的左贤王号（一种官号），以代替他原来的名字（当然，在左贤王号之前也许他被人称呼的是另一个官号而已）。到汉宣帝时代，汉匈关系中的强弱态势发生转变，原有的紧张状态已基本消失，汉朝对于匈奴社会与政治的认识已经相当深入了。因此，《汉书》在记录西汉后期匈奴单于世次、单于登位前后的名字与单于号时，就比较准确，没有发生《史记》那种含混与误会。

1　对"撑犁孤涂"做出最新研究的是蔡美彪先生，请参看他的论文《成吉思及撑黎孤涂释义》，《中国史研究》2007年第2期。

2　卜弼德在《胡天汉月方诸》（*Hu T'ien Han yueh Fang Chu*）系列札记中有一篇"Dayan, Činggis, and Shan-yü"，讨论古代北亚草原帝国君主称号问题，把"撑犁孤涂"的语义直接与"言其象天单于然也"联系起来。这更是被汉代的生硬解释误导的结果。见 *Selected Works of Peter A. Boodberg*, compiled by Alvin P. Cohen, Berkeley, CA: University of California Press, 1979, pp. 85–89。

3　《汉书》卷九四上《匈奴传上》，第3778、3782、3787页。

二　南匈奴单于世次与单于号之关系

在讨论南匈奴的单于号之前，我们再看看呼韩邪单于及其诸子时代，当匈奴与西汉的关系进入称藩时代以后，汉朝文化对匈奴单于号制度的影响。据《汉书》："匈奴谓孝曰'若鞮'，自呼韩邪后，与汉亲密，见汉谥帝为'孝'，慕之，故皆为'若鞮'。"[1]白鸟库吉推定汉代"若鞮"读音应是 zak-tai，在通古斯语中找到 säksäti、在蒙古语中找到 šuktai 这样表示"涂血"并引申指称血统关系的词语，认为与"若鞮"是同一语形，而且"若鞮"即相当于契丹语中的"赤寔得本"或"得失得本"。[2]匈奴语与阿尔泰语系各语族的关系究竟如何，尚有待进一步研究，不过"若鞮"即汉语"孝"字的匈奴语意译，既有古文献的确认，又得到白鸟氏历史比较语言学研究的佐证，似乎可以将信将疑地、有保留地接受。

呼韩邪单于死后，诸子有六人相继为单于，[3]《汉书》记录了他们的单于号，分别是：

> 复株累若鞮单于（名雕陶莫皋）
>
> 搜谐若鞮单于（名且靡胥）
>
> 车牙若鞮单于（名且莫车）
>
> 乌珠留若鞮单于（名囊知牙斯）

1　《汉书》卷九四下《匈奴传下》，第 3828 页。

2　白鸟库吉：《西域史上の新研究》，《西域史研究》上册，第 219—222 页。

3　《后汉书》卷八九《南匈奴传》记呼都而尸道皋若鞮单于死，"子左贤王乌达鞮侯立为单于，复死，弟左贤王蒲奴立为单于"（中华书局点校本，1965，第 2942 页）。据此，蒲奴是乌达鞮侯的弟弟，故得为左贤王。历来对此的理解都较为明确，如内田吟风为研究匈奴单于继承制度所列单于世系表，即如此，见内田氏《北アジア史研究·匈奴篇》，第 212 页。有的学者把蒲奴理解为呼都而尸道皋若鞮单于的弟弟，而不是乌达鞮侯的弟弟，因此在计算匈奴世系时，错误地认定呼韩邪有七子为单于，如林幹《匈奴史》书末所附《匈奴单于世系表》（内蒙古人民出版社，1979，第 193—194 页）。同样的错误又重复出现在林幹所编《匈奴历史年表》（中华书局，1984）及《匈奴史论文选集（1919—1979）》两书所附的《匈奴单于世系表》中。

乌累若鞮单于（名咸）

呼都而尸道皋若鞮单于（名舆）

这六位单于的单于号的末尾，都有"若鞮"，如同汉代皇帝谥号中皆
有"孝"字。手塚隆义说这是匈奴对汉朝礼制的单纯模仿。[1] 问题是，
汉代皇帝生前无谥，孝谥是死后获得的。而这六位单于的单于号，应
当是在即位时就一次性获得了。如果不是这样，那么很难理解当呼都
而尸道皋若鞮单于破坏呼韩邪确立的单于继承次序而激起乌珠留若鞮
单于诸子不满，并最终导致南北匈奴分裂以后，[2] 因为倚靠汉朝而掌握
了匈奴单于正统的南匈奴，还会给他奉上"若鞮"的谥号。《后汉书》
甚至直接提到"比季父孝单于舆"，[3] 以"孝单于"指代呼都而尸道皋
若鞮单于。当然，现在已无从知道是谁决定了学习汉制使用"若鞮"
的。呼韩邪之后的单于继承原则是由呼韩邪确立的，那么使用"若
鞮"是否同样由他确立？考虑到他的六子单于号中皆有"若鞮"，而
此后南匈奴亦遵而不改（南匈奴省若鞮为鞮，可能只是音译简省的问
题），这个传统创自呼韩邪的可能性最大。也许，呼韩邪为子孙的单
于号预制"若鞮"一词，却又不用在自己的单于号中，不仅是为了学
习汉制，还为了要子孙遵守他确立的诸项国策，并确定他在单于世系
中的特殊地位。如果这一推测不误，那么呼韩邪在此后匈奴社会中，
特别是在南匈奴以下的匈奴历史传统中所占有的突出地位，就更加容
易理解了。

---

1 手塚隆义：《匈奴单于相続考——とくに狐鹿姑单于の登位について》，《史苑》第20卷第2号，
   1959年。
2 关于南北匈奴分裂，表面上的原因是呼都而尸道皋若鞮单于破坏传位程序，坚持传位给自己的
   儿子而不是兄弟或更年长的前单于诸子，激起了继承次序中排名在先者的反抗。不过我认为，
   可能还存在着更深层的原因，与呼韩邪单于之后匈奴内部亲汉、仇汉两种势力间的斗争紧密相
   关。呼都而尸道皋若鞮单于杀死王昭君与呼韩邪之子右谷蠡王伊屠知牙师排挤乌珠留若鞮单于
   长子比，反映了亲汉与仇汉两种势力之间的平衡关系被破坏，仇汉势力借助新莽以来匈奴对新、
   汉关系的逆转，而获得了很大的优势，造成两派力量最终摊牌并分裂。关于匈奴单于继承制度
   的研究，请参看内田吟风《北アジア史研究·匈奴篇》，第211—217页。
3 《后汉书》卷八九《南匈奴传》，第2939页。

　　除了在单于号中增加"若鞮"以外，西汉政府对于匈奴的另一个重要影响，就是强制匈奴单于接受汉人的单名制度，不再使用多音节的名字。《汉书》："时，莽奏令中国不得有二名，因使使者以风单于，宜上书慕化，为一名，汉必加厚赏。单于从之，上书言：'幸得备藩臣，窃乐太平圣制，臣故名囊知牙斯，今谨更名曰知。'莽大说，白太后，遣使者答谕，厚赏赐焉。"[1] 所谓"中国讥二名"，一些人"以制作去二名"，[2] 是王莽文化改革运动的一部分。很难相信匈奴会放弃匈奴社会原有的制名传统，而学习汉朝普遍使用单音节的单名，仅仅就语言传统来说，也是不可能的。我认为乌珠留若鞮单于简化囊知牙斯为知，只是对汉朝而言的，只会反映在官文书的字面上和往来使节的对答中。[3] 然而这一权宜之计从此至少在汉朝档案记录中形成了新的传统，匈奴单于从囊知牙斯改名为知以后，大多数单于就仅以单名见载于汉文史料。比如后来建立了南匈奴的醯落尸逐鞮单于，在《后汉书》中只见其单名"比"，而《汉书》提到"乌珠留单于子苏屠胡本为左贤王"云云，[4] 惠栋《后汉书补注》指出苏屠胡与比理应是指同一个人，《后汉书》作比，"或别有据"。[5] 其实所谓"别有据"，就是根据东汉官方文献。在囊知牙斯简化自己的名字之后，出现于官方文书中的匈奴王公的名字，应当都已经简化成单名了。继任的乌累若鞮单于单名咸，呼都而尸道皋若鞮单于单名舆，就反映了这一变化。而在舆之后的两个继任者，乌达鞮侯与蒲奴，与比争位造成匈奴分裂，而失去了与汉朝官方的正式联系，所以他们的名字保持着多音节的本来形式。咸在为左犁汗王时，曾携二子投靠新莽，其二子分别名登、助，[6]

1　《汉书》卷九四下《匈奴传下》，第 3819 页。

2　"中国讥二名"，见《汉书》卷九九上《王莽传上》，第 4051 页；"以制作去二名"的例子，有王会宗改名宗，见《汉书》卷九九下《王莽传下》，第 4153 页。

3　王莽诏令中"降奴服于知"云云，即以知为乌珠留单于之名，见《汉书》卷九九中《王莽传中》，第 4121 页。

4　《汉书》卷九四下《匈奴传下》，第 3827 页。

5　王先谦：《后汉书集解》卷八九引惠栋《后汉书补注》，中华书局影印 1915 年虚受堂刊本，1984，第 1035 页。

6　《汉书》卷九四下《匈奴传下》，第 3823 页。

咸又有一子名角，[1] 都是单名。而南匈奴在汉顺帝即位之前的十二名单于中，有十人是单名。可见这种仅仅表现在汉文文书、使节往来及朝觐礼仪上的汉化单名，已经成为南匈奴的历史传统之一。

以上所述，是西汉末年及新莽时期，匈奴国家与中原王朝建立了前所未有的密切联系，而造成单于名号制度发生的一些形式上的变化。这些变化显然是源于中原王朝强大的政治作用与文化影响。当匈奴分裂，南匈奴入塞接受东汉王朝的军事保护和政治监管之后，东汉对南匈奴社会各个方面的作用与影响，只会更加强烈、更加持久、更加深刻。对于这些作用和影响，我们仅就单于号问题来做一观察。

南匈奴单于共传二十人，其中第九任单于安国起兵叛汉，被部下所杀，第十七任单于呼徵被汉朝官员擅杀，第十八任单于羌渠被部下叛乱杀害，皆不得善终，也都没有留下单于号。最后一任单于呼厨泉，从建安二十一年（216）入朝被留，再也没有返回南匈奴驻地，也没有留下单于号。其余的十六位单于都有完整的单于号。史料所记他们之间的亲缘及传承关系，大致上是清楚的，只有第十四任单于兜楼储、第十五任单于居车儿及第十八任单于羌渠，与以往单于之间的亲缘世次不明确。但可以做一些推测。比如，第十四任单于兜楼储，是在去特若尸逐就单于休利及弟左贤王皆被逼自杀之后，从洛阳返回并州继任的。兜楼储"先在京师"，[2] 号称"守义王"，[3] 那么，他可能是以侍子身份居洛阳。南匈奴率以单于诸子轮流充作侍子，而休利担任单于长达十三年，洛阳侍子应当是他本人的儿子而不是前任单于之子。因此，基本上可以推测，兜楼储很可能是休利之子。如果休利在洛阳时的身份不是侍子，那么他可能是休利的侄子，即檀或拔的儿子。而第十五任单于居车儿，不是兜楼储之子，就是兜楼储之弟。第十八任单于羌渠，从当时南匈奴的情况来看，可能是其前任单于呼徵

1　《汉书》卷九四下《匈奴传下》，第 3826 页。

2　《后汉书》卷八九《南匈奴传》，第 2962 页。

3　《后汉书》卷六《孝顺帝纪》，第 273 页。袁宏《后汉纪》孝顺皇帝纪下卷一九作"立义王"，见张烈点校《两汉纪》下册，第 373 页。

的叔父或弟弟。

南匈奴的二十个单于中，最初三个是创建南匈奴的比及其两个弟弟莫和汗，其余的十七个，都是这三兄弟的后代。比从北匈奴中分裂出来投靠汉朝从而建立南匈奴，他的兄弟们的支持是至关重要的，因此南匈奴的单于传承次序，也在三兄弟及其后嗣之间，以兄终弟及的传统程序进行。我认为，比最初以祖父呼韩邪的单于号当作自己的单于号，对外（汉朝）是表明要坚持呼韩邪开创的亲汉路线，对内（诸弟）则是表明要遵守呼韩邪确立的单于传承原则。当然，完全符合程序的兄终弟及传承，是不可能坚持长久的。历史的实际是，在比、莫、汗三兄弟后代之间的传承，只进行到第二代，以安国被杀告终；从第三代开始到最后一任单于，全都属于比这一支。其中比之子长，长之子檀，分别在位二十三年和二十七年，对比这一支垄断单于传承，可能具有决定意义。

保存下来的十六位南匈奴单于的单于号，都是匈奴语的汉字记音，其本来语义已全不可晓。但这种记音方式，毕竟保留下来了某种信息，哪怕只是微弱模糊、难以识别的信息。我认为，分析现有的单于号，可以发现三位创建南匈奴的第一代单于的单于号，分别与他们后代历任单于的单于号之间，存在某种联系。兹先列南匈奴历任单于名字、单于号、世系及在位时间如次，然后略加论述。

1. 比，醢落尸逐鞮单于，乌珠留单于之子，48—56 年；

2. 莫，丘浮尤鞮单于，比之弟，56—57 年；

3. 汗，伊伐于虑鞮单于，莫之弟，57—59 年；

4. 适，醢僮尸逐侯鞮单于，比之子，59—63 年；

5. 苏，丘除车林鞮单于，莫之子，63 年；

6. 长，胡邪尸逐侯鞮单于，适之弟，63—85 年；

7. 宣，伊屠于闾鞮单于，汗之子，85—88 年；

8. 屯屠何，休兰尸逐侯鞮单于，长之弟，88—93 年；

9. 安国，缺单于号，宣之弟，93—94 年；

10. 师子，亭独尸逐侯鞮单于，适之子，94—98 年；

11. 檀，万氏尸逐鞮单于，长之子，98—124 年；

12. 拔，乌稽侯尸逐鞮单于，檀之弟，124—128 年；

13. 休利，去特若尸逐就单于，拔之弟，128—140 年；

14. 兜楼储，呼兰若尸逐就单于，休利之子或侄辈，143—147 年；

15. 居车儿，伊陵尸逐就单于，兜楼储之弟或子，147—172 年；

16. 缺名，屠特若尸逐就单于，居车儿之子，172—178 年；

17. 呼徵，缺单于号，屠特若尸逐就单于之子，178—179 年；

18. 羌渠，缺单于号，呼徵之叔父或兄弟，179—188 年；

19. 於扶罗，持至尸逐侯单于，羌渠之子，188—195 年；

20. 呼厨泉，缺单于号，於扶罗之弟，195—? 。

从上面这个名单，我们可以获得哪些信息呢？

第一任单于比，单于号为醢落尸逐鞮；比之子第四任单于适，单于号为醢僮尸逐侯鞮；适之弟第六任单于长，单于号为胡邪尸逐侯鞮；长之弟第八任单于屯屠何，单于号为休兰尸逐侯鞮。这父子四人的单于号，除了共有表"孝"义的鞮（即前述"若鞮"）外，还共有"尸逐"一词；适、长与屯屠何三兄弟的单于号，都有"尸逐侯"一词。第二任单于莫，单于号为丘浮尤鞮；莫之子第五任单于苏，单于号为丘除车林鞮。这一对父子单于号中的"丘浮"与"丘除"，存在着语音上的某种近似。[1] 第三任单于汗，单于号为伊伐于虑鞮；汗之子第七任单于宣，单于号为伊屠于闾鞮。这父子二人的单于号中"于虑""于闾"同音，应当是同一词语的不同译写。从这两代人的单于号里，我们能够看到第二代单于的单于号，似乎有标明自己父系血统

---

1 据 Pulleyblank（蒲立本）重建中国中古早期文字读音，"丘浮"作 Khuw buw，"丘除"作 Khuw driĕ。见 Edwin G. Pulleyblank, *Lexicon of Reconstructed Pronunciation in Early Middle Chinese, Late Middle Chinese, and Early Mandarin*, Vancouver: University of British Columbia Press, 1991, pp. 59, 96, 257。

的功能。从第三代开始到最后一任单于，除了不知其单于号的三个单于以外，共有八个单于，其单于号都有"尸逐"一词，仅仅从单于号上，我们也可以推知，他们都是比的后代。

这个信息的意义是什么呢？我们从前面对可汗号的研究中已经知道，早期政治组织，特别是内亚草原民族政治组织的制度形式中，单于号、可汗号和一般官号，都只是为了装饰和强调某种政治职务，并不需要承担标志血统与世系的功能。而在南匈奴的单于号里，我们看到开国三单于都分别与自己的后代在单于号里保有某种联系，这显然不是西汉时代匈奴单于号的历史传统，在后来柔然、突厥等北族的可汗号传统中，也找不到相类的例证。这是南匈奴独有的文化现象。一个可以接受的解释是，这一独特文化现象的出现，既与南匈奴立国时匈奴内部的政治环境有关，也与南匈奴背倚东汉王朝，接受汉朝文化与制度有关。

南匈奴立国之初，醢落尸逐鞮单于比，重新确认呼韩邪单于确立的兄弟相续的单于继承原则，这既是比公然制造分裂、另立单于庭的道德依据，又是南匈奴内部各种政治力量共同作用的结果。[1] 在这个原则下，未来的单于将轮流由比及其两个弟弟的后代担任。他们虽然共有冒顿或呼韩邪这样的祖先，但他们三兄弟在这个谱系中的特殊地位将会很容易被淹没。从我们前面发现的单于号中包含各自血缘世系的情况来看，比及其两个兄弟找到了解决这一问题的方案，就是利用单于号传统，在单于号中体现三兄弟各自不同的后嗣世系。我认为这个方案很可能是受到了汉朝帝王宗庙与庙号制度的启发。华夏帝王宗庙与庙号制度，本来就具有标识世系血统的功能。如前所述，呼韩邪时代最初与汉朝关系密切时，匈奴人就注意到了汉朝的帝王谥号问题，并立即把谥号制度引入单于号之中。随着汉匈关系的进一步紧密，汉朝的宗庙与庙号制度也终究要被匈奴上层所了解、学习。我认为，单

1　Rafe de Crespigny, *Northern Frontier, The Policies and Strategy of the Later Han Empire*, Canberra: Australian National University, 1984, pp. 227-228.

于号中包含血统世系的信息，很可能就是学习庙号制度的结果。

据前列南匈奴历任单于的单于号，从第十三任单于去特若尸逐就单于休利开始，单于号中不再有表"孝"义的"鞮"字。这是不是意味着此后的匈奴单于号放弃了谥号呢？当然，可能还存在一些汉语译写的问题。比如，"尸逐侯"是不是可以简写为"尸逐"，"尸逐就"是否就等同于"尸逐侯"，等等。要解决这些问题，需要多方面的知识和材料，只好俟诸将来。我们在这里只是尽力从有限而难以利用的材料中，寻觅出可供我们联想的历史信息。

三　南匈奴单于号的获得时间及相关问题

汉朝皇帝的庙号与谥号，都是在死后获得的，生前并没有可与单于号或可汗号相比类的所谓"皇帝号"。[1]我们在本书前一章中已经讨论过，早期社会的政治组织，特别是内亚民族的政治组织中的官号、单于号或可汗号，都是在获得相关政治职务的同时获得的，官职与官号不可分离，单于号与单于不可分离，可汗号与可汗不可分离。南匈奴之前的历任匈奴单于的单于号，当然也都是在单于登位的时候获得的。那么，受到汉朝谥号与庙号制度影响而发生变化的南匈奴单于号，是在单于生前登位时获得的，还是死后获得的？没有直接的史料可以对此做出说明，但分析零碎而间接的史料之后，我认为，南匈奴历任单于的单于号，都是死后获得的。试论述如次。

南匈奴的第一任单于醯落尸逐鞮单于比，在决定与北匈奴分裂、自立为单于时，其单于号是呼韩邪。《后汉书》："（建武）二十四年春，八部大人共议立比为呼韩邪单于，以其大父尝依汉得安，故欲袭其号。于是款五原塞，愿永为蕃蔽，捍御北虏。帝用五官中郎将耿国

1　这种情况到唐朝发生了变化，唐以后皇帝制度中有所谓皇帝尊号、皇帝徽号。与汉代匈奴单于号制度的变化受到汉朝政治文化影响不同，唐代皇帝制度与可汗号制度之间，有着相反方向的影响与作用，皇帝尊号制度是华夏传统受到北族政治文化影响而发生变异的结果。请参看本书"从可汗号到皇帝尊号"一章。

议，乃许之。其冬，比自立为呼韩邪单于。"[1]这项春天在南匈奴八部大人会议上形成的决议，要得到汉朝同意之后，才能将比正式立为单于，并以呼韩邪为单于号。据李贤注引《东观记》，匈奴分裂为南北在十二月癸丑（三日），这应当就是呼韩邪单于正式登位的时间。[2]这时的中原王朝，对匈奴单于号制度已经有所了解，甚至也能加以利用。比如王莽曾经立匈奴左犁汗王咸为孝单于，立咸子助为顺单于。[3]孝、顺都是单于号，王莽利用这样的单于号来标榜新型的对匈奴的关系。王莽还计划把匈奴分割成十五部，每部各立一位单于。[4]按照他的计划，他要为十五个单于各自安排一个合于新莽政治利益的单于号。正是在这样的背景下，比以请求自立为呼韩邪单于的方式，来唤起东汉朝廷对宣、元时期北边稳定图景的甜蜜回忆，从而达到获得汉朝支持以抗御北匈奴的目的。呼韩邪这个单于号对于比来说，无论是加强与汉朝的联系，还是凝聚南匈奴八部，都是非常重要的。值得注意的是，这个单于号后面并没有附带"若鞮"或者"鞮"。没有任何史料显示，比在位的九年间，曾经更改过单于号。可是，《后汉书》在正式标举他的单于号时，却明确地称他为"醯落尸逐鞮单于"。这个正式的单于号（包含谥号鞮）既然不是比生前获得的，那么就只能是他死后获得的。

南匈奴历任单于中有四个人是没有单于号的，这个事实如果放在单于只在死后才获得单于号的背景下，就非常容易理解了。这四个人中，第九任单于安国，因为起兵反叛被杀，死后当然不会被给予单于号。第十七任单于呼徵，被专职监管南匈奴的护匈奴中郎将张修所杀，虽然张修因"不先请而擅诛杀"而抵罪，但看来汉廷并不认为呼徵无罪。这种情况下，呼徵死后同样不能得到单于号。呼徵之后的继

1　《后汉书》卷八九《南匈奴传》，第2942页。

2　《后汉书》卷八九《南匈奴传》，第2943页。《后汉书》卷一下《光武帝纪》却记为"冬十月，匈奴薁鞮日逐王比自立为南单于，于是分为南、北匈奴"（第76页）。然而，这一年的十月无癸丑日。当以《东观记》为准，《光武帝纪》夺一"二"字。

3　《汉书》卷九四下《匈奴传下》，第3823页。

4　请参看本书附录"始建国二年诏书册与新莽分立匈奴十五单于"。

任者羌渠，死于南匈奴内部的大规模叛乱，单于的家庭成员不是被叛乱者所杀，就是逃亡在外，长期不能回到单于庭所在的西河离石，南匈奴的主体部分，在相当长时间内脱离了中原汉、魏王朝的控制。这种情况下，尽管羌渠的儿子於扶罗在逃亡中重建了单于庭，但这只是一个流亡政府，而且与汉朝政府建立稳定联系的时间也很晚，即使这期间於扶罗给自己的父亲奉上了什么单于号，汉朝官方也没有记录。如果单于号不是死后获得，而是登位时获得的，那么羌渠为汉而死，他的单于号理应被记录下来。合理的解释只能是他生前没有单于号，死后又赶上汉朝与南匈奴各自大乱，未能举行给羌渠追上单于号的手续和仪式，或者是汉朝官方没有得到有关的报告。这也可以解释於扶罗虽然被排挤出南匈奴的主体和中心，仅仅建立了一个流亡政府，但和曹操控制的汉朝政府建立了联系，所以死后竟然有"持至尸逐侯"的单于号。而他的继任者呼厨泉，羁留洛阳超过五十年，虽然总在国家重要典礼仪式上以"匈奴南单于"的身份出席，[1]点缀太平盛世，但史料中却不见他死于何时何地，自然也见不到晋王朝给予他单于号的记录了。如果呼厨泉在世时就有单于号，必能见诸各种他出席的典礼场合。

以上从单于号在死后获得的角度，解释了南匈奴中四位缺载单于号的单于的各自情况。此外，还有一件事值得注意，就是第十三任单于休利，被护匈奴中郎将陈龟逼迫自杀，造成南匈奴在三四年内没有单于。但陈龟并没有显诛休利，汉朝对陈龟又处以免官，随后马续对南匈奴叛乱者也采取和缓政策，看得出来休利没有被否定，而且继任者很可能还是他在洛阳的侍子，因此，他死后是可以获得单于号的。

1　根据魏晋史料，呼厨泉在洛阳一直经历了汉魏禅代和魏晋禅代。《魏公卿上尊号奏》中，列名者有"匈奴南单于臣泉"，见洪适《隶释》卷一九，中华书局影印洪氏晦木斋刻本，1985，第186页。曹丕称帝后，"更授匈奴南单于呼厨泉魏玺绶，赐青盖车、乘舆、宝剑，玉玦"。见《三国志》卷二《魏书·文帝纪》，中华书局点校本，1959，第76页。到泰始元年（265）冬天晋武帝受禅的时候，似乎呼厨泉还参加了有关仪式，"设坛于南郊，百僚在位及匈奴南单于四夷会者数万人"，见《晋书》卷三《武帝纪》，中华书局点校本，1974，第50页。如果参加晋武帝即位大典的匈奴南单于就是呼厨泉，那么他这时的年龄应当在七十岁左右了。

事实上，休利的单于号是"去特若尸逐就"。

死后才获得单于号，是匈奴单于号传统的重大改变，推动这一变化的力量，一定来自东汉王朝。汉朝庙号与谥号皆于身后获得，这与匈奴单于号在登位时获得的传统有明显的不一致。当文化差异的双方，处于政治、经济和文化上的不平等地位时，强势一方施加于弱势一方的多方面影响就是无可避免的。在东汉王朝的官文书格式及单于朝觐汉帝时的各种礼仪中，如何处理单于的单于号，一定存在过困难。消除这种文化形式上的差异，很可能是单于号改为死后获得的重要原因。此外，在决定给予死去的单于何种单于号方面，东汉政府及其在单于庭的派出机构——护匈奴中郎将的军府，究竟起到多大作用，也是一个有趣的问题。从东汉中期以后护匈奴中郎将敢于欺凌甚至杀害南单于的事实看，南单于的自治权受到了严格的控制和限制，中郎将的权力非常之大。有理由相信，是否给死去的单于以单于号，以及给予什么样的单于号，决定性的权力可能在汉朝官员手里，尽管相关仪式理应由匈奴人自己完成。

把单于号看作死后获得，使得前一节所讨论的南匈奴单于号承担着标明单于世系功能的问题，以及相关变化来自对汉朝帝王庙号制度的学习的猜想，变得更加清晰、更加容易理解了。南匈奴单于号的这种重大变化，是南匈奴社会文化发生深刻变化的一个表征。北族政权在与文化更精致、制度更繁复的中原王朝交往时，引入某些制度因素，发生某些文化变异，本是历史的常态。比如，5 世纪中叶柔然就建立了年号制度，先后有五个年号，这应当是在与南朝及北魏政权交往时学会的。[1]再比如，西汉匈奴社会中的显贵家族，除了挛鞮氏以外，还有呼延氏、兰氏和须卜氏，"此三姓，其贵种也"。[2]可是到了东汉，"异姓有呼衍氏、须卜氏、丘林氏、兰氏四姓，为国中名族，常与单于婚姻"。[3]这样的记录，也许的确反映了南匈奴社会内部构造的变化，

1　《北史》卷九八《蠕蠕传》，第 3255—3257 页。另参看周伟洲《敕勒与柔然》，第 173—174 页。
2　《史记》卷一一〇《匈奴传》，第 2890—2891 页。
3　《后汉书》卷八九《南匈奴传》，第 2944—2945 页。

但更可能主要源于南匈奴社会对洛阳社会外戚贵族"四姓"格局的模拟。这是我们在处理南匈奴史料时需要保持警惕的。入塞之后南匈奴上层贵族的基本生活以及南匈奴政治体的日常维持，基本上仰赖东汉政府年复一年的巨额经济援助。[1]在这种情况下，南匈奴的统治阶层发生倾向于东汉社会与文化的深刻变化，仅仅是一个时间长短、速度快慢的问题。

　　南匈奴单于号改为死后授予这一变化，在魏晋处理边境部族问题上留下了印迹。汉末魏晋大量边境部族款塞、附塞，还有一些深入塞内，中央政权给予一些重要的部族首领以"单于"名号，这当然是匈奴创立的草原政治文化传统的重要遗产。按照东汉以前匈奴传统的单于制度，没有单于号的单于是没有意义的，凡单于皆有单于号。但是汉末魏晋政府授予边境部族首领的单于职务，都没有单于号。而且，魏晋时期各独立族群的首领自称单于时，也都没有标举单于号。这就是因为在近二百年的南匈奴历史上，在世的单于都没有单于号，无论汉朝政府还是南匈奴部众，都早已习惯这一变化，并且视为常态。因此，在赐予边境其他部族首领以单于名号时，也无须加上单于号。单于称号成为中原政权处理边境问题的一个手段，因而它事实上成为华夏制度传统的一部分，而与北族社会内部政治体的发育与成长无关。这样，华夏文化最终完成了对匈奴古老的单于号（官号）传统的改造和消融。后来北族政体中出现可汗称号，可汗代替单于而象征北族政体的元首，原因当然是多方面的，其中，单于称号早已华夏化，不再具备草原政治文化的基本精神，也许是原因之一。而在单于称号华夏化的过程中，单于号由生前授予到死后获得的变化，应当是一个重要的标志。

1　Ying-shih Yü, *Trade and Expansion in Han China*, Berkeley and Los Angeles: University of California Press, 1967, pp. 49–51.

第三章　论拓跋鲜卑之得名

　　由于缺乏直接的语言及其他历史资料，要研究古代北族纷歧错杂的部族名称与制度名号，常常会陷入"文献不足征"的困境，或不免穿凿附会、强立异说。[1]可是，随着学术研究的积累和推进，如果我们能够深入广泛地参考各相关学科的成果，即使原始史料并未增加，对原始史料的认识却可以越来越深刻。对于研究北族名号来说，近代以来国际阿尔泰学的研究成果，特别是阿尔泰语言研究的成果，是我们必须重视和参考的，甚至也应把其中有关内亚民族各语言的探索视作中国史研究的重要积累。在这一前提下，科学地探寻北族部族称号与制

1　Denis Sinor, "Central Eurasia," in Denis Sinor ed., *Orientalism and History*, Bloomington: Indiana University Press, 1970, pp. 109-110.

度名号的出现与发展，就是可能的和理应尝试的。本章以考察鲜卑拓跋部的得名为题，意在通过这一个案研究，揭示或部分地揭示魏晋时期鲜卑诸部得名的一般情况，从而扩展我们对中古时期北方民族部族传统的认识。

作为部族名称的"拓跋"是如何得来的？魏晋时期鲜卑诸部的得名，是不是有大体相似的路径？借助国际阿尔泰学界对阿尔泰诸语言特别是对突厥语和蒙古语的研究，我们完全可以把这一研究推向新的阶段。借助本书前面讨论过的北族名号结构与功能的分析模式，我们可以对北族各种专名进行更加明确的分类和定性，从而有助于我们从北族名号的乱麻中理出头绪，为整理中古民族史的纷乱史料提供一条新的途径。

一 拓跋语源的检讨

对于"拓跋"一词的语源，《魏书》开篇就有解释："黄帝以土德王，北俗谓土为托，谓后为跋，故以为氏。"[1]《资治通鉴》载北魏孝文帝改姓诏书，亦称"北人谓土为拓，后为跋；魏之先出于黄帝，以土德王，故为拓跋氏"。[2]这种说法后世或偶有信从者，如清人吴广成辑《西夏书事》，犹称"北魏孝文取拓跋为土之义，改元氏"。[3]然而北魏官方对于"拓跋"语源的这一解释，深为现代史家所怀疑，或斥为"假托""附会"，[4]或看成"造作先世事实以欺人"。[5]《宋书》虽然说"索头虏姓託跋氏，其先汉将李陵后也"，[6]但并没有解释"託跋"词义。

---

1 《魏书》卷一《序纪》，第 1 页。
2 《资治通鉴》卷一四〇齐明帝建武三年，第 4393 页。
3 龚世俊等：《西夏书事校证》，甘肃文化出版社，1995，第 132 页。
4 白鸟库吉：《东胡民族考》上编，《塞外民族史研究》上册，第 147—149 页。兹据中译本，第 120—123 页。
5 吕思勉：《两晋南北朝史》，上海古籍出版社，1983，第 90 页。
6 《宋书》卷九五《索虏传》，第 2321 页。

《广韵》记录"或说自云拓天而生，拔地而长，遂以氏焉"，[1]显系望文生义。《南齐书》云："初，匈奴女名托跋，妻李陵，胡俗以母名为姓，故虏为李陵之后，虏甚讳之，有言其是陵后者，辄见杀，至是乃改姓焉。"[2]这又不过是《宋书》说法的变种。拓跋，或写作托拔、託跋、拓拔等，应该都是同一个代北名号的不同音译。

　　如果没有新的历史资料及历史比较语言学方法的介入，这个问题只会是死水一潭。19 世纪末发现于蒙古高原鄂尔浑河与土拉河流域的鲁尼文（Runic）字母古突厥文碑铭，给"拓跋"一词的研究提供了新资料。阙特勤碑、毗伽可汗碑及稍晚发现的暾欲谷碑，都用一个专门的名词 𐰴𐰉𐰍𐱃（鲁尼文是自右向左书写）指代唐朝，其罗马字母转写形式为 t（a）bg（a）ç[3]，或作 tabγač[4]，也写作 tabghatch 等形式，都是古突厥文 𐰴𐰉𐰍𐱃 的西文转写。这个指代唐朝的名词，本义究竟是什么，经历了长久的争论。夏德提出 tabγač 是"唐家"一词的突厥文对音转写（后来桑原骘藏在此基础上提出"唐家子"一说），[5]他还指出 tabγač 与拜占庭历史学家 Theophylacte Simocatta 所提到的 Taugast[6]，以及《长春真人西游记》里用来称呼汉人的"桃花石"一词[7]，应有共同

1　陈彭年：《钜宋广韵》卷五，上海古籍出版社影印南宋闽中刻本，1983，第 410 页。胡三省亦引用这一说法，文字小异，见《资治通鉴》卷七七魏元帝景明二年胡注，第 2459 页。

2　《南齐书》卷五七《魏虏传》，中华书局点校本，1972，第 993 页。

3　M. Springling, "Tonyukuk's Epitaph," *The American Journal of Semitic Languages and Literatures*, Vol. 56, No. 4 (1939), p. 365; Talât Tekin, *Orhon Yaıtları,* Ankara: Türk Tarıh Kurumu Basınm Evı, 1988, p. 2; Talât Tekin, *Tunyukuk Yazıtı*, Ankara: Sımurg, 1994, p. 3.

4　Talât Tekin, *A Grammer of Orkhon Turkic*, Bloomington: Indiana University, 1968, p. 231; Volker Rybatzki, *Die Toñuquq-Inschrift*, p. 43.

5　桑原骘藏：《蒲寿庚考》，陈裕菁译订，中华书局，1954，第 103—109 页。

6　Theophylacte Simocatta 的原著为希腊文，其法文翻译参看 George Ceodès（戈岱司）, *Testimonia of Greek and Latin Writers on the Lands and Peoples of the Far East, 4th c. B. C. to 14th c. A. D.*, Chicago: Ares Publishers Inc., 1979, pp. 138-141. 该书有中译本，即《希腊拉丁作家远东文献辑录》，耿昇译，中华书局，1987，第 104—106 页。英文译本请参看 Henry Yule（裕尔）, *Cathay and the Way Thither*, new edition, New Delhi: Munshiram Manoharlal Publishers Pvt. Ltd., 1998, Vol. 1, pp. 29-33. 该书亦有中译本，见《东域纪程录丛》，张绪山译，云南人民出版社，2002，第 17—18 页。

7　李志常：《长春真人西游记》，党宝海译注，河北人民出版社，2001，第 51 页。

的语源（etymology）。[1] 这就把突厥碑铭资料与传世的文献史料结合了起来。问题是，Theophylacte Simocatta 所讲述的 Taugast 国内对立的两个政权之一渡过大河实现统一的战争，一般认为就是隋平陈的战争，时间早于唐。而据卜弼德研究，那个故事描述的本是北周灭北齐并统一北方的历史，时间就更早了。[2] 因此，可以肯定 Taugast 与唐无关。自从伯希和（Paul Pelliot）与白鸟库吉分别提出 tabγač 是指拓跋以后，[3] 这种从历史和语言两方面都能获得圆满解释的说法，已经成为国际突厥学界的通行观点，尽管种种新说并未停止涌现。[4]

《长春真人西游记》里中亚人称呼汉人的"桃花石"一词，也由于 1917 年在土耳其发现麻赫默德·喀什噶里（Mahmud Kashgari）的《突厥语大词典》（Dīwā Luγāt at-Turk）而找到了原型。《突厥语大词典》收有 tawγāč 一词，义为马秦（Māsīn），马秦加上秦（Sīn）和契丹（Khitāy）的范围，也可以统称 tawγāč。[5] 可见 tawγāč 就是指中国，"桃花石"乃是 tawγāč 的中文译写。12 世纪以前由汉文译成回鹘文的《玄奘传》（Bodïstw Taïto Samtso Acarï-nïng Yorïgh-ïn Uqïtmap Atlïgh Tsïïn Cuïn Tigma Kwi Nom Bitig）里，对应汉语"支那国"的回鹘文是 twγāč ili。[6] 因此，突厥碑铭的 tabγač，拜占庭史料里的 taugast，与

1　Friedrich Hirth, "Nachworte zur Inschrift des Tonjukuk," in W. Radloff, *Die Alttürkischen Inschriften der Mongolei*, Zweite Folge, St. Petersburg, 1899, p. 35. Reprinted in two volumes, Osnabrük: Otto Zeller Verlag, 1987.

2　Peter A. Boodberg, "Marginalia to Histories of the Northern Dynasties," *Harvard Journal of Asiatic Studies*, Vol. 3, No. 3/4 (1938), pp. 223–253. 此文后收入 *Selected Works of Peter A. Boodberg*, pp. 265–349。

3　伯希和:《支那名称之起源》，冯承钧译《西域南海史地考证译丛一编》，商务印书馆，1962，第 40—41 页；白鸟库吉:《东胡民族考》上编,《塞外民族史研究》上册，第 131—132 页。

4　最新的解说是由芮传明做出的，他认为 tabγač 是中文"大汉"的突厥文转写；此外，他还介绍了历来中外学者对 tabγač 的各种假说，请看芮传明《古突厥碑铭研究》，第 134—147 页。

5　Mahmūd al-Kāšgari, *Compendium of the Turkic Dialects*（Dīwān Luγāt at-Turk），edited and translated with introduction and indices by Robert Dankoff, in collaboration with James Kelly, Cambridge, MA: Harvard University, 1982, Part I, p. 341.

6　Annemarie von Gabain, "Die uigurische Übersetzung der Biographie Hüen-tsang's," in *Sprachwissenschaftliche Ergebnisse der deutschen Turfan-Forschung*, Band I, Leipzig: Zentralantiquariat der Deutschen Demokratischen Republik, 1972, p. 323.

11 世纪流行于中亚突厥诸族中的 tawɣăč，都是指中国（至少是指北部中国）。这几个词有同源关系，而突厥碑铭里的 tabɣač 是其中最为原始的形态，它是北魏统治集团的核心部族"拓跋"部名称的突厥文音译。[1]克劳森《13 世纪以前突厥语语源辞典》，收有 tavğaç 一词，解释为"一突厥部落名，其中文转写作'拓跋'"。[2]

关于拓跋是不是突厥语部族的问题，此处不拟讨论，我们只注意突厥人以拓跋部名当作中国北方政权称谓的问题。依据白鸟库吉和克劳森的意见，突厥是在拓跋统治中国北方的时候与其发生联系的，因而以其部族名称代指华北政权及其统治区域。[3]可是，突厥与西魏第一次进行正式官方联系，是在西魏文帝大统十一年（545），[4]非正式往来更在三年之前或更早，[5]而宇文泰复鲜卑旧姓在西魏恭帝元年（554）。[6]也就是说，突厥与西魏发生军事、政治接触的十多年之后，西魏皇室才复姓拓跋，而且不出三年即被宇文氏取代，为时短暂，匆匆有如奔驷。在恭帝元年之前的六十年间，皇室姓元，国号为魏（亦偶有称代者），经历了几代人之久，必已深入人心。这个时候突厥人所了解的西魏，哪里会有拓跋的名号呢？

我认为，漠北部族以拓跋名号称呼北魏及其统治区域，要远远早于突厥人与西魏的初次接触，而且这一传统极有可能是由敌视北魏的漠北政权建立的，当然这个政权就是柔然。柔然几乎是在北魏道武帝率领拓跋联盟创建政权的同时，开始其争霸草原的长期战争，而柔然的游牧政权也是在与拓跋部落联盟的对抗中渐渐形成的。[7]柔然并未认可北魏对于大漠南北草原地区的统治权，自然也不会接受北魏的国号

1　张广达：《关于马合木·喀什噶里的〈突厥语词汇〉与见于此书的圆形地图》，《西域史地丛稿初编》，上海古籍出版社，1995，第 57—82 页。
2　Sir Gerard Clauson, *An Etymological Dictionary of Pre-Thirteenth-Century Turkish*, p. 438.
3　白鸟库吉：《东胡民族考》上编，《塞外民族史研究》上册，第 131—132 页；Sir Gerard Clauson, *An Etymological Dictionary of Pre-Thirteenth-Century Turkish*, p. 438。
4　《周书》卷五〇《异域传下》，第 908 页。
5　岑仲勉：《突厥集史》，第 15 页。
6　《周书》卷二《文帝纪下》，第 36 页；《资治通鉴》卷七七梁元帝承圣三年，第 5111 页。
7　内田吟风：《北アジア史研究·鲜卑柔然突厥篇》，京都：同朋舍，1975，第 280—283 页。

及其历任皇帝的年号，可以想象的情况是，柔然仍然以拓跋部的原部
族称号来称呼北魏国家。这种在名称上做文章以显示敌对政治立场的
做法，也反映在北魏太武帝改柔然之名为蠕蠕上。[1]随着北魏逐步统一
北方，柔然及其统领下的漠北草原诸部所称呼的拓跋，也渐渐扩大其
内涵，终于变成指称北部中国的一个固定名词。作为柔然部落联盟的
成员，突厥是从柔然政权接受了 tabɣač 一词的。这就意味着，从柔然
与拓跋为敌算起，一个半世纪以后突厥人使用的 tabɣač 一词，很可能
早已完全失去了拓跋部族名称的原本词义了。

　　既然如此，经过柔然而传递到突厥部族中的 tabɣač，无论概念内
涵还是构词形式或发音方式，都会发生或多或少的变异。从这个意义
上说，简单地把 tabɣač 解释为部族名称，很可能是不符合事实的。这
也可以帮助解释，为什么学者们难以从语源学上解读 tabɣač 一词。因
此，尽管具有语言上的亲缘优势，但突厥人的 tabɣač 一词，未必会比
汉文音译的"拓跋"一词更接近拓跋名号的原本音、义。

　　要解释"拓跋"名号的词义，不应该完全放弃北魏统治者自己
提供的信息。根据孝文帝的改姓诏书，"北人谓土为拓，后为跋"，这
个说法即使有自美姓氏的一面（特别是与黄帝的土德联系起来，明显
是一种攀附[2]），也可能包含了真实的历史线索。[3]白鸟库吉是最早利用
这一线索的学者，即使他只是部分地相信这一线索的价值。根据《魏
书》和孝文帝诏书对拓跋二字的解释，拓跋是一个复合词，是由表示
土地的"拓"与表示君主的"跋"两个字复合而成的。白鸟库吉在蒙
古语里找到表示泥土的 tôhon 和 toghosun，推测即拓跋之"拓"；又在
通古斯语中找到表示君长的 boghin，推测即"跋"的对音。尽管做了
这一研究，白鸟库吉自己并不满意，他相信所谓"北人谓土为拓，后
为跋"的解说，仍然是拓跋氏为了自我夸耀，取其音近而进行的一种

1　周伟洲：《敕勒与柔然》，第 81—85 页。
2　有关民族融合、社会整合中大量存在的攀附问题，请参看王明珂《论攀附：近代炎黄子孙国族
　　建构的古代基础》，《中央研究院历史语言研究所集刊》第 73 本第 3 分，2002 年。
3　内田吟风：《北アジア史研究·鲜卑柔然突厥篇》，第 96 页。

附会，因此认定拓跋本义"仍属不明也"。[1]

　　著名的蒙古学家李盖提在他那篇研究拓跋语言属性的文章里，证明北魏统治者自己的这一解释是可信的。李盖提考证《三国志》所记的"託纥臣水"与《新唐书》所记的"土护真水"是同一条河流，而"託纥臣"与"土护真"就是蒙古语词 taɣušin 或 toɣočin，意思是"土，泥土"，而这个词与拓跋之"拓"是同一个词。[2]根据蒲立本的研究，"拓"在中古时期是以 -k 收声的入声字，[3]这无疑有利于李盖提的考证。因此，拓跋的确是一个复合词，是由拓与跋两个不同词义的北族词语组合而成的。既然拓跋之"拓"恰如北魏统治者自己解释的那样是"土"的意思，那么"跋"是否的确是"后（君主）"呢？

　　近年林安庆发表的有关中国北方地带突厥语成分的几篇文章[4]，对这个研究的推进有很大帮助。他在一篇研究拓跋语源的文章里，和白鸟库吉一样，抓住"北人谓土为拓，后为跋"的历史线索，首先建立"拓跋"二字的中古读音（据蒲立本，"跋"或"拔"都是以 -t 收声的入声字[5]），然后在阿尔泰语系各语言中寻找音义相应的词。[6]根据林安庆的研究，与"拓"对应的词是 [to:ǧ]，与"跋"对应的是 [be:g]，两者都是突厥语词。克劳森解释 to:ǧ 为尘土、泥土，[7]be:g 为氏族和部落首领，并怀疑可能最早是借自中文表数量的"伯"字（这个说法与"伯"字是以 -k 收声的入声字有关，也与古代汉语中"伯"字所具有

1　白鸟库吉:《东胡民族考》上编,《塞外民族史研究》上册, 第 128—129 页。

2　Louis Ligeti, "Le Tabghatch, un dialecte de la langue Sien-pi," in Louis Ligeti ed., *Mongolian Studies* (Bibliotheca Orientalis Hungarica, Vol. XIV), Budapest: Akadémiai Kiadó, 1970, pp. 265–308.

3　Edwin G. Pulleyblank, *Lexicon of Reconstructed Pronunciation in Early Middle Chinese, Late Middle Chinese, and Early Mandarin*, p. 314.

4　除了本章重点介绍的一篇之外，还值得推荐的一篇是他在韩国杂志上发表的：An-King Lim, "Old Turkic Elements in Certain Apellatives of Ancient Han Frontier History," *International Journal of Central Asian Studies*, Vol. 4, 1999。

5　Edwin G. Pulleyblank, *Lexicon of Reconstructed Pronunciation in Early Middle Chinese, Late Middle Chinese, and Early Mandarin*, p. 27.

6　An-King Lim, "On the Etymology of T'o-Pa," *Central Asiatic Journal*, Vol. 44, No. 1 (2000), pp.30–44.

7　Sir Gerard Clauson, *An Etymological Dictionary of Pre-Thirteenth-Century Turkish*, p. 463.

的"君长"词义有关）。[1]林安庆还发现，今天厦门方言中的拓跋发音，与突厥语这两个对应词几乎没有分别。他得出结论说，汉字"拓跋"二字并不是古突厥文 tabghatch（即 tabγač）的对音转写，而是古突厥文 [to:g beg] 这一复合词组的对音转写，其词义正是土地之主人，完全证实了北魏官方自己的解释。这一研究确认了我们在前面对 tabγač 一词经柔然传递至突厥过程中音义发生变异的猜测。从 tabγač 本身，无法分解出 [to:g beg]，也就无法探究其语源。

而且，根据白桂思的研究，词组"拓跋"（tog beg 或 takbač）之所以发生向 tabγač（tabghatch）的转变，是由于这两个词连接在一起后，出现了语音换位（metathesization）的变化，即前一个词词尾的辅音 -g 与后一个词词首的 b- 彼此交换了位置，从而形成了这个难以直接追寻语源的新词 tabγač（tabghatch）。[2]他认为，汉文"拓跋""秃发"等词所显示出的语音形式"*-γb- ~ *-gb- ~ *-kp-"等，才是更原始的形态，即语音换位之前的语音顺序（pre-metathesized order of the intrasyllabic phones）。尽管白桂思随后对 tabγač（tabghatch）词尾的辅音 -č（-tch）的解说是我所不能赞成的，但我认为他对从 *-γb- 向 *-bγ- 转变的解释非常有说服力，也进一步证明了李盖提和林安庆的研究。

从李盖提和林安庆的研究出发，我们还可以分析"拓跋"这一词组的性质。

根据我们对内亚政治文化传统中可汗号、官号的观察，以及我们对内亚诸族政治制度的制度形式及其名号演化的认识，可以知道"拓跋"是一个由官号与官称相结合的复合词。"拓"是官号，"跋"是官称，"拓"是修饰"跋"的，"拓跋"结合在一起就成为政治实践中某一固定的名号。关于"拓"（即 tog）作为官号的应用，我们还可以举出突厥时代的一个例证。据《旧唐书》："阿史那社尔，突厥处罗可汗

1　Sir Gerard Clauson, *An Etymological Dictionary of Pre-Thirteenth-Century Turkish*, p. 322.

2　Christopher I. Beckwith, "The Chinese Names of Tibetans, Tabghatch, and Turks," *Archivum Eurasiae Medii Aevi*, Vol. 14 (2005), pp. 5–20.

子也。年十一，以智勇称于本蕃，拜为拓设，建牙于碛北。"[1]拓设，即
tog šad，"拓"是"设"的官号。对于 beg（跋）作为官称的使用，还
有古突厥文碑铭的证据。阙特勤碑东面第 20 行有 b（a）rs b（e）g，[2]
或转写作 bars bäg。[3] Talât Tekin 解释 bäg 为"主人、首领、统治者的
一种称号"。[4] 有的中文译本把 bars bäg 音译为"拔塞伯克"。[5] 这种处
理也基本可以反映官号与官称相结合的性质。不过,《旧唐书》里记有
一个突厥首领为"拔塞匐"，[6] 蒲立本认为这个名号对应的就是阙特勤
碑铭里的 bars bäg，"匐"中古早期读音为 buwk，[7] 是以 -k 收声的入声
字，唐代以汉字"匐"对译 bäg 的例证很多。[8] 岑仲勉径译 bars bäg 作
"拔塞匐"，[9] 是比较可取的。这里，bars（拔塞）是 beg（匐）的官号。
由于 bars 在古突厥语和古蒙古语中指虎、豹之类大型猫科猛兽，符合
内亚以猛兽名为美称的习惯，因而常常被用作官号。当然 bars 也可以
用作其他官称的官号。《旧唐书》还记录西突厥弩失毕五俟斤之一曰
"拔塞幹暾沙钵俟斤"，[10]拔塞是俟斤的官号，犹如阙特勤碑铭中bars是
beg 的官号。拓意为土地，可引申为国土、领土。突厥语中以"国土"

1　《旧唐书》卷一〇九《阿史那社尔传》，第 3288 页。

2　Talât Tekin, *Orhon Yazıtları*, p. 12.

3　Talât Tekin, *A Grammar of Orkhon Turkic*, p. 234.

4　Talât Tekin, *A Grammar of Orkhon Turkic*, p. 311.

5　芮传明:《古突厥碑铭研究》，第 222 页。芮传明在注释里解释了如此翻译的理由，见该书第
　　251—252 页。关于伯克制度自古突厥至清代的变迁情况，请参看苗普生《伯克制度》，新疆人民
　　出版社，1995，第 1—22 页。有关清代新疆的伯克制度，佐口透《18—19 世纪新疆社会史研究》
　　一书有专章讨论（凌颂纯译，新疆人民出版社，1983，第 121—222 页）。

6　《旧唐书》卷一九四上《突厥传上》，第 5165 页。

7　Edwin G. Pulleyblank, *Lexicon of Reconstructed Pronunciation in Early Middle Chinese, Late Middle
　　Chinese, and Early Mandarin*, p. 98.

8　Edwin G. Pulleyblank, "The Chinese Name for the Turks," *Journal of the American Oriental Society*, Vol.
　　85, No. 2 (1965), pp. 121–125. 这种把 bäg 对译为"匐"字的情况，还得到古吐蕃文史料的证实。
　　请参看 Christopher I. Beckwith, *The Tibetan Empire in Central Asia*, Princeton NJ: Princeton University
　　Press, 1987, p.58, note 23. 除了把 beg 译作"匐"以外，唐代史料也把 beg 译作"辈"。如《新唐
　　书》叙坚昆国曰:"其酋长三人，曰乙迭悉辈，曰居沙波辈，曰阿米辈，共治其国。"见《新唐书》
　　卷二一七下《回鹘传下》，第 6149 页。

9　岑仲勉:《突厥集史》，第 882 页。

10　《旧唐书》卷一九四下《突厥传下》，第 5186 页。

作为美称和官号的词语，还有 el/il/ilig/ellig，中文或译作"伊利"。突厥有伊利可汗，学者认为即 El Qaɣan，其可汗号 el 意为土地。[1]古突厥碑铭中的 ellig 的词根就是 el，回鹘九姓可汗的可汗号里有"颉"字，是这个词的异译。[2]西晋时期拓跋部有个首领叫猗卢，"猗卢"也可能是 el/ellig 一词的异译。以"土地"为美称，与土地、土壤所代表的国土、领土有关。春秋时晋公子重耳避难于卫，乞食于野人，野人"与之块"，子犯却说"天赐也"，杜预的解释是"得土，有国之祥，故以为天赐"。[3]高句丽第十八代王伊连"号为故国壤王"，亦以壤为王号。[4]

　　正如下文所要论证的，拓跋一词中的"跋"在魏晋鲜卑诸部的部族名号中发挥了极为突出的作用。显然这个词在突厥时代及突厥语诸民族的历史中相当常见，但它是不是一个突厥语词呢？虽然林安庆认为这是一个突厥语词，但是克劳森却说无法在突厥语中找到它的语源。巴赞（Louis Bazin）和博文（Harold Bowen）为《伊斯兰百科全书》所写的"beg or bey"条，列举了中亚突厥语诸民族使用 beg 一称的情况，[5]很显然他们也找不到这个词的突厥语语源。可是他们在明确指出突厥语的 beg 是借词之后，又猜测 beg 很可能是从伊朗语借入的，其原型是萨珊王朝王号中的 bag，意为神圣。Karl Menges 认为，bäg 是从 baɣa 演变而来的。[6]巴赞一再强调 bäg 的源头在伊朗语之中。[7]然而根据我们的研究，baɣa 与 bäg 都是很早就出现在说古蒙古语的蒙古高原东部的族群中了，它们同时存在，甚至一起组合成新的、较为稳定的名号（如

1　Omeljan Pritsak, "Old Turkic Regnal Names in the Chinese Sources," *Journal of Turkish Studies*, Vol. 9 (1985), pp. 205–211.

2　Volker Rybatzki, "Titles of Türk and Uigur Rulers in the Old Turkic Inscriptions," *Central Asiatic Journal*, Vol. 44, No. 2 (2000), p. 207.

3　杜预:《春秋经传集解》卷六, 上海古籍出版社, 1988, 第335页。

4　金富轼:《三国史记》卷一八, 见郑求福等《译注三国史记》第1册, 首尔: 韩国精神文化研究院, 1996, 第182—183页。

5　*The Encyclopaedia of Islam*, Vol. I, 1159a. CD-Rom edition, Leiden: Brill Academic Publishers, 2003.

6　Karl Menges, "Titles and Organizational Terms of the Qytan (Liao) and Qara-Qytaj (Śi-Liao)," *Rocznik Orientalistyczny*, Tomo XVII (1951–1952), pp. 68–79.

7　Louis Bazin, "Pre-Islamic Turkic Borrowings in Upper Asia: Some Crucial Semantic Fields," *Diogenes*, Vol. XLIII (1995), pp. 35–44.

"莫贺弗"，即由 baγa 与 bäg 组合而成），因此不能得出 bäg 源于 baγa 的结论。而且，如果认为 bäg 是从萨珊波斯时代的王号借入阿尔泰民族中的，那么，蒙古高原上出现 bäg 的时间，绝不能早于萨珊波斯的鼎盛时期。伊朗学家一般认为萨珊的兴起不早于 3 世纪，3 世纪后期萨珊政权的影响力开始深入阿姆河以北的草原地带。[1]可是正如我们下面就要论证的，这恰恰是蒙古高原上鲜卑诸部的政治发育进入全新时期，即从部落向酋邦或原始国家（premitive state）跃进的时期，也正是各部首领的官号中均包含有 bäg 名号甚至以 bäg 为官称的时期。这说明，鲜卑诸部采用 bäg 称号，并不晚于萨珊波斯，自然也谈不上从萨珊波斯借入这一称号。因此，对于 bäg 或 beg 一词的语源，现有的解释还是不够的，新的突破很可能仰赖我们对中国北族名号制度的进一步研究。

有关"拓跋"语源的探讨，到此暂时告一段落。现在可以肯定，拓跋这个长期作为部族名称并进而成为部族核心家庭姓氏的名词，原本不过是作为官号与官称相结合的一组复合词，也就是说，很可能本来只是该部落某一首领所担任的职务的名号（这种名号包含官号与官称两个部分），后来竟然凝固为部族名称，并进一步成为该部族统治家族的家族姓氏。这种以官为氏的例证，在华夏与北族中都很容易找到。与拓跋同时的北族的例子，最明显的是建立了北凉政权的卢水胡沮渠氏，正是号称"其先世为匈奴左沮渠，遂以官为氏"。[2]沮渠的语源早已无迹可寻，但幸好拓跋一词还可以获得如上所述的分析。以此分析为基础，我们将尝试对中古早期的北方民族问题进行更深入、更有趣的考察。

二　魏晋时期鲜卑各部的部族名号

以上对拓跋语源的讨论，说明拓跋得名于一组由官号（拓，即

1　Richard N. Frye, *The History of Ancient Iran*, München: C. H. Beck'sche Verlagsbuchhandlung, 1984, pp. 291–292.

2　《太平御览》卷一二四引崔鸿《十六国春秋·北凉录》，中华书局影印本，1960，第 602 页。

tog）与官称（跋，即 beg）相结合的名号。但是应当说明的是，中文史料所记录的北族职官体系里，前于拓跋的匈奴，[1]后于拓跋的突厥，[2]都难以找到 bäg 作为一个独立的官称的例证。要解决这个问题，我们必须求助于中文以外的、价值更为重要的史料。在古突厥碑铭里，bäg 显然是常规的政治职务，代表着某种政治地位。暾欲谷碑第二碑西面第 1 行和第 7 行记突厥军队与十箭（On Oq）的战争，称突厥部族首领和十箭部众首领时，表示首领的词是 bäglär，正是 bäg（即 beg）的复数形式。[3]由于暾欲谷碑此处所说的 bäg 是一种泛称，并不是指某一位具体的 bäg，所以只有官称而没有官号。Tekin 解释复数形式的 bäglär 为"突厥贵族、上层社会、大人、武士"。[4]在古突厥碑铭里，bäglär 与 buyruq 常常作为贵族和官员阶层的代称，buyruq 意为大臣、高官，[5]唐人译作"梅录"。[6]克劳森把 buyruq 解释为可汗之下负责军、政事务高级官员的通称（generic term）。[7]古突厥碑文里 bäglär 与 buyruq 同样起着通称的作用。中文里这种通称有"官""大臣"等，并不是具体官职。bäg 与 buyruq 是不是并不作为具体官称使用呢？前面提到的 bars bäg，证明 bäg 也许同时还是一种具体官称。中文史料里，回纥时期梅录常常用作官号（梅录啜、梅录将军），也用作具体官称（大、小梅录）。

我们在研究官号与官称起源演化的问题时，已经指出官称与官号有着共同的名号起源，名号分化为官称与官号，官号与官职都是从名号中发展出来的，一部分名号凝固成官职（官称），一部分名号成为官号，某些名号在凝固为官职（官称）的同时，其美名、美称的属性并未消失，仍然可以被当作修饰词使用，也就是说，同时保留了官号

1　谢剑：《匈奴政治制度的研究》，《中央研究院历史语言研究所集刊》第 41 本第 2 分，1969 年。

2　杜佑：《通典》卷一九七《北狄四·突厥上》，第 5402 页。

3　Volker Rybatzki, *Die Toňuquq-Inschrift*, pp. 65–67; Talât Tekin, *Tunyukuk Yazıtı*, pp, 17–19.

4　Talât Tekin, *A Grammar of Orkhon Turkic*, p. 311.

5　Talât Tekin, *A Grammar of Orkhon Turkic*, p. 322.

6　岑仲勉：《跋突厥文阙特勤碑》，《辅仁学志》第 6 卷第 1、2 期合期，1936 年。

7　Sir Gerard Clauson, *An Etymological Dictionary of Pre-Thirteenth-Century Turkish*, p. 387.

的形式。可以肯定的是，与可汗、设、特勤、达干等为人熟知的突厥官称一样，訇和梅录也是从美称、美名的名号发展而凝固成某种官称的，但它们又都保留了官号的形式，可以用于修饰其他官称，或仅仅作为美称、美名使用。这种官称、官号、美名与美称的纷繁重叠，是内亚社会政治制度发育历史的重要特征之一。从这个意义上说，我们即使已经知道"拓跋"是一组官号与官称相结合的名号，也很难确认拓跋之"跋"是否为某一具体官称，更无从了解它是从哪一个政治组织内获得的。

值得注意的是，魏晋时期各鲜卑部族的部族名称，有很多与拓跋一样是由官号与官称相结合的一组名号，而且其官称部分与拓跋一样也是 bäg，虽然中文翻译时用字不同，但经过研究可以肯定都是 bäg 一词不同的中文音译（transliteration）。

最明显的是秃发。钱大昕早就说过，秃发与拓跋，本同音异译。[1]《隋书》卷三三《经籍志二》史部，有《托跋凉录》十卷；[2]《旧唐书》卷四六《经籍志上》写作《拓跋凉录》，[3]这部南凉史书，应当是北魏迁洛以前的作品，那时南凉国姓与北魏相同，故称"拓跋凉"。孝文区别南凉国姓曰秃发，改为源氏，而以北魏皇室独专拓跋，改为元氏。[4]此后有关南凉诸史，遂尽用秃发一姓。[5]尽管史书中有关秃发与拓跋同源异流的证据很多，但我怀疑都是北魏太武帝接纳源贺（贺豆跋）成为拓跋宗室以后伪造的。秃发鲜卑同样得名于 tog beg，但被译成含有贬义的秃发，很可能是由于这一部族从未与江左的东晋和刘宋建立官

1 钱大昕：《廿二史考异》卷二二，商务印书馆，1958，第446页。
2 《隋书》卷三三《经籍志二》，第963页。
3 《旧唐书》卷四六《经籍志上》，第1993页。
4 参看本书"北魏直勤考"一章。
5 姚薇元认为秃发是魏收所改，见姚薇元《北朝胡姓考》，中华书局，1962，第239页。其实改南凉拓跋为秃发，要早得多。崔鸿《十六国春秋》有《南凉录》，已尽改为秃发，见《太平御览》卷一二六南凉三主各条，第609页。亦请参看白鸟库吉《东胡民族考》上编，《塞外民族史研究》上册，第128—133页。

方联系，并且对仇池等地构成威胁。[1]太武帝接纳源贺，赐予同姓，就是否定了江左的译名，允许源贺一家使用拓跋姓氏。然而《宋书》记元嘉二十九年有北魏"长社戍主永平公秃发幡乃同"，[2]《资治通鉴》作"秃髪幡"。[3]如果作秃发是，那么存在两种可能：一，源贺以外的南凉宗室未必得到了改姓的许可；二，这个秃发幡乃同尽管已经改姓，但刘宋人知道他来自南凉的背景，因此仍然译其姓氏为秃发。到孝文帝改革姓氏，别秃发、拓跋为源、元二氏，其实就是要澄清二者同音不同源、同名不同实的事实。《魏书》还特地解释了"秃发"得名之由来："初母孕寿阗，因寝产于被中，乃名秃发，其俗为被覆之义。"[4]这个解释应当是北魏人所给出的，目的正是区别秃发与拓跋，掩盖拓跋与秃发同音异译的事实。无论秃发与拓跋部之间是否存在着某种遥远而难以确认的亲缘关系，秃发与拓跋一样得名于 tog beg，则是一个值得思考的问题。

十六国时期建立了西秦政权的陇西鲜卑乞伏部，其部族名称"乞伏"，或作乞扶、乞佛、乞步。[5]据蒲立本构拟的早期中古音，伏音 buwk，与匐完全一样。[6]又据李珍华、周长楫《汉字古今音表》，伏、匐的中古音拟音都是 bǐuk，两字完全同音。[7]可见"乞伏"之"伏"，与"匐"一样是 beg 的又一种翻译。乞伏是由官号（"乞"，其语源研究请看本书"论阙特勤之阙"一章）与官称（伏，即 beg）相结

1　由于政治关系不同而有不同译名以见褒贬的情况，既发生在部族名称上，也发生在个人名字上。前者如南朝译柔然为芮芮，北魏译作蠕蠕；后者如北凉的第二任君主，南朝译作沮渠茂虔，北魏译作沮渠牧犍。

2　《宋书》卷七四《鲁爽传》，第 1924 页。

3　《资治通鉴》卷一二六宋太祖二十九年八月条，第 3978 页。

4　《魏书》卷九九《鲜卑秃发乌孤传》，第 2200 页。

5　陈连庆：《中国古代少数民族姓氏研究》，吉林文史出版社，1993，第 178—180 页。陈连庆把"乞步落坚"说成姓乞步、名落坚，我以为是错误的。步落坚即 bilge（北朝时又译"步落稽"等），参见 Peter A. Boodberg, "Two Notes on the History of the Chinese Frontier," in *Selected Works of Peter A. Boodberg*, pp. 301-304.

6　Edwin G. Pulleyblank, *Lexicon of Reconstructed Pronunciation in Early Middle Chinese, Late Middle Chinese, and Early Mandarin*, p. 98.

7　李珍华、周长楫：《汉字古今音表》，中华书局，1999，第 22 页。

合而构成的一组名号，结构形式与拓跋、秃发一样，甚至官称也一样（beg），不同的仅仅是官号部分。《晋书》记陇西鲜卑"自漠北南出大阴山"时，先只有"如弗斯、出连、叱卢三部"，然而当叙及"一小儿"出现时，却说"时又有乞伏部有老父无子者，请养为子"，[1]似乎三部之外，别有乞伏部。可是这种说法是有问题的，很可能是后人不理解乞伏名号起源而给收养了小儿的老人妄加"乞伏部"的说明。我认为，实际上乞伏作为部族名称是后来出现的，是在那个小儿成长起来以后才获得的。这个后来号称"乞伏可汗托铎莫何"的人，在传说中无父无母，正是为了强调他是乞伏部的始祖，乞伏的名号应当是在他获得"乞伏可汗托铎莫何"称号之后才出现的。

这个"乞伏可汗托铎莫何"称号，也是一组官号与官称相结合的名号。《晋书》解释托铎为"非神非人之称"，卜弼德在其《胡天汉月方诸》系列札记里讨论及此，认为即突厥语中的 taɣdaqï，意为"山居者"，与突厥人的高山崇拜传统颇有关系。[2]莫何即古突厥碑文里的 baɣa，夏德早就把 Baga Tarkhan 与唐代史料中的"莫贺达干"对应起来。[3]莫贺即莫何，陈三平认为莫何来自古伊朗语的 bagapuhr，原意为神之子，这个名号后来经历了贬值（devaluation）过程，被北方诸族用于指称部落酋长。[4]Tekin 解释 baɣa 是低级官员，[5]并不准确，baɣa 既是部落酋长一级的官称，也是用途广泛的美称与官号，比如在"莫贺达干"这一词组当中，莫贺就是达干的官号。[6]我认为，"乞伏可汗托铎莫何"可以读作"乞伏部之可汗托铎莫何"或"乞伏部之托铎莫何可汗"，托铎莫何是可汗号，而"乞伏"则早已由该首领的个人

1　《晋书》卷一二五《乞伏国仁载记》，第 3113 页。
2　*Selected Works of Peter A. Boodberg*, p. 103.
3　Friedrich Hirth, "Nachworte zur Inschrift des Tonjukuk," in W. Radloff, *Die Alttürkischen Inschriften der Mongolei*, p. 56.
4　Sanping Chen, "Son of Heaven and Son of God: Interactions among Ancient Asiatic Cultures Regarding Sacral Kingship and Theophoric Names," *Journal of the Royal Asiatic Society*, Series 3, Vol. 12, No. 3 (2002), pp. 289-325.
5　Talât Tekin, *A Grammar of Orkhon Turkic*, p. 307.
6　关于达干，请参看韩儒林《蒙古答剌罕考》，《穹庐集》，第 18—46 页。

名号转化为他所领导的政治体的名称。乞伏作为一种美称的语源虽已无从考证，但如前所述，它本身是由乞（kül，美称，官号）与伏（beg，官称）两个部分组合而成的词组，而这个词组作为一个整体又演化为官号与美称。获得了"乞伏"称号的英雄人物的出现，会给部族的身份注入新资源，引起新变化。这也就是乞伏部族名称的来历。部族名称来源于部族某一重要酋首官号的显著例证，还有贺兰氏。据《周书》，"其先与魏俱起，有纥伏者，为贺兰莫何弗，因以为氏"。[1]纥伏得到贺兰莫何弗的称号，贺兰是官号，莫何弗是官称。[2]贺兰部族名即得自纥伏的官号（注意，"纥伏"也是一组名号，其官称部分同样是 beg）。可见部族名称源于该部族历史上某一重要酋首的名号（正如我们以前所讨论过的，当这位酋首获得某一官称时，他也同时获得一个或一组官号，官号与官称共同构成他的名号，这一名号立即成为他的新身份，旧的名字或名号即被弃置，不复使用），而且主要来自名号中的官号而不是官称，很可能在中古北族中并不是孤立的现象。

我们还可以举出另一个例证。关于慕容鲜卑的得名，《晋书》有关莫护跋效法燕代风俗习戴步摇冠，从而被其他鲜卑称为步摇，其后音讹变成慕容的说法，显然是一种附会。此外，《晋书》还提供了一个更离奇的解释，"或云慕二仪之德，继三光之容，遂以慕容为氏"。[3]胡三省斥之为诞，一概不予采信。[4]《三国志》注引《魏书》，记檀石槐之中部大人有慕容。[5]胡三省说"是则慕容部之始也"。[6]马长寿据此推论，"若然，则'慕容'原为大人之名，后世始演变为氏族之名"。[7]虽然否

1　《周书》卷二〇《贺兰祥传》，第 335 页。按《北史》卷六一《贺兰祥传》，纥伏作乞伏（第 2179 页）。如果《北史》不误，那么用作人名的乞伏这一词组，作为美称而成为北族传统的一部分，更得到了新的证据。

2　莫何弗，或作莫贺弗，或省称莫弗，是由莫何与弗组合而成的一种官称，即 baya beg，有关弗的论证详见后文。

3　《晋书》卷一〇八《慕容廆载记》，第 2803 页。

4　《资治通鉴》卷八一胡注，第 2576—2577 页。

5　《三国志》卷三〇《魏书·乌丸鲜卑东夷传》裴注引《魏书》，第 838 页。

6　《资治通鉴》卷八一胡注，第 2576 页。

7　马长寿：《乌桓与鲜卑》，上海人民出版社，1962，第 185 页。

定了步摇冠的附会，但把慕容鲜卑看成檀石槐中部某大人之后，在空间上存在严重的理解困难。如果把慕容理解成北族使用很广的某种美称、名号，就不会一见到它便与后来的慕容鲜卑联系到一起，正如我们不必把唐代的慕容氏与十六国的五燕联系到一起一样。

我认为，《晋书》所记关于慕容得名于步摇冠的传说，很可能也含有非常重要的价值，这就是标识了时间，把慕容名号与莫护跋时期的历史联系起来。莫护跋是慕容廆的曾祖，"魏初率其诸部入居辽西"，开始与中原政权发生密切联系，并慕习华夏，"敛发袭冠"，是慕容鲜卑发展史上划时代的人物。吕思勉早就注意到莫护跋对于慕容部历史的重要性，指出慕容部的名字即来自莫护跋之名，并且强调"慕容二字，固明明莫护转音也"。[1] 白鸟库吉考证，莫、慕二字，中古译名时常可互用，慕容可能就是阿尔泰语系 bayan 一词，意为富，是一种美称。[2] 据此，我们可以推论，慕容并不是步摇的"音讹"（当然，步摇的确与慕容音近，这可能是这一说法产生并为中原所采信的重要原因），而是莫护的另一种音译。无论莫护的语源是什么，[3] 莫护跋与拓跋、乞伏一样，也是由一个官号（莫护）加一个官称（跋）组合而成的一组名号。这组名号的性质是官号而不是官称。莫护跋当时的官称，很可能是可汗。《宋书》记慕容鲜卑乙那娄与吐谷浑对话，称吐谷浑为"可寒"，[4] 由此知道吐谷浑当时的官称是可寒，可寒即可汗。[5]《旧唐书》记北魏乐府所传北歌，有《慕容可汗》《吐谷浑》等篇。[6]《慕容可汗》当是歌咏慕容廆事迹的，而《吐谷浑》很可能就是慕容

---

1 吕思勉：《吕思勉读史札记》，上海古籍出版社，1982，第 808 页。

2 白鸟库吉：《东胡民族考》上编，《塞外民族史研究》上册，第 60—64 页。

3 从语音上看，莫护与莫贺更加接近，把莫护跋理解成莫贺跋，即莫贺弗（baya beg），似乎是更合理的。但无论莫护跋的语源是什么，在深入接触幽燕地区华夏文化之后，慕容鲜卑开始以汉字中的美名嘉字音译自己的部族、氏族及个人名号，这个过程才会发生所谓"音讹"的问题。这似乎也说明了，慕容名号的获得是比较晚的事情，作为传奇祖先的莫护跋的名号（应当仅仅以莫护称他）已经行用很久了，这样才可能会出现"音讹"。

4 《宋书》卷九六《鲜卑吐谷浑传》，第 2369 页。

5 《北史》卷九六《吐谷浑传》载此事与《宋书》略同，可寒即作可汗，见第 3178 页。

6 《旧唐书》卷二九《音乐志二》，第 1071—1072 页。

廆思念其兄的所谓《阿干之歌》。慕容廆称可汗, 吐谷浑亦称可汗。而二人的父亲名"亦洛韩", "韩"字当是 khan 的音译, 而"亦洛"很可能是 el 的音译 (亦洛韩即 el khan)。可见慕容鲜卑的君长父子皆称可汗, 这是因为当时可汗一职尚未演化为高级政体的首脑的称谓。由此可知, 慕容廆的可汗号是若洛廆, 吐谷浑的可汗号就是吐谷浑, 若洛廆和吐谷浑都是可汗号。可汗号加上可汗的官称, 构成慕容廆和吐谷浑各自的政治名号。有趣的是, 正是这个名号中的官号, 而不是其官称或名号的全部, 最终演化为本部族的名称。这与乞伏、贺兰两个部族得名的模式完全一致。

那么, 拓跋这个同样由官号加官称组合而成的词组, 到底是拓跋先世某位酋首的全部名号呢, 还是如贺兰、乞伏、慕容一样仅仅是他的官号或官号的一部分? 这当然是一个难以确认的问题。拓跋部的酋首似乎早在南迁之前就获得了可汗的称呼, 嘎仙洞石壁祝文有"皇祖先可寒""皇妣先可敦",[1] 而在《魏书》里写作"皇祖先妣"。[2] 北魏奚智墓志称奚氏 (即达奚氏)"始与大魏同先, 仆脍可汗之后裔",[3] 罗振玉认为"仆脍可汗"即《魏书》所记献帝邻之父威皇帝侩。[4]《资治通鉴》屡以可汗称拓跋先世君长, 必有所据。[5] 如果我们相信这些证据, 那么拓跋部至迟是从威皇帝侩就称可汗的。当然, 这时的可汗称号还不是专属于部族酋首的, 部族君长的父子兄弟很可能都称可汗。力微长子名沙漠汗, 这个"汗"应即 khan, "沙漠"是可汗号。[6] 可见拓跋鲜卑与慕容鲜卑一样, 其君长大人皆以可汗为官称。而据《魏书》, 在迁至漠南的重要事件前后, 献帝邻对本部落进行了一次大分割, "至献帝时, 七分国人, 使诸兄弟各摄领之, 乃

1　米文平:《鲜卑石室寻访记》, 第 55 页。

2　《魏书》卷一〇八之一《礼志一》, 第 2738 页。

3　赵万里:《汉魏南北朝墓志集释》, 图版第二〇七号。

4　罗振玉:《丙寅稿》,《罗雪堂先生全集续编》第一册, 第 185—186 页。

5　必须注意的是, 所有关于拓跋早期君长称可汗的证据, 都来自北魏建国之后, 存在追称可汗的可能。

6　东汉末年幽州东部塞外鲜卑有部落大人厥机, 其子名"沙末汗", 与拓跋部沙漠汗的官号、官称都一样。见《三国志》卷三〇《魏书·乌丸鲜卑东夷传》, 第 840 页。

分其氏。自后兼并他国，各有本部，部中别族，为内姓焉"。[1]这段话说明，在献帝这次部族整合重组之后，八部的结构才稳定下来，此前还没有拓跋部名，所以诸兄弟之部后来各自得姓，拓跋一名应当是在八部架构确定以后才获得的。那么，拓跋部到底是什么时候获得拓跋称号的呢？

如果此时拓跋君长皆称可汗，那么拓跋就只能是某位可汗的可汗号，或其可汗号的一部分。《魏书》记两位先后领导了南迁伟业的宣帝、献帝，都号曰"推寅"，[2]也就是说，这两位功业相当的可汗的可汗号都是"推寅"。蒙古可汗号有"达延""塔阳"，其语源很可能是突厥语的 tayan，克劳森解释其"明显是一种官职名"。[3]檀石槐西部大人有名曰律推演者，学者多认为此曰律推演即拓跋之推寅，[4]但在排比年代上存在着矛盾。[5]其实，明了推演或推寅不过是一种常常作为北族官号使用的美称，[6]就不必一定要在檀石槐的曰律推演与拓跋历史上的两个推寅之间寻找相关性。[7]拓跋不是献帝邻的可汗号。献帝之子诘汾，在位不久，事业无闻，他对拓跋部的历史影响较弱。诘汾音近去汾，

---

1 《魏书》卷一一三《官氏志》，第 3005 页。

2 《魏书》卷一《序纪》，第 2 页。

3 Sir Gerard Clauson, *An Etymological Dictionary of Pre-Thirteenth-Century Turkish*, p. 569.

4 最早提出这种联系的是胡三省，见《资治通鉴》卷七七胡注，第 2459 页。白鸟库吉据此论证第一推寅即推演，见《东胡民族考》上编，《塞外民族史研究》上册，第 123 页。中国学者中有代表性的，见马长寿《乌桓与鲜卑》，第 185—186 页。

5 黄烈:《中国古代民族史研究》，人民出版社，1987，第 278 页。一定是困惑于这一年代上的矛盾，田余庆先生在《拓跋史探》的两个地方，分别以两个推寅与推演相勘同，见《拓跋史探》，三联书店，2003，第 147、220 页。

6 吐谷浑的长子名吐延，吐延很可能就是推演的另一种译写。

7 这种把檀石槐时期的西部大人曰律推演（我认为曰律是一种官号，与猗卢同源，亦即突厥时代之伊利，el 是也）与拓跋先世的两个推寅联系起来的观点，在中外学者中影响很大。见 K. H. J. Gardiner and Rafe de Crespigny, "T'an-shih-huai and the Hsien-pi Tribes of the Second Century A. D.," in *Papers on Far Eastern History*, Canberra: Australian National University, 1977, pp. 1–44. 与 Gardiner 和 de Crespigny 同校的 Jennifer Holmgren，还根据这种相关性，提出两个推寅其实是根据同一个推演制造出来的，她还由此编制了全新的拓跋先世谱系。参看 Jennifer Holmgren, *Annals of Tai, Early To-pa History According to the First Chapter of the Wei-shu*, Canberra: Australian National University Press, 1982, pp. 19–20。

去汾在柔然职官体系里相当重要，[1]也是北族常用的官号与官称，因此诘汾应当是圣武帝的可汗号而不是他的名字。[2]既然献帝与圣武帝的可汗号中都没有拓跋，那么可以肯定拓跋部名不是从他们的可汗号中得来的。

在南迁后的拓跋部的历史上，只有力微具有无比的重要性。[3]孝文帝太和十四年（490）八月，李彪、崔光等议五行历运时，说"然此帝业，神元为首"。[4]神元帝力微的突出功业与漫长统治，极有可能使他本人的名字，即他的官号（可汗号）或官号的一部分，变成草原上其他部落对他的酋邦或其本部的代称，并且使这种代称稳定和凝固下来。当然史料中找不到任何直接的证据说明拓跋曾经是力微的可汗号或可汗号的一部分（显然"力微"也应当是可汗号的一部分），但做如此推想的理由确实也是存在的。力微领导的拓跋部与中原政权产生正式交往，在魏元帝景元二年（261），自后往来频数，而《晋书》等史料中率皆以"鲜卑力微"相称，不见拓跋之号。甚至到西晋末年，刘琨上表提到猗卢，亦只称"鲜卑猗卢"。[5]即使此时拓跋部名已经行用于代北，其时间必不甚久。我怀疑，作为力微可汗号一部分的"拓跋"，是在力微时期成为整个部族的他称，而到力微死后才逐渐作为自称而成为拓跋部族正式名称的。这种情况与慕容、贺兰、乞伏的得名模式也完全一致。

如果以上论证成立，那么，有关秃发、拓跋同源的说法，就明显是站不住脚的。河西鲜卑秃发部之得名，一定与自己部族历史上

1　周伟洲：《敕勒与柔然》，第169页。

2　高车十二姓有俟分氏，见《北史》卷九八《高车传》，第3273页。俟分，很可能与诘汾是同一个词。据《新唐书》，宇文氏本姓俟汾，音讹而为宇文，见《新唐书》卷七一下《宰相世系表一下》，第2403页。

3　姚大力：《论拓跋鲜卑部的早期历史》，《复旦学报》2005年第2期，后收入姚大力《北方民族史十论》，广西师范大学出版社，2007，第1—17页。姚大力先生在该文中论证《魏书》所记力微生年之提前，以及作为最高游牧君长的可汗称号始于力微，都不是我能够赞同的。不过他论证的起点是强调力微对于拓跋部历史的重要性，这无疑是可取的。

4　《魏书》卷一〇八之一《礼志一》，第2746页。

5　《晋书》卷六二《刘琨传》，第1684页。

某位君长的名号有关，而与阴山地区的力微或其他酋首无关。这种名号恰巧重合以致部族名称重合，但译写时以不同汉字加以区别的情况，在中古早期的北族社会里应当比较普遍。比如，《魏书》卷一一三《官氏志》记代人改姓，有叱罗氏、叱利氏、叱吕氏、叱卢氏，分别改汉姓为罗氏、利氏、吕氏、祝氏。[1]汉字译写成叱罗、叱利、叱吕、叱卢的时候，已经分明区别为四个名号，而进一步改成罗、利、吕、祝四姓，就完全看不出它们本来的同音同名关系了。其实，叱罗、叱利、叱吕、叱卢，极有可能是同一个突厥语词 kül 的不同译写。[2]毗伽可汗碑里记有 Kül Čor（唐人译作"阙啜"）、Kül Irkin（唐人译作"阙俟斤"），[3]更著名的例子是阙特勤碑里的阙特勤（Kül Tigin）。在这三个用例中，kül 都是作为官号，分别与三个不同的官称（啜、俟斤、特勤）结合为三组专门名号。Tekin 解释 kül 的意思是"人名"，[4]恐怕是不确切的。kül 作为美称，首先是官号，当然可能也演化成一级官称。叱罗、叱利、叱吕、叱卢作为四个部族的名称，其得名模式，很可能与前文讨论过的乞伏、贺兰等一样，都来自官号 kül，当然各自所修饰的官称已无从考知。这种重复在北族社会里本来并不奇怪，但若是译成同样的汉字，则容易使人误会为同部同族，这应该是译成不同汉字的主要原因。这种有意识的纷歧，恰恰能够准确反映北族社会部族结构的实际面貌。秃发与拓跋的关系，当作如是观。其实拓跋作为美称或官号，在后来的突厥政治体中，也还可以找到用例。比如他钵可汗的可汗号"他钵"，[5]可能就是 tog beg 的异译。西突厥有"他匐十姓"，[6]"他匐"也可能是 tog beg 的异译。

魏晋时期鲜卑诸部的部族名，明显是以某个官号加 beg 官称构

1　《魏书》卷一一三《官氏志》，第 3007—3013 页。

2　参看本书"论阙特勤之阙"一章。

3　Talât Tekin, *A Grammar of Orkhon Turkic*, p. 246.

4　Talât Tekin, *A Grammar of Orkhon Turkic*, p. 353.

5　《周书》卷五〇《异域传》，第 911 页。

6　《旧唐书》卷九七《郭元振传》，第 3046 页。

成一组名号的，除了拓跋、秃发、乞伏外，还有游牧于青海湖地区的乙弗部。蒲立本构拟弗的早期中古音是 put（以 -t 收声的入声字），与伏、匐相近。[1] 据李珍华、周长楫，弗的中古音是 bǐuət，亦与伏、匐相近。[2] 乙弗很可能与刘卫辰所居住的悦跋城之"悦跋"是同一个词，因为这个时期汉字"悦"和"伊"在翻译外族名氏时可以互用，如北魏的伊力氏，又作悦力氏。[3] 北魏宣武帝时立伊匐为高车王，[4] 伊匐，与乙弗、悦跋是同一个词。在青海的乙弗部之外，拓跋鲜卑的代北集团中，也有一个以乙弗为名的部落。《北史》卷四九《乙弗朗传》："其先东部人也。世为部落大人，与魏徙代，后因家上乐焉。"[5] 《魏书》记载北魏初年有"乙弗部帅代题"，[6] 北魏有乙瑰、乙浑等，皆出于其部。这两支乙弗各自为部、各自得名的过程，大概类似于拓跋与秃发。姚薇元把他们放在同一个姓氏里考索，[7] 似乎认定二者是同源异流，其实他们并不相干。《魏书》另列羽弗氏，陈连庆怀疑羽弗即乙弗之异译。[8] 根据我们前面对部族得名偶然重合问题的讨论，即使羽弗与乙弗是同一个北族词语的不同翻译，它们各自所指代的部族也未必相同。

北朝内入北族的姓氏，通常是其所属部族的名称。号称鲜卑的姓氏中，还有拔拔氏（长孙氏）、他骆拔氏（骆氏）、俟力伐氏（鲍氏）、柯拔氏（柯氏）等；高车诸部，有黜弗氏、斛拔氏（贺拔氏）等，其部族名称明显带有 beg 一词，其构词形式与拓跋相类，其得名方式很可能也相去不远。特别显著的例子是俟力伐氏（鲍氏）。俟力（俟利）

1　Edwin G. Pulleyblank, *Lexicon of Reconstructed Pronunciation in Early Middle Chinese, Late Middle Chinese, and Early Mandarin*, p. 99.

2　李珍华、周长楫：《汉字古今音表》，第192页。

3　陈连庆：《中国古代少数民族姓氏研究》，第81页。

4　《北史》卷九八《高车传》，第3275页。

5　《北史》卷四九《乙弗朗传》，第1810页。

6　《魏书》卷二《太祖纪》，第20页。

7　姚薇元：《北朝胡姓考》，第160—165页。

8　陈连庆：《中国古代少数民族姓氏研究》，第86页。

是一种普遍见于中古北族的官称，[1] 必为美称无疑，亦必具有官号功能，而俟力（俟利）与伐（beg）结合，既构成新的官称，也可以作为官号使用。来源不明的 beg 一词在魏晋时期的北族特别是鲜卑诸部政治文化中的重要意义，[2] 于此可见一斑。至于北朝时代北人士以 beg 为美称而取作名字的（中文译名的最后一个字是跋、拔、发、弗、敷、伏、伐，等等），就更加普遍、不胜枚举了。[3]

三　部族得名与部族政治体的发育

卜弼德总结游牧组织及个人得名的七个来源，第三项即 official titles，特别是部落首领在游牧国家组织（如单于庭、可汗庭等）里的政治职位。[4] Lindner 在他那篇讨论游牧部落定义的著名论文中，明确指出游牧部落的 "Identity" 来自其政治首领。[5] Golden 也说，当游牧部落组织发生政治重组的时候，其军事领袖在决定整个集团的 "Identity" 方面变得至关重要，尤其表现在部落名称上面，比如奥斯曼得名于部落首领 Osman（Osmanlı 是首领名 Osmân 加上了一个后缀，意思是 "Osmân 的民众"）。[6] 可见许多研究者早就注意到，游牧部族的政治体名称，很大程度上取决于该政治体的政治领袖。

---

1 俟利发，很多突厥学家认为即 eltäbir，但是蒲立本认为这个对译 "在语音上不严格"，因而持怀疑态度。见其 "The Consonantal System of Old Chinese"（*Asia Major*, New series, Vol. IX, 1962）一文。我认为，俟力（俟利）很可能与突厥时期也很常见的伊利是同一个词，即突厥语之 el，意为国土。参看本书 "柔然官制续考" 一章。

2 需要注意的是，不能急于把 beg 看成突厥语词。当我们看到文献上首先大量使用 beg 为官号的是说古蒙古语的鲜卑人时，我们更应当对此问题保持谨慎的态度。

3 我怀疑汉晋之际北方部族较低级别的政治体首领，被记作 "大人" "酋大" "帅" 等称谓的，其原型很可能就是 beg 之类的词语。

4 Peter A. Boodberg, "Two Notes on the History of the Chinese Frontier," *Harvard Journal of Asiatic Studies*, Vol. 1, No. 3/4 (1936), p. 306, in *Selected Works of Peter A. Boodberg*, pp. 240−264.

5 Rudi Paul Lindner, "What Was a Nomadic Tribe?" *Comparative Studies in Society and History*, Vol. 24, Issue 4 (1982), p. 701.

6 Peter B. Golden, *An Introduction to the History of the Turkic Peoples: Ethnogenesis and State-formation in Medieval and Early Modern Eurasia and the Middle East*, p. 5.

　　问题在于，游牧政治体政治领袖的名称，又是如何获得的呢？根据我们对内亚民族政治名号分化问题的研究，游牧政治体的政治领袖，在获得某一新的政治职位时，他的称号也应发生相应的变化，新称号中，既包含了他所担任的新职务（官称），也包含了专属于该政治领袖个人的新美称（官号）。新的官称与官号，共同构成了该政治领袖的"Identity"，然而其中最重要的成分是官号而不是官称。本章前面对拓跋及其他魏晋时期鲜卑诸部得名由来的研究，也显示了部族首领的官号转化为部族名称的普遍情况。由此，我们可以知道中古时期北族部族得名的一种机制：部族首领的官号，成为人们称呼该首领的主要名称，官号转化为该首领实际行用的名称；该部族首领的名称，又成为外部世界（与该部族相对应的其他游牧部族及农耕社会组织）称呼该部族的主要名称。经过一段时间，起于他称的这一名称最终为该部族内部所接受和认同，从而凝固成该部族的正式名称。

　　举一个例子，吐谷浑正式成为部族名称，是在吐谷浑之孙叶延时。据《宋书》："（叶延）自谓曾祖弈洛韩始封昌黎公，曰：'吾为公孙之子。案礼，公孙之子，得氏王父字。'命姓为吐谷浑氏。"[1]这显然是以华夏传统附会吐谷浑部族之得名。根据我们的研究，吐谷浑与暾欲谷是同一个词，即 Toñuquq，而 Toñuquq 作为北族的一组官号，是由暾（即吐，ton）和欲谷（即谷浑，juquq）两个官号联合构成的。[2]吐谷浑在世时，其部落由其名称（即官号）已暂时获得吐谷浑之名，不过这很可能仅仅是他称，而不是自称。吐谷浑去世后，也许周围诸部对吐谷浑部的称谓并没有改变，原来的他称由此得以强化，促使吐谷浑部族内部开始接受这一称谓，并使之变成自称，到叶延时才正式予以确认。与此相应，拓跋、秃发、慕容、乞伏、乙弗、贺兰诸部的得名，也大致走了同一路径。

　　然而值得注意的是，从 3 世纪后期吐谷浑率领他的部落远徙青

1　《宋书》卷九六《鲜卑吐谷浑传》，第 2371 页。

2　参看本书"再说暾欲谷其人"一章。

海，到 8 世纪中期慕容兆即位，近五个世纪的时间内，吐谷浑共传十九代二十六主。[1] 经历了这么多的政治首领，内部结构必已发生众多变化的吐谷浑政治体，却始终保持了"吐谷浑"的国族名号。也就是说，吐谷浑之后的二十五任首领，都没有能够把自己的"Identity"（无论是个人的名字、官称还是官号）作用到其政治组织的"Identity"之上。中古时期其他北族的政治体也有类似的情况，看不到一个已经以某一名号为世所知的部族，会因为新的政治首领而改换其部族名号。这说明，部族名号既有随部族政治首领的改变而改变、富于变化和不稳定的一面，又有在某一政治体内长期延续、相当稳定的一面。这种相互对立却明显共存于北族政治传统之内的两面性，又当如何理解呢？

我认为，北方部族政治传统中的这种两面性，并非同时共存的，它们分别是部族政治体的政治发育处于不同阶段时所表现出来的不同特征。

研究国家形成理论的学者，特别是其中的文化人类学者，都同意在早期社会政治体演化过程中，从较低级别如氏族（clan）或群队（或译作游团，band），经部落（tribe）阶段，向部落联盟（tribal confederacy）或酋邦演进，最后上升到原始国家阶段，这个演进过程并不单单是数量的累积和规模的扩大。每一阶段的演进，都涉及社会内部构造与政治权力关系的重组。Krader 指出，群队阶段社会统一的宗教表达方式，明显不同于国家阶段社会统一的表达方式；国家阶段的区域统一也不同于群队阶段的区域统一。比起简单社会来，国家阶段社会控制的技术，在功能和意义上都有显著的变化。[2] Krader 还举出成吉思汗大札萨对牧民家庭事务的干预，说明国家阶段政府增大了权力和责任，家庭相应地减少了自治权，因而可汗统治的后果便是家庭不再是帝国中的帝国（an empire within the empire）。[3]

1　周伟洲：《吐谷浑史》附录一与附录二。

2　Lawrence Krader, *Formation of the State*, Englewood Cliffs, NJ: Prentice-Hall, Inc., 1968, pp. 108–110.

3　Lawrence Krader, *Formation of the State*, p. 92.

　　人类学者把酋邦或原始国家之前的社会阶段（群队和部落阶段），看作平等社会（Egalitarian society）。[1] 平等社会同时是分散社会（Segmentary society），[2] 而分散社会的政治结构是不稳定的。Service指出，平等社会在血缘系统上维持较久的联系，氏族结构相对稳定，但是氏族与氏族之间的关系却十分不稳定，几个氏族为了某种共同的目标（仪式、节日和战争）会暂时联合起来，但第二天就可能分崩离析，回归分散状态。[3] 即使同为分散社会，在部落和群队两个阶段，社会内部的构造又有不同，比如，"氏族在部落社会中的地位就不如世系群那么重要"。[4] 只是在这两个阶段，都不存在真正有权的政治职位，首领仅仅是个人的、为某一具体缘由而设的、卡里斯马型的，首领仅仅是某种个人影响、某种顾问。[5] 东汉乌桓"有勇健能理决斗讼者，推为大人，无世业相继"，[6] "大人"是凭借个人才干推选出来的，其政治权力不能世袭，主要功能对外是作战，对内则是调解利益纷争。显然这里只有平等社会的特征，还没有进入酋邦阶段。[7] 在平等和分散社会里，政治权力是不稳定的。用 Service 的话来说："权威与平等必不相容，因为真正的权威依赖于等级制度（hierarchy）。"[8] 只有进入酋邦和原始国家阶段以后，等级制度和永久性的社会分层才得以形成，政治权力的分配方式也才趋于稳定。

1　Elman R. Service, *Profiles in Ethnology*, New York: Harper Collins Publishers, 1978, pp. 4-6.

2　关于分散社会的研究和表述，除了本章列举的 Service 的论著以外，还请参看 Paul Dresch, "The Significance of the Course Events Take in Segmentary Systems," *American Ethnologist*, Vol. 13, No. 2 (1986), pp. 309-324。

3　Elman R. Service, *Origins of the State and Civilization: The Process of Cultural Evolution*, New York: W. W. Norton & Company, Inc., 1975, p. 65.

4　易建平：《部落联盟与酋邦——民主·专制·国家：起源问题比较研究》，社会科学文献出版社，2004，第 166 页。

5　Elman R. Service, *Primitive Social Organization: An Evolutionary Perspective*, second edition, New York: Random House, Inc., 1962, p. 103.

6　《后汉书》卷九〇《乌桓鲜卑列传》，第 2979 页。

7　谢维扬认为这些记载所反映的东汉乌桓已经处于酋邦阶段，见氏著《中国早期国家》，浙江人民出版社，1955，第 508—509 页。

8　Elman R. Service, *Origins of the State and Civilization: The Process of Cultural Evolution*, p. 53. 这里借用了易建平对这句话的翻译，见前引易建平书，第 168 页。

　　前面所讨论的部族名号的两面性，既有富于变化和不稳定的一面，又有在某一政治体内长期延续、相当稳定的一面，所反映的恰恰是平等社会向酋邦和原始国家过渡时期，在不同阶段所呈现出来的不同特征，其相互对立的不稳定性与稳定性，所对应的正是不同社会阶段政治构造的基本特征。部族名号的迁改无常，是因为部族首领的政治权力没有制度性的保障，而且部族政治体本身也常在聚散生灭之间。东汉乌桓"氏姓无常，以大人健者名字为姓"，[1] 就是这样一种情况。较为稳定的部族名号，反映的是较为高级的政治体发育阶段，这个时候，世袭权力和等级制度保证了单一政治体的内在凝聚力，社会分化使政治结构的稳定能够超越个体的生命周期，制度化的权力交接方式（继承制度）保证了政治体的连续和统一。[2] 从这个意义上说，越发达、越高级的政治体，其内在结构的稳定就越持久。魏晋时期鲜卑诸部在名号上所反映出来的稳定的一面，正说明其政治发育达到较高阶段，开始发生转折，因而对于北方各部族的社会进步和政治发展来说也是十分重要的时期。

　　从本章前面的研究可以知道，魏晋鲜卑诸部得名所自的那些部族领袖，都可能处在该部族政治发展史上某个特定的时刻。"乞伏可汗托铎莫何"时期，陇西鲜卑的政治发育还远远不能与后来的西秦国家相比，但是他统一了陇西鲜卑各部，率领陇西鲜卑在陇山前后立足，因此他才是领导陇西鲜卑走出部落阶段、进入酋邦时代的部族英雄。莫护跋的功业当然比不上后来的慕容廆，他那个时期辽东鲜卑的政治发育也无法与前燕建国时期的慕容部相提并论，但是，很可能正是莫护跋开创了慕容部的酋邦时代。如果我们前面有关拓跋得名于拓跋力微可汗号的猜想是有道理的，那么与乞伏、慕容的例子就非常契合。正是力微在位期间，拓跋部走出了部落阶段，从而揭开了拓跋酋邦时代的新篇章，对北魏直勤制度的考察已经提供了这方面的证据。[3]

1　《后汉书》卷九〇《乌桓鲜卑列传》，第 2979 页。

2　Elman R. Service, *Primitive Social Organization: An Evolutionary Perspective*, p. 146.

3　参看本书"北魏直勤考"一章。

这给我们一个启示：也许，本人的"Identity"（主要是官号或官号的一部分）发展成部族名称的那些人物，基本上就是把本部族带出部落阶段并开启酋邦时代的英雄。给本部族的"Identity"打上最鲜明印迹的人，是酋邦时代的第一批英雄，而不是后来那些更高级政治体（国家）的创立者，这是我们应当特别留意的。

现在已知的魏晋鲜卑诸部，其得名几乎都在魏晋之际。这是不是说明，魏晋之际才是鲜卑各部的政治发育发生重大飞跃的时刻？我认为，有两种历史因素对鲜卑诸部的政治发育影响较深。首先是檀石槐的军事大联盟。史籍所见第一个鲜卑高级政治体，是汉末檀石槐所建立的规模巨大的军事联盟。[1]但这个联盟随着檀石槐的死而解散，说明这个政治体的性质显然还不是较发达的酋邦或原始国家。但是，檀石槐死后他的儿子曾经短暂继位，说明世袭制度的存在，这已经不再是部落阶段的特征。而且，史书所谓"自檀石槐死后，诸大人遂世相袭也"，[2]又证明檀石槐的政治遗产对草原部族政治发育的影响，是何等深刻而持久。我们看到草原上鲜卑诸部久已积蓄的政治能量，正在转化为鲜卑各部族政治体发育和演化的强大动力。檀石槐当然不是这一历史进程的启动者，但他和他的大联盟的出现，无疑大大加速了这一进程。在檀石槐之后，深刻影响了鲜卑各部政治发育的另外一个历史因素，就是田余庆先生在《拓跋史探》中重点关注的乌桓。幽州长城地带的乌桓早在东汉末年已经形成几个重要的政治集团，《三国志》载："辽西乌丸大人丘力居，众五千余落，上谷乌丸大人难楼，众九千余落，各称王；而辽东属国乌丸大人苏仆延，众千余落，自称峭王；右北平乌丸大人乌延，众八百余落，自称汗鲁王。"[3]这时的幽州乌桓政治体已经处在发达的酋邦阶段，很快就要进入原始国家了。虽然幽州东三郡乌桓遭受曹操的毁灭性打击而中止了政治发育进程，但从这些高级政治体流散出去的种种政治和文化因素，帮助了社会及政治发展相

1　马长寿：《乌桓与鲜卑》，第 179—188 页。

2　《三国志》卷三〇《魏书·乌丸鲜卑东夷传》裴注引《魏书》，第 838 页。

3　《三国志》卷三〇《魏书·乌丸鲜卑东夷传》，第 834 页。

对落后的鲜卑，其中最突出的例子就是田余庆先生所揭示的拓跋鲜卑
与乌桓在代北地区的长期共生。[1]

从十六国北朝鲜卑诸部的发展概貌推测，魏晋时期鲜卑诸部的政
治发育，不是个别部落、个别地区的偶发现象，而是遍地开花、色彩
纷呈的。部落与部落之间，酋邦与酋邦之间，原始国家与原始国家之
间，以及鲜卑与乌桓之间，鲜卑与其他北族之间，蒙古语族群与突厥
语族群之间，重组、融合的历史浪潮席卷了一切，改造了一切。等到
拓跋珪建立北魏时，在拓跋鲜卑统一的旗帜下，那里已经整齐地排列
着此前二百多年为各自部族的前途而奋力打拼的鲜卑各部人民。曾经
的部族结构不复存在，与这些部族结构一同消失的还有各部族、各政
治体的历史记忆。剩下来的只有很少一些正在变色的历史印记，偶尔
让他们回忆起祖先的光荣。在为数不多的印记中，来自早先部族名称
的姓氏，是他们赖以记忆各自部族历史的重要凭借。可是，这些多音
节的、不符合华夏传统的姓氏，在不久以后也将被放弃，而代之以华
夏式的姓氏，并附以崭新的、与炎黄血统相联系的历史记忆与谱系清
单。新的记忆取代了旧的记忆，草原部族的后代与草原历史的联系，
至此已经几近于无。而那些即将被放弃的姓氏，即以前草原上各个部
族的名称，与魏晋鲜卑诸部那些开创了大时代的马背上的英雄们之间
的联系，慢慢地也会被时间的烟尘遮盖。

1　田余庆：《拓跋史探》，第 108—203 页。

第四章　北魏道武帝的鲜卑语本名

1942 年春，陈寅恪先生在给姚薇元《北朝胡姓考》所写的序言中说："惟不能不于此附著一言者，即吾国史乘不止胡姓须考，胡名亦急待研讨是也。"[1] 根据我们对中古北族传统中的政治名号的了解，北朝北族社会中包括姓和名在内的名氏系统（anthroponym），在很大程度上根源于政治名号。通常，姓源自部族名（ethnonym），部族名则来自该部族历史上某位重要领袖的官号，而官号是政治名号的一部分。政治名号中的官号和官称，构成政治人物的个人名号，同时也成为家庭制名的主要资源。因此，姓和名虽然在华夏社会的文

---

1 陈寅恪:《北朝胡姓考序》，载姚薇元《北朝胡姓考》（修订本），中华书局，2007，序之第 1 页。

化环境下有巨大差异，但从起源意义上说，在北族的历史传统中则没有什么分别。因此，正如陈寅恪先生所说的，研究名与研究姓是同样重要的。

中古时代用汉字音译北族姓名时，往往因人因时而异。同样的北族姓名，亦即同样的北族名号，在不同场合被译成不同的汉字，同一名号多种汉译的情况非常普遍。随着汉字语音的变化，同一个北族名号的不同译法，汉字读音可能会由同而异，本来就存在的读音差距也会由微而著。关于中古北族语言属性的纠纷是人所共知的，[1]在这种情况下，即使有突厥时代及其以后阿尔泰诸族语文学的帮助，或即使不存在汉译本身的中古音构拟方面的困难，要完全了解现存古代汉译各名号的北族语源（etymology）也是不可能的。尽管如此，借助迄今阿尔泰学研究和汉语语音史研究等多个学科在相关方面的巨大积累，我们已经有可能逐渐扩展对中古时期汉译北族名号的认知，从而至少局部地复原从代北名号向汉文音译的历史过程。这种研究不仅是为了尽可能地揭示那些汉译北族名号的语源，而且是为了了解以中古汉语音译非汉语词语的机制（mechanism）及特点。

本章试以北魏道武帝的鲜卑语本名在史书中的不同汉译为例，来

---

1 以拓跋鲜卑语言为例。伯希和早在 1921 年即判断拓跋"既非东胡，然亦不属蒙古"，他根据《南齐书》所记拓跋语词资料，认为拓跋"似属突厥系"，见伯希和《吐谷浑为蒙古语系人种说》，载冯承钧译《西域南海史地考证译丛七编》，中华书局，1957，第 32 页。白鸟库吉认为鲜卑语属蒙古语，所以把有关拓跋语言的考证放进《东胡民族考》一书。卜弼德、巴赞和后期的克劳森，都赞成伯希和的意见，见 Peter A. Boodberg, "The Language of the T'o-Pa Wei," *Harvard Journal of Asiatic Studies*, Vol. 1, Issue 2 (1936), pp. 167–185, 该文后收入 *Selected Works of Peter A. Boodberg*, pp. 221–239；Louis Bazin, "Recherches sur les parler T'o-pa," *T'oung-pao*, Vol. 39 (1949/50), pp. 228–329；Sir Gerard Clauson, "Turks, Mongols, Tungus," *Asia Major*, New Series, Vol. VIII, part 1 (1960), pp. 116–117. 克劳森在他那部著名的《13 世纪以前突厥语语源辞典》里，直接把 tavğaç（即 tabγač）一词解释为"一突厥部落名，其中文转写作'拓跋'"，见 Sir Gerard Clauson, *An Etymological Dictionary of Pre-Thirteenth-Century Turkish*, p. 438. 然而，1970 年李盖提宣称拓跋语言属于古蒙古语，他在中国史籍（如《南齐书》）保存的零散的拓跋语言里找到了一些蒙古词，证明拓跋部并不是如卜弼德等人所论定的那样是说突厥语的，见 Louis Ligeti, "Le Tabghatch, un dialecte de la langue sien-pi," in Louis Ligeti ed., *Mongolian Studies*, p. 308. 中国学者亦邻真的研究又完全支持了李盖提的观点，见《中国北方民族与蒙古族族源》，《亦邻真蒙古学文集》，内蒙古人民出版社，2001，第 561 页注 2。

说明这一问题。

北魏孝文帝以前诸帝都有鲜卑语本名，史书往往把这种本名记作"字"或"小字"。如明元帝拓跋嗣的鲜卑本名是木末，[1] 太武帝的本名是佛狸伐，[2] 等等。佛狸伐的语源是 böri bäg，而木末的语源则难以索解。不过可以肯定的是，木末是中古十六国北朝时期北族常用的一个名号。《晋书》记"慕容冲将许木末杀慕容冲于长安"，[3] 说明慕容鲜卑的集团中有以木末为名者。《梁书》记芮芮（柔然）"始筑城郭，名曰木末城"，[4] 可见柔然也使用这一名号。《晋书》记西秦的最后一个国君是乞伏慕末，[5]《魏书》同，[6] 二者极可能都是依据崔鸿《十六国春秋》。《宋书》则记作乞伏茂蔓，[7] 代表了南朝的译法。慕末和茂蔓显然都是木末的异译，是乞伏鲜卑亦有以此名号为名者。慕容鲜卑、乞伏鲜卑、柔然和拓跋鲜卑，都是秦汉时期的东胡之裔，都出于东胡中的鲜卑集团，其语言也都属于古蒙古语，而他们都使用"木末/慕末/茂蔓"这个名号，可见该名号在鲜卑诸部中的普遍存在。

那么，道武帝的鲜卑语本名是什么呢？

《北史》记宇文部世系，有"丘不勤死，子莫廆立，本名犯道武讳"等语。[8] 莫廆，《晋书》作莫圭，[9]《新唐书》作莫珪，[10] 显然《北史》所说的"道武讳"，就是这个"圭"或"珪"字。《魏书》称"太祖道武皇帝，讳珪"，[11] 这是北魏官方确定的道武帝的汉字名讳，但并非其鲜卑语本名的全部音译。而《北史》记莫廆"本名犯道武讳"，仅

1　《宋书》卷九五《索虏传》，第 2322 页；《南齐书》卷五七《魏虏传》，第 983 页。

2　罗新：《北魏太武帝的鲜卑本名》，《民族研究》2006 年第 4 期，另见本书第五章。

3　《晋书》卷九《孝武帝本纪》，第 235 页。

4　《梁书》卷五四《西北诸戎传》，中华书局点校本，1973，第 817 页。

5　《晋书》卷一二五《乞伏炽磐载记》，第 3126 页。

6　《魏书》卷四上《世祖纪上》，第 78 页。

7　《宋书》卷九六《鲜卑吐谷浑传》，第 2372 页。

8　《北史》卷九八《匈奴宇文莫槐传》，第 3267 页。

9　《晋书》卷一〇八《慕容廆载记》，第 2805 页。

10　《新唐书》卷七一下《宰相世系表一下》，第 2403 页。

11　《魏书》卷二《太祖纪》，第 19 页。

仅是从汉名角度来说的，与道武帝的鲜卑语本名无关。经过长期的、连续的汉化过程之后，特别是在孝文帝的一揽子激烈改革措施之后，北魏史料中那些有关皇帝本名的材料已经被过滤和改写得难见踪影了。因此，道武帝鲜卑语本名的汉文音译，应该到南朝史料中去寻找。

《宋书》卷九五《索虏传》："（猗）卢孙什翼鞬勇壮，众复附之。……鞬死，子开字涉珪代立。"[1] 据此，道武帝名开，字涉珪。《宋书》他处记事时有径称道武帝为托跋开的，如卷五一《宗室传》记义熙元年"索虏托跋开遣伪豫州刺史索度真、大将军斛斯兰寇徐州"，[2] 可见刘宋所传的史料的确存在着以北魏道武帝之名为开的。不过，《宋书》卷二五《天文志三》有三处提到道武帝时，则称其名"什圭"：（1）东晋孝武帝太元二十年"慕容垂遣息宝伐什圭，为圭所破，死者数万人"；（2）东晋安帝隆安元年"什圭自号于中山"；（3）东晋安帝义熙二年"十月，什圭为其子伪清河公所杀"。[3] 因此，道武帝的名字在《宋书》里有三种记录：开、涉珪和什圭。显然，什圭和涉珪是对同一个北族语词的不同汉译。开应该是该语词末尾音节的汉译，即对应圭或珪这个音，但由于采用了明显不同的汉字，可以肯定它并非直接来自这两种音译形式。这种混乱的情况说明，刘宋可能没有得到北魏官方有关道武帝名讳的书面报告或正式通知，或即使存在着这样的报告或通知，它们也是不完全一致的。

《南齐书》所记的道武帝名讳又不同于《宋书》，说明存在着不同的信息来源。《南齐书》卷五七《魏虏传》："猗卢孙什翼犍，字郁律旃，……子珪，字涉圭，……珪死，谥道武皇帝。……什翼珪始都平城，犹逐水草，无城郭。"[4] 同书卷五九《芮芮虏传》也提到"什

1　《宋书》卷九五《索虏传》，第 2321—2322 页。

2　《宋书》卷五一《宗室传》，第 1461 页。

3　《宋书》卷二五《天文志三》，第 726、727、731 页。

4　《南齐书》卷五七《魏虏传》，第 983—984 页。

翼圭"，¹ 显然是指道武帝。《南齐书》以什翼圭或什翼珪为道武帝的姓名，也许是把"什翼"当作了姓氏，但更大的可能是"涉圭"一名的异译，或者是由于"涉圭"的读音使南齐人误以为与什翼犍的"什翼"有关，从而把"什翼"当作姓氏了。尽管《宋书》和《南齐书》所记颇有不同，但我们还是可以看到两书的共同点就是道武帝的"字"（其实很大程度上可以看作鲜卑语本名）是涉圭／涉珪／什圭。那么，如何认识这个鲜卑名号呢？

　　涉圭／涉珪／什圭所对应的北族名号，无疑也是一个常见名号。要了解或接近了解这一名号的原貌，途径之一是尽可能了解它有哪些汉文异译。和中古时期所有的常见北族名号一样，涉圭／涉珪／什圭也存在着许多异译，其中最常见的是"涉归"。《晋书》记石虎时有"襄城公涉归"，² 《宋书》还记录了叔孙建的鲜卑语本名为涉归幡能健，³ 前一个涉归是人名，后一个涉归是姓氏，体现了这个名号的广泛应用。不过值得注意的是，作为叔孙建本来姓氏的涉归，在《魏书》中写作乙旃，⁴ 可见乙旃和涉归一样，是涉圭／涉珪／什圭的异译。根据蒲立本所构拟的汉语早期中古音，涉和什都是以 p 收声，并且以 dz 为词首辅音的入声字，⁵ 作为音译外来语的汉字显然是可以通用的。而乙旃之乙，蒲立本的拟音作ʔit，⁶ 是一个词首辅音尚不明确的入声字（以 t 收声）。根据我们以上的讨论，涉归与乙旃乃是同一个北族名号的不同汉译，那么可以知道中古早期汉语中的乙，其辅音应当十分接近 dz 的发音。西魏的乙干贵，其姓氏乙干应与乙旃相同。

　　中古史书中以涉归为名者，最著名的一个出自慕容鲜卑，即吐

1　《南齐书》卷五九《芮芮虏传》，第 1023 页。
2　《晋书》卷一〇六《石季龙载记》，第 2769 页。
3　姚薇元：《宋书索虏传南齐书魏虏传北人姓名考证》，原载《清华学报》第 8 卷第 2 期，1933 年，收入姚薇元《北朝胡姓考》（修订本），第 470—472 页。
4　《魏书》卷一一三《官氏志》，第 3006 页。
5　Edwin G. Pulleyblank, *Lexicon of Reconstructed Pronunciation in Early Middle Chinese, Late Middle Chinese, and Early Mandarin*, pp. 279, 283.
6　Edwin G. Pulleyblank, *Lexicon of Reconstructed Pronunciation in Early Middle Chinese, Late Middle Chinese, and Early Mandarin*, p. 367.

谷浑和慕容廆二人的父亲。《晋书》卷九七《西戎传》："吐谷浑，慕容廆之庶长兄也，其父涉归分部落一千七百家以隶之。及涉归卒，廆嗣位。"[1]同样的记录又见同书卷一〇八《慕容廆载记》。[2]可以推想，《晋书》的依据是崔鸿《十六国春秋》。《太平御览》卷一二一引崔鸿《十六国春秋》之《前燕录》，即称慕容廆"父涉归"。[3]《魏书》卷九五《徒何慕容廆传》亦称慕容廆"父涉归"，[4]同样源于《十六国春秋》。那么，《十六国春秋》的这一材料又来自哪里呢？《资治通鉴考异》引范亨《燕书·武宣纪》："廆，泰始五年生，年十五，父单于涉归卒。"[5]可见《十六国春秋》是依据范亨《燕书》的。这样，对于把慕容廆之父的名讳译作"涉归"，我们就可以建立出从范亨《燕书》，到崔鸿《十六国春秋》，再到《魏书》和《晋书》的史料传承系统。

可是，基本上能够反映《魏书》原貌的《北史》卷九六《吐谷浑传》，却有一点点不同："涉归一名弈洛韩，有二子，庶长曰吐谷浑，少曰若洛廆。"[6]不仅出现了涉归的另一个名字弈洛韩，而且慕容廆的本名也成了若洛廆，而不是如卷九五《徒何慕容廆传》中所记的弈洛瓌。《魏书》内部的这种歧异，说明魏收在为慕容廆和吐谷浑立传时，分别依据了不同的史源。如前所述，魏收写慕容廆是依据了《十六国春秋》的。那么，他为吐谷浑立传，依据了什么史源呢？

我认为魏收写吐谷浑时，参考了沈约的《宋书》。《宋书》卷九六《鲜卑吐谷浑传》："父弈洛韩，有二子，长曰吐谷浑，少曰若洛廆。"对比《北史》，唯一的差别是《宋书》没有提到涉归。可见《宋书》所依据的史源只有一个名字弈洛韩，并不存在另一个名字涉

1 《晋书》卷九七《西戎传》，第 2537 页。
2 《晋书》卷一〇八《慕容廆载记》，第 2803 页。
3 《太平御览》卷一二一，第 583 页。
4 《魏书》卷九五《徒何慕容廆传》，第 2060 页。
5 《资治通鉴》卷八一晋武帝太康二年，第 2577 页。
6 《北史》卷九六《吐谷浑传》，第 3178 页。

归。而魏收面对这条史源时，却不能不顾及他本已采信的《十六国春秋》对慕容廆父名的记录，于是他就把涉归放在前面，把《宋书》所记的弈洛韩当作另一名附在后面。可以看到，魏收希望这种折中的做法可以解决史源差异所造成的纷乱，但是他并不彻底，比如慕容廆的本名就依据了《宋书》而没有回改为《十六国春秋》的那种译法。然而问题远远不是弥缝史源差异那么简单。魏收兼采《十六国春秋》与《宋书》两个不同的系统，即吐谷浑之父名分别为弈洛韩与涉归的不同记录，前提是他相信二者的确是不同的名字。而这个前提是非常可疑的。如前所说，《十六国春秋》的史源是范亨《燕书》，属于十六国国别史。《宋书》的史源是什么呢？我怀疑沈约写吐谷浑所依据的史料，是南朝与吐谷浑长期盟友关系、密切往来所积累下来的资料，这种资料反映了吐谷浑政权内部对早期历史的记忆。

要证明南朝相关史料来自吐谷浑而不是其他方向，我们还应当提到《梁书》。《梁书》卷五四《西北诸戎传》："河南王者，其先出自鲜卑慕容氏。初，慕容奕洛干有二子，庶长曰吐谷浑，嫡曰廆。洛干卒，廆嗣位，吐谷浑避之西徙。"[1]与《宋书》的差异虽然不大，但反映了江左政权所获得的吐谷浑历史信息本来是口头的而非书面的，因此存在音译用字的微小差异。不过《梁书》同样不提涉归值得注意。事实极可能是这样的：弈洛韩（或奕洛干）与涉归不过是南北方对同一个鲜卑名号的不同汉译，其间的差异既可能是南北汉语语音差异的结果，也可能仅仅是翻译习惯的不同造成的。

如前所述，涉归与乙那是同一个名号。而弈洛韩（或奕洛干）与乙那在读音上是非常接近的。按照蒲立本的拟音，弈和奕都是以k收声的入声字，读音作jiajk，[2]词首辅音虽然不同，但非常接近。弈洛韩—奕洛干—乙那三个音译形式还有一个共同的地方，就是词尾

1　《梁书》卷五四《西北诸戎传》，第 810 页。

2　Edwin G. Pulleyblank, *Lexicon of Reconstructed Pronunciation in Early Middle Chinese, Late Middle Chinese, and Early Mandarin*, p. 370.

部分（作为一组名号组合的后一部分，或语法意义上的后缀），都是 -qan。需要注意的是，"涉归 / 涉圭 / 涉珪 / 什圭"这几个音译形式的词尾部分，都是 kwɛj，结合我们过去对"贺兰 / 贺赖"等音译形式的分析，[1] 可以知道 kwɛj-kaj-kan 诸音的可替代和可相通。因此我们也知道，和《魏书》称道武帝名珪一样，《宋书》所记道武帝之名为"开"，正是对其鲜卑语本名"涉圭 / 涉珪 / 什圭"这个名号最后一个音节的音译。

而且还可以进一步推论，道武帝的祖父昭成帝的名讳"什翼犍"，与道武帝的名讳涉珪 / 什圭，似乎具有同样的语源。前引《南齐书》记"猗卢孙什翼犍，字郁律駬"，就是强有力的证据。这里称"什翼犍，字郁律駬"，其实是指什翼犍与郁律駬乃同一个名号的不同汉译。郁律駬与弈洛韩（或奕洛干）的对应关系是毫无疑问的，而如前所述，弈洛韩（或奕洛干）与乙旃以及涉归 / 涉圭 / 涉珪 / 什圭等，具有同源关系。如果这一推论不误，那么《南齐书》把道武帝称作什翼珪，就是非常自然的，因为什翼珪正是涉珪的一个异译。与此相应，慕容廆的鲜卑语本名是若洛廆 / 弈洛瓌，正与其父涉归 / 弈洛韩 / 奕洛干同名。慕容廆与其父同名的情况，恰好跟道武帝与其祖昭成帝同名的情况相同。在道武帝之后，再未见到拓跋宗室有取此名者，而同样的，在慕容廆之后，也再未见到慕容鲜卑中有取此名者。这也许并不能解释为慕容部与拓跋部建立政权后受到华夏的避讳传统的影响，而应当看到，以前贤之名为名固然是草原的古老传统，但草原上也存在着避用伟大英雄尊名的传统。[2]

那么，这些汉译形式共同的语源是什么呢？与涉归 / 涉圭 / 涉珪 / 什圭 / 乙旃这几种译音形式呈现为两个音节不同，什翼犍 / 郁律駬 / 弈洛韩 / 奕洛干 / 什翼珪 / 若洛廆 / 弈洛瓌等，则是三音节的音译形式。由于所有这些音译的词首汉字都是入声字，可以假定我们所要讨论的

1　请参看本书"北魏申洪之墓志中的内亚名号"一章。

2　比如，成吉思汗的可汗号成吉思（Činggis），固然在突厥语世界中至今被广泛用作人名，但在蒙古语世界就得到了严格的避讳。

语源如果是三音节词（或词组）的话，其中间的音节是短促的。其次，对于词首汉字的分析，使我们联想到蒲立本对"俟斤 /irkän/irkin"语音问题的讨论。[1]非汉语以开口前元音（i/e/ä）为词首的词在音译成汉文时，似乎都遇到了类似的问题。同样，如果该开口前元音后面跟随的是 -r/-l，似乎问题就变得更加复杂了。前面我们还推测过，我们所讨论的这个词的词尾音节应当是 -kän 或 -qan，如果它是后缀，就是 -kän，如果作为一组名号的官称部分，就是 -qan。因此，有理由设想，前面所讨论的涉归 / 涉圭 / 涉珪 / 什圭 / 乙旃 / 什翼犍 / 郁律旃 / 弈洛韩 / 奕洛干 / 什翼珪 / 若洛瘣 / 弈洛瓌等汉译形式，其语源有两种可能：ilkän 或 il-qan。这就是本章所探究的北魏道武帝的鲜卑语本名，同样也是道武帝的祖父昭成帝、鲜卑慕容部慕容瘣及其父的鲜卑语本名。

关于北魏道武帝的正式汉名，《魏书》记作珪，南朝史书或称开，或称珪，而无论是开还是珪，显然仅仅是道武帝鲜卑语本名 ilkän 或 il-qan 的末尾音节的音译。也就是说，道武帝并没有专门的汉名。同样的情况也适用于慕容瘣，瘣仅仅是其鲜卑语本名末尾音节的汉文音译。北朝史料记明元帝的汉名为嗣，而南朝史书主要称他的鲜卑语本名木末，可能说明明元帝和道武帝一样并没有专门的汉名，史料所记的"嗣"，或许仅仅是在他成为嗣君之后才获得的。北魏皇帝第一个取有真正汉名的，可能是太武帝。不过直到文成帝时期，皇子取名都是先有鲜卑语本名，而后有汉名的，当然这是另外一个需要专门论证的问题。

1　蒲立本:《上古汉语的辅音系统》, 潘悟云、徐文堪译, 中华书局, 1999, 第 10—11 页。

第五章　北魏太武帝的鲜卑语本名

　　《宋书》记北魏太武帝拓跋焘"字佛狸"，[1]《南齐书》亦作"字佛狸"，[2] 南朝史籍中径以佛狸称他的例子很多，兹不赘举。《魏书》卷三《太宗纪》泰常七年："夏四月甲戌，封皇子焘为泰平王，焘，字佛釐。"[3] 但是今本《魏书》的《太宗纪》并非魏收旧文，宋人即已指出可能是以隋代魏澹的本子补入的。《隋书》说魏澹所撰魏史，"义例与魏收多所不同"，魏澹自称"今所撰史，讳皇帝名，书太子字"。[4] 魏收《魏书》应当是不写拓跋焘的字的，魏澹的依据要么来自原拓跋集团的某种历史记忆，要

1　《宋书》卷九五《索虏传》，第 2330 页。

2　《南齐书》卷五七《魏虏传》，第 983 页。

3　《魏书》卷三《太宗纪》，第 61 页。

4　《隋书》卷五八《魏澹传》，第 1417 页。

么就是直接借鉴了江左史书，只不过改明显有贬辱色彩的狸为螯而已。南朝史书一方面说拓跋焘字佛狸，另一方面在各个用例中，不称焘而称佛狸，即称字不称名。表面上看，这与当时以称字为敬的习惯是有一点点抵牾的。事实上这里所谓的"字"，并非华夏制名传统中的表字。北族本无取字之俗，"佛狸""佛螯"为字更是与"焘"毫不相关。正如姚薇元先生早就指出的，《宋书》和《南齐书》所记录的拓跋集团姓氏名字中所谓的字，其实都是他们的鲜卑本名。[1]因此，佛狸或佛螯并不是拓跋焘的字，而是他的鲜卑本名的汉文音译。

　　值得注意的是，《宋书》中有几处涉及这个名字时，也有作"佛狸伐"和"狸伐"的。卷九五《索虏传》记拓跋焘进兵瓜步，宋文帝"乘舆数幸石头及莫府山，观望形势，购能斩佛狸伐头者，封八千户开国县公，赏布绢各万匹，金银各百斤"。[2]卷七四《臧质传》记臧质与围困盱眙的北魏众军（"虏众"）书曰："示语虏中诸士庶：狸伐见与书如别，尔等正朔之民，何为力自取如此。大丈夫岂可不知转祸为福邪！今写台格如别书，自思之。"[3]据此可知，臧质的信还附有两份文件（即所谓"如别"），一是"台格"，指宋文帝所下的购募"能斩佛狸伐头者"的赏格；一是"狸伐见与书"，指太武帝给臧质的信，信中表示围攻盱眙的魏军其实并非鲜卑，而是丁零、胡、氐、羌，他不在乎这些军队的死活云云。卷九五卷末的"史臣曰"，也提到"狸伐"："至于狸伐篡伪，弥扇凶威，英图武略，事驾前古，虽冒顿之鸷勇、檀石之骁强，不能及也。"[4]臧质的信和《宋书》"史臣曰"的"狸伐"，应当都是佛狸伐的省略形式，如同檀石槐被省略成檀石一样。但是这种省略反而证明了"伐"字的存在。这就证明，拓跋焘鲜卑本名的全称应当是佛狸伐，佛狸与狸伐都是省称。《资治通鉴》载臧质信及台格条

1　姚薇元：《宋书索虏传南齐书魏虏传北人姓名考证》，原载《清华学报》第8卷第2期，1933年，收入姚薇元《北朝胡姓考》（修订本），第461—507页。
2　《宋书》卷九五《索虏传》，第2352页。
3　《宋书》卷七四《臧质传》，第1913页。
4　《宋书》卷九五《索虏传》，第2358页。

文，把佛狸伐和狸伐都改作"佛狸"，[1]看来是不相信其全称为佛狸伐，也不相信佛狸和狸伐只是省称。

从中古北族特别是鲜卑诸部政治名号基本构造的角度来看，佛狸伐才是一个结构完整的名号，它包含了官号与官称两个部分：佛狸是官号，伐是官称。佛狸的语源我们将在后面讨论，这里我们先说"伐"。根据林安庆把拓跋的语源解析为 tog beg 的成功经验，[2]我们还进一步发现，bäg/beg 是魏晋时期鲜卑诸部使用最为广泛的政治名号，而且总是作为一组名号中的最后一部分，即结构和功能意义上的官称而不是官号来使用，比如拓跋、乞伏、乙弗、秃发，等等。在拓跋集团的个人姓氏或名字中，bäg/beg 的使用更是极为频繁，如拔拔氏（长孙氏）、他骆拔氏（骆氏）、俟力伐氏（鲍氏）、柯拔氏（柯氏）、黜弗氏、斛拔氏（贺拔氏），等等。北朝常用同音或音近的多个汉字，如跋、拔、发、弗、菝、伏、伐等，来音译 bäg/beg 这一北族词语。[3]正如我们已经分析过的，这些北族姓氏来源于部族称号，部族称号来源于部族首领的个人名称，而部族首领的个人名称又来源于他的政治名号。因此，北族姓氏、部族名称、部族首领的名称和部族首领的政治名号四者之间，有非常紧密、深刻的联系。正是在这个意义上，我们强调要充分重视中古北族重要政治人物的名号资料。在佛狸伐这一个案中，也不能以普通的个人取名来看待佛狸伐，而要把它看成某种政治名号，而且这个名号的结构本身也使我们认识到它与中古北族名号的一致性。

佛狸伐应当是太武帝在当皇帝以前的名号，这个名号中的伐（bäg）通常是官称，即使已经不是具体的官职，也必含有高贵、主人等意义，是通称意义上的官称。佛狸伐既然符合中古北族政治名号"官号加官称"的结构模式，那么行用时省略官称部分而只呼官号部分，就是比较自然的事情。这也许可以解释《宋书》和《南齐

---

1 《资治通鉴》卷一二六宋太祖元嘉二十八年，第 3965 页。

2 An-King Lim, "On the Etymology of T'o-Pa," *Central Asiatic Journal*, Vol. 44, No. 1 (2000), pp. 30–44.

3 参看本书"论拓跋鲜卑之得名"一章。

书》在正式介绍拓跋焘的名、字时，要说"字佛狸"，而不说"字佛
狸伐"。大概在北方，当拓跋焘继位之前，人们如果用鲜卑语称呼
他，正式场合应当称佛狸（釐）伐，非正式场合称佛狸（釐），这也
是我们为什么要一再强调官号比官称更能代表一个人的"Identity"。
刘宋君臣从零星的北方情报中得知拓跋焘被呼为佛狸和佛狸伐，反
映在他们的文书中也就比较混乱。有趣的是，臧质会在信中把佛狸
伐省称为狸伐（沈约在《宋书》的史论中亦循此例），说明他完全不
理解佛狸伐一名的意义和结构，而是像理解华夏姓名那样但取后两
个字。正是在这个意义上，我怀疑魏澹书所谓"字佛釐"，是源自南
朝史书。[1]

　　现在让我们来看看"佛狸"或"佛釐"的语源问题。胡三省说：
"佛，音弼。"[2] 根据蒲立本所拟的早期中古音，佛音 but，是以 -t 收声
的入声字，与附、符等字的音值非常接近。[3] 由此我们知道，"佛狸"
或"佛釐"很可能对应的是阿尔泰语系的"狼"，即突厥语文献中的
böri 一词。böri 见于阙特勤碑东面第 12 行和毗伽可汗碑北面第 13
行，两处都是形容骨咄禄初起兵时突厥士兵勇猛善战，böri teg，"如
狼一样"。[4] 克劳森《13 世纪以前突厥语语源辞典》收有 böri 一词。[5]
麻赫默德·喀什噶里的《突厥语大词典》，收有一条突厥谚语"狼不
吃邻居"，其中的名词"狼"就是 böri（buriy）。[6] 第一个把鄂尔浑碑
铭中的 böri 与中国史籍中的"附离"对应起来的学者，是法国的沙
畹。[7] 其后美国学者卜弼德在他的《胡天汉月方诸》系列学术札记中，

1　根据刘知幾的说法，魏收《魏书》有关瓜步、盱眙等战事的记载，也多是截取自沈约《宋书》，
　　所谓"魏史所书，则全出沈本"。见浦起龙《史通通释》卷一七，上海古籍出版社，1978，第
　　488 页。魏收尚且取材于江左，魏澹自然只会更甚。

2　《资治通鉴》卷一二五胡注，第 3950 页。

3　Edwin G. Pulleyblank, *Lexicon of Reconstructed Pronunciation in Early Middle Chinese, Late Middle
　　Chinese, and Early Mandarin*, p. 96.

4　Talât Tekin, *Orhon Yazıtları*, p. 10.

5　Sir Gerard Clauson, *An Etymological Dictionary of Pre-Thirteenth-Century Turkish*, p.356.

6　Mahmūd al-Kāšgari, *Compendium of the Turkic Dialects*（*Dīwān Luγāt at-Turk*）, Part Ⅱ, p. 264.

7　沙畹：《西突厥史料》，第 156 页，注 2。

还对中国史籍中 böri 一词的各种音译做了系统的研究，指出从匈奴、乌孙到突厥，böri 一词曾被广泛使用，因此 böri 不仅仅是一个突厥语词语，还是内亚及中亚许多民族语言中共有的词语。[1]

在《胡天汉月方诸》中，卜弼德指出《汉书》记乌孙史事，有"小昆弥乌就屠死，子拊离代立，为弟日贰所杀"的记载，拊离即 böri 之音译。[2]如果卜弼德的意见是正确的，那么这个拊离就是文献上游牧民族首领以狼（böri）为名的最早例证。卜弼德还依据明代张溥所编《汉魏六朝百三名家集》所收曹丕《典论》论汉武帝之文（按，该文最早见于《艺文类聚》[3]），有"刘单于之旗，剿阏氏之首，探符离之窟，扫五王之庭"的句子，指出其中"符离"即乌孙之拊离、突厥之附离（böri）。《典论》所说的"符离"，出典应当是《史记》所记卫青"绝梓领，梁北河，讨蒲泥，破符离"。[4]对蒲泥和符离的解释，《索隐》引晋灼曰："二王号。"又引崔浩曰："漠北塞名。"晋灼的依据是《史记》提到"匈奴符离王"，[5]或因此推及另有蒲泥王。崔浩的依据是《汉书》记武帝元朔二年"遣将军卫青、李息出云中，至高阙，遂西至符离，获首虏数千级"。[6]无论是作为漠北地名还是作为匈奴王号，卜弼德把这个符离与突厥附离进行比定，可以说是非常敏锐并富有启发性的。

《周书》记突厥习俗制度曰："旗纛之上，施金狼头。侍卫之士，谓之附离，夏言亦狼也。盖本狼生，志不忘旧。"[7]《新唐书》亦记突厥"卫士曰附离"。[8]《通典》说突厥"有时置附邻可汗，附邻，狼名也，取其贪杀为称"。[9]这就是说，突厥有以 böri 为可汗号的传统。可

1　*Selected Works of Peter A. Boodberg*, pp. 74–76, 99–102.
2　《汉书》卷九六下《西域传下·乌孙传》，第 3908 页。
3　欧阳询:《艺文类聚》卷一二皇王部二 "汉武帝" 条，第 231—232 页。
4　《史记》卷一一一《卫将军骠骑列传》，第 2924 页。
5　《史记》卷二〇《建元以来侯者年表》，第 1045 页。
6　《汉书》卷六《武帝纪》，第 170 页。
7　《周书》卷五〇《异域传下·突厥传》，第 909 页。
8　《新唐书》卷二一五上《突厥传上》，第 6028 页。
9　杜佑:《通典》卷一九七《北狄四·突厥上》，第 5403 页。

汗号是官号的一种，böri 能够作可汗号使用，自然也可以作为普通的官号使用。在前述"佛狸伐"一词中，佛狸也正是作为官号使用的。隋代突厥有"步离可汗"，即《通典》所谓附邻可汗，突厥语作 Böri Qayan；唐代突厥有"步利设"，即 Böri Šad。在这两个用例中，böri 的性质都是官号。《魏书》还提到"贺兰部帅附力眷"，[1]"附力眷"这个名字，可能也是由"附力"与"眷"两个部分组成的，诚如是，则附力也应当是 böri 的异译。

卜弼德特别强调乌孙、突厥民族起源传说中狼的因素，并把这种传说与名号中狼的使用联系起来。白鸟库吉在探讨乌孙历史时，也注意到乌孙民族传说中昆莫因狼乳而生的故事，并与高车始祖为狼与匈奴女所生、突厥出于狼种等民族起源传说结合起来，由此解释突厥"施狼头纛"和以狼为可汗号的传统。[2] 塞诺对突厥起源的种种传说做了深入分析，他也联系起了乌孙的传说，此外还加上了蒙古苍狼白鹿的起源传说。[3] 值得注意的是，拓跋鲜卑集团除了太武帝的鲜卑本名明显有狼的因素外，还有以"叱奴"为名的部落。《魏书》："叱奴氏，后改为狼氏。"[4]《蒙古秘史》开篇即说成吉思汗的祖先是孛儿帖赤那，原译"苍色狼"。[5] 学者都同意赤那即 chino'a，是蒙古语词，意为狼。[6] 北魏的叱奴氏，当即蒙古之赤那。根据我们对魏晋时期鲜卑诸部得名的研究，这里的叱奴氏，当得名于该部族历史上某位以叱奴为官号的首领。这里我们看到另外一个表示"狼"的北族词语同样被用作官号。

余大钧先生解释蒙古人的狼鹿祖先传说时，指出该传说"反映了成吉思汗远祖对过去森林狩猎时代鹿祖图腾观念的承袭以及后来进入

1　《魏书》卷二《太祖道武帝纪》，第 29 页。

2　白鸟库吉：《乌孙に就いての考》，《西域史研究》上册，第 54—57 页。

3　Denis Sinor, "The Legendary Origin of the Türks," in Egle Victoria Zygas and Peter Voorheis, eds., *Folklorica: Festschrift for Felix J. Oinas*, Bloomington, IN: Indiana University Publications, 1982, pp. 223-257.

4　《魏书》卷一一三《官氏志》，第 3013 页。

5　《蒙古秘史》（校勘本）卷一，额尔登泰、乌云达赉校勘，内蒙古人民出版社，1980，第 1 页。

6　札奇斯钦：《蒙古秘史新译并注释》，台北：联经出版事业公司，1979，第 3 页。

草原游牧时代对狼图腾观念的承袭"。[1] 大多数游牧民族是从森林里走出来的，游牧民精神生活的许多源头要到森林中去寻找。[2] 但是任何完成了游牧化历程的森林民族，也必定要继承和融入草原上已有的精神世界。这既是蒙古人狼鹿祖先传说的由来，也是其他游牧民族（其中当然包括鲜卑族）精神历史不可避开的一个环节。可是在华夏化了的拓跋鲜卑的历史记录中，已经找不到其民族起源传说中的狼的因素。不过依靠叱奴氏的部族称号，我们知道拓跋集团内部有以狼为官号的部族；凭借北魏太武帝拓跋焘的鲜卑本名"佛狸伐"（böri bäg），我们更了解了拓跋集团的核心部族也曾经以狼为官号。狼在拓跋集团的精神生活和政治生活中的重要性，幸亏这两个名号（一个鲜卑姓，一个鲜卑名），才避免了被彻底湮没。

【补记】

承乌兰老师教示，《蒙古秘史》中也有 böri 一词。《秘史》第 78 节记诃额伦（兀真额客，üjin eke）斥骂铁木真的话，有这样一句：

克卜迭石颜　欸迭额速　斡篾儿古　啜额孛舌里　篾图。[3]

李盖提将此句转写为：

Kebdeši-yen könde'esü ömērgü čö'e böri metü. [4]

明代总译此句作"又如护巢的豺狼般"，[5] 意思是"像窝穴被触犯而惊护的豺狼一样"。[6] "啜额孛舌里"（čö'e böri）原旁译即作"豺狼"，阿

1　余大钧译注《蒙古秘史》，河北人民出版社，2001，第 5 页。

2　Denis Sinor, "Central Eurasia," in Denis Sinor ed., *Orientalism and History*, p. 97.

3　《蒙古秘史》（校勘本）卷二，第 94 页。

4　Louis Ligeti, *Histoire Secrète des Mongols*, Budapest: Akadémiai Kiadó, 1971, p. 47.

5　《蒙古秘史》（校勘本）卷二，第 937 页。

6　阿尔达扎布译注《新译集注〈蒙古秘史〉》，内蒙古大学出版社，2005，第 135 页。

尔达扎布认为是突厥语借词，并详细引述了作为一个词组的 čö'e böri
在《鞑靼馆杂字》《五体清文鉴》及现代工具书中的用例。[1] 值得注意
的是，柯立夫（Francis Woodman Cleaves）、鄂嫩（Urgunge Onon）和
罗依果（Igor de Rachewiltz）都把 čö'e böri 译作 jachal（豺），[2] 也许因
为在同一节里已经提到"狼"，用的是蒙古语中常见的"赤那"，译作
"豺"就不能反映旁译"豺狼"的原意，也没有体现 böri 一词的本义。
北魏太武帝的鲜卑本名已经使用 böri 一词，而拓跋鲜卑的语言一般来
说可以认为是早期蒙古语，那么是否在非常古老的时候，böri 就是从
突厥语借来的词语呢？这里无疑存在着很大的疑问。

　　Peter B. Golden 在讨论钦察（Qipčaq）突厥人信仰系统里狼与狗
的意义时，综理了古代中央欧亚各文化各族群中普遍存在的狼崇拜
（the wolf cult）的研究情况。他特别指出狼不仅是一种具有伟大力量
的生物，而且是生存于社会及法律秩序之外的某种力量的象征，因而
狼崇拜总是与武士社会（warrior societies, *männerbünde*）相关。也许
是因为对突厥汗国史料中 böri 一词用例之多印象太深，他还引证语言
学家的研究，倾向于认定 böri 是一个源自伊朗语的突厥语借词。[3] 不过
如果我们考虑到拓跋鲜卑的北魏太武帝原来的名号已经使用 böri 的用
例，对于 böri 一词的起源就不能过于仓促地下结论。

1　阿尔达扎布译注《新译集注〈蒙古秘史〉》，第 138 页。

2　Francis Woodman Cleaves, *The Secret History of the Mongols*, Vol. I (translation), Cambridge, MA:
　　Harvard University Press, 1982, p. 24; Urgunge Onon, *The Secret History of the Mongols: The Life and
　　Times of Chinggis Khan*, Richmond, Surrey: Curzon Press, 2001, p. 68; Igor de Rachewiltz, *The Secret
　　History of the Mongols: A Mongolian Epic Chronicle of the Thirteenth Century*, Vol. 1, Leiden: Brill, 2004, p.
　　21.

3　Peter B. Golden, "Wolves, Dogs and Qipčaq Religion," *Acta Orientalia Academiae Scientiarum
　　Hungaricae*, Vol. L, Nos. 1–3 (1997), pp. 87–97.

第六章　北魏皇室制名汉化考

　　姓氏和名字的华夏化（也可以含混地称为汉化），[1] 是拓跋集团建立北魏王朝之后自身文化面貌

1　也许不需要特别说明，中古时期的北族（主要是阿尔泰语各族）社会中并不存在华夏式的姓氏（surname）制度，而只有人名。《汉书》卷九四上《匈奴传上》："其俗有名不讳而无字。"（第3743页）王充《论衡》"诘术篇"："匈奴之俗，有名无姓、字。"见北京大学历史系《论衡》注释小组《论衡注释》，中华书局，1979，第1427页。《三国志》卷三〇《魏书·乌丸传》注引《魏书》："氏姓无常，以大人健者名字为姓。"（第831页）又同书卷三〇《魏书·鲜卑传》注引《魏书》："其言语习俗与乌丸同。"（第838页）可见鲜卑与匈奴、乌丸一样，没有姓氏传统。所谓"以大人健者名字为姓"，可能就是指当与本部落以外的人员接触交流时，将本部落酋长的名号置于自己的名字之前以为标志。但是随着部落大人名号的变化，部落成员也可能改变这一标志，呈现所谓"氏姓无常"的局面。但当北族南迁与华夏社会深入接触，特别是进入华夏传统腹地之后，模仿和采用姓氏制度就成为北族社会文化变革的重要一环，部族名便是北族贵族姓氏的主要来源。正是在这一前提下，我们对北族姓名（Anthroponomastics）的研究才包含姓氏和名字两个方面。

发生转变的一个重要标志。当然，姓氏的华夏化与名字的华夏化并不是同步发生的，名字的变革在先而姓氏的变革在后。[1] 太和二十年（496）春正月孝文帝发布姓氏改革诏书以前，[2] 代人集团中已经有很多家庭采用华夏式制名方式。最鲜明的例证是孝文帝吊比干碑的碑阴题名中，在诸元宗室人物之外，有不少代人贵族尽管仍用代北姓氏，但名字已经是华夏式的了，如丘目陵亮、万忸于劲等。[3] 需要指出的是，和北魏许多重大变革一样，姓氏和名字的华夏化这一文化变革的发生来自政治权力的推动，是政治文化变革在社会文化层面的反映。[4] 简言之，北朝代人姓氏和名字的变革乃是自上而下发生的，而北魏皇室就是这一变革的出发点和原动力。因此，考察北魏代人集团姓、名变革的历史过程，拓跋皇室的制名变革可以作为整个研究的起点。

　　本章以北魏拓跋皇室在孝文帝姓氏改革之前进行的制名改革为

1　在进入不同语言与文化环境的族群所发生的适应性改变中，家庭代际的姓名变化总是很容易被观察到的，其中姓的变化较为复杂而缓慢，名的变化较为简单而迅速，这在古今人类社会中是一种普遍现象。比如，民族史研究者通过对加拿大安大略省 Weagamow 湖的土著印第安族群姓氏变化过程的调查，发现土著人群在普遍获得英语式的名字（given name）之后，土著姓氏（surname）还维持了非常长的时间，见 Edward S. Rogers and Mary Black Rogers, "Method for Reconstructing Patterns of Change: Surname Adoption by the Weagamow Ojibwa, 1870–1950," *Ethnohistory*, Vol. 25, No. 4 (1978), pp. 319–345. 又比如，人类学家发现，尽管西班牙语人名（通过受洗）早就流行于巴拉圭土著说瓜拉尼语（Guarani）的印第安人社会中，但源于瓜拉尼语的姓氏却顽强地存在了很久，到 1848 年在政府强力推动下才开始逐渐为西班牙语的姓氏所取代。请参看 Christina Bolke Turner and Brian Turner, "The Role of Mestizaje of Surnames in Paraguay in the Creation of a Distinct New World Ethnicity," *Ethnohistory*, Vol. 41, No. 1 (1993), pp. 139–165. 对美国华人姓名的研究也揭示出同样的规律，请参看 Emma Woo Louie, *Chinese American Names: Tradition and Transition*, Jefferson, North Carolina and London: McFarland & Company, Inc., Publishers, 1998, pp. 82–92.

2　《魏书》卷七下《高祖纪下》，第 179 页。

3　由于吊比干碑的碑阴题名中含有姓氏改革以后出现的元氏和陆氏，因此研究者对该碑的立碑时间以及北魏姓氏改革发动的实际时间都有不同意见。我认为该碑撰文虽在孝文帝太和十八年，立碑却在宣武帝景明元年至景明二年五月之间，因此碑阴题名中的元氏和陆氏都是后来立碑时改写的。请参看拙文《北魏孝文帝吊比干碑的立碑时间》，原载《文史》2005 年第 4 期，后作为附录收入拙著《中古北族名号研究》，北京大学出版社，2009，第 253–258 页。

4　有关人类学界对制名（naming）问题与认同及社会政治的关系所做的研究，请参看 Barbara Bodenhorn and Gabriele vom Bruck, "'Entangled in Histories': An Introduction to the Anthropology of Names and Naming," in Barbara Bodenhorn and Gabriele vom Bruck, eds. *The Anthropology of Names and Naming*, New York: Cambridge University Press, 2006, pp. 1–30.

题，尝试揭示代北集团的名氏制度在融入华夏传统的历史过程中所呈现的阶段性和复杂性，而正是这些阶段性和复杂性本身，又从一个侧面描述了拓跋鲜卑由征服者转变为统治者、由外来族群和边缘社会转变为华夏社会核心成员的历史命运。[1]

上　北魏前期皇室制名之考察

根据现有史料，北魏孝文帝以前的北魏皇帝都是取有鲜卑语名字（鲜卑名）的，同时可以确认他们都有用汉字写定，甚至行用于官文书，因而被记录于正史的"华夏式名字"（汉名）。需要思考的问题是，这两类名字之间的关系是什么？鲜卑名与汉名之间是否有联系？是不是所有的皇帝都是既有鲜卑名又有汉名？从取名的时间序列来看，是鲜卑名在前还是汉名在前，抑或两者同时？这些皇帝又是如何给自己的儿子取名字的？

以道武帝为例。根据我的研究，道武帝是没有汉名的。《魏书》称"太祖道武皇帝讳珪"，[2]这是北魏官方确定的道武帝的汉字名讳，但其实只是其鲜卑语本名的节略音译。道武帝的鲜卑语本名，南朝史料记作涉珪、什圭、涉圭、什翼圭，等等。和《魏书》称道武帝名珪一样，《宋书》所记道武帝之名为"开"，正是对其鲜卑语本名"涉圭/涉珪/什圭"这个名号最后一个音节的不同汉字音译。经过比对慕容鲜卑的相关史料，我认为涉归/涉圭/涉珪/什圭/乙旃/什翼犍/郁律旃/弈洛韩/奕洛干/什翼珪/若洛廆/弈洛瓌等汉译，其语源有两种可能的形式，即 ilqän 或 il-qan，这也就是道武帝的鲜卑语本名。值得注意的是，ilqän/il-qan 也是道武帝的祖父昭成帝、鲜卑慕容部慕容

1　胡三省注《资治通鉴》至拓跋珪称帝，感慨道："呜呼！自隋以后，名称扬于时者，代北之子孙十居六七矣，氏族之辨，果何益哉！"见《资治通鉴》卷一〇八晋孝武帝太元二十一年七月，第3429页。这一感慨的背景，就是在后来的历史中，代北集团最终融入华夏族群并且占据了华夏社会的中心位置。
2　《魏书》卷二《太祖纪》，第19页。

虓及其父的鲜卑语本名。退一步说，无论我们对该语源的研究是否成立，可以明确的一点是，道武帝并没有专门的汉名，《魏书》所谓"讳珪"，《宋书》所谓"开字涉珪"，《南齐书》所谓"珪字涉圭"，都是取其鲜卑语本名的后缀音节 -qän/-qan 的音译。处于北魏王朝草创期的道武帝，似乎还没有遇到在汉文文书中使用其本人大名的需求。

明元帝拓跋嗣的鲜卑语本名是木末。[1] 木末的语源虽然难以索解，但显然是中古十六国北朝时期北族常用的一个名号（见本书第四章）。可是明元帝的汉名是什么呢?《魏书》卷三《太宗纪》称"太宗明元皇帝讳嗣"，[2] 但是今本《魏书》的《太宗纪》并非魏收旧文，宋人指出可能是以隋代魏澹的本子补入的。[3] 而《北史》称"太宗明元皇帝讳嗣"，[4]《太平御览》引《后魏书》亦同，[5] 大致还是反映了魏收书的原貌。《宋书》记"开次子齐王嗣字木末"，[6] 亦以嗣为明元帝之名。可是《南齐书》只记了明元帝的"木末"一名，没有提到"嗣"。如果嗣的确是明元帝的汉名，这个名字或许是在他"封齐王、拜相国"，居于明显的继承人位置时获得的。不过我怀疑，史书记明元帝之名为嗣，也可能仅仅是由于他嗣位之后在汉文文书中自称或被称为嗣，事实上嗣并不是明元帝的汉名。也就是说，很可能明元帝和他的父亲道武帝一样，是没有汉名的。

之所以有此猜测，是因为可以相信道武帝的其他几个儿子都没有汉名。《魏书》卷一六《道武七王列传》记道武帝生十子，除明元帝及早夭的皇子浑、聪外，余七子都有传，即清河王绍、阳平王熙、河南王曜、河间王脩、长乐王处文、广平王连、京兆王黎。[7] 乍一看这些名字颇似汉名，其实都和道武帝的名字珪一样来自节略的鲜卑语本

1　《宋书》卷九五《索虏传》，第 2322 页;《南齐书》卷五七《魏虏传》，第 983 页。

2　《魏书》卷三《太宗纪》，第 49 页。

3　《魏书》卷三《太宗纪》"校勘记"第 1 条，第 64—65 页。

4　《北史》卷一《魏本纪一》，第 25 页。

5　《太平御览》卷一〇二，第 486 页。

6　《宋书》卷九五《索虏传》，第 2332 页。

7　《魏书》卷一六《道武七王列传》，第 389—410 页。

名。《北史》称"清河王绍字受洛拔",[1]绍当从受洛拔的头两个音节连读简化而来。长乐王处文之名处文,和《魏书》有传的封敕文之名敕文一样都是北族常用名号,其语源就是著名的 tümen(万)。广平王连,其鲜卑语本名是日连,见北齐元洪敬墓志,[2]连当是从日连简化而来。阳平王熙、河南王曜、河间王脩、京兆王黎四人的鲜卑语本名不详,但阳平王熙的三个儿子分别名为它大翰(简作他或佗)、吐谷浑(简作浑)和比陵,[3]河间王脩无子,河南王曜两子分别名为库莫提(简作提)和羯儿,[4]京兆王黎之子名吐根,[5]吐根的语源是北族名号 togan(意为隼)。可见他们的儿子都没有汉名,是否说明他们和自己的兄弟清河王绍、长乐王处文、广平王连一样,也都没有汉名呢?那么,熙、曜、脩、黎也只是鲜卑语多音节本名的节译。道武帝诸子都没有汉名,是因为那时尚不存在使用汉名,特别是在官方文书中使用汉名的迫切需求。这多少也说明,道武帝和明元帝时期北魏政权的华夏化程度不会太高。

　　尽管明元帝本人及其诸弟没有汉名,但明元帝却给他的皇子们取了汉名。因此,太武帝拓跋焘是第一个拥有正式的、独立于其原有鲜卑语本名之外的汉名的北魏皇帝。我们已经知道他的鲜卑语本名是佛狸伐(böri bäg),这个词在音、义两个方面都与焘没有关系,可见焘是一个独立的汉名。在"元嘉草草"时期与太武帝有过直接和大量接触的刘宋政权,其遗留史料中很多地方提到太武帝时称之为托跋焘,说明太武帝的汉名已经被江左熟悉和接受。而且,北魏官方文件也使用了太武帝的汉名。著名的嘎仙洞石刻祝文以太武帝的语气,自称"天子臣焘"。[6]可是《魏书》所记的这份祝文作"天子讳",未能

1　《北史》卷一六《道武七王传》,第 589 页。
2　罗新、叶炜:《新出魏晋南北朝墓志疏证》,中华书局,2005,第 176—178 页。
3　它大翰见于《宋书》卷九五《索虏传》,第 2335 页;吐谷浑见北齐元洪敬墓志,参看罗新、叶炜《新出魏晋南北朝墓志疏证》,第 176—178 页。
4　库莫提之名见于《宋书》卷九五《索虏传》,第 2334 页。
5　《北史》卷一六《道武七王传》,第 595 页。
6　米文平:《鲜卑石室寻访记》,第 55 页。

反映官文书的书写对北族贵族取汉名的影响。太武帝既有鲜卑名也有汉名，可以想象他在官方文件中是使用汉名的。

据《魏书》，太武帝诸弟是乐平王丕、安定王弥、乐安王范、永昌王健、建宁王崇、新兴王俊，看起来似乎都是汉名。即使这些名字都是真正的汉名，还是可以肯定明元帝的皇子们也都有各自的鲜卑语本名，甚至可以说，他们都是先有鲜卑名，而后才有汉名的。很有可能，有些人的汉名，就来自他们原有的鲜卑名的某一个音节。比如，乐安王范"长子良"，[1]"良"之名见于其子孙多方墓志，可是拓跋（元）良的嗣子元绪的墓志却称元绪是"仪同宣王范之正体，卫大将军简王梁之元子"，[2]以"良"为"梁"。可见这个汉名的用字还是不那么稳定的。而在北魏文成帝《南巡碑》碑阴题名中，有"卫大将军乐安王直□何良"。[3]从官、爵看，就是乐安王范的嗣子乐安王良。所缺一字，应当是"勤"。何良才是乐安王良的鲜卑语本名，作为汉名的良或梁是从他的鲜卑语本名节译而来的。另外一个例子是永昌王健之嗣子永昌王仁，这个"仁"乍一看自然是汉名无疑，但如果了解他的鲜卑语本名是《宋书》所记的库仁真，[4]就会理解这个汉名"仁"不过是其鲜卑名"库仁真"中间音节的节译而已。也就是说，即使拓跋良之良和拓跋仁之仁的确是汉名，这些汉名在发生意义上必定是后于鲜卑语本名的，甚至可以说它们就是从鲜卑名中派生出来的。由此反推明元帝诸子的汉名中颇有一些类似情况，也许并不是十分离谱的。因而，尽管明元帝给自己的皇子们取了汉名，但应当看到明元帝诸子拥有鲜卑名和汉名两套名字，而且在这两套名字中，鲜卑名在先而汉名在后，一定程度上还可以说汉名是从属于鲜卑名的。

这种情况到太武帝给自己的皇子们取名时并没有进一步的改变。

1 《北史》卷一六《明元六王传》，第 415 页。

2 赵超：《汉魏南北朝墓志汇编》，天津古籍出版社，1992，第 52 页。

3 山西省考古研究所、灵丘县文物局：《山西灵丘北魏文成帝〈南巡碑〉》，《文物》1997 年第 12 期，第 73 页。

4 《宋书》卷九五《索虏传》，第 2344 页；姚薇元：《宋书索虏传南齐书魏虏传北人姓名考证》，《北朝胡姓考》（修订本），第 470—472 页。

据《北史》卷一六《太武五王传》，[1]太武帝生十一子，除景穆帝（鲜卑语本名为天真[2]）外有晋王伏罗、东平王翰、临淮王谭、广阳王建、吴王余、小儿、猫儿、真、虎头[3]、龙头。后五子早夭，显然都还没有正式的汉名。伏罗不似汉名。而东平王翰、广阳王建、吴王余三人的鲜卑语本名，据《宋书》可知分别是乌弃肝、树洛真和可博真。[4]乌弃肝显然是由乌弃和肝两个名号联合构成的一组名号，乌弃的语源虽不可知，肝的语源应当是 qan，而"翰"显然就来自 qan 的音译。也就是说，东平王翰的汉名翰是从属于他的鲜卑语本名乌弃肝的。树洛真与北朝时常用的受洛干、树洛干一样，是对同一组北族名号的不同汉译，该组名号的最后部分同样是 qan（北朝时真、珪、根、干、建等汉字都被用来音译这个北族名号）。由此可知，广阳王建的汉名建应当也是来自他的鲜卑语本名的。然而值得注意的是，太武帝幼子（早夭者不算）吴王余的鲜卑语本名是可博真，与汉名"余"在音、义两个方面都没有联系。这说明吴王余的汉名是独立于他的鲜卑名的。

综上所述，北魏前期皇室制名可以总结为：保持传统，渐染华风。尽管头两代皇帝都没有汉名，但从第三代开始，皇位继承人和其他皇子们都开始取有汉名。当然也要看到，这些汉名中的相当一部分是直接从鲜卑名得来的。也就是说，皇子初生时先获得鲜卑名，后来才获得汉名，而相当一部分汉名仅仅是对其鲜卑名某个音节的节译。在北魏皇室制名汉化的历史进程中，从仅有鲜卑名到既有鲜卑名又有汉名，可以说进入了一个新阶段，是一个重要的变化。但对这一变化所蕴含的汉化意义不应过高估计，因为在这个阶段，鲜卑名在先而汉名在后，汉名基本上是从属于鲜卑名的。

1　《北史》卷一六《太武五王传》，第 604 页。

2　《宋书》卷九五《索虏传》："初，焘有六子，长子晃字天真，为太子。"（第 2353 页）

3　此据今本《魏书》卷一八《太武五王列传》。按，《北史》卷一六《太武五王传》，"虎头"作"彪头"；同书卷二《魏本纪·高宗文成帝纪》作"武头"。"彪头"和"武头"都是避唐讳所改，见《北史》卷一六《校勘记》第 15 条，第 624 页。

4　姚薇元：《宋书索虏传南齐书魏虏传北人姓名考证》，《北朝胡姓考》（修订本），第 470—472 页。

下　文成帝时期皇室制名汉化之完成

北魏皇室制名的汉化进程中，文成帝时期是最重要的一个阶段。但是文成帝本人还是和此前皇室成员一样，先有鲜卑名后有汉名。《魏书》称"高宗文成皇帝讳濬"，[1] 没有提到文成帝的鲜卑名。《宋书》则记"晃子濬字乌雷直勤"，[2]《南齐书》同，[3] 可见江左都知道拓跋濬的鲜卑名是乌雷直勤，不过也接受北方的解释，把鲜卑名当作字了。事实上《宋书》记北魏诸帝的名、字，一律把他们的鲜卑语本名记作字，[4] 显然这是来自北魏官方的解释。这种把本来分属于两个不同的语言环境即两个不同的文化系统内的汉名和鲜卑名融合在一个符合华夏传统的名、字系统内的处理方法，始于何时已不可知，但无疑出自北魏官方而不是江左。当然，这种处理方式本身，也是拓跋集团姓、名制度华夏化变革的一个重要环节。

《宋书》所记"晃子濬字乌雷直勤"是非常有趣的材料，有趣之处在于显然是把"乌雷直勤"当作一个完整的"字"来处理，而没有把直勤与乌雷分开。迄今所知的有关北魏直勤（tigin/tegin/tekin）制度的用例，除"乌雷直勤"这一条外，一律把直勤写在前面，把名字写在后面，如《宋书》卷九五《索虏传》载有北魏献文帝为进兵刘宋的淮北四州而下的一道诏书，其中拥有直勤名号的八人，无不依照"官＋爵＋直勤＋人名"的叙述顺序，如"使持节、征东大将军、安定王、直勤伐伏玄"和"侍中、尚书左仆射、安西大将军、平北公、直勤美晨"等。文成帝南巡碑碑阴题名也完全遵照这一顺序，如"奋威将军、内三郎、永宁子、直勤苟黄""后军将军、内三郎、遂安子、

1　《魏书》卷五《高宗纪》，第 111 页。
2　《宋书》卷九五《索虏传》，第 2353 页。
3　《南齐书》卷五七《魏虏传》，第 984 页。
4　《宋书》卷九五《索虏传》所记的北魏皇帝包括：道武帝"开字涉珪"、明元帝"嗣字木末"、太武帝"焘字佛狸"、景穆帝"晃字天真"、文成帝"濬字乌雷直勤"，以及献文帝"弘之字第豆胤"。

直勤乌地延"等。敦煌莫高窟所出北魏太和十一年刺绣发愿文记供养人为"直勤广阳王慧安",[1] 把直勤放在爵位之前,略略不同,但仍然没有把直勤放在人名后面。

而高昌文书中所记柔然的直勤(提勤)制度,则是人名在前、直勤在后的,如吐鲁番哈喇和卓 90 号墓出土的《高昌主簿张绾等传供帐》(75TKM90:20),记有"若愍提勤""秃地提勤无根"等。[2] 我们知道,"乌雷直勤""若愍提勤"这种顺序才是符合北族传统的(比如唐代突厥贵族"阙特勤",即 Kül Tegin),因为这一名号的实质乃是一组政治名号,是"官号 + 官称"的组合,直勤是官称,乌雷是官号(直勤号),在北族语言和文化环境下,应当读作"乌雷直勤"而不是"直勤乌雷"。可是在魏晋以来的华夏传统之下,"官号 + 官称"组合的政治名号是找不到自己的位置的。要适应华夏传统的"官 + 爵 + 名"叙述规则,就只好调整北族原有的名号结构,把本来不可分离的"官号 + 官称"加以解析,官称部分分离出去独立构成一种官爵名,官号部分保留下来作为人名使用。于是就有了把"伐伏玄直勤"写作"直勤伐伏玄",把"美晨直勤"写作"直勤美晨"这类的处理方式了。《宋书》得以保存"乌雷直勤"的叙述顺序,大概因为江左本来知道这是文成帝即位前的名字,只是并不理解这个名字其实是一组政治名号,更不了解这组名号的内部结构。不过恰恰是这一例外,提醒我们要认识到北魏官方把拓跋原有政治制度与华夏制度相结合时所做的努力,这个努力的实质就是,尽管他们试图保持某些代北传统(如直勤称号),但他们不得不首先接受华夏传统制度的整体框架,因为代北制度的某些因素必须做出调整才能在这个框架下找到自己的位置。当然,这一适应势必以不同程度地牺牲代北制度的原有功能与形式为代价,正如上述"直勤号 + 直勤"名号组合的变化一样。

1　敦煌文物研究所:《新发现的北魏刺绣》,《文物》1972 年第 2 期。亦请参看本书"跋敦煌莫高窟所出北魏太和十一年刺绣发愿文"一章。

2　唐长孺主编《吐鲁番出土文书》第 1 册,文物出版社,1992,第 122—123 页。亦请参看罗新《高昌文书中的柔然政治名号》,《吐鲁番学研究》2008 年第 1 期,收入本书,是为第九章。

北魏姓、名制度的华夏化革新，正是这一深刻广泛的历史性适应与变革的组成部分。

"乌雷"的语源不详，但既然用作文成帝的直勤号（appellation for tegin），那么一定是一个重要的北族名号。蒙古文《黄金史》（*Altan Tobchi*）记明初蒙古诸汗，有兀雷帖木儿（Öljei Temür）。[1] Öljei 译作兀雷，省略了中间的辅音 j-，是因为在《黄金史》中 Öljei 被写成 Ölui，一般认为是讹写所致。蒙古文《蒙古源流》提到同一个人，清乾隆时期的汉文译文作"额勒锥特穆尔"，反映了正确的蒙古语读音。[2] 不过阿尔泰语言的辅音 j- 与 y- 之间的转化是众所周知的，正因为这样，Öljei（olğa）在一些突厥方言中读作 olya、olyo。[3] 德福（Gerhard Doerfer）在《新波斯语中的突厥语与蒙古语因素》第 1 册《新波斯语中的蒙古语因素》中，列举了 olğa（意为"战利品"）的多种书写形式和用例，并指出这一名号是从动词词根 ol-（意为"找到、获得、发现"）派生而来。[4] 也许北魏文成帝的直勤号"乌雷"与此有关？当然，这仅仅是一个联想。

不仅文成帝本人先有鲜卑名后有汉名，景穆帝其他诸子的情况应该都相近。例如，据元举墓志，元举的曾祖南安王桢"字乙若伏"。[5] 而阳平王新成、济阴王小新成、汝阴王天赐、乐浪王万寿、广平王洛侯、城阳王长寿、章武王太洛、乐陵王胡儿等的名字，要么是鲜卑名的音译，要么是鲜卑名的意译，都不似独立于鲜卑名的汉名。从这个事实看，也许景穆帝本人对推动代人姓名华夏化并不是十分热心。当然也要看到，景穆帝给诸子取名的时候，他们都不是皇子身份。这种按照北族习俗给孩子先取鲜卑名，到孩子长到一定时候根据需要再取汉名的做法，自明元帝拓跋嗣以后，成为北

1　札奇斯钦：《蒙古黄金史译注》，台北：联经出版事业公司，1979，第 199 页。

2　乌兰：《〈蒙古源流〉研究》，辽宁民族出版社，2000，第 297—299 页。

3　Wilhelm Radloff, *Versuch eines Wörterbuches der Türk-Dialecte*, Band I, St. Petersburg, 1893, No. 1088.

4　Gerhard Doerfer, *Türkische und Mongolische Elemente im Neupersischen*, Band I, *Mongolische Elemente im Neupersischen*, Wiesbaden: Otto Harrassowitz, 1963, pp. 143–145.

5　赵超：《汉魏南北朝墓志汇编》，第 215—216 页。

魏皇室皇子制名的新传统。先有鲜卑名，既说明皇子幼年时生活在一个鲜卑语的语言环境中，也说明在代北集团融入华夏传统的进程中，即便是最为激进的皇室，也一直保持了鲜卑文化本位的立场。

　　北魏皇室制名的鲜卑文化本位立场一直坚持到文成帝前期。文成帝的头三个儿子（献文帝弘、安乐王长乐和广川王略）都是有鲜卑名的，也就是说，他们都是先获得鲜卑名，后获得汉名。《宋书》卷九五《索虏传》记献文帝"弘之字第豆胤"，[1] 第豆胤语源不详，也许与东北的一个部族名"地豆于"是同一个名号。安乐王长乐似是鲜卑名的汉文意译。而广川王略的鲜卑名见于北魏元焕墓志。元焕墓志称："继曾祖贺略汗，侍中征北大将军中都大官，又加车骑大将军广川庄王。"[2] 广川王略的鲜卑本名贺略汗，又可写作贺兰汗。龙门石窟第 1443 窟古阳洞窟顶有"广川王祖母太妃侯造弥勒像记"两条，其一为"景明三年八月十八日广川王祖母太妃侯为亡夫侍中使持节征北大将军广川王贺兰汗造弥勒像"云云。[3] 贺略汗 / 贺兰汗与《魏书》所记高车某一别帅的名字"可略汗"是同一组北族政治名号。[4] 可见广川王的汉名"略"，只是其鲜卑语本名中间音节的节译。

　　然而到了文成帝为第五子齐郡王简取名的时候，[5] 北魏皇室制名的鲜卑文化本位立场终于被打破了，也就是说，不再给新生的皇子取鲜卑名，而是完全按照华夏传统取一个汉名，同时给予一个与此汉名相应的"字"（不再把鲜卑名解释为字了）。这一变革在史料中留下了清

1　《宋书》卷九五《索虏传》，第 2354 页。

2　赵超：《汉魏南北朝墓志汇编》，第 169 页。

3　刘景龙、李玉昆主编《龙门石窟碑刻题记汇录》，中国大百科全书出版社，1998，第 501 页。

4　《魏书》卷八《世祖纪》永平三年九月条："丙辰，高车别帅可略汗等率众一千七百内属。"（第 209 页）

5　据《北史》卷一九《文成五王传》，文成帝有七男，其中韩哀王安平早薨（见第 683 页）。而元简墓志称简为孝文帝第五叔，可见韩哀王安平排行在元简之前，恰恰与他没有正式汉名的情况相应。

晰的痕迹。《魏书》和《北史》记元魏宗室诸王，在诸皇子（皇子的子孙不算）的传记中，神元平文诸子以下，到昭成诸子、道武七王、明元六王、太武五王、景穆十二王，直至文成五王中的广川王略，都是有名无字。[1] 而从文成五王中的齐郡王简开始，到献文六王，到孝文五王，都是名、字兼备，名、字相应，华风洋溢。而且，史料还记录了文成帝在打破传统的皇室制名的鲜卑文化本位立场时所进行的一场讨论，这为我们确认文成帝完成北魏皇室制名汉化改革的时间提供了有力证据。

《魏书》卷一五《昭成子孙列传》：

> 常山王遵，昭成子寿鸠之子也。……子素，太宗从母所生，特见亲宠。……高宗即位，……诏群臣议定皇子名，素及司徒陆丽议曰："古帝王之制名，其体有五：有信，有义，有象，有假，有类。伏惟陛下当盛明之运，应昌发之期，诞生皇子，宜以德命。"高宗从之。[2]

《魏书》此卷原佚，后人以《北史》等书补成今本。可是上面议论皇子制名这一段话，为《北史》卷一五《魏诸宗室传》所无，学者疑出《高氏小史》。[3] 虽然来历不明，其史料价值并不稍减。在我看来，这一段话对于研究北魏皇室制名的汉化历程，具有重要的提示意义。元素（即拓跋素）与陆丽二人所议，表面上似是重复儒家经典的旧话，实际上却涉及拓跋皇室制名是否需要改弦更张，放弃皇室制名

1　《魏书》和《北史》极个别情况，提到以鲜卑名为字，如《魏书》卷三《太宗纪》泰常七年："夏四月甲戌，封皇子焘为泰平王，焘，字佛釐。"（第 61 页）又《北史》卷一六《道武七王传》称"清河王绍字受洛拔"（第 595 页）。但是今本《魏书》的《太宗纪》并非魏收旧文，而可能是以隋代魏澹的本子补入的。魏澹的依据要么来自原拓跋集团的某种历史记忆，要么就是直接借鉴了江左史书，只不过改明显有贬辱色彩的狸为釐而已。《北史》卷一六《道武七王传》在节录《魏书》之外，参考了其他史料，也不是魏收书的原貌。

2　《魏书》卷一五《昭成子孙列传》，第 374—375 页。

3　参看唐长孺先生主持标点的《魏书》所附"校勘记"第 1 条，第 386 页。

的鲜卑文化本位立场，不再给皇子取鲜卑名而专取汉名和汉字的问
题。元素与陆丽所谓制名之体有五，出自《左传》中鲁大夫申繻的一
段话。《左传》桓公六年九月记申繻回答鲁桓公问名曰："名有五：有
信，有义，有象，有假，有类。以名生为信，以德名为义，以类命为
象，取于物为假，取于父为类。"[1] 王充说："以德名为义，若文王为昌，
武王为发也。"[2] 服虔和杜预所注同。[3] 元素和陆丽所说"应昌发之期"，
"宜以德命"，即本于此。

　　以元素和陆丽二人的出身、经历和汉文化程度，仓促之间应对文
成帝关于皇子制名的问题，而能引经据典，说出这么一番道理来，恐
怕并非事实。这一席文辞典雅而语义含混的议论，必成于后人的缘
饰。然而，书面文字的不真实，并不能掩盖发生过相关问答的史实。
值得注意的史实就是，文成帝对于如何给自己的儿子起名，产生了疑
惑。我认为，文成帝的疑惑，就在于是否应当给自己的儿子直接起汉
名而不是鲜卑名。元素和陆丽所谓"陛下当盛明之运，应昌发之期"，
就是赞成文成帝顺应时代潮流，"宜以德命"，告别鲜卑名，直接起
汉名。

　　文成帝问皇子制名的这一次讨论，发生在什么时候呢？据元简墓
志，元简"以太和廿三年岁在己卯正月戊寅朔廿六日癸卯，春秋卅，
寝疾，薨于第"。[4] 元简死于太和二十三年（499），年四十，则其生年
当在文成帝和平元年（460）。因此，这场讨论应当发生在和平元年至
二年间。而这个时候的元素与陆丽的确是文成帝身边非常重要的鲜卑
勋贵。文成帝南巡碑碑阴题名里，[5] 有"侍中抚军大将军太子太傅司徒公

1　《春秋左传正义》卷六，见阮元校刻《十三经注疏》，中华书局影印本，1980，第 1750—
　　1751 页。
2　北京大学历史系《论衡》注释小组：《论衡注释》，第 1424 页。
3　服虔注云："谓若大王度德命文王曰昌，文王命武王曰发。"见《春秋左传正义》卷六，第 1751
　　页；杜预《春秋经传集解》，杜注"以德名为义"云，"若文王名昌，武王名发"（第 93 页）。
4　赵超：《汉魏南北朝墓志汇编》，第 37 页。
5　山西省考古研究所、灵丘县文物局：《山西灵丘北魏文成帝〈南巡碑〉》，《文物》1997 年第 12 期，
　　第 72—73 页。

平原王步六孤伊□"（即陆丽，所缺一字疑是"利"），和"征西将军常山王直□□□连戊烈"（即元素或拓跋素，元保洛墓志和元侔墓志均记元素之名为"素连"，[1]《元和姓纂》卷四误为"素达"，[2]由此颇疑"连"字前所缺三字实应是两字，即"勤素"），尽管他们两人并没有汉名，但以他们的显赫地位及与文成帝的亲密关系而论，在文成帝放弃皇室制名的鲜卑文化本位立场时，他们可能发挥了非常重要的支持作用。这才是史书所记有关制名问题讨论的实质意义。

　　至此，北魏皇室内已完成了制名华夏化。尽管皇子之外的代北贵族，包括庞大的宗室成员在内，仍然会在相当一段时间内保持鲜卑文化本位立场，拥有或仅仅拥有鲜卑语本名的人在代北集团中仍然占绝对多数，但由于统治集团的最核心部分已经完成了制名华夏化，变革之风已经强劲地、不可阻遏地刮起来了。经历了漫长的保持鲜卑传统、渐染华夏风尚时期的代北集团，终将有层次地、有先后地、有轻重地融入汉魏以来的华夏传统中。只是必须注意到，代北集团的华夏化绝对不是一次性完成的，华夏化的速度与程度，与集团成员在该集团中的阶级、地位等因素有莫大关联，越是靠近统治集团的核心，速度越快，程度越深。正是在这一意义上，我们认为北魏皇室制名的华夏化，就是代北集团制名华夏化的出发点和原动力。

1　赵超：《汉魏南北朝墓志汇编》，第59—60页。
2　林宝：《元和姓纂》（附岑仲勉四校记本），郁贤皓、陶敏整理，中华书局，1994，第400页。

第七章　说北魏孝文帝之赐名

　　皇帝赐予本有名字的臣下以新名，屡见于史籍，并非特别罕异之事。但北魏孝文帝赐名之多之频繁，在中古时期的帝王中极为突出。不难理解的是，只有置于代北集团华夏化的历史背景下观察，孝文帝这样大量赐名的行为才能获得具有历史意义的理解。和北魏许多重大变革一样，以拓跋鲜卑为主体族群的代北集团所经历的姓氏和制名的华夏化这一文化变革，来自北魏王朝政治权力的推动，是政治文化变革在社会文化层面的反映。也就是说，北朝代人姓氏和制名的变革乃是自上而下、自中心而边缘、自权贵而平民社会层级递进发生的，北魏皇室就是这一变革的出发点和原动力。当皇室制名的汉化进程在文成帝时期已获得重大进展时，[1]皇室除皇子以外的广大宗室仍然沉浸在先有鲜卑名后有汉名或只有鲜卑名而没有汉名的鲜卑制名传统中，更不用说非宗室的鲜卑勋贵与普通代北民众了。北魏孝文帝的大量赐名，自然是为了推动这一进程，因此只有将其置于代北集团华夏化激烈变革的背景下才容易理解。

　　然而应该注意的是，孝文帝的赐名对象并不局限于代人，进入北魏统治集团核心圈子的相当一部分华夏士人也成为孝文帝的赐名对象。分析表明，孝文帝对华夏士人的赐名并非偶然举动，实有深层的文化含义。这就反映了太和姓、名改制本身并非单向度的"汉化"或"华夏化"，而是孝文帝为北魏王朝争取正统地位所进行的诸多重塑华夏传统的文化建设之一。

一　孝文帝之前北魏诸帝的赐名

　　北朝史籍所记北魏前期诸帝给臣下赐名，都是赐以鲜卑名。如长孙嵩、庾岳（原名业延）都是由道武帝赐名的，[2]嵩、岳虽然看起来都像是传统汉名用字，但考虑到那个时期拓跋集团的文化面貌，这两个字一定是后来用汉字记录他们的名字时，各取其鲜卑语多音节本名中的一个近似音而确定下来的，其鲜卑语本名均已无从考见。明元帝赐古弼名为笔（后改为弼），[3]从《魏书》字面上看，赐名与古弼的品德和能力有关，而与其体貌特征无关，这大概是因为魏收不懂鲜卑语而造成的错觉。其实明元帝给古弼赐这样的名字，是因为古弼的头形较尖，有似笔头，所以后来太武帝称他为尖头奴、笔头，

1　参看本书"北魏皇室制名汉化考"一章。

2　《北史》卷二三《长孙嵩传》称"昭成赐名焉"（第805页）。可是《魏书》卷二五《长孙嵩传》称"太祖赐名焉"（第643页）。《魏书》本卷原阙，后人据《北史》补入，而此处明显不同，也许是补入者认定《北史》有误，或别有所据。按长孙嵩活动于魏初，有大功于道武帝，赐名不可能在昭成时。《魏书》卷二八《庾业延传》："庾业延，代人也，后赐名岳。"（第684页）按庾业延立功于道武时期，天赐四年被赐死，因此给他赐名的也只可能是道武帝。

3　《魏书》卷二八《古弼传》，第689页。

时人也都呼曰笔公。我在讨论申洪之墓志中的"莫堤"一词时已经指出，"笔"即 biti，是一个从汉字"笔"借入北族语言中的词，中古汉语"弼"的读音是 bit，[1] 完美地对应了鲜卑语的 biti。[2] 明元帝赐古弼名的事情发生在鲜卑语的语言环境内，但译成汉字时无论译音还是译意都应作"笔"，后来使用了较雅的汉字"弼"，就存音而不存意了。《魏书》所说的"取其直而有用"（笔）、"言其辅佐材也"（弼），都不过是后来的缘饰。应当注意的是，《宋书》所记的吐奚弼，[3] 即《魏书》的古弼，[4] 说明他的确是以"弼"为官方文书上使用的汉式名字。

　　太武帝赐功臣于栗磾之子名洛拔，[5] 赐源（拓跋）破羌名贺，[6] 赐汾胡薛辩之子薛洪祚名初古拔（一作车辂拔），[7] 所赐的都是鲜卑嘉名。洛拔是由一个含辅音 l 的北族名号（il/el?）加上鲜卑最常用的名号 bäg 而组合起来的名字。源贺的鲜卑语本名，据大同司马金龙墓所出司马金龙妻钦文姬辰墓铭，应该是"贺豆跋"，[8] 又写作"贺头拔"，《宋书》卷九五《索虏传》讹为"驾头拔"。[9] 由此可知，太武帝所赐的名是贺豆跋或贺头拔，"贺"只是后来追述时的一个简化形式。除了被简化为"贺"以外，事实上还另有一种简化形式"跋"，[10] 可见在鲜卑语环

1　Edwin G. Pulleyblank, *Lexicon of Reconstructed Pronunciation in Early Middle Chinese, Late Middle Chinese, and Early Mandarin*, p. 36.

2　请参看本书"北魏申洪之墓志中的内亚名号"一章。

3　《宋书》卷九八《氐胡传》，第 2409 页。同书卷九五《索虏传》记作吐奚爱弼，见第 2335 页。"爱"当是衍文。

4　姚薇元：《宋书索虏传南齐书魏虏传北人姓名考证》，《北朝胡姓考》（修订本），第 477 页。

5　《魏书》卷三一《于栗磾传》，第 737 页。

6　《魏书》卷四一《源贺传》，第 920 页。

7　《魏书》卷四二《薛辩传》，第 942 页。

8　山西省大同市博物馆、山西省文物工作委员会：《山西大同石家寨北魏司马金龙墓》，《文物》1972 年第 3 期。司马金龙夫妇墓铭又收入赵超《汉魏南北朝墓志汇编》，第 35—36 页。

9　《宋书》卷九五《索虏传》，第 2356 页。卜弼德早就指出驾字乃贺字之讹，见其讨论拓跋鲜卑语言属性的著名论文 "The Language of the T'o-Pa Wei," *Harvard Journal of Asiatic Studies*, Vol. 1, No. 2 (1936), p. 175。

10　源贺的孙女源显明墓志称："祖讳跋，魏故太尉公、凉王。"见赵君平编《邙洛碑志三百种》，中华书局，2004，第 12 页。

境下的"贺豆跋""贺头拔"，到了后来以汉字记录的时候到底取哪一个音，并不是非常固定的。这在代人社会里应该是较为普遍的情况。"贺豆跋""贺头拔"与洛拔一样是以一个北族名号加上 bäg 组成的名字。源贺的原名破羌似乎带有强烈的河西色彩，也许是一个受到河西华夏传统影响的名字。和破羌一样属于华夏传统之下的是薛洪祚的名字，反映了汾胡由于在河东地区长期生活所受到的华夏影响。与这种华夏风尚形成鲜明对比，太武帝所赐的"初古拔（或车辂拔）"之名，乃是一组由"初古（车辂）"加上 bäg 的鲜卑名号。初古（车辂）很可能与"屠各""独孤"等名号具有同样的语源。[1] 太武帝所赐三名都以 bäg 为该组名号的最后一个组成部分，反映了 bäg 在拓跋社会里的高度流行。而他用鲜卑名取代臣下原有的华夏式的名，[2] 对于我们理解当时代北社会的文化风尚是非常重要的。

　　然而，这种给臣下赐以鲜卑语名字的做法，却不见于文成帝和献文帝时期。史籍明确记载献文帝赐名只有一例，《魏书》卷二四《张衮传》记张衮孙白泽"本字钟葵，显祖赐名白泽，纳其女为嫔"。[3] 钟葵，

1　关于"屠各""独孤"的语源，目前当然无从给出任何坚实依据的结论。不过关于"突厥"（Türk）这一名号，依照内亚北族名号继承性和广泛性的一般情况，可以设想这不会是一个仅仅作为后来突厥部族名的名号，此前应该也被内亚其他政治体和其他部族用作专名，包括人名、官号、地名和族名，等等。因此我怀疑"屠各"、"独孤"以及"初古（车辂）"的语源就是 Türk 或其原始形态 Türkü。克劳森认为 Türk 的原始形态就是 Türkü，见 Sir Gerard Clauson, *An Etymological Dictionary of Pre-Thirteenth-Century Turkish*, pp. 90–101。突厥学界对 Türk 的语源没有一致的意见，尽管有些学者试图从希罗多德时代的希腊文献中寻找对应的词语，但赞成者寥寥。也有学者试图从波斯文、叙利亚文、粟特文等古典文献中寻求答案，但也显得牵强。参看 Peter B. Golden, *An Introduction to the History of the Turkic Peoples: Ethnogenesis and State-formation in Medieval and Early Modern Eurasia and the Middle East*, pp. 115–117。还是应该回到最确切、最原始的中古汉文文献中来。如果 Türk 在成为 6 世纪崛起的那支草原部族的族称之前或同时，也不过是内亚名号传统中的名号之一，那么它理应存在着其他部族用作人名、部族名、官号、地名的可能。因此，把"屠各"、"独孤"以及"初古（车辂）"的语源与 Türk 或 Türkü 联系起来的思路，就是基本合乎逻辑的。
2　《北史》卷五六《魏长贤传》："祖钊，本名显义，字弘理，魏世祖赐名，仍命以显义为字。"（第 2039 页）如果这条记事属实，那么太武帝不仅赐臣下以鲜卑名，亦赐臣下以华夏名。不过点校者在该卷校勘记第 36 条指出，《通志》卷一五〇下《魏钊传》"世祖"作"孝文"，且根据《北史》书例等，考证"世祖"实乃"孝文"之讹。见《北史》第 2053—2054 页。
3　《魏书》卷二四《张衮传》，第 616 页。

魏晋以前本写作终葵，[1]北朝多作钟葵，[2]唐以后多作钟馗，[3]北朝至隋唐
间以钟葵、钟馗为名者甚多，盖取辟邪之意。[4]北朝以钟葵为名者，既
有代人，也有中原华夏人，前者宗室如道武帝子阳平王熙之子拓跋钟
葵[5]，勋贵如劲字钟葵[6]，后者普通士族如中山卢龙县李先之孙李钟葵，[7]
外戚如梁国蒙县之顿丘王李钟葵。[8]这类在华北民间信仰中流行甚广的
名字，和佛教、道教的名字一起，很早就影响到北族内入者的制名。
但从正统文化的立场看，这种名字毕竟不雅。[9]献文帝所赐的新名白泽，
亦出自民间信仰，是传说中的瑞兽，研究者认为是魏晋时期重要的神
怪主题之一。[10]值得注意的是，同一时期本名钟葵而受皇命改名的还有
尧暄。尧暄"字辟邪，上党长子人，本名钟葵，后赐为暄"。[11]虽然史
料没有明确说是哪一位皇帝改了尧暄的本名，但尧暄主要活动在文成
帝至孝文帝早期，考虑到献文帝有改张白泽本名之事，我怀疑给尧暄

1　顾炎武：《日知录》卷三二"终葵"条，见顾炎武著，黄汝成集释《日知录集释》，第1154—
　　1155。顾炎武考证终葵本是大椎，古人以椎驱鬼，后人遂以终葵为辟邪之物，后世更化为捕
　　鬼人。
2　史籍罕见南朝人以钟葵、钟馗为名者。沈括《梦溪笔谈》卷二四："皇佑中，金陵发一冢，有石
　　志，乃宋宗悫母郑夫人，宗悫有妹名钟馗。"见胡道静《梦溪笔谈校证》卷二四，上海古籍出版
　　社，1987，第771页。这算是非常少见的例证之一。《宣和画谱》卷四"杨棐"条："又说尝得六
　　朝古碣于墟墓间，上有钟馗字。"（湖南美术出版社，1999，第97页）这与《梦溪笔谈》所记应
　　为同一事。
3　郎瑛：《七修类稿》卷二三"钟馗"条，中华书局，1959，第343页。
4　赵翼：《陔余丛考》卷三五"钟馗"条，商务印书馆，1957，第768—770页。
5　《北史》卷一六《道武七王传》，第591页；《梁书》卷三九《元法僧传》，第553页。
6　《北史》卷二三《于栗磾传》附《于劲传》，第844页。按此处称于劲字钟葵，当是本名，太和
　　改制之后取华夏式的"劲"为名，改以本名钟葵为字。
7　《魏书》卷三三《李先传》，第791页。
8　《魏书》卷七上《高祖纪上》，第149页。
9　史籍中不见南朝官贵人士以钟葵为名，应该就是这一文化观的体现。或许正是因此，南朝人
　　对这个名字本身似乎也并不熟悉，以至于把北人以钟葵为名者，讹写为钟蔡。《宋书》卷九五
　　《索虏传》载元嘉二十七年北魏太武帝与宋文帝书，称"得我普蔡一竖子，何所损益"（第
　　2346页）。普氏即拓跋十姓七族之一，后改为周氏。钟蔡，应即钟葵之讹。亦可见此类民间信
　　仰的华夏俗名很早就在代人社会中扎根了。
10　陈槃：《古谶纬书录解题（二）》，《中央研究院历史语言研究所集刊》第12本，1947年。该文后
　　收入作者《古谶纬研讨及其书录解题》，台北："国立编译馆"，1991，第273—292页。
11　《魏书》卷四二《尧暄传》，第954页。

改名的也是献文帝。[1] 显然献文帝对钟葵这个名字感到不满意。[2] 当然
据此还不能说献文帝这种不满意乃是基于华夏正统文化价值观，因为
他所赐的名字白泽和钟葵一样都属于民间神怪信仰的范畴。但献文帝
改名、赐名都是在中原文化的大框架之内，已不再反映鲜卑的内亚传
统价值观，这个事实本身说明献文帝的制名立场与北魏前三位皇帝已
经有了相当大的差异，反映了自文成帝以来北魏帝室在制名问题上的
文化转向。

二　孝文帝面向代人的赐名

　　孝文帝亲政以后，北魏帝室在制名问题上的文化转向得到前所未
有的强力发展，史料中有关孝文帝赐名的记录如此之多，与太和最后
十年一系列改革措施的激烈程度恰相呼应。当然，孝文帝赐名之事有
时候并不一定具备非常明确的文化意义。比如，高佑本名禧，"以与咸
阳王同名，高祖赐名佑"。[3] 因为高禧与孝文帝之弟咸阳王禧同名，孝
文帝特赐名佑以相避。前举《北史》卷五六《魏长贤传》一例，据点
校者考证，赐魏显义之名为魏钊者，是孝文帝而不是太武帝。孝文帝
为什么要给魏钊赐名呢？因为魏钊本字弘理，[4] 犯了献文帝的名讳，孝
文帝赐予新名，以原名为字，就避免了这一犯讳问题。这些赐名行
为，还不能引据以证明赐名本身与孝文帝计划中的更深层的文化变革
有直接的关系。但考察孝文帝其他赐名事例，可知其众多赐名之举与
他发动的文化变革一定有着直接的关联。

1　当然这不意味着献文帝禁止以钟葵为名，也不说明他会让所有以钟葵为名者都改名。《魏书》卷
　　四三《唐和传》提到"显祖遣给事杨钟葵"讨伐盖平定（见第 963 页）。这个杨钟葵在献文帝后
　　期还担任柜罕镇将，爵为西郡公，主持对吐谷浑的前线事务，见《北史》卷九六《吐谷浑传》，
　　第 3184 页。显然献文帝与杨钟葵是有个人接触的，可是献文帝并没有让杨钟葵改名。
2　参看赵翼《廿二史札记》之"元魏时人多以神将为名"条，见赵翼著，王树民校证《廿二史札
　　记校证》，中华书局，1984，第 316—317 页。
3　《魏书》卷五七《高佑传》，第 1259 页。
4　《北史》卷五六《魏长贤传》，第 2039 页。

　　《北史》卷一五《魏诸宗室传》记孝文帝"初置司州"，[1]以昭成
帝的曾孙元赞为司州刺史，以"赞化畿甸"，"于是赐名曰赞"。元赞
的本名已不可知，但他兄弟六人中死在孝文帝亲政以前的两个可悉
陵、陪斤，显然都只有鲜卑名，剩下的元忠、元德[2]、元赞、元淑四
人都活动于孝文帝时期，而且他们取了华风浓郁的汉名。从元赞之
名得自孝文帝所赐来看，元忠、元德与元淑三人的名字也极有可能
都是孝文帝御赐的。孝文帝赐给这些宗室以华夏式的名字，显然是
为了取代他们原有的鲜卑语本名。《魏书》卷一六《道武七王列传》
载南平王浑"子飞龙袭，后赐名霄"。[3]南平王浑实名吐谷浑，[4]浑是史
书简省之称。飞龙也许是鲜卑语本名的汉语意译，本无定字，故飞
龙孙元洪敬的墓志在详述南平王浑的本名之后却简称飞龙为龙，[5]应
该不是记忆错误，而多少反映了意译原名所具有的不确定性。飞龙
贵重于孝文帝时期，被赐予汉名，应该也是发生在孝文朝。值得注
意的是，飞龙被赐名霄，显然还是照顾到其鲜卑语本名的原意。尽
管如此，其孙元洪敬墓志不称其汉名霄而称鲜卑语本名的汉文意译
名龙，说明在代人家庭内部的记忆里，新赐汉名短时期内仍然难以
取代原有的鲜卑语本名。

　　可以想象，宗室被孝文帝赐名的一定最多，可是记录下来的很少，

1　孝文帝"初置司州"的时间应该是太和十二年。据元苌墓志："太和十二年，代都平城改俟勤曹，
　　创立司州。"元苌墓志的拓片和录文参见刘连香、蔡运章《北魏元苌墓志考略》，《中国历史文物》
　　2006年第2期。拓片又见赵君平、赵文成编《河洛墓刻拾零》上册，北京图书馆出版社，2007，
　　第23页。
2　元赞之孙元伜墓志志阴："祖，平南将军、冀州刺史、河涧简公，讳于德。"称元德为元于德。见
　　赵万里《汉魏南北朝墓志集释》，图版第五四号；又见赵超《汉魏南北朝墓志汇编》，第60页。
　　据郁贤皓、陶敏整理，附岑仲勉四校记之《元和姓纂》卷四，元赞兄弟依次为羽陵、忠、倍斤、
　　尉、货敦、菩萨、淑（第400—401页）。虽然《元和姓纂》错讹较多，但这份名单包含了一些
　　《北史》所阙载的人名信息。经过比对，知道元赞的本名应该是菩萨，元德的本名是尉货敦。点
　　校者把尉与货敦分为二名是错误的，尉货敦和于德，是元德鲜卑语本名的不同汉字音译。
3　《魏书》卷一六《道武七王列传》，第400页。
4　北齐元洪敬墓志记南平王浑之鲜卑语本名为吐谷浑，该墓志的录文和疏证见罗新、叶炜《新出
　　魏晋南北朝墓志疏证》，第176—178页。
5　罗新、叶炜：《新出魏晋南北朝墓志疏证》，第176页。

其中保留了原名的更少。[1] 如元匡，《北史》卷一七《景穆十二王上》附
元匡传，记孝文帝之语："叔父必能仪形社稷，匡辅朕躬，今可改名为
匡，以成克终之美。"[2]《魏书》卷七七《辛雄传》亦记辛雄上书言"故
高祖锡之以匡名"。[3] 然而都不提元匡的本名。据《北史》卷一七《景
穆十二王上》，阳平王新成"长子安寿袭爵，孝文后赐名颐"。[4] 安寿应
该是元颐本来就有的汉名。《南齐书》卷五七《魏虏传》记太和二十年
"宏从叔平阳王安寿戍怀栅"，[5] 怀栅当为怀朔。按照江左的记录，元颐当
时通行的名字还是安寿。文成帝锐力推行皇子制名华夏化之后，宗室
近亲必定受到影响，安寿这类汉名或许就是这一影响下的产物。可是
按孝文帝的高标准来看，以安寿为名究竟不够高雅，所以赐予意思相
同的雅字"颐"为名。只是必须注意到，新的雅名未必能在实际生活
中取代原名。正如在元洪敬墓志中没有提霄而只提龙一样，元颐的名
字在南朝文献中仅作安寿，说明实际通行情况会是很不相同的。

　　这种改名之后原名仍然通行的情况应相当普遍，兹举其显者一
例。按《南齐书》记齐武帝永明十年（492，即孝文帝太和十六年），
孝文帝"遣伪平元王驾鹿浑、龙骧将军杨延数十万骑伐芮芮，大寒
雪，人马死者众"。[6] 这条材料有不少错讹。孝文帝朝没有平元王，
也没有名为驾鹿浑和杨延的将领。《魏书》卷七下《高祖纪下》记
太和十六年八月"乙未，诏阳平王颐、左仆射陆叡督十二将七万骑

1　比如，我们通过南朝史书才知道广阳王元嘉的本名是郁豆眷。《南齐书》两处提到北魏的"郁
　豆眷"，卷五七《魏虏传》记齐高帝建元二年（480）"（拓跋）宏遣大将郁豆眷、段长命攻寿阳
　及钟离"（第986页）；在《垣崇祖传》则作"建元二年，虏遣伪梁王郁豆眷及刘昶，马步号
　二十万，寇寿春"（第462页）。姚薇元先生根据《魏书》记太和初元嘉晋为"假梁郡王"，考订
　《南齐书》的郁豆眷即《魏书》之元嘉，见《宋书索虏传南齐书魏虏传北人姓名考证》，《北朝胡
　姓考》（修订本），第494页。亦请参看本书"跋敦煌莫高窟所出北魏太和十一年刺绣发愿文"
　一章。元嘉之名是否孝文所赐已不得而知，但他获得新名之后，在北方几乎再也找不到他的
　鲜卑语本名的痕迹。在迁洛的代人集团中，这种情况一定是非常普遍的。
2　《北史》卷一七《景穆十二王上》，第644页。
3　《魏书》卷七七《辛雄传》，第1691页。
4　《北史》卷一七《景穆十二王上》，第630页。
5　《南齐书》卷五七《魏虏传》，第996页。
6　《南齐书》卷五九《芮芮虏传》，第1025页。

北讨蠕蠕".[1] 又见《北史》卷九八《蠕蠕传》。[2] 改降五等之前，陆
叡爵为平原王。很显然，《南齐书》的平元王应是平原王之讹。驾鹿
浑是不是陆叡的名字呢？和前面提到过的《宋书》中的驾头拔其实
应作贺头拔一样，这里的驾鹿浑其实应作贺鹿浑，[3] 而贺鹿浑的确是
陆叡的名字。《南齐书》卷五七《魏虏传》记太和二十年穆泰、陆
叡谋反于平城事，称"伪征北将军恒州刺史钜鹿公伏鹿孤贺鹿浑守
桑干"，[4] 这个伏鹿孤贺鹿浑就是《魏书》里的陆叡。伏鹿孤即步六孤
（Bilge），后改为陆氏；贺鹿浑就是陆叡的鲜卑语本名。崔鉴说"平
原王才度不恶，但恨其姓名殊为重复"，[5] 就是指陆叡长达六个音节的
姓和名。太和十六年北伐蠕蠕，《北史》卷一七《景穆十二王上》附
元颐本传称颐"都督三道诸军事北讨"，"与陆叡集三道诸将议军途
所指"，[6] 显然是以元颐和陆叡为主帅，三路进军。《南齐书》漏记元
颐，另两个人名（平元王驾鹿浑、龙骧将军杨延）也多有错讹。陆
叡之名是否由孝文帝所赐已无可考（从陆叡字思弼来看，名、字
俱由孝文帝所赐的可能性很大），但重要的是他何时由贺鹿浑改名
为叡。据孝文帝吊比干碑碑阴题名，宗室之外的随侍贵臣（如丘目
陵亮、万忸于劲等）获得汉名（当然未必是孝文帝所赐）一定早于
撰写碑文的太和十八年十一月，因此陆叡改名也一定在太和十八年
十一月之前。可是《南齐书》记太和二十年的平城叛乱时，仍然记
其鲜卑语本名本姓，可见在改名之后，通行的仍不免是原来的名字。

　　和陆叡一起在平城发动政变的穆泰，也是由孝文帝赐名的。《魏
书》穆泰本传记穆泰"本名石洛，高祖赐名焉"。[7] 石洛自然是鲜卑语本
名。穆泰的从兄弟穆亮在吊比干碑碑阴题名里已写作丘目陵亮，可见

1　《魏书》卷七下《高祖纪下》，第 170 页。
2　《北史》卷九八《蠕蠕传》，第 3257 页。
3　Peter A. Boodberg, "The Language of the T'o-Pa Wei," in *Selected works of Peter A. Boodberg*, p. 176.
4　《南齐书》卷五七《魏虏传》，第 996 页。
5　《魏书》卷四〇《陆叡传》，第 911 页。
6　《北史》卷一七《景穆十二王上》，第 630 页。
7　《魏书》卷二七《穆崇传》附《穆泰传》，第 663 页。

太和十八年十一月之前已获得汉名，但不知是否孝文所赐。穆亮本传称"字幼辅，初字老生"，[1] 老生应是穆亮的鲜卑语本名的汉文意译。闾毗"本蠕蠕人，世祖时自其国来降，……子豆，后赐名庄"。[2] 闾庄主要活动于太和时期，因此可以肯定给他赐名的也是孝文帝。豆必定是一个北族名号的汉字音译简化形式。孝文帝给他赐名的动机，和给穆泰等人赐名一样，自然是为了用华夏名取代"殊为重复"的北族本名。《魏书》卷二五《长孙道生传》附《长孙稚传》，称长孙稚本名冀归，"高祖以其幼承家业，赐名稚，字承业"。[3] 冀归一名既然以归字音译该名号的词尾部分，显然是一组以 -qän/qan 为词尾的北族名号。[4] 和穆泰、闾庄、长孙稚的本名源于北族传统不同，于忠"本字千年"，似乎已是一个中原传统下的名字，只是不够典雅，孝文帝"因赐名登"。[5]

　　除了极少数的例外，当孝文帝开始其异常激烈的华夏化改革时，尽管汉语在政治生活和日常生活中的重要性越来越高，但代人社会的制名还基本上维持着旧的内亚传统，也就是说，人名还都是"殊为重复"的多音节北族名号。孝文帝的制名改革就是要代人放弃内亚传统，以华夏文化作为新的制名资源。为全面推行这一改革，在文成帝以来皇子都取华夏名的基础上，孝文帝不仅着眼于新生一代的制名，而且强力推动在已经成年的代北人中以华夏名取代其旧有的鲜卑名，而对宗室、近侍和勋贵大量赐予华夏式的名和字，就是非常重要的手段。比如，太和时期的重臣宗室元丕，生于明元帝泰常七年（422），到孝文帝开始改革的太和十五年（491）已经七十岁了，自然"雅爱本风，不达新式"，在洛阳朝廷坚持说鲜卑语、穿鲜卑衣服，最终也

1　《魏书》卷二七《穆崇传》附《穆亮传》，第 667 页。

2　《魏书》卷八三上《外戚传》，第 1816 页。

3　《魏书》卷二五《长孙道生传》附《长孙稚传》，第 647 页。按《北史》卷二二《长孙道生传》附《长孙承业传》，"孝文以其幼承家业，赐名幼，字承业"（第 813 页）。中华书局点校本点校者指出，《北史》是避唐高宗李治的讳而改稚为幼，见校勘记第 14 条，第 833 页。

4　请参看本书"北魏道武帝的鲜卑语本名"一章。

5　《魏书》卷三一《于栗磾传》附《于忠传》，第 741 页。

以疑似参与穆泰和陆叡等人旨在反对改革的政变阴谋而获谴咎。[1]这样一个作风老派、对华夏文化并不那么热情的代北权势人物，出现在北朝史籍中的他和他的儿子们，何以都有一个华风浓郁的汉名呢？《南齐书》载王融上疏，称北魏政局"师保则后族冯晋国，总录则邦姓直勒渴侯"。[2]直勒即直勤之讹，"邦姓"疑是"邦姓"之讹。而"邦姓直勤渴侯"，就是《宋书》卷九五《索虏传》载献文帝为进兵刘宋淮北四州所下诏书中提到的"侍中、尚书令、安东大将军、始平王、直勤渴言侯"，[3]也就是文成帝南巡碑碑阴题名中的"尚书兴平侯直勤渴侯"，[4]即元丕。可见元丕的鲜卑语本名应该是渴侯或渴言侯。[5]王融提元丕的鲜卑语本名的时间可能在太和十三年，[6]也就是说，在孝文帝发动诸项激烈改革之前，南朝官方所了解的北魏重臣元丕的通行名是渴侯。很难想象元丕会在孝文帝开始改革之后主动给自己和诸子取汉名以替代鲜卑本名，那么给元丕及其诸子取汉名的极可能是孝文帝本人。以此类推，在太和十五年至十八年间宗室及代人勋贵们的鲜卑语本名被汉名取代的文化运动中，孝文帝个人的作用是决定性的，而且很可能大多数是他直接赐名。当然，不能认为这些赐名举动都是随机的、偶然的和无计划的，相反，赐名虽然都以皇帝的名义进行，但一定是有通盘考虑的，谋划其事也绝不止孝文帝一个人。

以上所述足以说明，迁洛的代北集团中那些在非常短的时间内就获得汉名的宗室勋贵，要么是在孝文帝的强力推动下卷入制名华夏化的浪潮中，要么就是直接从孝文帝那里获得了新名。尽管北族制名的华夏化并非始于孝文帝，比如皇子制名的华夏化从文成帝时期便已

1　《北史》卷一五《魏宗室传》，第 553—556 页。
2　《南齐书》卷四七《王融传》，第 819 页。
3　《宋书》卷九五《索虏传》，第 2355—2356 页。
4　山西省考古研究所、灵丘县文物局：《山西灵丘北魏文成帝〈南巡碑〉》，《文物》1997 年第 12 期。
5　过去学者怀疑王融上疏中提到的"邦姓直勒渴侯"是指孝文帝之弟彭城王元勰，这个说法没有考虑到《宋书》所载献文帝诏书曾提到同一个官爵人名，那时元勰还没有出生。我认为是元丕，详见本书"北魏直勤考"一章。
6　牟发松：《王融〈上疏请给虏书〉考析》，《武汉大学学报》1995 年第 5 期。

确定下来，部分宗室、贵族亦难免为此流风所波及，但正是到了孝文帝的时候，这一过程获得了爆炸式的发展。可以肯定的是，孝文帝给代人赐名的数量一定是巨大的，保存在史籍中的不过是冰山一角而已。

三　孝文帝面向华夏士人的赐名

然而，与给代人赐名的事例形成鲜明对比的是，在史籍有关孝文帝赐名的记载中，对非北族背景的华夏士族的赐名竟然占一半的比重。比如前述《南齐书》齐武帝永明十年孝文帝"遣伪平元王驾鹿浑、龙骧将军杨延数十万骑伐芮芮"那一条，除"平元王驾鹿浑"实为"平原王贺鹿浑"之误外，"龙骧将军杨延"是指谁呢？我认为，杨延后应夺一庆字，而杨延庆就是杨播。《魏书》卷五八《杨播传》："杨播，字延庆……本字符休，太和中，高祖改赐焉。……除龙骧将军……与阳平王颐等出漠北击蠕蠕，大获而还。"[1] 可见这时孝文帝广泛赐名之举要么还没有开始，要么虽然赐了名却仍通行原名。杨延庆被赐名杨播后，原名改而为字，这种赐名模式我们下面还要讨论。史籍记杨播兄弟中还有杨椿和杨津是由孝文帝赐名的。杨椿"字延寿，本字仲考，太和中与播俱蒙高祖赐改"，[2] 杨津"字罗汉，本名延祚，高祖赐名焉"。[3] 事实上，考虑到杨播一家与冯太后和孝文帝的亲密关系，极为可能的情况是，杨播诸弟都是由孝文帝赐名的。[4]

1　《魏书》卷五八《杨播传》，第 1279 页。
2　《魏书》卷五八《杨椿传》，第 1284 页。
3　《魏书》卷五八《杨津传》，第 1296 页。
4　《魏书》和《北史》记杨播兄弟名、字，杨播字延庆，杨椿字延寿，杨顺字延和，杨暐字延季，杨津本名延祚。据杨暐墓志知延季为延年之讹，见罗新、叶炜《新出魏晋南北朝墓志疏证》，第 141—143 页。依照本章所讨论的孝文帝赐名的模式，后来用为字的就是赐名以前的本名，杨播兄弟的本名应该都是含有延字的，赐名之后都变成字，个别人则另外取了字，如杨颖字惠哲，杨津字罗汉。杨播兄弟的字如此齐整，说明他们都有过一个改名的经历。从杨播兄弟与孝文帝个人的亲近关系来分析，他们的改名反映了孝文帝的意志，极有可能都是由孝文帝赐名的。

　　与杨氏一样为孝文所亲近的陇西李氏，也有很多人获得了孝文帝的赐名。《魏书》记李宝长孙李韶"字符伯，学涉有器量。与弟彦、虔、蕤并为高祖赐名焉"。[1] 陇西李氏李宝一支得到孝文帝赐名的一定还有别人，只是史籍阙载而已。

　　杨氏虽然号称出自弘农，为汉晋大族之裔，但杨播兄弟之兴起却得力于与冯氏的姻亲关系；[2] 陇西李氏在东汉魏晋时期并无重要人物，算不上高门士族。但是孝文帝赐名对象中的确有华北大族，如太原王氏王慧龙之孙"（王）琼，字世珍，高祖赐名焉"。[3] 勃海封氏封磨奴"以族子叔念为后，高祖赐名回"。[4] 对原出西河、后徙广平的宋弁，孝文帝也"赐名为弁，意取弁和献玉，楚王不知宝之也"。[5] 邓渊曾孙邓良奴袭爵，"良奴弟侍高祖，赐名述"。[6] 太和后期的名臣李彪，"字道固，顿丘卫国人，高祖赐名焉"。[7] 出于京兆韦氏的韦阆"祖弟珍，字灵智，高祖赐名焉"。[8] 广平游明根之子游肇"字伯始，高祖赐名焉"。[9] 清河崔氏崔光"本名孝伯，字长仁，高祖赐名焉"。[10] 博陵崔氏崔辩"长子景偁……受敕接萧赜使萧琛、范云，高祖赐名为逸"。[11] 巨鹿魏氏魏季景"父鸾，字双和，为魏文赐名"。[12] 魏文应即魏孝文帝。

　　前面提到孝文帝向华夏人士赐名的模式，这个模式就是被赐者的

1　《魏书》卷三九《李宝传》附《李韶传》，第 886 页。

2　唐长孺：《〈魏书·杨播传〉"自云弘农华阴人"辨》，《唐长孺社会文化史论丛》，武汉大学出版社，2001，第 121—124 页。

3　《魏书》卷三八《王慧龙传》，第 878 页。

4　《魏书》卷三二《封懿传》，第 761 页。

5　《魏书》卷六三《宋弁传》，第 1414 页。

6　《魏书》卷二四《邓渊传》，第 635 页。按《北史》卷二一《邓彦海传》中华书局点校本作"子侍，孝文赐名述"，见第 798 页，误以侍为本名。

7　《魏书》卷六二《李彪传》，第 1381 页。

8　《魏书》卷四五《韦阆传》，第 1012 页。

9　《魏书》卷五五《游明根传》，第 1215 页。

10　《魏书》卷六七《崔光传》，第 1487 页。

11　《魏书》卷五六《崔辩传》，第 1251 页。

12　《北史》卷五六《魏季景传》，第 2043 页。

本名改而为字，如杨播本名延庆，赐名后以延庆为字。[1]杨椿"字延寿，本字仲考"，赐名之后以本名延寿为字，本字仲考就不能用了。《魏书》卷七六《张烈传》："张烈，字徽仙，清河东武城人也，高祖赐名曰烈，仍以本名为字焉。"[2]可见张烈的本名是徽仙，赐名之后便以本名为字。《魏书》虽然记崔光"本名孝伯，字长仁，高祖赐名焉"，却没有明言赐名之后崔光以本字为字还是以本名为字。后世理解，似以本字为字。如严可均《全后魏文》卷二三"崔光"条有崔光小传，径称"光字长仁"，[3]显然认为赐名之后仍以长仁为字。《洛阳伽蓝记》卷二"秦太上君寺"条记晖文里住有太保崔光，范祥雍注曰："崔光字长仁，清河人。"[4]和严可均一样认定孝文帝赐名之后崔光仍以本字为字，本名则完全放弃。恐怕这是对《魏书》的误读。《魏书》只是没有写明赐名之后以本名为字而已，并没有说仍用本字为字。《魏书》记孝文帝提到崔光，都称"崔孝伯"，比如对韩显宗说："文学之能，卿等应推崔孝伯。"韩显宗回答："臣才第短浅，猥闻上天，至乃比于崔光，实为隆渥。"[5]时在迁都之后，崔光早已获赐新名，孝文帝如此相称，乃是字而不名，以示尊重。顾炎武议论"晋以下，人主于其下多不呼名"，南北朝隋唐时许多朝臣"并以字为名，盖因天子常称臣下之字故尔"。[6]而韩显宗在孝文帝面前称崔光以名不以字，亦是臣下奉对之体。《礼记·曲礼上》有所谓"父前子名，君前臣名"的话，郑玄注云"对至尊，无大小皆相名"，[7]就是这种奉对之体的理论依据。可见崔光以本名

1　《南齐书》称他为"龙骧将军杨延（庆）"，见卷五九《芮芮虏传》，第1025页。而杨播墓志则称"君姓杨，讳播，字延庆"，见杜葆仁、夏振英《华阴潼关出土的北魏杨氏墓志考证》，《考古与文物》1984年第5期；又见赵超《汉魏南北朝墓志汇编》，第86—88页。可见杨延庆是其本名，孝文帝赐名之后，乃以本名为字。

2　《魏书》卷七六《张烈传》，第1685页。

3　严可均：《全上古三代秦汉三国六朝文》，中华书局，1958，第3627页。

4　范祥雍：《洛阳伽蓝记校注》，古典文学出版社，1958，第96页。

5　《魏书》卷六〇《韩麒麟传》附《韩显宗传》，第1343页。

6　顾炎武：《日知录》卷二三"人主呼人臣字"条，见顾炎武著，黄汝成集释《日知录集释》，第827—828页。

7　朱彬：《礼记训纂》卷一，饶钦农点校，中华书局，1996，第25页。

孝伯为字而不是沿用本字长仁。大致上可以认为这就是孝文帝给华夏士人赐名的基本模式。

应该注意的是，正如对代北人士的赐名，并不影响其鲜卑语本名在代人社会内的行用，孝文帝对华夏士人的赐名，由于其本名得以保存，只是改而为字，因而家族内、乡党间、社会上、政治和文化圈子内，乃至南北政权间，其本名的行用与当时"以字行"的社会风尚竟然结合了起来。颜之推《颜氏家训》卷二"风操"门论南北讳名风习的差异，提到"河北士人全不辨之，名亦呼为字，字固呼为字"，[1] 这一不合魏晋传统的新习俗的背后，便是"以字行"的社会新风尚。对"以字行"的发生和发展，似乎难以给出有深度的历史解释，如赵明诚《金石录》卷二三"跋唐温彦博碑"条所说："然（颜）师古既立论以称名为是，而乃以字行，殆不可晓也。"[2] 对本章所关注的问题而言，我们需要考虑的事实是，孝文帝的赐名模式使被赐者的本名得以保留为字，而当时"以字行"的社会环境却给了受赐者事实上继续使用本名的特殊便利。

现在让我们面对这样一个问题：如果说孝文帝给代北人士赐名，目的在于以华夏雅名取代"殊为重复"的鲜卑语本名，那么，他给本有华夏名、字的中原士人赐名，又是为了什么呢？

不难看出这个事实：孝文帝给华夏士人赐名，都是以单名替代其原有的二名。东晋十六国以后无论南方北方社会都出现了二名逐渐增多的制名现象，这是西汉中后期以来崇尚单名的制名文化所发生的重大转变。孝文帝赐华夏士人以单名，就是对日益流行的二名风尚的否定。这种否定，是站在维护汉魏文化传统的立场上的，是以继承汉魏制名传统的姿态来反对南北华夏社会中已经开始的制名文化的转变。在这个意义上，孝文帝所代表的不再是南迁伊洛以图融入华夏社会的代北集团，而是华夏古老文化的正统，因为他力

1　王利器：《颜氏家训集解》（增订本），中华书局，1993，第 92 页。

2　赵明诚撰，金文明校证《金石录校证》，上海书画出版社，1985，第 425 页。

图在偏离了传统的北方社会中重新标举传统的价值和意义。从这个角度理解孝文帝给华夏士人赐名，就可以知道这些赐名绝非偶然和随意。

西汉中期以后，单名在正统的文化价值上压倒了二名，是因为公羊家有所谓"《春秋》讥二名"的说法。《春秋》定公六年冬有"季孙斯、仲孙忌帅师围郓"条，[1] 而仲孙忌在同年夏被记作仲孙何忌，《公羊传》的解释是"讥二名，二名非礼也"，何休注云"为其难讳也，一字为名，令难言而易讳"。[2] 汉武帝尊儒，是从尊公羊学开始的，从此公羊学对汉代政治的影响至为深远。[3] 西汉后期虽然《谷梁传》和《左传》地位上升，但《公羊传》的传统影响力却持续存在。在王莽为了"致太平"而大规模制定的诸文化、政治和经济措施中，改二名为单名就是重要的一部分。他收买匈奴单于囊知牙斯，让他主动上书改名为"知"，号称"窃乐太平圣制，臣故名囊知牙斯，今谨更名曰知"，[4] 原因是"闻中国讥二名"，[5] 要在制名文化上向王莽所建立的新制度看齐。在王莽看来，已经从二名改为单名者如果恢复二名，就是一种惩罚。皇孙刘会宗在改二名的文化变革中改为单名刘宗，后因罪自杀，王莽恢复其二名会宗，"贬厥爵，改厥号"，显然是一种侮辱性的做法。[6] 东汉光武帝独尊公羊学，[7] 在制名文化上继承了王莽的改革精神，因此单名的正统地位得以巩固。长沙走马楼吴简所记大量人名资料显示，到汉末三国时期，长沙地区基层社会的普通编民也基本上是单名了，研究者认为这是官方文化价值深入基层社会的表现。[8] 从西汉中期到魏晋大约四百年的时间内，

1　《春秋左传正义》卷五五，见阮元校刻《十三经注疏》，第 2140 页。
2　《春秋公羊传注疏》卷二五，见阮元校刻《十三经注疏》，第 2339 页。
3　陈苏镇：《〈春秋〉与"汉道"——两汉政治与政治文化研究》，中华书局，2011，第 207—306 页。
4　《汉书》卷九四下《匈奴传下》，第 3819 页。
5　《汉书》卷九九上《王莽传上》，第 4051 页。
6　《汉书》卷九九下《王莽传下》，第 4153 页。
7　陈苏镇：《〈春秋〉与"汉道"——两汉政治与政治文化研究》，第 446—455 页。
8　魏斌：《单名与双名：汉晋南方人名的变迁及其意义》，《历史研究》2012 年第 1 期。

制名传统确定了单名的优越地位，这一优越地位直到东晋十六国时期才面临挑战。

在此背景上理解孝文帝赐名的历史意义，首先要理解的是孝文帝通过赐名试图传达的政治信息。毫无疑问，他通过赐华夏士人以单名取代其原有的二名，表达了自己捍卫汉魏制名传统的鲜明立场。一方面，他要否定代北的阿尔泰制名传统，因而大量向代人赐以华夏式的名、字；另一方面，他也否定华夏社会中正在流行的制名新风尚，主张复兴汉魏制名传统，因而他向本有二名的华夏士人赐以单名。对代人赐名和对华夏士人赐名，看起来有所区别，却同样反映了孝文帝认同汉魏制名传统的基本立场。

小　结

虽然孝文帝个人的努力并不能扭转华夏社会制名风尚从崇尚单名向二名、单名并行的改变，但这一赐名实践从一个侧面反映了孝文帝的自我历史定位：他不仅要带领代北集团完成自我改造以融入华夏社会，还要带领华夏社会进行文化改造，剔除与经典不合的文化因素以回归汉魏传统。无论是面对代北集团还是面对华夏社会，孝文帝自我标举的历史形象都是继承汉魏正统的华夏君王。也许，这种定位使他在推行放弃代北传统的激烈变革之时，仍然有充分的文化自信来面对华夏社会及其代表人物。事实上，他的全部改革都是围绕这一目标来进行的，本章所分析的赐名只是其中很小的一部分而已。孝文帝的改革是要重塑华夏传统，而不是单向度的"汉化"或"华夏化"，最起码，这是他力图传达出来的一个文化动机。

第八章　北魏直勤考

出土的北朝石刻史料中，颇有记载北魏直勤的文字。例如，大同司马金龙墓所出司马金龙妻钦文姬辰墓铭，称姬辰为"侍中太尉陇西王直勤贺豆跋女"；[1] 灵丘所出文成帝南巡碑的碑阴题名中，很多人的名字前也冠以直勤头衔。[2] 结合南朝的《宋书》和《南齐书》等史料，可以肯定直勤是一种身份。中华书局标点本《宋书》卷九五"校勘记"第 37 条，认为直勤"皆魏主子弟之称"。[3] 这种说法不够准确，比如前面提到的钦文

1　山西省大同市博物馆、山西省文物工作委员会：《山西大同石家寨北魏司马金龙墓》，《文物》1972 年第 3 期。司马金龙夫妇墓铭又收入赵超《汉魏南北朝墓志汇编》，第 35—36 页。

2　山西省考古研究所、灵丘县文物局：《山西灵丘北魏文成帝〈南巡碑〉》，《文物》1997 年第 12 期。

3　《宋书》卷九五，第 2364 页。

姬辰之父贺豆跋（即源贺），出自南凉秃发氏，就不能算是"魏主子弟"。据万绳楠记录，陈寅恪先生认为直勤即特勤，"为亲王之意"。[1]可是史料中提到的直勤，未必都是所谓亲王，也未必具有王爵，而且文成帝南巡碑碑阴题名中一些直勤，甚至没有爵位，仅具低级武官职衔。可见拓跋集团的直勤称号，与北魏所采用的晋式爵制之间，并不存在相关性。町田隆吉也指出拓跋之直勤，即突厥之特勤，[2]这无疑是正确的。不过有关直勤/特勤制度本身，还需要进一步的研究。

　　下面我们辩证有关史料，试图揭示直勤身份的性质、范围与制度渊源，观察拓跋鲜卑在走向华夏国家体制过程中，其部落社会的某些因素是如何被保存、消化的，并探寻这些因素与内亚草原政治文化传统之间的关系，由此考察北魏宗室制度的历史渊源及大致走向。

一　正史及石刻史料中所见的北魏直勤

　　直勤作为草原部落体制的孑遗，不为中土及后世所熟知，所以史书传写中常常会有讹误，或误作"直勒"，或误作"宜勒"，或误作"宜勤"。《南齐书》载王融上疏议拟给魏书籍，分析北魏"抑退旧苗，扶任种戚"的政治格局，称"师保则后族冯晋国，总录则邦姓直勒渴侯，台鼎则丘颓、苟仁端，执政则目凌、钳耳"，并认为如果南方的书籍传至北方，"冯李之徒，必欲遵尚，直勒等类，居致乖阻"。[3]这里的直勒，校勘者认为即直勤之讹。[4]《宋书》记北魏有"镇东将军

1　万绳楠整理《陈寅恪魏晋南北朝史讲演录》，黄山书社，1987，第 258 页。

2　町田隆吉：《北魏太平真君四年拓跋焘石刻祝文をめぐって——"可寒"・"可敦"称号を中心として》，载《アジア诸民族における社会と文化——冈本敬二先生退官记念论集》，东京：国书刊行会，1984，第 88—114 页。

3　《南齐书》卷四七《王融传》，第 819 页。

4　《南齐书》卷四七"校勘记"第 5 条，第 829 页。

武昌王宜勒库莫提"[1]"永昌王宜勤库仁真"[2]，宜勒、宜勤，都是直勤的讹写。

王融上疏中以直勤代表拓跋鲜卑的"种戚"，这显然是对"直勤"的一个界定，但是"种戚"的含义并不明确。拓跋鲜卑中，哪些人可以拥有"直勤"头衔呢？下面依据现有材料，尽考已知诸"直勤"的身世，或可略窥直勤制度的本来面目。

《宋书》卷九五《索虏传》载元嘉十七年（440）北魏武昌王直勤库莫提（库莫提即《魏书》中河南王曜的长子提[3]）为进兵仇池，移书刘宋徐州，宣示北魏东西齐举，对南方用兵，号称"十道并进"。其中提到的十三个主将，都详列官爵。[4]这十三人中，只有"使持节、都督洛豫州及河内诸军事、镇南大将军、开府仪同三司、淮南王直勤它大瀚"，带有"直勤"称号。其他十二人中，可以肯定出于拓跋代北集团、为鲜卑人或出自其他部族的，有以下四人：

> 使持节、侍中、都督雍秦二州诸军事、安西将军、建兴公吐奚爱弼
> 员外散骑常侍、平南将军、南益州刺史、建德公库拔阿浴河
> 散骑常侍、安南将军、雍州刺史、南平公娥后延
> 平远将军、永安侯若干内亦千

吐奚爱弼即古弼；[5]娥后延即娥延，为娥清之子；[6]若干内亦千即贺纯。[7]库拔阿浴河身世无可考。这几个人有代北贵族的身份，却都没有

---

1 《宋书》卷九五《索虏传》，第2334页。
2 《宋书》卷七二《文九王·南平王铄传》，第1857页。
3 《魏书》卷一六《道武七王列传·河南王曜传》，第395—396页。
4 《宋书》卷九五《索虏传》，第2335—2336页。
5 《魏书》卷二八《古弼传》，第689—693页。
6 《魏书》卷三〇《娥清传》，第720—721页。
7 《魏书》卷二八《古弼传》载古弼指挥对仇池杨氏用兵时，麾下将领有"永安侯贺纯"（第691页）。按《魏书》卷一一三《官氏志》："若干氏，后改为苟氏。"与贺纯之为贺氏似相矛盾，疑传写有误。

直勤称号，可见代北贵族并非皆得获此称号。

而拥有直勤称号的它大翰，是道武帝之孙，阳平王熙之子。[1] 前面提到的另外两个直勤，武昌王直勤库莫提，同样是道武帝之孙，亦拥有王爵。而永昌王直勤库仁真，即《魏书》中的"永昌王仁"，是明元帝之孙，永昌王健之子。[2] 这三个人，既有王爵，又都是魏帝之孙。此外，《宋书》与《南齐书》都提到北魏文成帝拓跋濬字乌雷直勤。[3] 濬可能是"乌雷"读音的雅译，直勤则应当是拓跋濬本有的称号，他是作为太武帝的孙子而获得这一称号的。据此，似乎凡是皇帝的孙子都得到直勤称号。那么，是不是只有皇帝的孙子才可为直勤呢？

《宋书》卷九五《索虏传》载有北魏献文帝为进兵刘宋的淮北四州而下的一道诏书，提到许多将帅姓名，官爵完具，其中拥有直勤名号的有以下八人：

> 使持节、征东大将军、安定王、直勤伐伏玄
>
> 侍中、尚书左仆射、安西大将军、平北公、直勤美晨
>
> 使持节、征南大将军、勃海王直勤天赐
>
> 侍中、尚书令、安东大将军、始平王、直勤渴言侯
>
> 散骑常侍、殿中尚书令、安西将军、西阳王、直勤盖户千
>
> 使持节、征南将军、京兆王、直勤子推
>
> 使持节、征南大将军、宜阳王、直勤新成
>
> 侍中、太尉、征东大将军、直勤驾头拔[4]

这八个人中，伐伏玄即拓跋休，太武帝之孙，景穆帝之子。[5] 美辰

---

1 《魏书》卷一六《道武七王列传》，阳平王熙"长子他，……（他）世子吐万，……（吐万）子显"（第391页）。《北史》卷一六《道武七王传》，他作佗（第590页）。他与佗，当是一音两写。而吐万之子元显的墓志称："祖大汗，司徒、淮南静王。父万，并州刺史、淮南王。"见赵超《汉魏南北朝墓志汇编》，第359页。由此可知，他或佗是它大翰的简化译音。

2 《北史》卷一六《明元六王传》："永昌王健，……子仁袭。"（第603页）

3 《宋书》卷九五《索虏传》，第2353页；《南齐书》卷五七《魏虏传》，第984页。

4 《宋书》卷九五《索虏传》，第2355—2356页。

5 《魏书》卷一九下《景穆十二王下·安定王休传》，第517—518页。

（晨）即拓跋目辰，桓帝之后。[1] 天赐、子推与新成，都是太武帝之孙，景穆帝之子。[2] 渴言侯就是后来封东阳王的元丕，[3] 元丕为烈帝的曾孙。盖户千的官爵是"散骑常侍、殿中尚书令、安西将军、西阳王"，"殿中尚书令"当作"殿中尚书"，"令"字衍。盖户千很有可能就是《魏书》和《北史》中的元石，[4] 元石是平文帝的玄孙。

　　以上七人，四人为景穆帝之子，一人为桓帝之后，一人为烈帝之后，一人为平文帝之后。他们有的有王爵，有的没有，而且与献文帝

1　《北史》卷一四《魏诸宗室传》，第544—545页。《宋书》所载献文帝诏书称美辰（晨）为平北公，而《北史》称"封南平公"，当有一误。

2　《魏书》卷一九上《景穆十二王上》有阳平王新成、京兆王子推、济阴王小新成及汝阴王天赐的本传，分别见第441、443—444、447、450页。据本传，新成与小新成皆不封宜阳王，未知所指是哪一个新成。天赐始封汝阴王，不载其后改封勃海王事。据《宋书》，天赐很可能曾经改封。

3　据万绳楠记录，陈寅恪先生认为这里的"侍中、尚书令、安东大将军、始平王、直勤渴言侯"是指元勰，理由是《魏书》记载元勰始封平王，后改封彭城王。见万绳楠整理《陈寅恪魏晋南北朝史讲演录》，第259—260页。可是，《魏书》卷七上《高祖纪上》太和九年三月"封皇弟禧为咸阳王，干为河南王，羽为广陵王，雍为颍川王，勰为始平王，详为北海王"；卷二一下《献文六王下·彭城王勰传》亦云："太和九年，封始平王，加侍中、征西大将军。"据元勰墓志（赵万里《汉魏南北朝墓志集释》卷四下，图版第一八五；赵超《汉魏南北朝墓志汇编》，第54—55页），元勰死于宣武帝永平元年（508），三十六岁，生年当在孝文帝延兴三年（473）。《宋书》卷九五《索虏传》所载献文帝诏书，发布时间在宋前废帝景和元年、宋明帝泰始元年，即文成帝和平六年（465）。这时距元勰出生还有八年，所谓直勤渴言侯当然不可能是元勰。我认为这个渴言侯是元丕。只是据《魏书》卷六《显祖纪》，皇兴年间元丕还只是东阳公，尚未封王（第127页）。《北史》卷一五《魏诸宗室传》云丕于太武帝时赐爵兴平子，"献文即位，累迁侍中，丞相乙浑谋反，丕奏闻之，诏收诛之，迁尚书令，改封东阳公"（第553页）。乙浑被诛，事在天安元年二月。据此，《宋书》所载献文诏书中的尚书令，只能是元丕。前引王融上疏中所说的"总录则邦姓直勤渴侯"，就是指当时的北朝重臣元丕，邦姓当是邦姓之讹，今存北朝石刻中，邦字颇有写作邦者。山西省考古研究所、灵丘县文物局《山西灵丘北魏文成帝〈南巡碑〉》所录碑阴题名中，有"尚书兴平侯宜勤渴侯"，宜勤当作直勤，渴侯即渴言侯，亦即元丕。南巡碑载其爵位为兴平侯，可见他在文成帝时已经由兴平子进为兴平侯了。综上所述，渴侯或渴言侯，乃是元丕的鲜卑语本名。当时北族中以渴侯为名者很多，显然是常用的嘉名，兹不赘。《宋书》所载献文诏书中诸臣爵位，与北朝诸史有一定出入，或由于传写之误，或由于中间改封而史书漏记，问题多多，姑且存疑。

4　查《魏书》与《北史》中参与此一战役的将领官爵姓名与身世背景，只有元石比较接近。《魏书》卷六《显祖纪》天安元年九月："殿中尚书、镇西大将军、西河公元石，都督荆、豫、南雍州诸军事，给事中、京兆ési张穷奇为副，出西道，救悬瓠。"（第127页）《北史》卷一五《魏诸宗室传》有《元石传》，见第552页。北魏无西阳郡，故知献文诏书中的"西阳王"必为传写之误。

的血缘关系远近不等，向上可以追溯至文帝沙漠汗（桓帝和穆帝的父亲，平文帝的祖父）。显然，并不是只有皇帝的孙子能够得到直勤名号，而且从血缘上说，拥有直勤名号的人，也远远超出了道武帝子孙的范畴。

可是献文诏书中还有一个直勤驾头拔。这个驾头拔，应当是贺头拔的讹写。贺头拔，即前面所说司马金龙妻钦文姬辰墓铭所提到的"侍中太尉陇西王直勤贺豆跋"，也就是《魏书》和《北史》中的源贺。[1] 源贺出自秃发鲜卑。《魏书》卷四一《源贺传》："自署河西王秃发傉檀之子也。傉檀为乞伏炽磐所灭，贺自乐都来奔。……世祖……谓贺曰：'卿与朕源同，因事分姓，今可为源氏。'"这一段话很有疑问。太武帝给源贺赐姓，竟按照汉文音义，以拓跋、秃发同源而赐姓为源，不符合当时代北集团姓氏及名号制度的形式。如果源贺不与拓跋同姓，而另姓源，那么献文帝诏书中提到他时，应当标明他的姓氏，如同独孤侯尼须（即刘尼）等人那样。诏书中仅仅提到他的鲜卑本名贺头拔，意味着他也姓拓跋。后来孝文改革，拓跋改姓元氏，源、元音同字异，同源分氏之义才得显现。因此，我认为，源贺一家得赐姓为源氏，是到了孝文帝确立拓跋改姓元氏之时，而不是早在太武帝之时。[2] 甚至北朝后期，源氏有时也写作元氏。[3]

---

1 值得注意的是，源贺原名贺豆跋（贺头拔），《魏书》径取其中的"贺"字为名，这未必是源氏家族所认可的做法。源贺的孙女源显明墓志称："祖讳跋，魏故太尉公、凉王。"见赵君平编《邙洛碑志三百种》，中华书局，2004，第12页。源显明墓志提源贺之名时取"贺豆跋"之"跋"而不是"贺"，至少说明迁洛以前北族多音节人名在书写为汉字单名的时候，存在着相当大的随意性。

2 《魏书》与《北史》的《源贺传》，都说给源贺赐姓的是世祖太武帝，分见《魏书》第919页和《北史》第1023页。可是《资治通鉴》卷一一六晋安帝义熙十年（414）记其事，却说是太宗明元帝拓跋嗣（第3671页）。如果《资治通鉴》别无所本，则有可能是因为系源贺奔魏事于南凉亡国之后，正在明元帝神瑞初年，去太武帝即位还有十年，《通鉴》当是推比情理，改系其事于明元帝之下。依据本章观点，源贺一族改姓源氏，要迟至孝文帝时期。太武帝赐姓之事，只说明源贺是在太武帝时被接纳为宗室，享受宗室待遇。明元帝时期，源氏尚未被接纳为宗室。故《通鉴》此条不可从。

3 隋代李和墓志中，就把源子恭写作元子恭。李和墓志见陕西省文物管理委员会《陕西省三原县双盛村隋李和墓清理简报》，《文物》1966年第1期。又请参看罗新、叶炜《新出魏晋南北朝墓志疏证》，第325—330页。

太武帝对源贺所说的那一段话，事实上另有深意。秃发、拓跋，本同音异译。[1]太武帝承认源贺为拓跋同宗，所谓赐姓，其实是赐他姓拓跋，认可和接纳他为宗室成员。秃发凉与拓跋魏之间的亲缘谱系，很可能就是这个时候建立的。因此，源贺得为直勤，也是由于他当时所具有的宗室身份。

《宋书》载宋将姚耸夫"手斩託跋焘叔父英文特勤首，焘以马百匹赎之"。[2]特勤即直勤。[3]据《魏书》，太武帝诸叔父中没有战死于宋魏战争的，应当是族叔父一类。这个英文，很可能就是《魏书》中的"建德公婴文"。[4]婴文为神元帝之后，而神元帝力微被拓跋鲜卑尊为始祖，是北魏宗室血统的源泉。由此可见，直勤名号的范围，涵盖了全部北魏宗室的范围，即全部神元帝力微子孙后代的范围。

文成帝南巡碑碑阴题名中，也记载很多带直勤名号的人，谨列举其名氏可考者如次：

卫大将军、乐安王、直□何良

平东将军、乐良王、直□□大汗□

征西将军、常山王、（直）□□□连戊烈

内行令、直勤□六孤

（部）尚书、兴平侯、直勤渴侯

顺阳公、直勤郁豆眷

1　钱大昕：《廿二史考异》卷二二，商务印书馆，1958，第446页。《隋书》卷三三《经籍志二》史部，有《托跋凉录》十卷（第963页）。《旧唐书》卷四六《经籍志上》写作《拓跋凉录》（第1993页）。这部南凉史书，应当是北魏迁洛以前的作品，那时南凉国姓，与北魏相同，故称拓跋凉。孝文区别南凉国姓曰秃发，改为源氏，而以北魏皇室独专拓跋，改为元氏。此后有关南凉诸史，遂尽用秃发一姓。姚薇元误认为秃发是魏收所改，见姚薇元《北朝胡姓考》，第239页。其实改南凉拓跋为秃发，要早得多。崔鸿《十六国春秋》有《南凉录》，已尽改为秃发，见《太平御览》卷一二六"南凉三主"各条，第609页。亦请参看白鸟库吉《东胡民族考》上编，《塞外民族史研究》上册，第128—133页。
2　《宋书》卷六五《杜骥传》，1722页。
3　《宋书》卷六五"校勘记"第10条，称特勤为直勤之异译，见第1727页。
4　《魏书》卷一四《神元平文诸帝子孙·建德公婴文传》，第345页。本传不言婴文死于与宋的战争，或为史文遗漏。

奋威将军、内三郎、永宁子、直勤苟黄

后军将军、内三郎、遂安子、直勤乌地延

内三郎、直勤乌地干

威寇将军、内三郎、直勤解愁

武烈将军、内三郎、直勤他莫行

宣威将军、内三郎、直勤斛卢

内三郎、直勤阿各拔

内三郎、直勤来豆眷

宣威将军、折纪真、直勤□

正如《山西灵丘北魏文成帝〈南巡碑〉》一文所指出的，[1] 乐安王直勤何良即元良，明元帝之孙，乐安王范之子；[2] 乐良王直□□大汗□即元万寿，太武帝之孙，景穆帝之子；[3] 常山王直□□□连戊烈即元素，昭成帝曾孙；[4] 顺阳公直勤郁豆眷即元郁，桓帝之后，是《宋书》里提到的直勤美辰（晨）之兄。[5] 此外，我们前面考证过，兴平侯直勤渴侯，即元丕。除了这五人，上列十五人中的另外十人，已经无从考证其身世。但是从南巡碑碑阴题名书写格式看，如果不是宗室成员，都姓、名毕具，如一弗步□□（即乙浑）、尉迟其地（即尉眷）、独孤侯尼须（即刘尼）、素和其奴（即和其奴），等等。只有宗室成员，即姓拓跋者，免具姓氏，径于官爵之后书名。由此分析，上列无法考证身世的十位直勤，也都是拓跋宗室无疑。

1　山西省考古研究所、灵丘县文物局：《山西灵丘北魏文成帝〈南巡碑〉》，《文物》1997 年第 12 期，第 79 页。

2　《魏书》卷一七《明元六王•乐安王范传》，第 414—415 页。

3　《魏书》卷一九上《景穆十二王上•乐浪王万寿传》，第 452 页。

4　《北史》卷一五《魏诸宗室传》，第 565—566 页。元素的鲜卑本名，墓志中往往写作素连，如元伡墓志，见赵超《汉魏南北朝墓志汇编》，第 60 页。《元和姓纂》误以为素达，见林宝《元和姓纂》（附岑仲勉四校记本），第 400 页。今据南巡碑碑阴题名，知元素的鲜卑语本名是素连戊烈，素连也是简化形式。

5　《北史》卷一五《魏诸宗室传》，第 544 页；《魏书》卷一四《神元平文诸帝子孙》，第 347—348 页。

　　这就使我们把直勤名号与拓跋宗室成员的身份联系起来了。以上所见直勤，除源贺外，皆不出《北史》卷一五《魏诸宗室传》及以后北魏皇帝子孙的范围。今本《魏书》卷一四《神元平文诸帝子孙传》原阙，但《北史》卷一五《魏诸宗室传》当本诸魏收《魏书》。《魏书》以神元以后拓跋子孙入宗室，应当也不是魏收个人的史学观点，而是出自北魏官方区分和界定宗室范围的传统制度。源贺本非神元帝一系，但得到太武帝特别允可，所以也享受宗室待遇，得姓拓跋，并为直勤。到孝文帝分别元、源二姓，源贺及其子孙才被逐出宗室的范畴。

　　只有神元帝子孙得姓拓跋，也只有神元帝子孙得为直勤，这两者的一致，绝不是偶然的巧合。

二　直勤与北亚游牧社会部落传统之关系

　　《太平御览》卷五九八引石崇《奴券》，是一条有趣的史料：

　　　　余元康之际，出在荥阳东住。闻主人公言声太粗，须臾出，趣吾车曰："公府当怪吾家哓哓邪？中买得一恶羝奴，名宜勤，身长九尺余，力举五千斤，挽五石力弓，百步射钱孔。言读书，欲使便病。日食三斗米，不能奈何。"吾问公卖不？公喜，便下绢百匹。闻，谓吾曰："吾胡王子，性好读书，公府事，一不上券，则不为公府作。"券文曰……宜勤供笔，更作多辞。乃敛吾绢，□□而归。[1]

　　这里的宜勤，既是"恶羝奴"，又自称"胡王子"，属于魏晋时所谓胡奴。因疑宜勤并非姓名，而是他作为"胡王子"所带的称号，宜

1　《太平御览》卷五九八引石崇《奴券》全文，第2694页。又卷七七三引其部分，第3429页。这个本子引文颇有衍夺，语句或难通解。兹据严可均《全晋文》卷三三石崇《奴券》，见《全上古三代秦汉三国六朝文》，第1651页。

勤当亦直勤之讹写。魏晋洛中豪贵所谓胡奴，常得自并州，[1]其中羯人为多。[2]因此，疑石崇《奴券》中"恶祇奴"，或当作"恶羯奴"。如果这些推测成立，石崇所买胡奴所以得名宜（直）勤，是因为他在原胡族（可能是羯人）部落中的贵族身份，即所谓"胡王子"。也就是说，胡王子得称直勤。

《洛阳伽蓝记》卷五载宋云等游历西土记事（习称《宋云行纪》），有如下一段话：

> 至正光元年四月中旬，入乾陀罗国，土地亦与乌场国相似，本名业波罗国，为嚈哒所灭，遂立敕勤为王，治国以来，已经二世。立性凶暴，多行杀戮，不信佛法，好祀鬼神。国中人民悉是婆罗门种，崇奉佛教，好读经典，忽得此王，深非情愿。[3]

羽溪了谛认为，嚈哒侵入于阗，在480年前后，灭乾陀罗，差不多同时。[4]嚈哒灭乾陀罗之后，立本国的敕勤为乾陀罗王，嚈哒人与乾陀罗人的文化差距，造成不奉佛法的新乾陀罗王与乾陀罗国民之间的深刻隔阂。嚈哒的敕勤是什么角色呢？沙畹解释敕勤"为突

---

1 魏晋之际以胡人为奴婢，是一种时尚。史料所见胡奴，也偶有出自氐羌者，如晋王嘉撰，梁萧绮录《拾遗记》卷九，记晋武帝时有一老羌姓姚名馥，"充厩养马"（中华书局，1981，第198—199页）。这条材料当然不可尽信，但魏晋时有氐羌沦为中原奴婢，应当是可能的。另外，《三国志》卷三《魏书·明帝纪》注引《世语》云："并州刺史毕轨送汉故渡辽将军范明友鲜卑奴，年三百五十岁，言语饮食如常人。"（第101页）虽然离奇怪诞，幽州边缘地区之有"鲜卑奴"，也是可能的，但是，洛中诸贵收买奴婢的主要地区，还是并州。《三国志》卷二二《魏书·陈泰传》："正始中，徙游击将军，为并州刺史，加振威将军，使持节，护匈奴中郎将，怀柔夷民，甚有威惠。京邑贵人多寄宝货，因泰市奴婢，泰皆挂之于壁，不发其封，及征为尚书，悉以还之。"（第638页）
2 西晋末年石勒建议郭敬诱诸胡至冀州"就谷，因执卖之"，东嬴公司马腾也"执诸胡于山东卖充军食"。见《晋书》卷一〇四《石勒载记上》，第2708页。祖逖有胡奴名王安，祖逖对他说"石勒是汝种类"，可见也是羯人。见《晋书》卷一〇〇《祖约传》，第2627页。
3 范祥雍：《洛阳伽蓝记校注》，上海古籍出版社，1978，第317—318页。
4 羽溪了谛：《西域之佛教》，贺昌群译，商务印书馆，1999，第154、239页。

厥变号特勤（Tegin）之讹"。[1] 这就把嚈哒的敕勤与突厥的特勤联系
了起来。

突厥官职之特勤，为读史者所习知。伯希和注意到这个特勤，并
非孤立地存在于突厥的行政组织中。他指出，类似鄂尔浑河流域突厥
碑文上的特勤名号，"也在突厥建国以前早已有之，因为在六世纪初年
时，嚈哒（Hephthalites）业已早有这个名号了"。[2] 他的依据，应当就
是《宋云行纪》的这一条史料。其实，如果他了解早于嚈哒的拓跋鲜
卑也有类似名号，甚至，更早的西晋时期，就有"胡王子"自号宜勤
（直勤），他一定会从内亚草原游牧社会的部落制度中，寻求更为普遍
的解释。

与拓跋部同样起源于鲜卑集团的柔然，也有同样的制度。吐鲁
番哈喇和卓 90 号墓出土的阚氏高昌时期《高昌主簿张绾等传供帐》
（75TKM90:20），正面 15 行、反面 2 行共 17 行的文字中，提到一些
接受传供的北族人物，其中有若愍提勤与秃地提勤无根。[3] "提勤"与
"直勤"、"敕勤"、"特勤"十分接近。据蒲立本所构拟的早期中古音，
"提"音 dɛj，"直"音 drik，主要的区别只在"直"以 -k 收声。[4] 蒲立
本构拟"敕"音为 trik，"特"音 dək，同样都以 -k 收声。[5] 使用以 -k
收声的入声字对第一个音节进行拟音，也许反映了 tigin/tekin 这个词
的重音在第二个音节。

正如拓跋鲜卑的直勤在文献中常常讹写为"宜勤"、"宜勒"或

1　沙畹：《宋云行纪笺注》，载冯承钧译《西域南海史地考证译丛六编》，商务印书馆，1956，第
　　43 页。
2　伯希和：《汉译突厥名称之起源》，载冯承钧译《西域南海史地考证译丛二编》，商务印书馆，
　　1962，第 51 页。
3　请参看本书"高昌文书中的柔然政治名号"一章。
4　Edwin G. Pulleyblank, *Lexicon of Reconstructed Pronunciation in Early Middle Chinese, Late Middle
　　Chinese, and Early Mandarin*, pp. 304, 405.
5　Edwin G. Pulleyblank, *Lexicon of Reconstructed Pronunciation in Early Middle Chinese, Late Middle
　　Chinese, and Early Mandarin*, pp. 57, 304.

"直勤"，突厥的特勤在古代文献中也常常被讹写为"特勒"。[1] 钱大昕根据石刻史料中皆作特勤，认定文献中的"特勒"都应作特勤。他说："予谓外国语言，华人鲜通其义，史文转写，或失其真。唯石刻出于当时真迹，况契苾碑宰相娄师德所撰，公权亦奉敕书，断无讹误，当据碑以订史之误，未可轻訾议也。……按古人读敕如忒，敕勤即特勤。"[2] 按照钱大昕这一说法，直勤、敕勤和特勤，乃是同一词语的不同汉译。也就是说，拓跋鲜卑的直勤、嚈哒的敕勤、突厥的特勤，以及西晋某胡族的直勤，反映的是同一种制度名称。

《周书》卷五〇《异域下·突厥传》，记突厥制度曰："大官有叶护，次设，次特勒（勤），次俟利发，次吐屯发，及余小官凡二十八等，皆世为之。"《北史》卷九九《突厥传》、《隋书》卷八四《北狄·突厥传》同。照这种说法，特勤是突厥职官系统中的一级，高于俟利发而低于叶护和设。这种因中原政权官僚等级制度的思想背景而产生的对突厥政治组织官阶制度的描述，未能准确地反映突厥政治组织的面貌与特色。当然，这也缘于中原人对突厥社会与政治的真实面貌知之有限。

《通典》对突厥政治组织的描述就进了一步："土门遂自号伊利可汗，犹古之单于也；号其妻为可贺敦，亦犹古之阏氏也。其子弟谓之特勤，别部领兵者谓之设。其大官屈律啜，次阿波，次颉利发，次吐屯，次俟斤。"[3] 按照这个记述，突厥可汗的子弟，皆得称特勤，其中别部领兵者则谓之设。护雅夫考定特勤原音为 tegin 或 tigin，"为突厥诸族可汗（君主）子弟所戴称号之一"。[4] 特勤称号是因为该人与

1　《资治通鉴》卷一六四梁世祖承圣元年正月："土门自号伊利可汗，号其妻为可贺敦，子弟谓之特勒。"《考异》："诸书或作特勤，今从刘昫《旧唐书》及宋祁《新唐书》。"（第5078页）《资治通鉴》面对特勤与特勒的分歧，干脆统一用法，偏偏选择了错误的一个。《通鉴》如此，他书可想而知。

2　钱大昕：《十驾斋养新录》卷六"特勤当从石刻"条，江苏古籍出版社，2000，第140—141页。

3　杜佑：《通典》卷一九七《北狄四·突厥上》，第5402页。《旧唐书》卷一九四上《突厥传上》几乎全袭《通典》。

4　护雅夫：《〈隋书·西突厥传〉笺注》，内田吟风等：《北方民族史与蒙古史译文集》，余大钧译，云南人民出版社，2003，第102页。

可汗的血缘关系而自然地获得的。韩儒林认为不仅可汗宗族得为特勤，"异姓亦得为之"，其依据是"突厥文《苾伽可汗碑》之撰者，为可汗之甥 Yoligh 特勤"，外甥而称特勤，故特勤称号"不限于可汗子弟"。[1]可是，这是由于他把鄂尔浑碑铭西文译文的侄儿读成了外甥。依据国内通行的鄂尔浑河突厥文阙特勤碑和毗伽可汗碑铭文的耿世民译本，碑铭中碑文作者的自述，都是阙特勤和毗伽可汗的侄子药利（Yollugh）特勤。[2]芮传明综合国内外各种译本所作的新译本，译两碑的作者为阙特勤与毗伽可汗的侄儿夜落纥特勤。[3]苏联学者伯恩什达姆认为，两碑的作者侄子药利"是汗的氏族的直系成员，而且是年纪最小的成员"。[4]法国学者勒内·吉罗也认为，和硕—柴达木碑文的刻写者药利特勤，"根据他的亲族的名称 ati 来分析，应该是毗伽可汗的侄子"。[5]

据《旧唐书》卷五七《张长逊传》，张长逊隋末为五原郡通守，"及天下乱，遂附于突厥，号长逊为割利特勤"。[6]张长逊身为隋朝降官而得名"割利特勤"，割利是特勤的官号，即一种特勤号。这并不意味着异姓和异族通常可以获得特勤称号。赐以特勤称号，相当于赐以突厥国姓，意在给予宗亲地位（接纳为子侄），是一种政治行为，间接地说明了特勤称号的重要性。贺豆跋（源贺）入魏后亦号直勤，宇文泰及其诸子赐其追随者多人姓宇文氏，杨隋、李唐大量赐北族为国姓，情况都差不多。

突厥有特勤之号者，不限于可汗之子与弟。写作阙特勤碑和毗伽可汗碑的药利（夜落纥）特勤，是阙特勤和毗伽可汗的侄子。《北史》

1　韩儒林：《突厥官号考释》，《穹庐集》，第318页。

2　林幹：《突厥史》，第253—272页。

3　芮传明：《古突厥碑铭研究》，第217—276页。

4　A.伯恩什达姆：《6至8世纪鄂尔浑叶尼塞突厥社会经济制度（东突厥汗国和黠戛斯）》，杨讷译，新疆人民出版社，1997，第48页。

5　勒内·吉罗：《东突厥汗国碑铭考释——骨咄录、默啜和毗伽可汗执政年间（680—734）》，耿昇译，新疆社会科学院历史研究所，1984，第98—99页。

6　《旧唐书》，第2301页。

记突厥"沙钵略从弟地勤察",[1]韩儒林认为"地勤"即特勤之异译,并论证沙钵略可汗的从弟名察者亦得为特勤。[2]其实,只要是突厥可汗的男性族人,姓阿史那氏者,即得为特勤。《通典》:"思摩者,颉利族人也。始毕、处罗以其貌似胡人,不类突厥,疑非阿史那族类,故历处罗、颉利代,常为夹毕特勤,终不得典兵为设。"[3]拥有特勤之号,是作为阿史那族人的基本权利,纵使思摩的血统令人怀疑,这项权利也不能被剥夺。

这样看来,特勤、直勤、提勤和敕勤等名号,不是政治组织中的一种官称,而是社会结构下的一种身份。这一身份所反映的内容,相当于汉文中的"宗室",英文中的 royal clan,是对血缘范围的界定和认可。从政治史的角度看,这种界定和认可,首先是对统治继承权的界定和认可。继承权的实现要受继承顺序的制约,而继承权又是继承顺序的前提。从民族史和社会史的角度看,这种血缘身份源自古老的部族传统及其社会制度。

综上所述,拓跋鲜卑、柔然、嚈哒和突厥,以及某一难以确认的胡族,都有这种直勤、特勤的社会制度,反映了这一制度在中古时期内亚草原社会的普遍存在,而不是某一民族、某一部族、某一政治体的孤立现象。在鲜卑之前,由于现存的匈奴史料过于稀少,匈奴社会的类似制度已无从考辨。[4]在突厥之后,契丹的部族社会传统中,可与直勤相比类的,是横帐制度。

辽代所谓横帐,大致相当于中原王朝的"宗室"。刘浦江说:"历代中原王朝的所谓宗室,都只包括开国皇帝以下的子孙,而辽朝横帐除诸斡鲁朵皇族外,还包括由太祖的两个伯父和五个弟弟的族属所构

1　《北史》卷九九《突厥传》,第3293页。

2　韩儒林:《突厥官号考释》,《穹庐集》,第318页。

3　杜佑:《通典》卷一九七《北狄四·突厥上》,第5414页。

4　从匈奴单于继承情况看,冒顿和老上单于皆传子不传弟,而老上之后,多有兄终弟及,可见老上单于是后来所有单于的共祖,意味着很可能匈奴挛鞮(虚连鞮)氏是从老上单于时期确立的。此外,呼韩邪单于的支系在东汉以后受到格外推重,特别表现在南匈奴的文化传统中,反映呼韩邪复国以后所进行的社会改造及其长远影响。

成的三父房，这究竟说明了什么问题？我认为，三父房正是阿保机取代遥辇氏出长契丹部落联盟以后，耶律氏家族内具有世选可汗资格的大致范围。"[1] 可见所谓横帐，正如直勤、特勤一样，代表着继承权，界定和确认继承权的范围。当然，中原王朝的所谓宗室，也并非只包含开国皇帝的子孙，事实上往往要扩大到开国皇帝的同父兄弟及其子嗣，甚至及于从父乃至从祖的子嗣。[2] 这与北魏直勤包含神元帝子孙、辽朝横帐包含三父房，还是有一定近似的。与此相类的，还有著名的蒙古"黄金氏族"（Altan Urugh）。所谓黄金氏族，指姓乞颜（乞牙惕）·孛儿只斤（Kiyad Borjigin）的氏族。拉施特《史集》明确说，把儿坛把阿秃儿的"第三个儿子为成吉思汗之父也速该把阿秃儿。乞牙惕–孛儿只斤（部落）出自其后裔"。[3] 这就是说，黄金氏族包含成吉思汗的父亲也速该·把阿秃儿（元烈祖神元皇帝）的所有子孙，这与辽朝横帐包含三父房完全一样。

认识直勤、特勤、横帐、黄金氏族，如果把它们置于内亚草原游牧社会古老而生生不息的部族背景之下，就可以看到漫长岁月里游牧部族制度的相似、相同和一致性。按照人类学界家 Elman R. Service 等人所建立的"群队—部落—酋邦—原始国家"的分析框架，[4] 拓跋鲜卑的直勤制度，又产生于这一社会发育和政治成长历程中的哪一阶段呢？

我们知道，在群队和部落两个阶段，领导者的产生通常要通过选举，酋邦阶段领导者已经开始世袭，即使选举的古老习俗仍然保留，被选举者也限于一个狭窄的血缘范围。在内亚草原民族历史上，见于

1　刘浦江：《辽朝"横帐"考——兼论契丹部族制度》，《北大史学》第8辑，北京大学出版社，2001。
2　比如，刘邦大封同姓王，就有其弟楚王交、兄代王喜、从父弟荆王贾、从祖昆弟燕王泽。见《汉书》卷一四《诸侯王表二》，第397—406页。从历史编纂的角度看，后代正史列"宗室传"，往往只收开国皇帝子孙以外的宗室人物，而以开国皇帝子孙另立专篇。如《晋书》卷三七《宗室传》，所收入的都是司马懿的兄弟及其子孙（第1081—1117页）。《宋书》卷五一《宗室传》，收刘裕弟刘道怜、刘道规及族弟刘遵考及其子孙（第1461—1487页）。例证甚多，兹不赘述。
3　拉施特：《史集》第一卷第二分册，余大钧、周建奇译，商务印书馆，1983，第61页。
4　Elman R. Service, *Profiles in Ethnology*。并请参看谢维扬《中国早期国家》，第171—235页。

传说性质的首领世选制，就建立在这一基础之上，这也是所谓卡里斯马型领导者产生的基础。[1]

从群队到部落再到酋邦，血亲氏族的内部构造随着社会复杂程度的提高而变化。伴随着血亲集团的分裂、分化，确认血亲的远近关系，即划分血亲范围，在氏族的发展中意义重大。我认为，直勤（特勤）制度与血亲集团的分化、社会分层的提高、政治组织的复杂化之间，很可能存在着相关性。进一步说，直勤制度就是社会分层达到一定程度、政治组织复杂到一定程度之后，产生的确定拥有统治权的核心氏族或家族男性成员的制度，是为了适应血亲集团分裂与分化所引起的血亲关系的再构造。这种再构造包含祭祀与会议等复杂内容，而新的血亲集团名号的获得，以及在同一名号下男性血亲成员身份的确认，是直勤（特勤）制度的重要来历。直勤和特勤制度，反映了具体氏族内部或具体家族内部血亲成员的平等关系。收继婚或相关婚姻形态及制度所造成的血亲男性成员间亲缘关系的混乱与复杂，或许是这一平等关系的社会基础。

但是，正如符拉基米尔佐夫所指出的，游牧部族政治结构的高级化和复杂化，有赖于非血亲成员数量、地位和重要性的提高（如那可儿等）。[2]这是游牧部族建立联盟和国家的重要条件。江上波夫认为，匈奴单于所属的挛鞮氏集团与其异姓姻族集团是统治与控制的基础，垄断了匈奴帝国的一切国事，挛鞮氏主外，姻族主内。[3]从北魏早期历史看，有的情况下，姻族地位和重要性的削弱，以及对传统的姻族影响力的突破，才是游牧国家进入更高阶段的必要环节。田余庆先生对北魏"子贵母死"制度和"离散部落"历史问题的研究，就提供了一个生动而有力的例证。[4]以血亲与姻族为基石而构造的部族结构，是

1　Peter B. Golden, *Nomads and Sedentary Societies in Medieval Eurasia*, Washington D.C.: American Historical Association, 1998, pp.10-17.

2　Б.Я. 符拉基米尔佐夫：《蒙古社会制度史》第一编第三章第一节，刘荣焌译，中国社会科学出版社，1980，第140—154页。

3　江上波夫：《骑马民族国家》，张承志译，光明日报出版社，1988，第28—30页。

4　田余庆：《拓跋史探》，第9—91页。

内亚草原部族传统的基础。这种传统是那些在北亚草原上建立起宏伟事业的部族所赖以崛起的力量，而在某些阶段，特别是政权成长的后期，又成为制约其发展的瓶颈和负累。要突破这个瓶颈，既包括对姻族地位的削弱，也包括对类似直勤制度所保障的血亲成员平等地位的破坏。

中国历史上多次出现的民族政权的历史，既是中国传统政治和社会的历史，又是那些突破了自身民族发育的种种瓶颈与束缚、终于建立起中原式政治构造的民族独特的历史。突破所制造的痛苦和血腥，有时会掩盖、模糊历史转折点的真实面貌，甚至遮掩了转折之前的真相。探寻和了解这些真相，既有助于我们把握内亚民族史的某些重要环节，又将成为更一般意义上认识人类历史的重要资料。因此，研究内亚游牧社会部族传统的本来面目及其变化，就成为极有价值的历史学问题。

美国人类学家巴菲尔德指出，以匈奴为代表的内亚游牧国家的组织表现为"帝制联盟"（imperial confederacies）的形式，[1]处理外交事务时，它就是专制国家，而处理内部事务，则依靠协商和联盟的机制。[2]也就是说，北亚游牧国家的政治构造，是一种军事专制政体与部落联盟的复合体，部落联盟的基础，仍是其传统的部族制度。以 Elman R. Service 的理论看，这正是一种酋邦形态。正如前面所说，随着一步步深入汉地，游牧国家便逐渐转向全面而彻底的专制政体，在处理内部事务中曾经居于主导地位的部族传统，逐渐让位于汉式官僚机器。这就是从酋邦向国家的演进。在这个过程中，部族传统的利用与扬弃，值得特别留心。北魏的直勤制度，是拓跋鲜卑代北集团部族传统的一部分。从考察直勤制度出发，我们可以尝试着探寻北魏国家制度的部族背景及其变化。

1　Thomas J. Barfield, "The Hsiung-nu Imperial Confederacy: Organization and Foreign Policy," *The Journal of Asian Studies*, Vol. 41, No. 1（1981）, pp. 45–61.

2　Thomas J. Barfield, *The Perilous Frontier：Nomadic Empires and China, 221BC to AD 1757*, Cambridge MA: Blackwell Publishers Inc., 1996, pp. 8, 36–37.

三　从直勤制度看拓跋部族社会的汉化

北魏有所谓"帝之十族"的说法。《魏书》记道武帝天赐二年（405）"祀天于西郊"，"选帝之十族子弟七人执酒"云云。[1] 这"帝之十族"是指哪十族呢?《魏书》的《官氏志》有如下一段读史者非常熟悉的话：

> 初，安帝统国，诸部有九十九姓。至献帝时，七分国人，使诸兄弟各摄领之，乃分其氏。自后兼并他国，各有本部，部中别族，为内姓焉。年世稍久，互以改易，兴衰存灭，间有之矣。今举其可知者。献帝以兄为纥骨氏，后改为胡氏。次兄为普氏，后改为周氏。次兄为拔拔氏，后改为长孙氏。弟为达奚氏，后改为奚氏。次弟为伊娄氏，后改为伊氏。次弟为丘敦氏，后改为丘氏。次弟为侯氏，后改为亥氏。七族之兴自此始也。又命叔父之胤曰乙旃氏，后改为叔孙氏。又命疏属曰车焜氏，后改为车氏。凡与帝室为十姓，百世不通婚。太和以前，国之丧葬祠礼，非十族不得与也。高祖革之，各以职司从事。[2]

按照这个说法，到献帝邻时，拓跋氏族发生过一次巨大的分裂，一分为八，加上先已分出的两支，共有十支。由于十族同源，故称"帝之十族"。十族各得其姓，帝室得姓拓跋。这段话列举九姓之后，非常明确地说"凡与帝室为十姓"，帝室是独立于九姓之外的，只有姓拓跋的才属于帝室。因此，康乐先生"帝室十姓"的说法，恐怕不能成立。[3] 还是使用史籍中"帝之十族"的说法比较稳妥。这一次氏族分裂，如果的确发生在献帝邻时期，而不是稍晚，那么我们可以以

---

1 《魏书》卷一〇八之一《礼志一》，第2736页。
2 《魏书》卷一一三《官氏志》，第3005—3006页，及"校勘记"第23条。
3 康乐：《从西郊到南郊：国家祭典与北魏政治》，台北：稻乡出版社，1995，第35—52页。

慕容鲜卑历史上的慕容廆与吐谷浑的分裂来做一比较。从慕容氏族分裂出去的吐谷浑氏族，得姓吐谷浑。献帝邻与兄弟分开之后，每人各有所领，自成一族，也各得一姓。这与慕容鲜卑的分裂基本相近。不同的是，慕容与吐谷浑两支此后各有传承，虽然同祖同源，却互不来往。在拓跋鲜卑中，九姓分裂出去以后，并没有高飞远走，而是仍然与拓跋氏族保持同部落或同联盟的政治及社会关系。马长寿先生认为，献帝邻时期所发生的这一重新组合，表明鲜卑部落联盟的地域关系正在超越血缘关系。[1] 这也许不免对献帝邻时期拓跋集团的部族发育估计过高，[2] 但这一分裂如果是可信的，无疑是拓跋早期部族政治体的一个重要发展，可能是拓跋集团从部落阶段向酋邦阶段转化的一个标志。

据《魏书》卷一《序纪》，拓跋鲜卑从"大泽"（呼伦贝尔地区）南迁，始于献帝邻晚年，完成于洁汾时期，其在"匈奴故地"（阴山中东部地区）站稳脚跟，则是力微时期。献帝邻时期的部族分化得以成为此后拓跋集团的基本框架，应当与南迁和南迁后力微时期拓跋部的衰而复兴有很大关系。拓跋珪建国后，尊力微为始祖神元皇帝，意味着只有力微的子孙被视为拓跋氏族成员。从前面的考证看，这也恰恰就是北魏直勤的范围，后来北魏宗室亦以此划定范围。不知道献帝邻除洁汾外是否还有儿子，也不知道除力微外洁汾是否还有儿子。如果他们另有儿子，那么这些儿子的后代是不是也得姓拓跋呢？这个问题尚有待今后的研究。[3]

《文苑英华》所收庾信《周使持节大将军广化郡开国公丘乃敦崇

1　马长寿：《乌桓与鲜卑》，第 284 页。

2　康乐：《从西郊到南郊：国家祭典与北魏政治》，第 44 页。

3　《新唐书》卷七五上《宰相世系表上》："源氏出自后魏圣武帝诘汾长子匹孤。七世孙秃发傉檀，据南凉，子贺降后魏，太武见之曰：'与卿同源，可改为源氏。'"（第 3361 页）把匹孤与洁汾联系起来的做法，如果发生在北魏，说明在北魏官方的观念里，洁汾的子孙亦姓拓跋（秃发即拓跋）。也就是说，洁汾的子孙从部族传统上说的确是属于拓跋宗室的。当然，这种把匹孤与洁汾联系起来的观点，也可能来自源氏家族，并不代表北魏朝廷的立场。而且，这个观点的形成，也许在北魏后期或更晚。

传》，对北魏"帝之十族"的来历，提供了另一个解说："魏道武皇帝以命世雄图，饮马河洛，兄弟十人，分为十姓，辨风吹律，丘氏即其一焉。"[1]澳大利亚学者Holmgren可能就是受庾信此文的启发，对《魏书》前述的说法产生了怀疑，而主张十姓的格局完成于道武帝时期。[2]庾信对北魏历史了解不多，所述模糊影响，似是而非。道武帝幼年丧父，哪里有什么"兄弟十人，分为十姓"的事情？昭成帝诸子皆姓拓跋，道武帝岂能分兄弟为异姓？这条材料的价值，正在于说明北朝后期人们对北魏早期历史已经相当隔膜和陌生，也难怪北朝文献中全然不见直勤制度的踪影。Holmgren所猜想的北魏十姓形成时间，也同样缺乏根据，不能成立。我认为，Holmgren之所以相信北魏十姓不可能形成于神元帝力微以前，而一定要把这个时间降到道武帝复国以后，是因为她对拓跋集团的部族发育估计过低。

从君主继承问题的角度，可以把拓跋鲜卑的部族发育和拓跋集团的早期历史分为三个阶段。第一是氏族和部落会议选汗的原始时期；第二是君位世袭的兄终弟及时期，氏族成员的平等地位被破坏，只有拓跋氏家庭的男性成员有机会轮流实现其继承权，同氏族其他家庭男性成员的继承权事实上被剥夺了；第三个阶段，则是从兄终弟及制转向嫡长子继承制，氏族中居于支配和主导地位的特定家庭内部，男性成员间的平等地位也被破坏了，出生顺序和母系身份成为最主要的标准。从《魏书·序纪》看，献帝邻以前的拓跋君主，没有父子世系关系，可以看作氏族和部落会议选汗的时期。从社会发展程度看，这也属于群队和部落阶段。献帝邻以后的君主，都有明确的世系和继承关系，显然正在从第一个阶段进入第二个阶段。献帝邻分别七族十姓的历史重要性，可以放在这个背景上认识。神元帝力微使拓跋部衰而复振，在位最久，死后诸子轮流继位，是兄终弟及制度最为鲜明的时

1 《文苑英华》卷七九二，中华书局影印本，1966，第4186页。庾信此文，又收入清人倪璠注、近人许逸民校点的《庾子山集注》卷一一（中华书局，1980，第660—671页）。
2 Jennifer Holmgren, *Annals of Tai, Early To-Pa History According to the First Chapter of the Wei-Shu*, pp.20-21.

期。我认为，从献帝邻到力微，是从部落进入酋邦的转折时期，力微正式开创了拓跋部的酋邦时代。从什翼犍建立代国到道武帝复国并开启魏朝，是拓跋部及其领导下的代北集团走出酋邦时代、进入国家时代的阶段。

　　直勤制度就是上述第二阶段，即酋邦时代的产物。在这个阶段，力微诸子拥有平等的继承权，实现这一继承权主要凭借出生顺序。这种平等也决定了他们的儿子们对君位的平等继承权。由于收继婚或相关婚姻形态，区分世系有时会比较困难，这应当就是不分行辈的平等继承权利的社会基础。也就是说，力微的孙辈，以及从此向下的世代子孙，都拥有平等的继承权利。非力微的子孙，即使在献帝邻时期划归拓跋"帝室"者，也被排除在继承范围之外。于是，力微子孙得号直勤，直勤制度亦因此产生。直勤的本意已无从考证，但显然是标志与力微血缘关系的称号。虽然直勤（tigin/tekin）并不是一种严格的制度性官称，但具有官称性质。既然具有官称性质，那么就应当与官号（直勤号）配合使用才有效，如北魏文成帝为"乌雷直勤"，突厥有"阙特勤"，等等，乌雷和阙都是官号。但北魏史料中很难找到直勤与直勤号配合共存的例证，大概是因为代北集团较早就开始适应华夏姓名官爵的传统，较少授予直勤号，或较少以汉文记录直勤号。

　　应当注意的是，兄终弟及制并不意味着同一家族内部男性成员平等继承权的长期有效，事实上随着时间推移和家庭分化的复杂，这种轮流实现继承权的范围，也在发生变化，拥有继承权的特定家庭也不断缩小其指向。当力微诸子轮流继位以后，新的继承权的实现，仅仅限于力微长子沙漠汗的子孙之间。[1]这和匈奴单于兄终弟及制下的继承关系，也有近似之处。[2]力微本人无疑是所谓卡里斯马型的领袖，而他

---

[1] 要简明地了解拓跋早期君主继承关系，请参看田余庆先生《拓跋史探》所附神元帝力微和文皇帝沙漠汗的世系表（第19页）。日本学者内田吟风也曾列力微以下拓跋君主传承关系表，可以参看内田吟风《北アジア史研究・鲜卑柔然突厥篇》，第108页。

[2] 林幹：《匈奴史》附"匈奴单于世系表"，第193—196页；亦参看武沐、王希隆《秦、汉时期匈奴单于继承制度考辨》，《民族研究》2003年第3期。

长达五十八年的统治，足以使他的家庭和子孙在整个氏族和部落内，享有超然的地位，从而开创酋邦时代。这很可能是拓跋氏兄终弟及制得以成立的关键。同样的，力微子孙中也会有这类卓越而强有力的领导人，干扰和影响继承顺序。这使直勤制度事实上随着世代推移而失去其本来意义。拓跋鲜卑兄终弟及制度与母族干预继承传统的结合，造成了拓跋集团的长期纷争和内乱，却也逐渐酝酿和积聚了走出这一历史阶段的内部力量，并终于在道武帝时期爆发出来。[1] 在我看来，恰恰是这种不断缩小指向的兄终弟及制度及其实践，为道武帝确立华夏式嫡长子继承制准备了历史和现实的条件。

　　正如田余庆先生所指出的，北魏前期宫廷政治的核心纠葛，是解决君主继承问题，彻底消除部族传统的兄终弟及制的残余影响，代之以中原王朝式的嫡长子继承制。道武帝为此思虑最多，用力最巨，但是他本人仍然死于亲子弑逆，可见这个问题尚未解决。明元帝以太武帝监国，太武帝以景穆帝监国，显然都是意在及早树立储君的地位和影响。[2] 景穆帝的早死，是对成立未久的嫡长子继承制的考验。虽然经历了宗爱和吴王余的小小波折，但有嫡皇孙身份的文成帝终于即位，这可以看作北魏嫡长子继承制完全成立的象征。后来献文帝欲禅位于叔父京兆王子推，遭到大臣强烈反对，咸以奉戴皇太子为辞。[3] 这更进一步显示，北魏的嫡长子继承制，在制度建设和政治文化的确立等方面，已经深入人心，不可动摇。至此，拓跋鲜卑游牧部族的国家机器，已经具备了全面改造为传统中原王朝的条件。就是在这样的基础上，孝文帝才能够展开其激烈的汉化改革。

1　田余庆：《拓跋史探》，第 24—30、59—61 页。

2　曹文柱：《北魏明元、太武两朝太子的世子监国》，《北京师范大学学报》1991 年第 4 期。又可参看何德章《北魏太武朝政治史二题》之"太平真君末政变的真相"，载武汉大学中国三至九世纪研究所编《魏晋南北朝隋唐史资料》第十七辑，武汉大学出版社，2000，第 46—51 页。洼添庆文先生专门研究了北魏的太子监国问题，可是他着眼于太子监国所带来的制度变化，而没有从皇位继承角度考察太子监国的重要意义。见洼添庆文《魏晋南北朝官僚制研究》，东京：汲古书院，2003，第 187—206 页。

3　《魏书》卷四〇《陆俟传》，第 905 页；卷四一《源贺传》，第 921 页；卷九四《赵黑传》，第 2016 页。

那么，在这样的历史背景下，直勤制度又具有什么样的认识价值呢？

即使是在道武帝之前，直勤制度早已丧失其标示继承权的意义，但作为部族深厚传统的延续，氏族血亲成员间共同利益、共同目标的确认，仍然要通过血亲关系的辨识。虽然事实上失去了君主继承权，但酋邦向国家进化的过程中，力微子孙追随垄断了君主继承权的核心家庭，追随现任君主，才能保障其根本利益，而核心家庭也由于得到整个氏族的支持而确保其对于酋邦和国家的支配地位。这是拓跋鲜卑从酋邦向国家过渡的历程中，直勤制度的功能和意义。道武帝复国和征服华北的历程中，大量并无继承权的拓跋宗亲成员前去征战，发挥了重要作用，这些宗亲，应当都是部族传统中的直勤。[1]

北魏建国之后，直勤是宗室身份的标志。但我们知道，随着魏晋华夏模式的政权建设的进行，血缘因素、部族因素都将日益丧失其重要地位。道武帝天赐元年（404）九月推行爵制改革，"皇子及异姓元功上勋者封王，宗室及始蕃王皆降为公，诸公降为侯，侯、子亦以此为差"。[2] 这一改革被学者称为"北魏政权由部族联盟进入国家政体的重要标志之一"，[3] 也就是从酋邦向国家完成过渡的标志。其主要内容，就是取消拓跋氏族血亲成员在氏族内部表面的（或者说是法律意义上的）平等地位，因而拓跋宗室在此次改革中受到冲击最大。可能是为了补偿宗室及代北集团其他成员在爵制改革中的利益损失，两个月后，道武帝又下令"大选朝臣，令各辨宗党，保举才行，诸部子孙失业赐爵者二千余人"。[4] 当然，这一补偿的前提，是尊重爵制改革之后所构成的宗室成员间的新型关系架构。宗室成员根据其在血缘关系上与皇帝的远近亲疏，而享有大小不等的政治和经济权利。酋邦时代

---

1 《北史》卷一五《魏诸宗室传》，第 543、544、546、552、559、561、565、574、576、577、578 页。
2 《魏书》卷一一三《官氏志》，第 2973 页。
3 陈爽：《世家大族与北朝政治》，中国社会科学出版社，1998，第 13 页。
4 《魏书》卷二《太祖纪》，第 42 页。

直勤制度下拓跋氏族成员理论上还存在着的平等关系，被正式地、全面地破坏了。北魏前期采行晋式爵制和官制，对统治集团进行等级化区分、阶层化管理，从上述角度来观察，就具有了走出部族传统、建立新型政治文化的意义。爵制改革使普通宗室成员的政治发展受到抑制，同时对异姓、异族开放了较大的政治空间。赵翼《廿二史札记》有一条"异姓封王之滥自后魏始"，列举太武帝、文成帝、献文帝及孝文帝前期所封异姓王甚多。[1]这个问题，应当放在道武帝爵制改革之后，异姓贵族政治空间加大而同姓政治空间受到挤压的背景下来认识。在这种变局之下，直勤制度依附于新型的爵制和官制，直勤名号以附加的形式出现在宗室成员的名字前面，唯一的作用是表明姓氏和血统。虽然直勤制度已经不具备实际意义，但作为部族传统的残余因素，随着北魏汉化进程的深入，势必面临最后的挑战。

直勤制度的消失，应当在孝文帝发起"改降五等"之时。[2]前述王融上疏议给虏书，分析北魏政局，有"总录则邦姓直勒渴侯"之句。邦姓即邦姓，直勒即直勤，渴侯即元丕。牟发松考证王融上疏时间在齐武帝永明七年，即北魏孝文帝太和十三年（489）。[3]这是史料中直勤制度的最后一次出现。两年后，冯太后去世，孝文帝获得大展抱负的机会。第二年即太和十六年，孝文帝下令"改降五等"。《魏书》载其诏令内容曰：

> 制诸远属非太祖子孙及异姓为王，皆降为公，公为侯，侯为伯，子、男仍旧，皆除将军之号。[4]

按照这个诏令，非太祖（道武帝）子孙即被算作"远属"，不得封王，这就把道武帝爵制改革中对宗室的限制和挤压进一步强化了。

1　赵翼著，王树民校证《廿二史札记校证》，第 300 页。

2　关于孝文帝改降五等，请参看陈爽《世家大族与北朝政治》，第 18—29 页。

3　牟发松：《王融〈上疏请给虏书〉考析》，《武汉大学学报》1995 年第 5 期。

4　《魏书》卷七下《高祖纪下》，第 169 页。

"改降五等"的确得到了贯彻执行，连王融列为北魏重臣之首的东阳王元丕（直勤渴侯），由于是烈帝翳槐的五世孙，也"例降王爵，封平阳郡公"。[1]《南齐书》载孝文帝"改降五等"诏令，有"烈祖之胄，仍本王爵，其余王皆为公，公转为侯，侯即为伯，子、男如旧"句。[2] 这里烈祖是指改革以前道武帝的庙号。

　　凡神元帝之后皆得为直勤，凡神元帝之后亦皆属宗室，这是拓跋氏部族传统所决定的。然而，当孝文帝明确地以道武帝子孙与非道武帝子孙把拓跋宗室一分为二之后，毫无区别、不能反映亲疏远近关系的直勤制度，的确到了寿终正寝的时候。所以我认为，直勤制度就是随着"改降五等"而被孝文帝取消的。传世的孝文帝吊比干碑碑阴题名皆具官爵，中有元姓宗室十三人，不见直勤名号，也是一个证据。[3]

　　依照华夏宗法传统，宗亲关系随世代而递减（所谓"杀"）。北魏接受华夏宗法文化之后，势必也要依世代远近而决定其宗亲关系。这是孝文帝汉化改革之后难以逆转的大势。可是，考虑到拓跋鲜卑代北集团一百年前还处在内亚部族传统之下，大多数鲜卑民众对中原文化还相当隔膜，这种变化来得的确过于猛烈。那些因为这一变化而被剥夺或部分地剥夺了政治经济特权的拓跋贵族，对于这些变化即便无力抗拒，适应起来也相当困难。

　　孝明帝熙平二年（517）七月，洛阳朝廷发生了一次有关宗庙礼制的争论。[4] 道武帝之子阳平王熙的曾孙江阳王元继上表，对自己不能参与庙祭道武帝表示不满。元继是道武帝玄孙，相隔五世，但是他在献文帝时出继京兆王黎之子京兆王根，因而又成为道武帝的曾孙。[5]

1　《北史》卷一五《魏诸宗室传》，第 554 页。

2　《南齐书》卷五七《魏虏传》，第 991 页。

3　王昶：《金石萃编》卷二七，陕西人民美术出版社影印上海扫叶山房 1921 年石印本，1990。关于吊比干碑的刻写时间，碑文提到太和"维皇构中迁之元载"，即太和十八年，而王昶怀疑在太和二十年以后。我同意王昶的意见。

4　《魏书》卷一○八之二《礼志二》，第 2763—2766 页。

5　元继在上表中口口声声自称道武帝的曾孙，就是从京兆王黎、京兆王根算起的。如果从出生的世系算，他是道武帝的玄孙。故元继墓志说他是"太祖道武皇帝之玄孙"，见赵万里《汉魏南北朝墓志集释》，图版第七六号。

而从道武帝到孝明帝，已传八世，从宗法传统看，元继早成疏属，自然不能参与宗庙祭典。可是，从元继自己的观点看，他作为太祖的曾孙，却不能参与在太祖庙中举行的宗庙大祭，实在不能接受。所以他愤愤地说："臣曾祖是帝，世数未迁，便疏同庶族，而孙不预祭。……今臣之所亲，生见隔弃，岂所以桢干根本，隆建公族者也？"参与争论的，多数坚持宗法原则，不同意元继预祭。任城王元澄等尤其维护孝文帝礼制改革的精神，说："江阳之于今帝也，计亲而枝宗三易，数世则庙应四迁，吉凶尚不告闻，拜荐宁容辄预。高祖孝文皇帝圣德玄览，师古立政，陪拜止于四庙，哀恤断自缌宗。"正如参加讨论的李琰之所说，假使太武帝诸子中有活到今天的，那么依照现行礼制，是不是也不能参与庙祭大典呢？李琰之主张"因宜变法"，后来也得到胡太后的同意，这场礼制之争才算告一段落。

可是这场争论所反映的，并不仅仅是典章制度的问题。这场争论是拓跋宗室内部深度分裂的一个表现。孝文帝的"改降五等"，把拓跋宗室划分成道武帝子孙和非道武帝子孙两个阵营。现在，随着典章礼乐全面的华夏化，也随着世代的进一步增加，在道武帝的子孙内部，又要进行新的分割了。依据五服理论，到孝明帝时候，应当绝服除属籍的宗室，甚至包括恭宗景穆帝的子孙。《魏书》有这样一条材料：

　　初，（元）遥大功昆弟，皆是恭宗之孙，至肃宗而本服绝，故除遥等属籍。遥表曰："窃闻圣人所以南面而听天下，其不可得变革者，则亲也、尊也。四世而缌服穷，五世而袒免，六世而亲属竭矣。……臣诚不欲妄亲太阶，苟求润屋，但伤大宗一分，则天子属籍不过十数人而已。……臣去皇上，虽是五世之远，于先帝便是天子之孙，高祖所以国秩禄赋复给衣食，后族唯给其赋不与衣食者，欲以别外内、限异同也。今诸庙之感，在心未忘；行道之悲，倏然已及……"……灵太后不从。[1]

元遥是景穆帝之子京兆王子推的儿子，从辈分上说，还是献文帝的堂兄弟。可是到孝明帝时，景穆帝子孙已出五服，应当绝服除属籍。灵太后坚持礼制原则，从华夏文化传统的角度看，完全是合理的。但是，元遥所说的"大宗一分，则天子属籍不过十数人而已"，也符合当时宗室人员构成的实际情况。景穆帝子孙众多，在孝文帝以后的北魏政治中相当重要，而现在突然要除其属籍，这无论如何都会引起宗室内部严重的情感挫伤，[2]当然这种挫伤最终会反映到政治立场的选择上。[3]

无论是元继请求参与宗庙祭典，还是元遥请求暂缓绝服，他们都引据华夏经典，试图从不同的古注中寻求理论支持。这说明孝文帝已经成功地改造了北魏上层社会的政治文化。元继和元遥已经想不起拓跋鲜卑曾经有一个直勤制度时代，在那个时代，神元帝的全部子孙平等地参与宗庙祭祀和会议，无论世代如何久远，直勤们都是平等的氏族成员，甚至平等地享有继承机会。然而，即使元继和元遥了解直勤制度及其时代，这些洛阳的元氏贵族也不会认同那个时代的价值观和制度原则，除非当前社会发生突然的、颠覆性的变动。

问题在于，在洛阳之外，在晋阳以北的秀容川，在阴山东西数千里的六镇地带，那些同样生活在北魏旗帜下的人们，并没有经历或极少经历洛阳城里的文化变革。在那里，直勤时代的价值、原则、文化风尚甚至语言，不仅残留着，而且可能还居于支配地位。鸿沟越来越深，危机亦越来越迫切。这种观察使我们对于后来发生的造成北魏衰亡的变乱，不仅能够理解，甚至还有所期待。

1　《魏书》卷一九上《景穆十二王上》，第446页。

2　当然，这不仅仅是个感情问题。北魏后期的宗室纠纷与政治经济资源分配的高度紧张之间有密切关系，不过类似的紧张在古代中国许多王朝的后期是普遍存在的。北魏的特点则是华夏传统与内亚传统之间的冲突，这种冲突尽管一定程度上仍然反映了统治阶层不同利益集团间的矛盾，但文化传统的变革毕竟是相当重要的因素。

3　对尔朱荣及其后北魏政治的变化，应当从这个角度加以思考。

第九章　高昌文书中的柔然政治名号

　　吐鲁番哈喇和卓 90 号墓出土的《高昌主簿张绾等传供帐》（75TKM90:20），因为同墓所出残文书中有一件（75TKM90:27/1）写有"永康十七年三月"的字样（永康是柔然受罗部真可汗所使用的年号，永康十七年即 482 年），所以可以推测《高昌主簿张绾等传供帐》的书写时间，也在受柔然控制的阚氏高昌时期，特别有可能是在永康年间。这件文书的正面 15 行、反面 2 行共 17 行的文字中，提到一些接受传供的北族人物。多数研究者相信这些以汉字音译的人名、官名等政治名号都来自柔然，这当然是柔然政治制度史的重要资料。下面移录该文书中涉及这些柔然名号的句子，[1]并略做

1　唐长孺主编《吐鲁番出土文书》第 1 册，第 122—123 页。

分析。

4]囗行绁五匹，付左首兴，与若愍提勤。

5]囗赤违一枚，付爱宗，与乌胡慎。

7]囗，付得钱，与吴儿折胡真。

8]赤违一枚，付得钱，与作都施摩何勃。

9]囗一匹，赤违一枚，与秃地提勤无根。

15]囗传令，出囗囗锦一张，与处论无根。

16]摩何囗囗

17]囗一匹，毯五张，赤违囗枚，各付已隆，供鍮头 [

　　这件文书因涉及北族政权的人名和官名而备受研究者的注意。[1] 除了姜伯勤先生外，研究者都认定文书中接受传供的若愍提勤等人，属于柔然政权。姜伯勤先生推测有"提勤"称号的人，很可能来自高车，原因是他和很多研究突厥史的学者一样，对于提勤（即特勤，tigin/tegin/tekin）出自突厥语有一种先入为主的观念。[2] 前面我们已经论证过，突厥之特勤，即北魏之直勤。北魏的直勤制度源自拓跋鲜卑发育成长于其中的草原政治文化传统，可是我们在现存的匈奴史料中找不到与此制度相关的任何痕迹，说明这种制度不仅不是直接来自匈奴，甚至也不是间接地来自其他接受了匈奴政治遗产的部族。我们在讨论柔然某些制度名号时已经认识到，柔然的制度名号与拓跋鲜卑乃至魏晋时期其他的鲜卑集团有着深厚的联系，尽管我们无法辨识出这些名号起源于何种语言、何种游牧政治体，但是可以肯定它们最早出现于其中的那些史料，都是与东胡系的民族集团特别是各鲜卑部族集团相关

1　王素：《吐鲁番出土高昌文献编年》，台北：新文丰出版公司，1997，第138页。

2　姜伯勤：《高昌魏朝与东西突厥——吐鲁番所出客馆文书研究》，北京大学中国中古史中心编《敦煌吐鲁番文献研究论集》第五辑，北京大学出版社，1990，第34页；姜伯勤：《敦煌吐鲁番文书与丝绸之路》，文物出版社，1994，第85页。

联的。[1] 阿尔泰学家们比较一致的观点是，东胡诸族的语言应当是古蒙古语，或与蒙古语族诸语言十分接近的语言。东汉中期这些东胡系部族进入蒙古草原，尽管势必如一千年以后的蒙古族那样经历一个与草原上的原有游牧族群（主要是突厥语诸部族）相互融合，在语言、风俗和政治文化等方面发生变异的历史过程，[2]但没有证据显示这些以草原征服者面貌出现的东胡族群，曾经在政治文化上大量吸收很可能在政治发育上并不比他们先进的丁零等突厥语部族的传统。因此，后来在突厥和回鹘政权中大量出现的那些政治名号，包括官号、官称以及由此演化出来的人名、地名等专有名词，有相当多可以追溯至柔然和拓跋鲜卑的政治体，这个现象很可能反映了这些名号由东胡语诸族群向突厥语诸族群传播的历史事实，而不能仅仅归咎于史料保存状况的不平衡。正是在这个意义上，把《高昌主簿张绾等传供帐》中提到的那些北族人物理解为来自柔然政权的贵族或官员，是没有任何问题的。[3]

这件文书中的"若愍"和"秃地"，都是作为"提勤"的官号（提勤号），与官称"提勤"结合从而构成一组稳定的政治名号。其结构与功能类似于"阙特勤"，阙是特勤号（官号），特勤是官称，两者结合才形成一组有效和稳定的、从属于个人的政治名号。"若愍"的语源目前无法探索，拓跋鲜卑中有人名英文、婴文，与若愍似是同一个名号；"秃地"很可能就是后来突厥时代的官号 tadïq/tadık（字母 ï 与 ı 均表示突厥语中窄的非圆唇后元音）。这个专名 tadïq/tadık 在阙特勤碑文中（东面第 32 行）作为官称"啜"（čor/çor）的官号，以所有格（有后缀 -ïŋ/-ın）的形式修饰骏马。[4] 尽管是修饰骏马的，但如同昭陵六骏中的什伐赤、特勤骠，所使用的官号无疑是北族传统的政治

1　参见本书"柔然官制续考"与"虞弘墓志所见的柔然官制"两章。

2　《中国北方民族与蒙古语族源》，《亦邻真蒙古学文集》，第 544—582 页。

3　钱伯泉：《从〈高昌主簿张绾等传供状〉看柔然汗国在高昌地区的统治》，敦煌吐鲁番学新疆研究资料中心编《吐鲁番学研究专辑》，1990，第 96—111 页；荣新江：《高昌王国与中西交通》，《欧亚学刊》第二辑，中华书局，2000，第 73—83 页。

4　Talât Tekin, *A Grammer of Orkhon Turkic*, p. 235；Talât Tekin, *Orhon Yazıtları*, p. 16.

名号。[1]按照译音习惯，官号 tadïq/tadık 的第二个音节应当用一个以 -k 收声的入声字拟音，但"地"并不是入声字，这如何解释呢？这是因为"秃地"作为"提勤"的官号，两个词连读时前一个词词尾的 -k 与后一个词词首的 t- 都是辅音，两个辅音之间通常要么加入一个连接元音，要么省读前一个词词尾的辅音。因此在这里用"地"拟音是符合阿尔泰语言发音规律的。

而"提勤"这种汉字转写形式，很明显与拓跋鲜卑的"直勤"十分接近。据蒲立本所构拟的早期中古音，"提"音 dɛj，"直"音 drik，主要的区别只在"直"以 -k 收声。[2]据《洛阳伽蓝记》卷五载宋云等游历西土记事，嚈哒有敕勤。[3]众所周知，唐代译 tigin 作"特勤"。蒲立本构拟"敕"音为 trik，"特"音 dək，同样都以 -k 收声。[4]使用以 -k 收声的入声字对第一个音节进行拟音，也许反映了 tigin 这个词的重音在第二个音节。可见，从北朝到唐代，对 tigin 这一北族专名的汉字转写，尽管形式多样，但差别极小，显然这个词并没有因经历不同时代、不同语言的北族政治体而造成发音的明显变异，也没有受到不同地区汉语语音细微区别的影响。因此我们可以把"秃地提勤"还原为 tadïq/tadık tigin/tekin。

《高昌主簿张绾等传供帐》第 5 行的"乌胡慎"暂时无可考，而第 7 行的"吴儿折胡真"显然是柔然官称。《南齐书》记北魏"为主出受辞人为折溃真"，[5]折溃真即折胡真。对于《南齐书》所记拓跋诸语词，亦邻真和李盖提都做过研究，[6]可惜都没有就折溃真一词的语源和属性给出解释。不过，他们都强调这些语词具有蒙古语性质，并由此

1 芮传明：《古突厥碑铭研究》，第 163—174 页。

2 Edwin G. Pulleyblank, *Lexicon of Reconstructed Pronunciation in Early Middle Chinese, Late Middle Chinese, and Early Mandarin*, pp. 304, 405.

3 范祥雍：《洛阳伽蓝记校注》，第 317—318 页。

4 Edwin G. Pulleyblank, *Lexicon of Reconstructed Pronunciation in Early Middle Chinese, Late Middle Chinese, and Early Mandarin*, pp. 57, 304.

5 《南齐书》卷五七《魏虏传》，第 985 页。

6 《中国北方民族与蒙古族族源》，《亦邻真蒙古学文集》，第 561 页注 2；Louis Ligeti, "Le Tabghatch, un dialecte de la langue Sien-pi," in Louis Ligeti ed., *Mongolian Studies*, pp. 265-308.

判断拓跋鲜卑的语言是古蒙古语或者接近于蒙古语的语言，因此可以类推折溃真可能也是蒙古语族的词语。柔然作为3—4世纪从漠南鲜卑集团中分化出来并在漠北建立起高级政治体的东胡裔族群，其统治部族所讲的语言理应与拓跋鲜卑一样或非常接近。从这个意义上理解柔然的"折胡真"，应当就是《南齐书》所说的"为主出受辞人"，也就是中央政府负责接受文书、接待使节、传递重要信息的官员。那么"吴儿折胡真"是什么官职呢？

折胡真、折溃真，在北魏文成帝南巡碑碑阴题名中写作折纥真，题名的第四列记有折纥真多人：

> 鹰扬将军、北部折纥真、宣道男泣利傔但
> 左卫将军、南部折纥真、平棘子李敷
> 宣威将军、主客折纥真、俟文出六于
> 建威将军、□□折纥真、建德子独孤平城
> 游击将军、内都坐折纥真、曲梁子叱奴地□
> 宣威将军、折纥真、直勤□
> 中都坐折纥真
> 外都坐折纥真[1]

这八例折纥真除了第六例以外，都列有具体的政府机构名称，如北部（尚书曹）、南部（尚书曹）、主客、三都坐等，显示折纥真很可能是北魏皇帝派驻政府机构各部门的联络人员。由此我们可以理解，高昌文书中的"吴儿折胡真"，是柔然可汗派往高昌负责接待"吴儿"的官员。"吴儿"应当是柔然或柔然控制下的高昌对江左南朝政权人员的称呼。日本东京书道博物馆所藏新疆鄯善吐峪沟所出《持世经》残

---

[1]　山西省考古研究所、灵丘县文物局：《山西灵丘北魏文成帝〈南巡碑〉》，《文物》1997年第12期，第77页。关于录文的行列与次序，参考了松下宪一整理过的录文，见松下宪一《北魏胡族体制论》，札幌：北海道大学出版会，2007，第82页。

页的卷末题记，自称"吴客丹杨郡张休祖写"。[1] 吴客可能是更为礼貌、更为正式的用词。1997 年吐鲁番洋海 1 号墓所出永康时期文书中，有"送吴客并子合使北山"的文句，据荣新江考证，其中"吴客"很可能是刘宋出使柔然的使者。[2] "吴儿"应该是柔然内部对江东人员的称呼，故用于官称折胡真之前。江左诸政权经由吐谷浑、高昌与漠北柔然建立相当紧密的政治联系的历史，已经有很多学者从不同角度加以研究。[3] 可以肯定，吴儿折纥真是柔然可汗派驻高昌专门接待江左使节的官员。

《高昌主簿张绾等传供帐》中提到"秃地提勤无根"与"处论无根"两个人，尽管官号、官称不同，人名却都是无根。无根的语源尚无可考索，但似乎与"木根山"的山名是同一个词，大概是鲜卑族群中常见的人名。而作为官号的"处论"，应当是中古北族常见的名号 kül 或 külü，其词干是 kül，külü 词尾的 -ü 是在 kül 与后面的词句连读时自动加入的连接元音。关于 kül 作为美称特别是作为官号在北朝北族中的应用，本书有专章研究。[4] 前面提到 1997 年出土于洋海 1 号墓的永康时期的送使文书（编号 97TSYM1:13-5 + 97TSYM1:13-4），荣新江曾披露其全部录文，并对文书内容做了全面深入的研究。[5] 荣新江把该文书提到的一个"处罗干无根"，与《高昌主簿张绾等传供帐》中的"处论无根"联系起来，感觉二者"几乎可以勘同"，但又谨慎地表示"暂不作勘同"。这种谨慎显然是必要的和宝贵的。中古北族中同名未必同人，同官号未必同官称，同官称未必同官号，汉文转写虽然相近，其原来的语词却未必同源，这是相当普遍的现象。处论已如上述是对 kül/külü 的转写，那么处罗干呢？

1　池田温：《中国古代写本识语集录》，东京：东京大学东洋文化研究所，1990，第 86 页，图版 1。

2　荣新江：《阚氏高昌王国与柔然、西域的关系》，《历史研究》2007 年第 2 期。

3　关于这个问题已经有很多研究，其中最重要的是松田寿南《吐谷浑遣使考》（上、下），《史学杂志》第 48 编第 11、12 号，1939 年；唐长孺《南北朝期间西域与南朝的陆道交通》，《魏晋南北朝史论拾遗》，中华书局，1983，第 168—195 页。

4　参看本书"论阙特勤之阙"一章。

5　荣新江：《阚氏高昌王国与柔然、西域的关系》。该文书的图版亦同时公布，见《历史研究》2007 年第 2 期封 3 图 1。图版又见于荣新江《シルクロードの新出土文書—吐鲁番新出文書の整理と研究》，《东洋学报》第 89 卷第 2 号，2007 年，第 64 页。

　　这个处罗干，其实就是阙特勤碑东面第 4 行（毗伽可汗碑东面第
5 行）提到的 qurïqan/kurïkan。[1] 在碑铭中，这个词与黠戛斯（Kırkız）
及三十姓鞑靼（Otuz Tartar）并列，显然是指某一部族政治体，所以
Talât Tekin 解释这个词为"族名"（ethnic name），[2] 中文译本通常把它
与唐代极北的铁勒部族"骨利干"相勘同，[3] 或连同碑铭中此词前面的
üč 译作"三姓骨利干"。[4] 不过我们知道，中古北族的所谓"族名"，
往往来自该部族政治体历史上某一位领袖的政治名号，特别是该名号
中的官号而不是官称，最容易演化为整个政治体的名称。因此，形形
色色的部族名称理应成为我们探索中古北族政治名号的重要资源。唐
代突厥语世界的酋邦或更低级别的政治体有以 qurïqan/kurïkan 为名者，
一定程度上说明，这个名号有着更古老的历史。

　　和许多其他北族政治名号的情况一样，柔然有处罗干，拓跋集团
有语源相同的名号，只是汉文转写不同。郦道元《水经注》卷一三记
狋氏县故城时，引《十三州志》称"在高柳南百三十里，俗谓之苦力
干城矣"。[5] 这个苦力干城之得名，可能与十六国北朝曾经镇守此城的
某位以 qurïqan/ kurïkan 为官号或名字的北族人士有关。

　　此外，《魏书》记北方诸部有以"库褥官"为姓氏的家族，"后改
为库氏"。[6]《魏书》卷二《太祖纪》天兴元年（398）的三月和七月两
次提到"库傉官韬"，分别称之为"渔阳群盗"和"渔阳乌丸"。[7] 卷
三《太宗纪》于泰常元年（416）十月条提到"徒何部落库傉官斌"，
还提到冯跋的幽州刺史库傉官昌、征北将军库傉官提，以及库傉官女
生。[8] 之所以会被称作"徒何部落"，是因为库傉官氏在十六国时属于

1　Talât Tekin, *A Grammar of Orkhon Turkic*, p. 232；Talât Tekin, *Orhon Yazıtları*, p. 8.

2　Talât Tekin, *A Grammar of Orkhon Turkic*, p. 348.

3　耿世民：《古代突厥文碑铭研究》，中央民族大学出版社，2005，第 124 页。

4　芮传明：《古突厥碑铭研究》，第 220 页。

5　郦道元注，杨守敬、熊会贞疏《水经注疏》卷一三，江苏古籍出版社，1989，第 1157 页。

6　《魏书》卷一一三《官氏志》，第 3014 页。

7　《魏书》卷二《太祖纪》，第 32—33 页。

8　《魏书》卷三《太宗纪》，第 56—57 页。

慕容燕集团，《晋书》提到后燕有库辱官伟和库辱官骥。[1] 库傉官氏加入慕容集团，也许是因为该部族已经在幽州有很长的历史。《北史》记西晋时有"渔阳乌丸大人库辱官"，[2] 似乎当时这个库辱官只是部族酋领的名字（官号），还没有演化为部族名，更没有变成家族姓氏。到后燕的库辱官伟和库辱官骥的时候，库辱官已经完成了由个人政治名号（主要是官号）向部族名、最终向家族姓氏的转化历程了。北魏早期的"渔阳乌丸库傉官韬"，应当就是西晋渔阳乌丸大人库辱官的族裔。也就是说，北魏以库傉官为氏的家族中，应有相当一部分出自西晋幽州渔阳的乌丸（即乌桓）部族。《元和姓纂》卷八有"库傉管氏"，称"《前燕录》有岐山公库傉管泥，生律，后燕太师、安定王；又有西河公库傉管乐、大司农库傉管纥"。[3] 所有这些库褥官、库傉官、库辱官和库傉管，都是对同一个名号 qurïqan/kurïkan 的不同转写而已。依现存史料，这个名号最早见于西晋乌桓族群中。我们已经反复论证过，突厥时代的许多政治名号（包括许多重要的官号和官称），都是从柔然政权继承下来的，尽管我们对这些名号的根源仍无法进行严格和精确的考察，但可以肯定它们都首先存在于东胡系的后裔特别是鲜卑集团中。而对于 qurïqan/ kurïkan 名号的研究，更是提供了一个此类名号较早存在于乌桓族群中的案例，这对我们理解中古北族政治名号的传播和演变是十分重要的。

不过要警惕的是，不能把十六国北朝时期所有以 qurïqan/kurïkan 为名（或官号）的人，都看作出自渔阳乌丸。如上所述，柔然有处罗干无根，显然以处罗干为官号，与渔阳乌丸无关。而拓跋鲜卑中也有以库六官为名者。著名的嘎仙洞祝词铭文中，提到北魏太武帝派往乌洛侯国西北向鲜卑石室致祭的人中，第一个就是"谒者仆射库六官"。[4] 这个库六官应当是人名。依据已知北魏迁洛以前的石刻史

1　《晋书》卷一二三《慕容垂载记》、卷一二四《慕容宝载记》，第 3082、3095 页。

2　《北史》卷九八《徒何段就六眷传》，第 3268 页。

3　林宝：《元和姓纂》（附岑仲勉四校记本），第 1235 页。按，"生律"当作"生伟"。

4　米文平：《鲜卑石室寻访记》，第 55 页。

料，凡拓跋宗室成员（即以拓跋为姓者），都书名不书姓。因此这里
的库六官很可能是北魏宗室成员，这也符合他代表太武帝拜祭祖先石
庙的身份。可是在魏收《魏书》有关这一事件的记录中，完全不提
排名第一的库六官，只提中书侍郎李敞，降低了致祭仪式的规格（未
能反映有宗室成员参与）。[1] 这里以库六官为名，很可能出自拓跋宗室
的人，与渔阳乌丸也没有什么关系。可见在拓跋集团内，也存在着以
qurïqan/kurıkan 为官号或嘉名的用例。文成帝南巡碑碑阴题名中，有
"出大汗""出六于"，我怀疑当作"出六汗""出六干"，亦即 qurïqan/
kurıkan 之异译。《北史》记吐谷浑慕璝上北魏太武帝表，提到流落在
北魏境内的"窟略寒"。[2]《资治通鉴》记西秦与赫连夏交兵，西秦有个
叫"库洛干"的将军被赫连夏俘虏；北魏太武帝攻克统万城以后，还
见到这个库洛干，归之于西秦。[3] 窟略寒、库洛干，同样都是 qurïqan/
kurıkan 的异译。正是由此，我们可以建立起从乌桓部落大人库傉官和
后燕贵族库辱官氏，再到吐谷浑之窟略寒及西秦之库洛干，到北魏库
六官和柔然处罗干无根，最后到鄂尔浑碑铭上 qurïqan/kurıkan 的名号
传播谱系。

　　《高昌主簿张绾等传供帐》第 16 行提到的"摩何□□"虽然残缺
不全，但可以肯定这个"摩何"是一个官号或一组官号的一部分，是
对 bagha/baγa 一词的转写。而正如我们已经论证过的，已知有关这个
名号最早的用例，也是在东胡系的鲜卑诸部中。第 17 行最后的"鍮
头"二字之后，一般认为应当是"发"字，并认为鍮头发即史书中的
吐头发，亦即吐鲁番所出《麹斌造寺碑》的"鍮屯发"及《大品般
若经跋》中的"吐屯发"。[4] 认定"鍮头"二字之后所残的应是"发"
字，而且认为鍮头发即史书中的吐头发和吐豆发，这种意见无疑是正

1　《魏书》卷一〇八之一《礼志一》，第 2738 页。

2　《北史》卷九六《吐谷浑传》，第 3181 页。

3　《资治通鉴》卷一二〇宋文帝元嘉三年及四年，第 3789、3795 页。

4　钱伯泉：《从〈高昌主簿张绾等传供状〉看柔然汗国在高昌地区的统治》，《吐鲁番学研究专辑》，
第 99 页；姜伯勤：《高昌麹朝与东西突厥——吐鲁番所出客馆文书研究》，《敦煌吐鲁番文献研究
论集》第五辑，第 36—37 页。

确的。但是，把鍮头发（吐头发、吐豆发）与鍮屯发（吐屯发）等同起来，就是错误的。鍮头发（吐头发、吐豆发）是 Tutuq Bäg，而鍮屯发（吐屯发）是 Tutun Bäg，二者除了官称部分（bäg）相同以外，官号部分则是分明不同的两个名号。鍮头发（吐头发、吐豆发）又有"初豆代"的异译形式，见北周独孤信墓志。[1] 关于 Tutuq Bäg 的语源，以及 Tutun Bäg 何以在突厥时代脱落了官称 bäg 而以 tutun 的形式独立作为官称使用等问题，本书有专章讨论，[2] 此处不赘。

最后，应当提到前述荣新江《阚氏高昌王国与柔然、西域的关系》一文所披露的新出高昌送使文书中另外一个柔然名号。该文书第 18 行文字"九年六月十二日送婆罗干北山"中，婆罗干的行走方向既然是北山，当然与柔然有莫大干系。婆罗干，很可能与北朝所谓的匈奴之胤破六韩氏出于同一个名号。破六韩，史书又作破落汗、破六汗、步六汗。[3] 与所谓匈奴之后的说法比较起来，破六韩氏更可能来自漠北的高车或其他突厥语部族。柔然的婆罗干是否能够与破六韩勘同，当然无法肯定，不过这种可能性是存在的，而且值得我们今后进一步研究。

1　赵超:《汉魏南北朝墓志汇编》，第 480 页。
2　参看本书"柔然官制续考"一章。
3　陈连庆:《中国古代少数民族姓氏研究》，第 43—44 页。

第十章　柔然官制续考

　　柔然汗国尽管网罗了东部欧亚草原上各语言、各种族的部族，但其核心集团出于鲜卑，或者是与鲜卑一样说蒙古语或古蒙古语（Proto-Mongolic）的东胡后裔，大致已成定论。[1]柔然与鲜卑其他集团在政治制度上的亲缘性，表现在官职名称等许多方面。构成后来北族政治传统核心环节的可汗称谓，既见于慕容鲜卑和拓跋鲜卑，又见于柔然。与可汗制度相配合的可敦制度，亦见于鲜卑与柔然。《北史》记柔然可汗丑奴"号地万为圣女，纳为可贺敦"。[2]胡三省解释说："柔然之主曰可汗，其正室

1　Peter B. Golden, *An Introduction to the History of the Turkic Peoples: Ethnogenesis and State-formation in Medieval and Early Modern Eurasia and the Middle East*, pp. 76–77.

2　《北史》卷九八《蠕蠕传》，第3258页。

曰可贺敦。"[1] 北齐高洋称李皇后为"可贺敦皇后"，[2] 糅合了北族与中原的传统，但这里的北族并不一定是柔然，而很可能是拓跋鲜卑自己。《南齐书》记拓跋鲜卑有"皇后可孙"，[3] 嘎仙洞石壁祝文有"皇祖先可寒""皇妣先可敦"，[4]《周书》记吐谷浑可汗"号其妻为恪尊"。[5] 可贺敦、可孙、可敦、恪尊，都是对同一个北族语词的不同译写。[6]《北史》记突厥土门"遂自号伊利可汗，犹古之单于也；号其妻为可贺敦，亦犹古之阏氏也"。[7] 把突厥的可贺敦与匈奴的阏氏并提，可见虽然存在着结构及功能上的相似，却明显有着不同的起源。突厥的可贺敦继承自柔然，而柔然的可贺敦并不继承自匈奴，这是值得我们注意的。

突厥的可敦（可贺敦），出现在暾欲谷碑第 1 碑的北面第 7 行（总第 31 行），鲁尼字母写作 ꓱꭓꞵꓵ，转写作 k(a)tun。[8] 可敦与可汗一样，是一种政治称号（政治职务）；可汗必有可汗号，可敦亦应有可敦号。阙特勤碑东面第 11 行和毗伽可汗碑东面第 10 行，都称毗伽可汗的母亲、骨咄禄的妻子为 il bilge katun，[9] 按唐代音译习惯，应译作"伊利毗伽可敦"，这里可敦号"伊利毗伽"是由伊利（il）和毗伽（bilge）两个发挥官号功能的美称组合而成的。《旧唐书》记唐代宗时册封回纥"可汗为登里颉咄登密施含俱录英义建功毗伽可汗，可敦加册为婆墨光亲丽华毗伽可敦"。[10] 其中"婆墨"，《新唐书》及《资治通鉴》都作"娑墨"，[11]"婆"应是"娑"字之讹。娑墨，很可能就是毗伽可汗碑南

1　《资治通鉴》卷一四九胡注，第 4660 页。

2　《北史》卷一四《后妃传下》，第 521 页。

3　《南齐书》卷五七《魏虏传》，第 984 页。

4　米文平：《鲜卑石室寻访记》，第 55 页。

5　《周书》卷五〇《异域传下》，第 913 页。

6　白鸟库吉：《东胡民族考》上编，《塞外民族史研究》上册，第 134—137 页。

7　《北史》卷九九《突厥传》，第 3287 页。

8　Talât Tekin, *Tunyukuk Yazıtı*, pp. 14-15.

9　Talât Tekin, *Orhon Yazıtları*, pp. 10, 40.

10　《旧唐书》卷一九五《回纥传》，第 5204 页。

11　《新唐书》卷二一七上《回鹘传上》，第 6119 页；《资治通鉴》卷二二三，第 7145 页。

面第 14 行所记的 sebig kül erkin[1]（或转写为 säbig kül irkin[2]，按唐代音译习惯，当译作"娑墨阙俟斤"）中的 sebig，按《旧唐书》的解释，意思是"得怜"，与 kül 一起构成俟斤（irkin）的官号。《通典》记唐代仆骨部有"大酋婆匐俟利发歌蓝伏延"，[3]《新唐书》写作"娑匐俟利发歌滥拔延"，[4] 婆亦娑字之讹误，娑匐即娑墨之异译。西突厥还有"设卑达干"，设卑当亦娑匐之异译。"娑墨光亲丽华毗伽"，是杂糅了唐朝美称与回纥美称的可敦号。柔然的可贺敦也应当都有可贺敦号，只是史料阙略，无从寻觅。不过根据柔然的可汗都有可汗号的事实，我们完全可以相信柔然的可贺敦也都有可贺敦号。

在柔然政治体中低于可汗的政治称号，保存在史料中的并不少，而且都为后来的突厥、回鹘等游牧社会政治体所继承。与可汗、可贺敦制度一样，这些政治名号（包括官号与官称）与其他东胡裔部族之间的亲缘性，以及与匈奴制度的区别，都是相当鲜明的。依据正史及石刻史料，柔然官制中可以考见的官号与官称，有莫贺去汾、达官、莫弗（莫贺弗）、莫缘、俟力发、吐豆发、俟斤等。1999 年出土于山西省太原市隋代虞弘墓的虞弘墓志，[5]记载了虞弘及其父亲在柔然政权中的官职，印证了文献的有关记载。该墓志所记的莫贺去汾、达官、莫贺弗、莫缘四个官称与官号，本书"虞弘墓志所见的柔然官制"一章将做概括的分析。我认为柔然官制的制度传统，与魏晋鲜卑诸部政治发育所依赖的制度资源一样，来自古老的东胡而不是匈奴。当然，要使这一看法经得起检验，并为进一步的思考提供素材，我们还应当对柔然官制中的其他名号做同样的分析。本章的任务就是把柔然官制中莫贺去汾、达官、莫贺弗、莫缘以外的名号作为考察对象，分析其

1　Talât Tekin, *Orhon Yazıtları*, p. 54.

2　Talât Tekin, *A Grammar of Orkhon Turkic*, p. 246.

3　杜佑：《通典》卷一九九《北狄六·仆骨》，第 5467 页。

4　《新唐书》卷二一七下《回鹘传下》，第 6140 页。

5　山西省考古研究所、太原市考古研究所、太原市晋源区文物旅游局：《太原隋代虞弘墓清理简报》，《文物》2001 年第 1 期；张庆捷：《虞弘墓志考释》，《唐研究》第七卷，北京大学出版社，2001，第 145—176 页；罗新、叶炜：《新出魏晋南北朝墓志疏证》，第 419—421 页。

官号或官称的性质，探寻其语源，并把它们置于中古北族政治体发育、发展的背景下进行观察，借以了解这些政治体之间在政治制度、政治文化上的继承性和相关性。本章所要考察的名号包括俟力发、吐豆发和俟斤，试分别讨论如次。

一　俟力发

《北史》记阿那瓌初立，有族兄"俟力发示发率众数万"攻击阿那瓌，其后，阿那瓌的"从父兄俟力发婆罗门率众数万入讨示发"。[1]这两个人都有"俟力发"头衔，可见俟力发是柔然官制中的一环。《北齐书》记天保三年二月，阿那瓌与突厥作战失败后自杀，"其太子菴罗辰及瓌从弟登注俟利发"等奔齐。[2]俟利发应是俟力发的异译。《北史》还记有阿那瓌之兄、"蠕蠕后主俟匿伐"，[3]俟匿伐，也是俟力发的异译。突厥时代的俟利发是职官体系中比较高级的职务。《周书》记突厥官制曰："大官有叶护，次没，次特勤，次俟利发，次吐屯发，及余小官凡二十八等，皆世为之。"[4]《通典》俟利发作颉利发，[5]可见颉利发也是俟利发的异译。《隋书》记突厥步迦可汗（达头）"遣其弟子俟利伐从碛东攻启民"，[6]这个俟利伐，当然同样是俟利发的异译。总之，俟利发、颉利发、俟利伐、俟力发、俟匿伐，还有高昌麹斌造寺碑里的"希利发"等，对应的都是同一个柔然、突厥政治体中的某一个专有制度名号。王国维先生早已指出："突厥主称可汗，后称可贺敦，皆袭蠕蠕旧号，俟利发亦然。"[7]也就是说，俟利发制度是突厥继承自柔然

1　《北史》卷九八《蠕蠕传》，第3258—3261页。

2　《北齐书》卷四《文宣帝纪》，中华书局点校本，1972，第56页。《北史》卷九八《蠕蠕传》记此事，"俟利发"作"俟利"，可能有讹夺。

3　《北史》卷九八《蠕蠕传》，第3261页。

4　《周书》卷五〇《异域传下》，第909页。

5　杜佑：《通典》卷一九七《北狄四·突厥上》，第5402页。

6　《隋书》卷八四《北狄·突厥传》，第1873页。

7　王国维：《高昌宁朔将军麹斌造寺碑跋》，《观堂集林》卷二十，第987页。

汗国的。

阙特勤碑北面第 3 行和东北面，毗伽可汗碑东面第 37 行和 40 行，都有一个词，鲁尼字母写作 Ⲧ𐰶𐰵Ⲧ，转写作 elt（e）b（e）r，[1] 或作 eltäbär。[2] 自从缪勒最早指出中文史籍中的俟利发、颉利发，实即鄂尔浑古突厥碑铭中的 eltäbir 以来，[3] 有关俟利发和 eltäbär 的研究已经非常之多。比如，伯希和认为俟利发和颉利发对应 eltäbir 是存在语音上的疑问的。[4] 护雅夫则完全接受缪勒的观点，他在讨论铁勒诸部俟利发、俟斤称号的文章里，不加解释地直接以 eltäbär 对应俟利发。[5] 尽管嗣后突厥学界对于这一对应关系是否成立一直存在着争议，但赞成者居主流地位。特别是在意大利突厥学家 Alessio Bombaci 的考证发表之后，把俟利发和颉利发对应于鄂尔浑碑铭上的 eltäbär 的观点，几乎已成定论。1966 年 9 月在意大利拉维洛（Ravello）举办的第九届国际阿尔泰学大会上，Alessio Bombaci 提交了长达 66 页的论文《论古突厥文称号 eltäbär》（On the Ancient Turkic Title eltäbär），最集中、最全面地研究了这个问题。[6] 他指出，唐代文献中的俟利弗、俟利苾、奚利邲、颉利苾、俟毗、俟比、乙毗、颉必、颉苾等，其实都是和俟利发、颉利发一样，是 eltäbär 的异译。他从语音、语源和史籍中的用例几个方面，论证俟利发和颉利发与 eltäbär 的对音是合适的、问题不大的。他还利用波斯、阿拉伯史料对伊斯兰化以后中亚突厥人的相关称号做了考订，从中寻找 eltäbär 的各种变化形式。他强调，既然唐代史料中绝

1　Talât Tekin, *Orhon Yazıtları*, pp. 24, 50.

2　Talât Tekin, *A Grammar of Orkhon Turkic*, pp. 236, 237, 245.

3　F. W. K. Müller, *Uigurica* Ⅱ: *Abhandlungen der Berliner Akademie der Wissenschaften,* phil. -hist. KL., Berlin, 1910, pp. 94–96; 另见 *Sprachwissenschaftliche Ergebnisse der deutschen Turfan-Forschung*, Band I, Leipzig: Zentralantiquariat der Deutschen Demokratischen Republik, 1972, pp. 151–154。

4　伯希和:《中亚史地丛考》，冯承钧译《西域南海史地考证译丛五编》，中华书局，1956，第 131—134 页。

5　护雅夫:《铁勒诸部における eltäbär, irkin 号の研究》,《古代トルコ民族史研究》I，东京：山川出版社，1967，第 398—438 页。

6　Alessio Bombaci, "On the Ancient Turkic Title eltäbär," in *Proceedings of the IXth Meeting of the Permanent International Altaistic Conference*, Napoli, 1970, pp. 1–66.

大多数突厥重要称号在鄂尔浑碑铭里都能找到对应的突厥语词，为什么俟利发就不能在鄂尔浑碑铭中找到它的对应者呢？从语音和历史几个方面，找不到比 eltäbär 更合适的突厥称号用来比对俟利发了。最后，Bombaci 还探讨了 eltäbär 的语源、职掌和官阶，当然，这方面他用力虽多，收获并不大，这当然是因为受到了当时对突厥等北族政治制度认识水平的局限。

　　尽管在 Bombaci 之后，把俟利发和颉利发对应于鄂尔浑碑铭上的 eltäbär 的观点已成定论，但我们基于对魏晋时期鲜卑诸部名号制度的了解，对此仍然存有较大的疑惑。一般学者都赞成 eltäbir 是由 el 和 täbir 两个部分组成的，el 或 il 的音译作"俟利""俟力""颉利"等，而 täbir 的音译是"发""伐"等，而后者存在着很大的问题。我们知道，魏晋鲜卑诸部的部族名称多来自该部族历史上某一位重要的首领人物的官号。这些名称通常也是由两部分组成的，后一部分的中文音译，常常是"跋""发""伐""弗""伏"等汉字（唐代音译北族名号时，喜用匐、墨、卑、苾、辈等字）。林安庆解析"拓跋"为 tog（拓）+bäg（跋），[1] 我们更进一步知道了魏晋鲜卑诸部的名称大多具有同样的结构，即某一官号加上 bäg。柔然是魏晋鲜卑的一部分，柔然的政治文化、政治制度与拓跋鲜卑十分接近，而继承了柔然制度传统的突厥汗国，很多制度名号中也可以找到类似的用法。

　　为了说明这个问题，我们先看一个例子。前面说过的娑匐、娑墨、设卑对应 säbig 的案例中，säbig 应当也是由 sä（娑、设）和 big（匐、墨、卑）两部分组成的。我们可以肯定娑匐或娑墨也是由一个官号（娑、设）加上一个官称（匐、墨、卑）联合构成的一组政治名号。因此，原鲁尼文 ↑↑ 两个辅音 b、g 之间的元音可以是前元音 i 或 ä，作 big/bäg，与拓跋、乞伏、秃发、乙弗等部族名称的结构完全一样，其语源也因此而彰显。正如伯希和所说，"匐字常用以译写突厥之 bäg 官号，……暾欲谷之女名娑匐，即已见于嗢昆碑文之突厥名

1　An-King Lim, "On the Etymology of T'o-Pa," *Central Asiatic Journal*, Vol. 44, No.1 (2000), pp. 30-44.

称 säbäg 也"。[1] 由此我们知道，在毗伽可汗碑南面第 14 行相关句子里，适当的转写可以是 säbäg kül irkin，即"娑墨阙俟斤"，娑墨这组由官号加官称联合组成的名号，与"阙"一起又构成官称"俟斤"的官号。

在"俟利发"的案例中，"俟利"对应 𐰃𐰠 自是毫无问题（详后），但"发"对应 𐰃𐰿𐰴 就存在着难以理解的地方。首先是汉文音译的发音不同，而且三音节（trisyllabic）词被音译为单音节（monosyllabic）词，这个问题过去已经引起包括伯希和在内的许多学者的怀疑。[2] 其次，正如前面所强调的，多数情况下，发、跋、匐、弗、伏等同音字或音近字，用作音译鲜卑、突厥等北族政治名号末尾一字时，它们对应的是 bäg/beg，而 bäg/beg 一词在中古北族政治名号中的广泛使用，植根于魏晋时期鲜卑诸部政治发育的历史。正是在这个意义上，我认为普里察克所提出的俟利发和颉利发对应的突厥语词应当是 ilig - bäg 的观点，是更好的方案。[3] 也就是说，认为"俟利发"其实对应的是 il（或 illig）或 el（或 ellig）+ bäg，或许更准确些。那么，毗伽可汗碑中的 𐰃𐰿𐰴𐰃𐰠 就并非对应中国史籍中的"俟利发"或"颉利发"。当然，目前还看不到解决这个问题的合适方法。

值得注意的是"俟利发"一词的前半部分"俟利"。Talât Tekin 解释突厥语 el/il 的词义是人民、国家，ellig 的词义是拥有国家。[4] 在突厥汗国里 el 是极为常见的官号，比如伊利可汗、颉利可汗，虽然汉文音译用字不同，其突厥文都是 el/il，这种用法也得到九姓回鹘可汗碑

1　伯希和：《中亚史地丛考》，冯承钧译《西域南海史地考证译丛五编》，第 143—144 页。

2　芮传明利用《旧唐书》和《册府元龟》所记回鹘"酋长叶护颉利吐发"一条材料，试图说明"颉利发"实是"颉利吐发"的省译。如果确实如此，那么有关音节方面的疑问就可以破除。但是与北朝后期以来众多的史料相比，这基本上是孤证。在我看来，"颉利吐发"要么是误衍"吐"字，要么是把"吐"（在这种情况下，吐是官号的一部分）字的位置放错了。见芮传明《古突厥碑铭研究》，第 212—214 页。

3　Omeljan Pritsak, "Von den Karluk zu den Karachaniden," *Zeitschrift der Deutschen Morgenländischen Gesellschaft*, Vol. 101, nf (1951), pp. 270–300.

4　Talât Tekin, *A Grammar of Orkhon Turkic*, pp. 330–331.

的证实。[1] 突厥和回鹘政治体中的 el/il，继承自草原古老的政治传统。作为官号的 el/il，不仅见于柔然汗国，也见于拓跋鲜卑的早期历史。拓跋鲜卑穆帝名"猗卢"，"猗卢"应当是穆帝的官号或官号的一部分，凝固成他个人的名字。这个"猗卢"，就是 il/el 的音译，当然也可能是带有后缀的形式 illig/ellig，因为在鄂尔浑突厥文碑铭 el/il 的用例中，后缀的变化是非常丰富的。当政治组织制度形式的演化，发展至"政治名号 = 官号 + 官称"这一模式之后，il/el 及其变化形式（如 illig/ellig）似乎早已分化为稳定的官号，而不具有官称的性质。《北史》记阿那瓌时期有"俟利莫何莫缘游大力""俟利莫何折豆浑侯烦"。[2] 在前一个例子中，"俟利"与"莫何"（baγa/bagha）一起构成官号，修饰官称莫缘；在后一个例子中，俟利莫何作为官号已经被单独使用来称呼折豆浑侯烦，而不需要特别提及他的官称了，正如"俟利莫何"也同样用来称呼游大力而不需要提"莫缘"一样。《北齐书》提到"俟利蔼焉力娄阿帝"和"俟利郁久闾李家提"，[3]《北史》还记阿那瓌时期柔然有"俟利阿夷普掘"，[4] 这些"俟利"的性质也应是官号而不是官称。

　　柔然汗国的俟利发虽然是由两个部分组合而成的，但这个组合关系已经十分稳固，俟利发已经发展成一个官称了，这从后来突厥和回鹘时代的官制中可以得到证明。不过，俟利发在演化为一个官称的同时，似乎也保留了官号的属性。《隋书》记铁勒有"俟利发俟斤契弊歌楞"，[5] 俟斤是官称，俟利发是俟斤的官号。这提示我们，柔然时代的俟利发也可能保持了官号与官称的双重属性。《魏书》记拓跋集团的"余部诸姓内入者"，有"俟力伐氏，后改为鲍氏"。[6] 这个俟力

1　Volker Rybatzki, "Titles of Türk and Uigur Rulers in the Old Turkic Inscriptions," *Central Asiatic Journal*, Vol. 44, No.2 (2000), p. 207.
2　《北史》卷九八《蠕蠕传》，第 3265 页。
3　《北齐书》卷四《文宣帝纪》，第 60 页。
4　《北史》卷九八《蠕蠕传》，第 3265 页。
5　《隋书》卷八四《北狄·铁勒传》，1880 页。
6　《魏书》卷一一三《官氏志》，第 3008 页。

伐氏理应得名于该部族某位重要首领的官号，也就是说，在拓跋鲜卑集团里，不仅存在着俟利名号，也有以俟力伐（即俟利发）为官号的例证。柔然汗国的俟利发，与拓跋鲜卑的俟力伐，源于共同的政治文化环境，有共同的制度资源。而突厥和回鹘汗国极为重要的俟利发制度，正是从这一政治文化环境中起源、发展，并经由柔然汗国传递给突厥人的。契丹有"夷离毕"官职，研究者认为即突厥的"俟利发"。[1]而我们已经知道，突厥的"俟利发"继承自柔然，那么，与拓跋、柔然同为东胡系部族而其政治发育又在同时或稍后进行的契丹，究竟是从突厥获得了"俟利发"官职，还是从柔然甚至更早于柔然就已经获得了这一制度名号？这个问题当然难以得到明确的答案，但是如果与"夷离堇"（即俟斤，详后）放在一起考虑，我们还是可以从东胡系部族共有的政治文化资源中寻求理解。

二 吐豆发

阿那瓌时柔然有多位吐豆发。《魏书》记葛荣围攻定州时，阿那瓌"遣其从祖吐豆发率精骑一万南出"救援；[2]《北史》记阿那瓌"遣其吐豆发郁久闾汗拔姻姬等送女于晋阳"以嫁高欢。[3]此外，《北史》还记载阿那瓌时有"吐豆登郁久闾譬浑"、"吐豆登郁久闾匿伏"和"吐豆登郁久闾譬掘"，[4]这三个"吐豆登"，很可能是"吐豆发"的讹写，因为"發""登"字形非常接近，容易致讹。[5]《周书》记突厥职官等级，有"吐屯发"，[6]高昌麴斌造寺碑记有"鍮屯发"一职，王国维认

1　Karl A. Wittfogel and Feng Chia-sheng, *History of Chinese Society: Liao (907-1125)*, Philadelphia: The American Philosophical Society, 1949, reprinted by Lancaster Press, p. 432.

2　《魏书》卷五八《杨播传》附《杨津传》，第 1298 页。

3　《北史》卷九八《蠕蠕传》，第 3265 页。

4　《北史》卷九八《蠕蠕传》，第 3265 页。

5　周伟洲：《敕勒与柔然》，第 168 页。虽然他把吐豆发与吐豆登并列为柔然职官，但也说可能发、登两字形近而致讹。

6　《周书》卷五〇《异域传下》，第 909 页。

为即《周书》之吐屯发。[1] 然而《旧唐书》、《新唐书》和《通典》，都作"吐屯"，不作"吐屯发"。[2] 看来北朝后期突厥官制中吐屯（tudun）还在与发（bäg/beg）联合构成一个称号，而到隋唐以后，吐屯就独立出来了（说详后）。吐屯会不会是吐豆登的省译呢？当然，这个可能性是不能完全排除的。如果是这样，那么可以认为突厥的吐屯是从柔然的吐豆登制度继承而来的。

根据我们以往的研究，柔然的吐豆发名号，是由"吐豆"和"发"两个部分组合而成的。吐豆发之"发"，即秃发之"发"、拓跋之"跋"、乞伏之"伏"、乙弗之"弗"，也即 bäg/beg 一词之音译。[3] 吐豆一词，即鄂尔浑古突厥碑铭中的 tutuq，鲁尼文写作↓⅄〉ᚼ，转写作 tut（u）q，见于阙特勤碑东面第 31 行和 32 行、北面第 1 行，毗伽可汗碑东面第 25 行。[4] 从突厥碑被解读的时代开始，这个 tutuq 就被认为是中国官制中"都督"一词的音译，tutuq 是突厥人借用中国的都督官名。塞诺发表过一篇讨论突厥官名 tutuq 的文章，对有关 tutuq 的研究史有极为简明扼要的介绍。[5] 根据塞诺的介绍，汤姆森（V. Thomsen）早在 1896 年就怀疑 tutuq 可能就是中国史籍中的"都督"，而次年巴托尔德也发出了同样的疑问。缪勒在研究吐鲁番出土的摩尼教文献时，也把"都督"看作 tutuq 可能的语源。随后伯希和、马嘉特（J. Marquart）都进一步证实了这种猜想，使这一观点几乎成为突厥学界的常识。后来德福反对 tutuq 的转写形式，代之以 totuq，并广泛考察了突厥语中与此相关的材料，也注意到其他语言从突厥语借入 totuq 的多种形式，在所有各种可能的语源解释中，他更倾向于接受

1 王国维：《高昌宁朔将军麴斌造寺碑跋》，《观堂集林》卷二〇，第 986 页。
2 《旧唐书》卷一九四上《突厥传上》，第 5153 页；《新唐书》卷二一五上《突厥传上》，第 6028 页；杜佑：《通典》卷一九七《北狄四·突厥上》，第 5402 页。
3 请参看本书"论拓跋鲜卑之得名"一章。
4 Talât Tekin, *A Grammar of Orkhon Turkic*, pp. 235, 236, 243.
5 Denis Sinor, "The Turkic Title *tutuq* Rehabilitated," in Ulla Ehrensvärd ed., *Turcica et Orientalia: Studies in Honour of Gunnar Jarring on His Eightieth Birthday*, Stockholm: Swedish Research Institute in Istanbul, 1988, transactions Vol. 1, pp. 145-148.

"都督"一说。[1] 格鲁塞也把 tutuq 看作"都督"的音译。[2] Talât Tekin
所编列的鄂尔浑碑铭词汇表，在 tutuq 条下注明"来自中文'都督'"
（＜ Chin. * tuotuok）。[3] 克劳森在《13 世纪以前的突厥语语源辞典》中，
批评了过去 tutuq 的转写形式，主张应当采用 totok 的转写形式，他认
为 totok 无疑是"都督"的音译，而都督正是中国皇帝任命给突厥人
的官职，从而使突厥人借用了这个官名。[4] 中国学者也完全接受了这
种观点，芮传明所译的古突厥碑铭，tutuq 一律译作"都督"。[5] 耿世民
《古代突厥文碑铭研究》一书，列有"字典"一章，于 tutuq 条，直接
注作"都督"。[6]

　　可是，在前述那篇文章里，塞诺对这一定论提出了怀疑。塞诺指
出，无论是鄂尔浑鲁尼文碑铭，还是所谓的回鹘文书，都和粟特文一
样不能区别 o 与 u，所以 ↓♪ゝ♪ 到底应当转写作 tutuq，还是 totoq，还
是 totuq，从语言学方面看其实是不能判明的。在他看来，突厥文的
tutuq 和中文的"都督"，是恰巧在音、义方面都非常近似，在语源上
却又并不相干的两个名称。中文的"都督"被日语、蒙古语、藏语等
语言所借用，其元音都是 o 而不是 u。他强调没有必要为突厥语 tutuq
寻找中文语源，因为 tutuq 本身就是一个"正常的"、由突厥语动词词
干 tut 派生出来的突厥语名词，tut 的词义是"掌握，抓住"（to hold,
to seize），而古突厥文中动词派生词加后缀 -q/-k 的情况是不罕见的，
比如 buyuruq（唐代译作"梅录"）就是由动词词干 buyur（词义是"命
令、指挥"）加后缀 -q 构成的。塞诺认为，最能体现 tutuq 一官的职
能的用例，是磨延啜碑（Šine-usu inscription）南面第 2 行，在这个用

1　Gerhard Doerfer, *Türkische und Mongolische Elemente im Neupersischen*, Band Ⅱ, Wiesbaden: Franz Steiner
　　Verlag, 1965, pp. 452−457.
2　René Grousset, *The Empire of the Steppes, A History of Central Asia*, English edition, translated by Naomi
　　Walford, New Brunswick, NJ: Rutgers University Press, 1970, p. 582, note 63.
3　Talât Tekin, *A Grammar of Orkhon Turkic*, p. 386.
4　Sir Gerard Clauson, *An Etymological Dictionary of Pre-Thirteenth-Century Turkish*, p. 453.
5　芮传明:《古突厥碑铭研究》，第 224、226、263 页。
6　耿世民:《古代突厥文碑铭研究》，第 257 页。

例中，tutuq 是被派去统治 Čik 民众的长官。塞诺最后总结说，尽管中国对内亚的影响是显著而强大的，但在 tutuq 个案里，没有必要用中文的"都督"去解释一个本来就很清楚的突厥名号。

鄂尔浑碑铭中的 tutuq，显然就是柔然"吐豆发"中的"吐豆"。根据蒲立本的拟音，豆的早期中古音是 dəwh，晚期中古音是 thəw'。[1]北朝中期所译的"吐豆发"的"豆"的发音，应在这两个拟音之间。即使不考虑柔然与突厥之间的语音变异，用吐豆来音译 tutuq，也是可以理解的。因此，柔然的吐豆发，应当就是 tutuq beg 的组合。可是，这种对应关系使得塞诺把 tutuq 解释为突厥语词的结论变得不那么可信了——既然 tutuq 在柔然汗国已经存在了，为什么一定要把它说成一个突厥语词呢？塞诺一定不知道柔然汗国有"吐豆发"，他是在把 tutuq 完全看作突厥汗国职官的情况下，才力图在突厥语内部寻找语源的。那么，这是不是意味着，那种把 tutuq 与都督联系起来的意见，终究是正确的呢？

我觉得还是有疑问的。如果传统的观点，即把 tutuq 与都督联系起来的观点，最终是正确的，那么我们也可以认为，tutuq 并不是突厥人从中原王朝（西魏、北周、隋或唐）制度中借入的，这种借入至迟在北魏与柔然的时代已经发生了，突厥不过是继承自柔然而已。突厥等内亚游牧民族的政治体从中原王朝借入制度称号的情况，早已受到阿尔泰学界的重视，Hilda Ecsedy 的研究具有一定的代表性。[2]在塞诺看来，这种到中原王朝的制度中寻找突厥制度源头的倾向，一度还是非常时髦的。[3]可是，考察这些由中原引入北族的制度名称，如突厥、回鹘的"将军"（säŋün），辽、金之相温、详稳、详衮（即蒙元之桑

1　Edwin G. Pulleyblank, *Lexicon of Reconstructed Pronunciation in Early Middle Chinese, Late Middle Chinese, and Early Mandarin*, p. 81.

2　Hilda Ecsedy, "Old Turkic Titles of Chinese Origin," *Acta Orientalia Academiae Scientiarum Hungaricae*, Tomus XVIII (1965), pp. 83–91.

3　Denis Sinor, "The Turkic Title *tutuq* Rehabilitated," in Ulla Ehrensvärd ed., *Turcica et Orientalia: Studies in Honour of Gunnar Jarring on His Eightieth Birthday*, transactions Vol. 1, p. 146.

昆、想昆），[1]蒙古的台吉（taiji），等等，都是作为官称或通称使用的，绝难见有作为官号用以修饰其他官称的用例。可是，在"吐豆发"的用例中，"吐豆"是官号，修饰官称"发"。如果"吐豆"是借入词，它作为官号使用的可能是非常小的。从这个意义上说，吐豆发应当是由北族固有的两个制度专有名称组合而成的一个复合词，其构成部分中并没有来自中原王朝的借入成分。因此，我认为塞诺所主张的 tutuq 并非借词的观点，仍然是可以接受的。退一步说，如果 tutuq 从起源上看终究是一个借入词，那么其借入的时间一定大大早于柔然政治体以"吐豆"作"发"的官号的时间，也就是说，这种借入发生在很早以前。而且，即使 tutuq 是借入词，其源头也不一定就是中原王朝的"都督"，甚至也不一定是中原王朝的任何一种读音接近的制度名称。这种情况，就如同我们面对可汗、直勤等中古时代的大多数北族制度名号时一样，即使我们推测它们可能并不是出自任何一种古阿尔泰语言，我们也无法指出它们是从哪一种语言、哪一个族群所借入的。但是可以肯定的是，它们在内亚草原上的出现是非常早的，一定早于突厥汗国的建立，而且我们也只能够把它们的出现追溯到东胡裔族群在魏晋时期所建立的政治体。

鄂尔浑碑铭中的 tutuq 并不是中国史籍中所记的突厥官制中的"吐屯"。"吐屯"对应的古突厥文词语是 tudun，鲁尼文写作 𐰑𐰆𐰑𐰆𐰣，出现在毗伽可汗碑东面第 40 行。[2] 很难认为柔然汗国的"吐豆登"会是 tudun 的一种音译，因为古代用汉字音译外语词汇时，通常不会增加音节。因此"吐豆登"极有可能只是"吐豆发"的讹写。当然，这并不意味着突厥的吐屯就是从突厥文化内部生发出来的，但是要说明它与柔然或其他早期游牧政治体之间的联系，显然还有待将来发现新的证据。

1　王国维：《西辽都城虎思斡耳朵考》，《观堂集林》卷一四，第 630 页。

2　Talât Tekin, *Orhon Yazıtları*, p. 50.

三　俟斤

《魏书》记柔然有"俟斤十代"，[1]《北史》记柔然有"俟斤尉比建""莫何去汾俟斤丘升头"。[2]证明柔然汗国有俟斤制度。这三个用例中，俟斤都是官称而不是官号，可见柔然时代的俟斤早已完成了由美称向官号和官称的分化、演化历程，证明俟斤是一个古老的名号。《魏书》记神元（力微）时期加入拓跋集团的部族，有"奇斤氏，后改为奇氏"，又有"去斤氏，后改为艾氏"。[3]《北史》记高车诸部有"异奇斤氏"。[4]姚薇元认为拓跋集团之奇斤氏，即高车族之异奇斤氏，而奇斤即俟斤，"可知奇斤氏，本以官为氏，与俟力伐氏同例"。[5]其实去斤、奇斤、异奇斤、俟斤，唐代还译作乙斤、颉斤，都是同一个北族政治名号的不同音译。

作为姓氏的去斤、奇斤、异奇斤，都来自部落或部族名称。按照我们总结的魏晋之际鲜卑诸部得名的一般途径，去斤、奇斤、异奇斤三个部族名称，很可能都来自该部族历史上某位重要首领的官号或官称。而古老的俟斤制度使不止一个部族、不止一位首领获得过去斤、奇斤、异奇斤的官号或官称，造成不止一个部族或部落获得去斤、奇斤、异奇斤的名称。因此，不能因为这些部族有同样的名称，而认定它们是同一个部落或部族，也不能判定它们有同源关系，更不能得出该姓氏出于高车或敕勒的结论。[6]有意思的是，在北魏改姓的汉化运动中，出于同一个北族名号的奇斤氏和去斤氏，分别改成了奇氏和艾氏，这样的改变使这两个姓氏的本来面目再也无法辨认了。当然，这种情况在北魏改姓运动中是相当常见的。比如，同出于 Kül 官号的叱罗氏、叱利氏、叱吕氏、叱卢氏，分别改为罗氏、利氏、吕

1　《魏书》卷四四《费穆传》，第 1004 页。

2　《北史》卷九八《蠕蠕传》，第 3257、3258、3261 页。

3　《魏书》卷一一三《官氏志》，第 3010、3013 页。

4　《北史》卷九八《高车传》，第 3270 页。

5　姚薇元：《北朝胡姓考》，第 144—146 页。

6　周伟洲：《敕勒与柔然》，第 169 页。

氏、祝氏，改姓之后，四个姓氏原本同出于某一名号的背景就被彻底消除了。但是，这种背离北族传统的改姓方式，又恰好反映了这些姓氏虽然同出于一个政治名号，但彼此并不一定存在社会和血缘关系的事实。

突厥的俟斤或乙斤是从柔然汗国继承来的。据《周书》，突厥第一汗国的第三任可汗（中文史籍中其可汗号有"木汗"与"木杆"两种不同音译，布古特碑写作 mwyʾn，转写作 muhān[1]）名俟斤，一名燕都。[2]这意味着，在成为可汗以前他的官职是俟斤。这个官职可能在突厥崛起之前，即当突厥还是柔然的"锻奴"的时候，就是突厥部族首领的官称，当然，这一官称来自柔然汗国的授予。至迟在柔然时代，草原民族低级别的政治体，或部族、部落的首领，多有以俟斤为官称者。《隋书》记铁勒诸部"并号俟斤"，库莫奚五部"每部俟斤一人为其帅"。[3]突厥木汗（或木杆）可汗先任俟斤，也反映了同样的背景。这与拓跋集团中有以去斤、奇斤为姓氏的情况相比较，更足以证明俟斤是在草原部族政治发育某一阶段上的重要政治名号。《南齐书》记北魏官制中有"俟勤地何"，[4]北魏寇猛墓志也称寇猛的父亲寇贵任"俟勤地河"。[5]俟勤，应该就是柔然的俟斤。这也证明了柔然与拓跋在制度传统上的亲缘性。

鄂尔浑碑铭中的"俟斤"，见于阙特勤碑东面第 34 行、毗伽可汗碑南面第 14 行，鲁尼文写作 𐰼𐰜𐰅𐰤，转写作 irk（i）n 或 erk（i）n。[6]另外，阙利啜碑东面第 9 行，也提到 Sir irkin。[7]这几个用例中，阙特勤碑是指拔野古部（Bayïrqu）的 uluɣ irkin，uluɣ（胡禄）是俟斤

1　Volker Rybatzki, "Titles of Türk and Uigur Rulers in the Old Turkic Inscriptions," *Central Asiatic Journal*, Vol. 44, No.2 (2000), pp. 214−215.

2　《周书》卷五〇《异域传下》，第 909 页。

3　《隋书》卷八四《北狄·铁勒传》，第 1879 页；卷八四《北狄·奚传》，第 1881 页。

4　《南齐书》卷五七《魏虏传》，第 985 页。

5　赵超：《汉魏南北朝墓志汇编》，第 49 页。

6　Talât Tekin, *Orhon Yazıtları*, pp. 16, 54.

7　Talât Tekin, *A Grammar of Orkhon Turkic*, p. 258.

的官号，俟斤则是拔野古的部族首领的官称。毗伽可汗碑的 säbig kül irkin（"娑墨阙俟斤"）用例中，俟斤是官称，säbig 和 kül 合起来构成俟斤的官号，这个"娑墨阙俟斤"是突厥第二汗国的重要官员。阙利啜碑里的俟斤，是 Sir 部族（一般译作"薛部"[1]）的首领。突厥时代的俟斤几乎可以肯定仅作为官称使用，与叶护（yabɣu）、设（šad）、达干（tarqan）等官称一样，已经凝固成具有稳定职掌和明确地位的官职了。护雅夫考察了隋唐史籍中铁勒诸部俟利发、俟斤两个政治称号的全部用例，他发现，俟利发和俟斤都是统治部族（可汗的部族）以外各部族首领的称号。而俟利发和俟斤的用法也有区别，相比较俟利发，俟斤用于较低级别的政治体（"比较的劣勢な部族の首長"），原来以俟斤为酋首称号的部族，随着实力的上升，会改称俟利发，这反映了俟利发用于较大规模和较高级别的政治体。[2]Bombaci 研究俟利发的职掌和级别时，也以俟利发与俟斤相比较，并且得出了与护雅夫大致相同的结论。[3]

　　俟利发和俟斤都是突厥汗国得自柔然的政治遗产，这应当是没有什么疑问了。可是，这两个政治名号在柔然汗国及后来突厥汗国时期的演化并不是齐头并进的。前面提到《隋书》记铁勒有"俟利发俟斤契弊歌楞"，俟利发与俟斤重叠在一起，这个现象使护雅夫感到困惑。[4]这是因为他对于北族政治名号的结构（政治名号＝官号＋官称）不够了解，其实在这里俟利发仅仅发挥着美称的功能，起着官号的作用，俟斤才是官称。这个例子提示我们，当俟斤早已演化为稳定的官称，完全失去了美称、官号作用的时候，俟利发仍然保留着官号的功能。这说明，俟利发与俟斤的名号演化过程是不平衡的，很可能俟斤的这一过程早于俟利发。也就是说，当俟斤从原始美名中脱离出来，凝固

1　芮传明：《古突厥碑铭研究》，第 303 页；耿世民：《古代突厥文碑铭研究》，第 181 页。

2　护雅夫：《铁勒诸部における eltäbär, irkin 号の研究》，《古代トルコ民族史研究》I，第 398—438 页。

3　Alessio Bombaci, "On the Ancient Turkic Title eltäbär," in *Proceedings of the IXth Meeting of the Permanent International Altaistic Conference*, pp. 52–63.

4　护雅夫：《铁勒诸部における eltäbär, irkin 号の研究》，《古代トルコ民族史研究》I，第 402 页。

成部族酋首的通用官称的时候，俟利发还在演化过程的早期，所以同时拥有着官号与官称的功能。名号演化的一般情况是，名号凝固为官称的同时，也就开始了贬值过程，表现在制度实践中，越是古老的名号，越可能被用于较低级别的政治职务。

这样，我们可以从另一个角度来理解护雅夫和 Bombaci 研究俟利发和俟斤职掌与级别时所获得的结论。俟利发高于俟斤，这恰恰反映了在官称演化历史中，俟利发晚于俟斤。规模较大、级别较高的政治体所采用的，往往是较新的官称。俟利发和俟斤的演化过程，植根于东胡及东胡裔诸部族的历史之中。拓跋集团中源于俟利发和俟斤的那些部族名称，显示了在魏晋时期这两个名号都有可能保留着官号功能。可是在柔然汗国，俟斤已经仅仅作为官称使用，而俟利发仍然保留着（尽管用例很少）官号功能。到突厥时代，已经看不到俟利发作为官号使用的例证了，说明俟利发与俟斤一样完成了官称的演化历程。正如护雅夫和 Bombaci 所注意到的，与此过程相伴，俟斤较早、俟利发较晚，成为非统治部族的部族首领专用的官称。可是在柔然时代，这两个官称都曾被统治氏族及其核心集团的成员所使用。从柔然到突厥时代的这一变化，正是名号贬值过程的一种表现形式。

契丹时代的夷离堇，白鸟库吉早就指出即突厥之俟斤。[1] 这个说法被研究契丹史的学者所接受。[2] 无法确定的是，契丹的夷离堇是从突厥汗国获得的，还是得自突厥之前的柔然，甚至也许更早，即契丹与拓跋、柔然同时或稍后从东胡政治文化传统中独立地获得了这一政治名号。从库莫奚五部"每部俟斤一人为其帅"的例子看，契丹获得俟斤官称不会晚于奚人，因此，与夷离毕的情况相同，契丹的夷离堇是直接而不是间接地源自比突厥更古老的东胡政治文化传统，还是大有可能的。

1　白鸟库吉：《东胡民族考》上编，《塞外民族史研究》上册，第 183—184 页。

2　Karl A. Wittfogel and Feng Chia-sheng, *History of Chinese Society: Liao (907–1125)*, p. 432.

余论：突厥对柔然职官体系的改造

以上对柔然政治制度中俟利发、吐豆发和俟斤三种职官的考察，对于我们认识柔然与其他东胡裔部族在政治制度上的亲缘性，以及研究突厥制度必须考虑东胡政治文化影响等问题，无疑有重要作用。正如我们一再强调的，这个研究的目的是揭示柔然政治制度对突厥及突厥以后欧亚草原上其他游牧政治体政治制度的深刻影响，并且揭示，柔然政治制度从起源上来说，与汉魏东胡裔的其他部族，特别是鲜卑各部有着不可忽视的亲缘关系。比如，俟利发（il 或 illig + bäg 或 beg）与吐豆发（tutuq + bäg 或 beg）这两组结构完全一致的政治名号，与魏晋鲜卑诸部的政治名号传统十分吻合，说明它们在起源上存在着相关性，更不用说拓跋集团本已存在以"俟力伐"为名的部族。可是，如此强调东胡文化传统对柔然及其之后各游牧政治体的影响，并不意味着我们忽略了突厥汗国、回鹘汗国等后柔然时代的突厥语（Turkic）草原游牧政治体政治文化的多元性。无可否认的事实是，突厥职官体系中含有许多并非继承自柔然的官职，如叶护和设。而且，更值得注意的是，即使是那些继承自柔然的官职，也在突厥自身或其他文化传统的作用之下，被扬弃或被改造了。

以柔然的吐豆发（tutuq + bäg）为例，突厥职官 tutuq 的后面没有 bäg，这应当不是偶然的文字衍夺。前面已经说过，北朝史料上柔然的"吐豆登"一职，如果不是吐豆发的讹误，那就极可能与突厥的吐屯有关。高昌麹斌造寺碑记有"鍮屯发"一职，王国维认为即《周书》之吐屯发，证明《周书》所记突厥职官的"吐屯发"[1]并不误。而《旧唐书》、《新唐书》和《通典》，都作"吐屯"，不作"吐屯发"，与唐代史籍中突厥职官的记录吻合，也不似文献传抄上的误夺。吐屯发显然是由吐屯（tudun）和发（bäg/beg）两个部分组合而成的。从突

---

1 《周书》卷五〇《异域传下》，第 909 页。

厥早期的吐屯发（tudun bäg）到突厥中后期的吐屯（tudun），从柔然
的 tutuq bäg 到突厥的 tutuq，那个"发"（bäg/beg）的消失恐怕不是偶
然的。如果吐屯是从吐屯发演变而来的，tutuq 是从 tutuq bäg 演变而
来的，那么这种变化就是突厥人省略了在包括柔然在内的鲜卑人那里
使用极为广泛的 bäg 一词。由此，我们得到一个启示：突厥职官体系
固然主要是从柔然汗国继承而来，但这种继承关系并非单纯的学习和
接受，也存在着选择和变异，存在着突厥自身文化传统和其他文化传
统对柔然职官体系的改造作用。

　　在突厥及随后的回鹘职官（包括官号与官称）中，bäg 一词的使
用仍然是相当广泛的，bäg 及其复数形式 bäglär 还是贵族和官员的通
称。蒲立本已经指出，唐代以汉字"匐"对译 bäg 有很多例证。[1] 前
引 Bombaci 指出唐代文献中的俟利弗、俟利苾、奚利邲、颉利苾、俟
毗、俟比、乙毗、颉必、颉苾等，其实都是俟利发、颉利发的异译，
其中弗、苾、邲、毗、比、必、发等汉字，对应的都是 bäg，如同魏
晋北朝时期的跋、伐、弗、伏、拔、馛等字一样。突厥时期也有前举
娑匐（säbäg）及鄂尔浑碑铭中的拔塞匐（bars bäg）等官号，[2] 但是相
比语言资料贫乏但仍然保留下大量以 bäg 为重要组成部分的名号的鲜
卑诸部，突厥汗国以 bäg 为名的官号或官称并不是很多，对这一现象
的解释，大概就在吐豆发、吐屯发省略了"发"等事例所提供的逻辑
之中。

　　从魏晋时期鲜卑诸部多以 bäg 为部族名称的情况看，bäg 是东胡
后裔的鲜卑集团各部，在政治发育处于相当关键的时期，即从部落阶
段向酋邦或原始国家阶段跃进时期，使用极为广泛的官号或官称。柔
然汗国的政治制度正是从这一政治文化环境中衍生出来的，所以柔然
官号与官称中也有大量以 bäg/beg 为词尾的名号。仅以可汗号为例，
第一任可汗的可汗号"丘豆伐"，第十任可汗的可汗号"豆罗伏拔豆

1　Edwin G. Pelleyblank, "The Chinese Name for the Turks," *Journal of the American Oriental Society*, Vol. 85, No. 2 (1965), pp. 121–125.

2　Talât Tekin, *A Grammar of Orkhon Turkic*, p. 234.

伐"，第十二任可汗的可汗号"敕连头兵伐"，都是以 bäg/beg 作为该可汗号的后一部分，从结构上讲，是偏重结构中较为核心的那一部分（这些可汗号本身就是由官号加官称组合而成的，bäg/beg 是这一结构中的官称部分）。突厥汗国从柔然继承的众多官号与官称中，含有 bäg/beg 的名号，以及以 bäg/beg 作为官称独立使用的情况，一定是很多的，俟利发和 bäglär 就是显著的证明。但是，突厥对柔然政治名号并非全盘继承，而存在着选择和扬弃。北朝后期突厥从柔然继承来的吐屯发（鍮屯发），到隋唐时候就只剩了吐屯（tudun）；柔然的吐豆发（tutuq bäg），到突厥时代就只剩了 tutuq，那个在东胡政治文化环境下盛极一时的 bäg 已经被省略、被扬弃了。而且，鄂尔浑碑铭中也没有看到在中古早期的北族政治名号中极为重要的莫贺弗（baɣa bäg）的组合，莫贺反而频繁地作为官号与其他名号搭配着使用，很可能古老的莫贺弗组合中，弗（bäg）也被突厥人省略了。为什么这种扬弃特别发生在 bäg 身上？我想不会是偶然的巧合，而应当与 bäg 并非起源于突厥自身的文化传统有关。

突厥汗国以后中亚及小亚地区突厥语诸民族使用 bäg 的情况，可见于巴赞和博文为《伊斯兰百科全书》所写的"beg or beɣ"条。[1] 可是在这个条目中，他们在明确指出突厥语的 beg 是借词（a loan-word）之后，却又猜测说，beg 很可能是从伊朗语借入的，其原型是萨珊王朝王号中的 bag，意为神圣。Karl Menges 认为，bäg 是从 baɣa 演变而来的，[2] 巴赞一再强调 bäg 的源头在伊朗语之中。[3] 然而，正如我们将在本书"虞弘墓志所见的柔然官制"一章中所指出的，baɣa 与 bäg 都是很早就出现在说古蒙古语的蒙古高原东部的族群中间了，它们同时并存，甚至一起组合成新的、较为稳定的名号（莫贺弗）。从名号新旧

1　*The Encyclopaedia of Islam*, Vol. I, 1159a.

2　Karl Menges, "Titles and Organizational Terms of the Qytan (Liao) and Qara-Qytaj (Ši-Liao)," *Rocznik Orientalistyczny*, Tomo XVII (1951 – 1952), pp. 68–79.

3　Louis Bazin, "Pre-Islamic Turkic Borrowings in Upper Asia: Some Crucial Semantic Fields," *Diogenes*, Vol. XLIII (1995), pp. 35–44.

的角度说，作为官号使用的 baγa 较为后起，作为官称使用的 bäg 较为古老。那么，怎么能得出 bäg 源于 baγa 的结论呢？而且，如果认为 bäg 是从萨珊波斯时代的王号借入阿尔泰民族中，那么，蒙古高原上出现 bäg 的时间，绝不能早于萨珊波斯的鼎盛时期。可是，伊朗学家一般认为萨珊的兴起不早于 3 世纪，3 世纪后期萨珊政权的影响力开始深入阿姆河以北的草原地带。[1] 可是这恰恰是蒙古高原上鲜卑诸部的政治发育进入全新阶段，即从部落向酋邦或原始国家跃进的时期，也正是各部首领的官号中包含有 bäg（发挥官称功能，与另一官号组合而成新的官号）名号的时期。这说明，鲜卑诸部采用 bäg 称号，并不晚于萨珊波斯，自然也谈不上从萨珊波斯借入这一称号。

因此，只好从其他方向探寻 bäg 的语源，这个方向就是我们所建议的东胡政治文化传统。当然，要证明这一点还需要大量的工作，甚至可能因为缺乏材料，这一工作无法最终完成。但是，既然假设包括柔然在内的魏晋北朝时期东胡裔诸部族的政治文化源自东胡自己的悠久传统，那么我们就能够理解突厥汗国在继承柔然政治制度的前提下，必定会有所扬弃，而被扬弃的部分，恰恰应当是那些与突厥文化传统关联不那么紧密的部分。前述某些名号组合中 bäg 一词的省略，很可能就属于这类情况。当然，也不能排除古老的 bäg 称号因不断贬值而沦为可有可无头衔的可能。总之，无论出于什么原因，突厥对柔然职官体系哪怕是力度有限的改造，则是无可置疑的事实。这个事实在反映了草原游牧政治体之间政治文化继承性的同时，也提醒我们注意种种变异的存在，正是这些变异代表着历史丰富和发展的一面。

1　Richard N. Frye, *The History of Ancient Iran*, pp. 291−292.

第十一章　虞弘墓志所见的柔然官制

　　1999 年出土于山西省太原市晋源区王郭村的隋代虞弘墓，[1] 引起近年中西交通史研究者的极大关注。该墓所出虞弘墓志，[2] 自然是了解墓主虞弘其人的基本资料。尽管墓内石棺床雕刻图案，有着丰富的中亚特别是伊朗文化的因素，但是对于虞弘族属及"鱼国"所指，研究者却

1　山西省考古研究所、太原市考古研究所、太原市晋源区文物旅游局：《太原隋代虞弘墓清理简报》，《文物》2001 年第 1 期。
2　张庆捷：《虞弘墓志考释》，《唐研究》第七卷，第 145—176 页；罗新、叶炜：《新出魏晋南北朝墓志疏证》，第 419—421 页。

有相当分歧。[1]荣新江谨慎地把虞弘说成出自“西北民族”，[2]林梅村认为虞弘是稽胡，[3]罗丰认为虞弘是柔然人，[4]周伟洲则推定为月氏。[5]考虑到墓志提及“高阳驭运，迁陆海□□□；□□膺录，徙赤县于蒲坂。奕叶繁昌，派枝西域……”，而且铭辞还有以下文字：

> 水行驭历，重瞳号奇。隆基布政，派胤云驰。润光安息，辉临月支。簪缨组绶，冠盖羽仪。桂辛非地，兰馨异土。翱翔数国，勤诚十主。

我赞成把虞弘归入东来的中亚人，很可能就是粟特人。因为墓志之“高阳驭运”和“□□膺录”，显然分别对应铭辞的“水行驭历”和“重瞳号奇”（颛顼高阳氏以水德王[6]，虞舜为“重瞳子”[7]）。上引铭辞在追溯虞弘先世时，虽然攀附始祖至于颛顼、虞舜，但承认“派胤云驰”，其直系先祖实出于波斯和中亚（铭辞所谓“安息”与“月支”），即所谓“奕叶繁昌，派枝西域”。“桂辛非地，兰馨异土”，就是指虞弘父祖东迁，在远离故土的地方开创事业。“翱翔数国”之数国，既有中原的魏、齐、周、隋，也有漠北草原的柔然；“勤诚十主”之十主，既有中原帝王，也有柔然可汗。蒲立本早就指出以蒙古高原为中

---

1 墓志虞原作鱼，剜改作虞。而墓志又称虞弘出于鱼国，看来虞之得姓，是由于鱼国之鱼。按照《切韵》，虞、鱼不同韵，也就是不同音。李新魁指出，《切韵》依据的是六朝时代的南方音，同时期的北方大多数地区虞、鱼两韵正在混合。不过他又说，北朝到唐代，长安地区的方言应当是把虞、鱼两韵区分开来的。这对我们认识虞弘生活的环境也许是有帮助的。见李新魁《中古音》，商务印书馆，2000，第33—34页。又请参看潘悟云《中古汉语方言中的鱼和虞》，《语文论丛》1983年第2期，第78页。

2 荣新江：《隋及唐初并州的萨保府与粟特聚落》，《文物》2001年第4期。该文已收入荣新江《中古中国与外来文明》，三联书店，2001，第169—179页。

3 林梅村：《稽胡史迹考——太原新出隋代虞弘墓志的几个问题》，《中国史研究》2002年第1期。

4 罗丰：《一件关于柔然民族的重要史料——隋〈虞弘墓志〉考》，《文物》2002年第6期。该文已收入罗丰《胡汉之间——“丝绸之路”与西北历史考古》，文物出版社，2004，第405—422页。

5 周伟洲：《隋虞弘墓志释证》，收入荣新江、李孝聪主编《中外关系史：新史料与新问题》，科学出版社，2004，第247—257页。

6 顾颉刚：《秦汉的方士与儒生》，群联出版社，1955，第96—103页。

7 司马迁说：“吾闻之周生曰，舜目盖重瞳子。”见《史记》卷七《项羽本纪》，第338页。

心的突厥前后两汗国中，大量行政事务由粟特人主持，不仅是那些需
要与游牧世界以外的国家和人民打交道的事务，而且还有汗国内部那
些重要的政治和军事事务。[1] 护雅夫也专门研究过突厥汗国内的粟特人
问题。[2] 回鹘汗国中粟特人在政治、经济和文化等领域中都发挥重要的
作用，突厥学家认为这是对突厥汗国模式的继承。[3] 当然，突厥汗国的
这一模式，即使不是全部，也必定是部分地继承自柔然，正如其国家
制度的建立也是效法柔然一样。[4] 周一良先生很早注意到昭武九姓商胡
在北朝各政权之间的贸易与外交职能。[5] 柔然政权中有商胡往来通使于
魏，安吐根是一显例。[6] 因此，作为粟特人的虞弘一家在柔然政权中担
任官职，衔命出使，[7] 正是粟特人在柔然国家中实际作用的一个反映。

　　尽管虞弘不是柔然人，但是他一家三代，或至迟从虞弘的父亲虞
君陁开始，都曾服务于柔然政权，墓志明确记载了虞弘及其父亲在柔
然政权中的官职。正如罗丰先生所说，这是"关于柔然民族的重要史
料"，尤其对了解柔然的政治制度而言非常宝贵。墓志有关文字是这
样的：

　　　祖□奴栖，鱼国领民酋长。父君陁，茹茹国莫贺去汾达官，
　　　使魏□□□□朔州刺史。……茹茹国王，邻情未协，志崇通药，

1　Edwin G. Pulleyblank, "A Sogdian Colony in Inner Mongolia," *T'oung Pao*, Vol. 41, Nos. 4-5 (1952), pp. 317-356.

2　护雅夫：《东突厥国家 におけるサグド人》，《古代トルコ民族史研究》I，第 61—93 页。

3　Peter B. Golden, *An Introduction to the History of the Turkic Peoples: Ethnogenesis and State-formation in Medieval and Early Modern Eurasia and the Middle East*, p. 172.

4　Peter B. Golden, *An Introduction to the History of the Turkic Peoples: Ethnogenesis and State-formation in Medieval and Early Modern Eurasia and the Middle East*, p. 146.

5　周一良：《北朝的民族问题与民族政策》，《魏晋南北朝史论集》，中华书局，1963，第 174—176 页。

6　《北史》卷九二《恩幸传》，第 3047 页。本传称安吐根"安息胡人"，与虞弘墓志提到的安息情况相仿，看来这是当时对粟特人故土的一种模糊的概称。

7　虞弘墓志称虞弘"衔命波斯、吐谷浑"，研究者多把波斯看作伊朗的萨珊波斯。我认为这是墓志的修辞手法，波斯实际是指嚈哒。北朝时期，嚈哒、柔然与吐谷浑三国的势力都进入塔里木盆地，三分西域而有之，并形成某种政治和军事的同盟，共同抑止北魏向西域的推进。请参看罗新《吐谷浑与昆仑玉》，《中国史研究》2001 年第 1 期。

> □□□□，年十三，任莫贺弗，衔命波斯、吐谷浑。转莫缘，仍
> 使齐国。

这里出现了四个制度名号：莫贺去汾、达官、莫贺弗、莫缘。前举罗
丰与周伟洲两文，已逐一解释过这些名号，各有所见。不过我以为还
存在一些问题，有进一步探索的必要，试分别讨论如次。

一 莫贺去汾

柔然政权中的莫何去汾，在《北史》中凡四见，有"莫何去汾比
拔""莫何去汾李具列""莫何去汾俟斤丘升头""莫何去（汾）折豆
浑十升"。[1]另外，高车弥俄突所部亦有"莫何去汾屋引叱贺真"。[2]莫
何去汾即莫贺去汾。根据蒲立本的拟音，何、贺两字的早期中古音都
是γα。[3]这五个用例中，莫贺去汾四字连用，看上去是某种稳定的名号
结构。但是，在另外的用例中，莫贺又与其他词连用。如柔然阿那瓌
时有"俟利莫何莫缘游大力"，[4]可见莫贺是一个独立的词。莫贺去汾，
是莫贺与去汾两个名号结合起来构成的一组名号。根据我们对古代北
族政治组织制度形式的演化的研究，莫贺与去汾都是由古代美称演化
出来的政治名号，这种名号分化为官号与官称，官号虽然是用以修饰
官称的，但其重要性绝不亚于官称，甚至在政治发育的早期，官号的
意义要远比官称突出。任何一位官员，其政治名号中应当包括官号与
官称两个部分。在"莫贺去汾"这一名号组合中，莫贺是官号，去汾
则是官称，它们结合起来形成某一官员的一个具体的名号。但是，在
其他场合，莫贺与去汾则可能作为官号或官称，分别与其他官号或官

---

1 《北史》卷九八《蠕蠕传》，第 3256、3258、3261、3265 页。

2 《北史》卷九八《高车传》，第 3275 页。

3 Edwin G. Pulleyblank, *Lexicon of Reconstructed Pronunciation in Early Middle Chinese, Late Middle Chinese, and Early Mandarin*, pp. 122–123.

4 《北史》卷九八《蠕蠕传》，第 3265 页。

称组合成新的名号。比如在"俟利莫何莫缘"这一组名号中，俟利（el或其带有后缀的形式ellig[1]）与莫贺这两个官号联合起来又构成一组新的官号，来修饰官称"莫缘"。只有把莫何与去汾两个名号分开来，才能正确理解柔然政治名号的结构及功能。

汉文"莫贺"或"莫何"，是鲁尼文突厥碑铭中 baγa 一词的音译，鲁尼文写作 𐰉𐰍𐰀，转写作 b（a）ga。[2]暾欲谷碑第一碑的西面第 6 行，记录了起兵之初暾欲谷的全部名号 Bilgä Toñuquq boyla baγa tarqan，[3]按照唐代的音译用字习惯，这一组名号应译作"毗伽暾欲谷裴罗莫贺达干"。Baγa/bagha 一词的语源难有明确的回答。周伟洲先生曾认为莫何与莫弗是同一个词，因此把《通典》对"莫贺弗"的解释亦用于解释"莫贺"。[4]当然，莫贺与莫贺弗是不同的（详后）。《宋书》记吐谷浑碎奚立子视连为世子，号曰"莫贺郎"，并解释道："莫贺，宋言父也。"[5]伯希和由此注意到 baγa/bagha 一词，实非突厥语所固有，但他也只在蒙古语中找到了 abaqa（叔父）一词，并解释说大概是因为收继婚的原因，诸父可称为父。[6]伯希和的解释过于牵强，而且对收继婚制度下亲属称谓的理解也不准确。陈三平怀疑《宋书》的"宋言父也"之"父"，实为"天"或"君父"之讹误。[7]但是，视连为"莫贺郎"时，只是代父视事，既非君主，便不应以"天"为号。所谓"宋言父也"，很可能仅仅是华夏社会对莫贺一词某种似是而非的解释。我们已经讨论过，所有的美称在政治名号演化过程中，其原有的语义会渐渐淡化，其专有美名的功能会越来越突出。即使《宋书》对于 baγa

1 Volker Rybatzki, "Titles of Türk and Uigur Rulers in the Old Turkic Inscriptions," *Central Asiatic Journal*, Vol. 44, No.2 (2000), pp. 207-208.
2 Talât Tekin, *Tunyukuk Yazıtı*, pp. 4-5.
3 Volker Rybatzki, *Die Toñuquq-Inschrift*, p. 45.
4 周伟洲：《敕勒与柔然》，第 166 页。
5 《宋书》卷九六《鲜卑吐谷浑传》，第 2371 页。
6 伯希和：《吐谷浑为蒙古语系人种说》，冯承钧译《西域南海史地考证译丛七编》，第 32 页。
7 Sanping Chen, "Son of Heaven and Son of God: Interactions among Ancient Asiatic Cultures Regarding Sacral Kingship and Theophoric Names," *Journal of the Royal Asiatic Society*, Series 3, Vol. 12, No. 3 (2002), pp. 304-306.

语源的解释是可靠的，那么视连所获得的"莫贺郎"的名号，也与
"父"的意思关系不大了。

　　突厥语和蒙古语的 bagatur（勇士）一词，常常被研究者当作考
察 baγa/bagha 语源的重要线索。夏德首先认为匈奴单于"冒顿"即
bagatur 的音译。[1] 克劳森亦从此说，他在《13 世纪以前的突厥语语源
辞典》中，收入 baǧa:tu:r 一词，并做了相同的解释。[2] 不过我认为，即
使中古时期阿尔泰语系已经有了 baǧa:tu:r 一词，那么它对应的也只可
能是"莫贺咄"，而不是"莫贺"。[3] 莫贺咄，显然是莫贺加上另外一
个词或词缀所构成的官号，在 baǧa:tu:r 中，大概是以后缀的形式实现
的。当然，如果 baγa/bagha 加上后缀而形成 baǧa:tu:r，也证明 baγa/
bagha 的语源距此已经不远。

　　去汾一词的语源要不明朗得多。罗丰已经指出，去汾"或即俟
汾"。[4]《新唐书》："鲜卑俗呼草为俟汾，以神农有尝草之功，因自号
俟汾氏，其后音讹遂为宇文氏。"[5] 相较《周书》和《新唐书》对"宇
文"一词的解释而言，这里提供了一种对"宇文"语源不那么神秘的
解释。俟汾与宇文，中古音比较接近，发生音讹的可能是存在的。另
外，高车十二姓有俟分氏，[6] 这个俟分与《新唐书》所说的俟汾，应该
是同一个词。但是俟汾与去汾之间毕竟还是有一点距离的。[7] 我认为
拓跋鲜卑的圣武皇帝"诘汾"之号，[8] 更接近柔然的去汾。诘汾作为圣
武帝的名号，当然是一种美称，因此才能凝固下来成为某种官号或官

1　Friedrich Hirth, *Sinologische Beiträge zur Geschichte der Türkvölker I: Die Ahnentafel Attila's nach Johannes von Thurocz*, p. 230.

2　Sir Gerard Clauson, *An Etymological Dictionary of Pre-Thirteenth-Century Turkish*, p. 313.

3　关于 baǧa:tu:r，请参看塞诺为《伊斯兰百科全书》所写的 Bahādur 条，Vol. I, 913a。值得注意的是，塞诺说 Bahādur 在中文最早的音译是"莫贺咄"，显然他并不赞成把匈奴的"冒顿"比定为 Bahādur 的意见。

4　罗丰：《胡汉之间——"丝绸之路"与西北历史考古》，第 412 页。

5　《新唐书》卷七一下《宰相世系表一下》，第 2403 页。

6　《北史》卷九八《高车传》，第 3273 页。

7　中古常以"俟"字音译外语词汇，蒲立本对此有过讨论，见其所著《上古汉语的辅音系统》，第 10—11 页。

8　《魏书》卷一《序纪》，第 2 页。

称。拥有这一官号的某位高车英雄，由于在部族政治发育史上的突出地位，其官号还会凝固下来作为该部族的部族名称，成为高车十二姓之一，这与魏晋时期鲜卑诸部的得名途径是一样的。[1]

需要强调的是，如果不考虑其带有后缀的 baǧa:tu:r 形式，莫何（baɣa/bagha）一词在现有史料中，首先出现在说蒙古语或古蒙古语的鲜卑人当中。前举吐谷浑视连得"莫贺郎"之号是一个证据。比视连晚了三十多年的吐谷浑树洛干，曾"率所部数千家奔归莫何川"，被部众推为"戊寅可汗"。[2]胡三省说莫何川在西倾山东北，[3]即今之洮河河谷，吐谷浑部族曾经长期盘踞于此。莫何川很可能是吐谷浑内部对洮河河谷进入平原地区以前地段的称呼，其得名当与吐谷浑先辈中某位获得"莫何"官号的人物有关，当然，也许就是前述的"莫贺郎"视连。此外，陇西鲜卑乞伏部的始祖号曰"乞伏可汗托铎莫何"，[4]也是很早的证据。在"乞伏可汗托铎莫何"这一用例中，我们还难以确认莫何是官号还是官称，但它已是某种稳定的政治名号，则无可置疑。同样的情况，在前举"莫何去汾俟斤丘升头""俟利莫何莫缘游大力"两个用例中，"莫何去汾"这一官号与官称的组合，作为新的官号，修饰俟斤（irkin）；"俟利莫何"是俟利与莫贺结合而成的一组新的官号，修饰莫缘（详后）。在虞弘墓志中，"莫何去汾"与"达官"连用，从结构和功能的意义上看，如同"莫何去汾"是官称俟斤的官号一样，这里"莫何去汾"是官称达官（详后）的官号，"莫何去汾"与"达官"之间是不应当句断的。[5]

前举高车弥俄突所部"莫何去汾屋引叱贺真"，其出现是晚于包括柔然在内的鲜卑各部的。由于高车长期服属柔然，可以相信高车的政治制度会大量学习柔然，弥俄突所部的"莫何去汾"官号，应该

1　参看本书"论拓跋鲜卑之得名"一章。
2　《晋书》卷九七《四夷·吐谷浑传》，第2541页。
3　《资治通鉴》卷一一四胡注，第3580页。
4　《晋书》卷一二五《乞伏国仁载记》，第3113页。
5　张庆捷：《虞弘墓志考释》，《唐研究》第七卷，第150页。

就是学习柔然的。莫贺这个在后来的突厥官制体系中被频繁使用的官号、官称，史料中最早是出现于鲜卑部族（吐谷浑、乞伏、拓跋）中，并且经由与鲜卑关系极为密切、基本上可以肯定是说蒙古语或古蒙古语的柔然，先后传播给说突厥语的高车与突厥，这个事实是我们应当特别留意的。

二　达官

罗丰先生已经正确地指出，达官即达干，是突厥官制中最常见的称号之一。[1]这个词在鄂尔浑鲁尼文碑铭中写作 𐰺𐰴𐰣，转写形式为 t（a）rk（a）n。[2]一般写作 tarqan[3] 或 tarkan[4]。Talât Tekin 解释说 tarqan 是一种高级称号（a high title）。[5]《北史》记柔然可汗阿那瓌有"兄弟塔寒"，[6]此塔寒即 tarqan 的异译。中文史籍中突厥、回鹘汗国时期的 tarqan，主要用作官称，如乙利达官、阿波达干、莫贺达干等，乙利（el 或 ellig）、阿波（apa）和莫贺都是官号，达官、达干是官称。鄂尔浑东突厥第二汗国时期的鲁尼文碑铭中，tarqan 一词凡九见，都是作为官称用在官号后面的。下面把其中包含有 tarqan 的政治名号条列出来：

> bilgä toñuquq boyla baγa tarqan（暾欲谷碑第一碑西面第 6 行）[7]
> apa tarqan（暾欲谷碑第一碑北面第 10 行）[8]

1　罗丰：《胡汉之间——"丝绸之路"与西北历史考古》，第 412—414 页。

2　Talât Tekin, *Tunyukuk Yazıtı*, pp. 4-5.

3　Volker Rybatzki, *Die Toñuquq-Inschrift*, p. 45.

4　M. Springling, "Tonyukuk's Epitaph," *The American Journal of Semitic Languages and Literatures*, Vol. 56, No. 4 (1939), p. 376.

5　Talât Tekin, *A Grammer of Orkhon Turkic*, p. 375.

6　《北史》卷九八《蠕蠕传》，第 3264 页。

7　Talât Tekin, *Tunyukuk Yazıtı*, p. 5; Volker Rybatzki, *Die Toñuquq-Inschrift*, p. 45.

8　Talât Tekin, *Tunyukuk Yazıtı*, p. 15；Volker Rybatzki, *Die Toñuquq-Inschrift*, p. 62.

apa tarqan（毗伽可汗碑南面第 13 行）[1]

taman tarqan（毗伽可汗碑南面第 14 行）[2]

toñuquq boyla baɣa tarqan（毗伽可汗碑南面第 14 行）[3]

inänču apa yarɣan tarqan（阙特勤碑西面第 2 行）[4]

oɣul tarqan（阙特勤碑北面第 12 行）[5]

bilgä Ïšbara tamɣan tarqan（翁金碑正面第 4 行）[6]

（i）sbara tarqan（翁金遗址杀人石上铭文）[7]

　　这九个用例中，tarqan 都出现在一组名号的末尾。按照"政治名号 = 官号 + 官称"的结构模式，上列九组名号中排在末尾的 tarqan 是官称，排在它前面的则是官号。可见鲁尼文碑铭史料与中文史料在这一方面是完全一致的：tarqan 在名号制度形式的演化过程中，早已沉淀并凝固下来，成为某种具有通称意义的官职名称。我们知道突厥官制中叶护（yabɣu/yabgu）、啜（čor）、梅录（buyruq）等，都已经凝固成较为稳定的官称，这些官称是从其原始名号的功能中分化、沉淀而来的。但是，大多数名号在分化过程中，会同时承担官号与官称两种功能，既是某种较为稳定的官称，又继续其名号美称的角色，充当修饰官称的官号。比如，在"统叶护"这组名号中，统是官号，叶护是官称；可是，在"叶护可汗"里，可汗是官称，叶护又用作官号（可汗号）。在"吐屯啜"里，啜是官称；可是阙利啜碑铭文东面第 12

1　Talât Tekin, *A Grammer of Orkhon Turkic*, p. 246; Talât Tekin, *Orhon Yazıtları*, p. 54.

2　Talât Tekin, *A Grammer of Orkhon Turkic*, p. 246; Talât Tekin, *Orhon Yazıtları*, p. 54.

3　Talât Tekin, *A Grammer of Orkhon Turkic*, p. 246; Talât Tekin, *Orhon Yazıtları*, p. 54.

4　Talât Tekin, *A Grammer of Orkhon Turkic*, p. 238; Talât Tekin, *Orhon Yazıtları*, p. 24.

5　Talât Tekin, *A Grammer of Orkhon Turkic*, p. 237; Talât Tekin, *Orhon Yazıtları*, p. 22.

6　Talât Tekin, *A Grammer of Orkhon Turkic*, p. 291. 应当注意，当日本学者森安孝夫教授所领导的考察队于 1996 年到蒙古做现场调查时，翁金碑东面（即正面）第 4 行漫漶严重，tarqan 一词本身前面两个字母已经残损，bilgä Ïšbara tamyan 更是完全看不到。请参看大泽孝《オンギ碑文》，载森安孝夫与オチル（A. Ochir）主编《モンゴル国现存遗迹·碑文调查研究报告》，大阪：中央ユーラシア学研究会，1999，第 129—136 页。

7　Talât Tekin, *A Grammer of Orkhon Turkic*, p. 256.

行，有 čor tigin，[1] 啜又成了特勤的官号（特勤号）。梅录在鄂尔浑碑铭里是作为某一类官员的通称，与 tarqat（tarqan 的复数形式）和 bäglär（bäg 的复数形式，bäg 唐人常译作"匐"）一起概指政府官员，因此它无疑是一种官称；但在"梅录啜"里，梅录又承担了官号功能（啜号）。从总的演化趋势来看，这种保留了官号功能的官称，最终将会分化为不再保留官号功能的、通称意义上的官称。突厥时代的一个例子是设（šad），[2] 它基本上已经沉淀为纯粹的官称了。[3] 而在 tarqan 的个案中，我们也完全找不到它作为官号使用的例证，这说明它早就完成了这一演化过程，淡化了早期美称与名号的色彩，凝固为一种官职的名称了。

tarqan 的这一演化过程可能开始得很早，至迟到柔然时代已经完成或接近完成了。在虞弘墓志里，虞弘的父亲虞君陁，担任"茹茹国莫贺去汾达官"，达官是官称，莫贺去汾是官号。另一个柔然时代的例证是，《北史》记录柔然有"乙旃达官"，[4] 达官是官称，而乙旃是官号。突厥所继承的制度传统中，tarqan 已经是稳定的官职而不是普通的名号了。说明这一演化历程的，还有另外一个例子。突厥时代的俟斤无疑已经是官称而不是官号，到后来契丹的夷离堇，[5] 更是职、位明确的官职，美称名号的意义几近于无。然而 irkin 的这一分化过程，早在柔然时代也已经基本完成了，《北史》提到柔然的俟斤，既有忽略官号、概称官职的"俟斤尉比建"，也有官号、官称结构完备的"莫何去汾俟斤丘升头"。从草原政治体之制度形式演化的历史来说，历经柔然时代而沉淀、凝结下来的制度成果，得到了突

1　Talât Tekin, *A Grammer of Orkhon Turkic*, p. 258.

2　Adriano V. Rossi, "In Margine a *On the Ancient Turkish Title 〈Šaδ〉*," *Studia Turcologica, Memoriae Alexii Bombaci Dicata*, Napoli, 1982, pp. 451–461.

3　西突厥有"设卑达干"，这个"设卑"，是毗伽可汗碑南面第 14 行，与 kül 一起，作为 irkin（俟斤）的官号的 säbig，见 Talât Tekin, *A Grammer of Orkhon Turkic*, p. 246。这个"设卑"的设，与 šad 是没有关系的。

4　《北史》卷五《魏本纪五》，第 183 页。

5　Karl A. Wittfogel and Feng Chia-sheng, *History of Chinese Society: Liao (907–1125)*, p. 432.

厥及随后回鹘汗国的继承。tarqan 在回鹘汗国以后突厥语世界的遗留，可见于麻赫默德·喀什噶里的《突厥语大词典》。[1] 蒙元时代的 tarqan（《蒙古秘史》作"答儿罕"[2]），已经有了韩儒林先生有关"答剌罕"的精彩研究，[3] 兹不赘述。

　　但是，现有史料中 tarqan 首先出现在说蒙古语或古蒙古语的柔然政权中，这个事实往往被研究者忽略。劳费尔（Berthold Laufer）在其名著《中国伊朗编》（*Sino-Iranica*）中，明确地说："达干（tarkan）这个词是起源于突厥语，而非蒙古语。"[4] 这一判断的基础，就是他错误地相信了 tarqan 一词首先见于突厥的历史，尔后才传入说蒙古语的族群中。直到最近，这一错误在国际阿尔泰学界有关突厥的研究中仍未消失。韩国突厥学家崔汉宇教授在他有关 tarqan 语源研究的论文里，竟然把突厥为柔然"锻奴"的问题与 tarqan 的语源联系起来，由此认定 tarqan 的本义中，有"铁匠""金属"的意思，并且与北亚许多部族尊崇铁匠的传统放在一起考虑，从而把 tarqan 与具有神秘力量的萨满也联系起来了。[5] 他这一研究的前提，在于他相信是突厥人而不是其他人首先拥有了 tarqan 称号，并且是突厥人把这一称号传播到欧亚草原上的其他民族中。但是，正如前述中国史籍所记载的，现在又为虞弘墓志所证实，早于突厥的柔然政权已经有了 tarqan，而且当时 tarqan 已经演化为脱离了美称名号之原始意义的、较为稳定的官称，那么，tarqan 与突厥作为柔然"锻奴"的身份，又能有什么关联呢？可见，对这一事实的忽略，不仅可能导出 tarqan 出自突厥语的粗糙结论，而且还会引发一系列关于内亚史的并不成立的推想。

1　Mahmūd al-Kāšgari, *Compendium of the Turkic Dialects* (*Dīwān Luγāt at-Turk*), Part I, p. 332.

2　《蒙古秘史》（校勘本）卷一，第48页。

3　韩儒林：《蒙古答剌罕考》《蒙古答剌罕考增补》，《穹庐集》，第18—50页。

4　劳费尔：《中国伊朗编》，林筠因译，商务印书馆，1964，第434—437页。

5　Choi Han-Woo, "A Study of the Ancient Turkic 'TARQAN'," *International Journal of Central Asian Studies*, Vol. 5 (2000), pp. 105–111.

三　莫贺弗

　　莫贺弗有时省译为莫弗，首先见于东胡裔诸民族中，很多时候明显是部落酋首的称号，这是过去研究者都已经注意到的。只是对于莫贺弗的语源，至今争议不绝。最近的研究中，陈三平明确指出，"莫贺"（baga / βγ）是粟特语，意思是"神"；"弗"（puhr / pwr）也是粟特语，意思是"子"，因此，"莫贺弗"源于东伊朗语支粟特语的bagapuhr（βγpwr），意思是"神之子"。他对此做了细致艰苦的论证，并由此阐述了早期伊朗文化对内亚乃至东亚文明的深刻影响。[1]他的论述有许多是令人称赞的，但是把"弗"对应于puhr，不仅在语音上，而且更重要的是在早期中古史的北族名号问题上，存在着较大的扞格。一个突出的问题是，魏晋时期鲜卑诸部的部族名称中，以及北朝的北族人士的名字中，有相当多的例证，其末尾汉字都是发音相近的跋、拔、发、弗、馛、馥、伏、伐等字。蒲立本构拟"弗"的早期中古音是put，与伏、匐等字相近。[2]据李珍华、周长楫考据，"弗"的中古音是bǐuət，亦与伏、匐等字相近。[3]这些音近的汉字出现在对北族专有称谓音译结构的相同位置，极大的可能是对同一个北族词语的不同音译。如果陈三平假设的"弗"是对粟特语puhr（子）的音译，那么这种假定，如何应用在对乙弗、乞伏、拓跋、秃发、羽弗等魏晋鲜卑部族名称的解释上呢？

　　我认为本书前已提到的林安庆近年有关拓跋语源的研究，为我们突破这一困境提供了重要的帮助。[4]他抓住《资治通鉴》载北魏孝文帝

1　Sanping Chen, "Son of Heaven and Son of God: Interactions among Ancient Asiatic Cultures Regarding Sacral Kingship and Theophoric Names," *Journal of the Royal Asiatic Society*, Series 3, Vol. 12, No. 3 (2002), pp. 289–325.

2　Edwin G. Pulleyblank, *Lexicon of Reconstructed Pronunciation in Early Middle Chinese, Late Middle Chinese, and Early Mandarin*, p. 99.

3　李珍华、周长楫：《汉字古今音表》，第192页。

4　An-King Lim, "On the Etymology of T'o-Pa," *Central Asiatic Journal*, Vol. 44, No.1 (2000), pp. 30–44.

改姓诏书中称"北人谓土为拓，后为跋"的历史线索，[1]首先建立"拓跋"二字的中古读音，然后在阿尔泰语系各语言中寻找音义相应的词。他发现，与"拓"对应的是 to:ğ，与"跋"对应的是 be:g。据克劳森解释，to:ğ 为尘土、泥土，be:g 为氏族和部落首领。[2]林安庆还发现，今天厦门方言中的"拓跋"发音，与突厥语这两个对应词几乎没有分别。他得出结论说，汉文"拓跋"二字并不是古突厥文 tabghatch（即 tabγač）的对音转写，而是古突厥文 to:g beg 这一复合词组的对音转写，其词义正是土地之主人，完全证实了北魏官方自己的解释。林安庆这一研究，帮助我们部分地理解了魏晋鲜卑诸部名称的语源，使我们有可能深入地了解鲜卑诸部获得部族名称的具体途径。[3]而且，根据这一研究，我们有理由相信，莫贺弗的"弗"，并非来源于表示"子"义的粟特语 puhr，而是来自后来在突厥语和蒙古语中都存在的 be:g（或 bäg）。

　　鄂尔浑突厥鲁尼文碑铭中没有出现可以与"莫贺弗"相对应的称号，但是分别出现了 baγa 与 bäg，分别写作𐰉𐰍𐰀和𐰋𐰏。阙特勤碑东面第 20 行有 b(a)rs b(e)g，[4]或转写作 bars bäg。[5]Talât Tekin 解释 bäg 为"主人、首领、统治者的一种称号"。[6]《旧唐书》记一个突厥首领称"拔塞匐"，[7]蒲立本认为这个名号对应的就是阙特勤碑铭里的 bars bäg，并且指出唐代以汉字"匐"对译 bäg 的例证有很多。[8]岑仲勉径

1　《资治通鉴》卷一四〇齐明帝建武三年，第 4393 页。

2　Sir Gerard Clauson, *An Etymological Dictionary of Pre-Thirteenth-Century Turkish*, pp. 463, 322.

3　请参看本书"论拓跋鲜卑之得名"一章。

4　Talât Tekin, *Orhon Yazıtları*, p. 12.

5　Talât Tekin, *A Grammar of Orkhon Turkic*, p. 234.

6　Talât Tekin, *A Grammar of Orkhon Turkic*, p. 311.

7　《旧唐书》卷一九四上《突厥传上》，第 5165 页。

8　Edwin G. Pulleyblank, "The Chinese Name for the Turks," *Journal of the American Oriental Society*, Vol. 85, No. 2 (1965), pp. 121–125. 这种把 bäg 对译为"匐"字的情况，还得到古吐蕃文史料的证实。请参看 Christopher I. Beckwith, *The Tibetan Empire in Central Asia*, p. 58, note 23. 除了把 beg 译作"匐"以外，唐代史料也把 beg 译作"辈"。如《新唐书》叙坚昆国曰："其酋长三人，曰讫悉辈，曰居沙波辈，曰阿米辈，共治其国。"见《新唐书》卷二一七下《回鹘传下》，第 6149 页。

译 bars bäg 作 "拔塞匐"，[1]缘由在此。如果将来发现新的鲁尼文碑铭上面有 "莫贺弗"，那么它应当写成 ꭸꭷꭷꭷꭷꭷꭷ，当然这有待新出土资料的检验。《蒙古秘史》有 "别乞"，注曰 "官名"，[2]研究者认为就是唐代的 "匐"，元代或译作别、伯、卑、毕。[3]清代的伯克制度，也是由此而来。[4]

　　莫贺弗，即莫贺（baγa）加上弗（bäg），是官号与官称的组合。这个组合本身，已经构成一个完整的政治名号。这与乙弗、羽弗、乞伏、拓跋等名号一样，都是由某一官号加上魏晋时期为北族普遍行用的官称 bäg 所构成的。这一由官号加上官称组合而成的名号本身，在较长时期的行用以后，会凝固下来，构成较为稳定的结构，有了单独的官号或官称的功能。《北史》记契丹有 "莫弗纥何辰" "莫贺弗勿干"，北室韦 "部落渠帅号乞引莫贺咄，每部有三莫贺弗以贰之"，而且乌洛侯国 "部落莫弗，皆世为之"。[5]这些说蒙古语和通古斯语的部族里的莫贺弗，已经是稳定的官称了。这样的官称在具体使用的时候，还需要另外的官号来与之搭配。《周书》："贺兰祥字盛乐。其先与魏俱起，有纥伏者，为贺兰莫何弗，因以为氏。"[6]在 "贺兰莫贺弗" 这一组合中，贺兰是官号，莫贺弗是官称。贺兰氏之得名，即由官号而非官称，这与魏晋时期鲜卑诸部的得名途径是一致的。由这一思路，我们看库莫奚分为四部，其二曰莫贺弗，[7]颇疑这个莫贺弗部，实得名于该部早期某位以莫贺弗为官号而不是官称的首领。当然，这是很难确认的，不过莫贺弗作为一组凝固下来的政治名号，既有官号功能，又有官称功能，还是可以理解的。

　　对莫贺弗语源及结构的这一检讨，并不能抵消陈三平等学者所强

1　岑仲勉:《突厥集史》，第 882 页。

2　《蒙古秘史》（校勘本）卷九，第 607 页。

3　额尔登泰、乌云达赉、阿萨拉图:《〈蒙古秘史〉词汇选释》，内蒙古人民出版社，1980，第 147 页。

4　苗普生:《伯克制度》，第 1—22 页；佐口透:《18—19 世纪新疆社会史研究》，第 121—222 页。

5　《北史》卷九四《契丹传》《室韦传》《乌洛侯传》，第 3127、3130、3132 页。

6　《周书》卷二〇《贺兰祥传》，第 335 页。

7　《北史》卷九四《奚传》，第 3127 页。

调的伊朗文化对古代内亚的影响的立论，但却使他立论的依据大大减弱。莫贺弗称号在内亚东部地区，特别是在说蒙古语和通古斯语各族群中的古老存在，与其说让我们联想起伊朗文化的传播和影响，不如说让我们相信莫贺与莫贺弗等名号，有着本地文化，或者北方的古西伯利亚文化起源的可能。

四　莫缘

　　虞弘墓志说虞弘出使吐谷浑、波斯之后，由莫贺弗"转莫缘"。正如研究者已经注意到的，[1]柔然政权官制中有莫缘一职，阿那瓌时有"俟利莫何莫缘游大力"，[2]北魏孝明帝神龟二年十一月有"蠕蠕莫缘梁贺侯豆率男女七百人来降"。[3]加上虞弘墓志这一例证，柔然政权之有莫缘，更是明白无误。而且由于墓志明确记载虞弘由莫贺弗转任莫缘，莫贺弗有别于莫缘亦无可怀疑，可见谷霁光猜测莫缘即莫何、莫贺之别译，[4]自然不能成立。因此，认为突厥时代的莫缘称号继承自柔然，是完全正确的。[5]《隋书》载启民可汗上隋文帝及隋炀帝表文两件，上文帝表径称"大隋圣人莫缘可汗"，上炀帝表提到"已前圣人先帝莫缘可汗存在之日"。[6]两表皆以莫缘可汗称文帝，显然是尊文帝为可汗，而莫缘是隋文帝的可汗号。另外，突厥遣周使者有"罗莫缘"。[7]这个"罗莫缘"，肯定不是人名，而是官号与官称的省译。

　　对于"莫缘"语源的研究，首先应当提到的是刘茂才。他对"莫

1　周伟洲：《敕勒与柔然》，第166页。

2　《北史》卷九八《蠕蠕传》，第3265页。点校本点作"俟利、莫何莫缘游大力"，是因为不了解俟利（el 或 ellig）与莫何联合构成官称莫缘的官号。

3　《魏书》卷九《肃宗纪》，第229页。同书卷一○五之一《天象志一》记此事于神龟元年，见第2341页。

4　谷霁光：《唐代"皇帝天可汗"溯源后记》，《史林漫拾》，福建人民出版社，1982，第123—125页。

5　吴玉贵：《突厥汗国与隋唐政治关系史》，中国社会科学出版社，1998，第148—150页。

6　《隋书》卷八四《北狄·突厥传》，第1873—1874页。

7　《周书》卷三三《赵文表传》，第582页。

缘"语义的四种猜测中的第四种，就是"莫缘"与回鹘磨延啜（后立为葛勒可汗）的啜号（官号）"磨延"一词，同为蒙古语 bayan 的不同音译。[1] 护雅夫对这一猜想做了深入论证，确认了莫缘作为突厥语美称的功能。[2] 尽管在鲁尼文回鹘碑铭里没有找到磨延啜这一名号，但我赞成把莫缘与磨延对应起来的观点。中古"缘""延"音近，可以互用，如吐鲁番北凉文书中，把北魏太武帝的"延和""太延"年号分别写作"缘禾""太缘"。[3] 除了回鹘磨延啜的官号"磨延"以外，隋唐时期还有一些专名是与莫缘同音异译的。《隋书》记炀帝于大业五年五月"大猎于拔延山"，[4] 这个拔延山据《旧唐书》在廓州广威县境内，[5] 即今青海省海东市化隆回族自治县西北之拉脊山。北朝活动于这一地区的主要是吐谷浑，拔延山可能是吐谷浑人命名的（与莫贺川一样）。《通典》记唐代仆骨部有"大酋婆匐俟利发歌蓝伏延"，[6]《新唐书》写作"娑匐俟利发歌滥拔延"，[7] 伏延即拔延，音近异译，如同歌滥实即贺兰之异译。这个"娑匐俟利发歌滥拔延"，《旧唐书》简称为"歌滥拔延"，强调了歌滥是拔延的官号。另外，唐代安置铁勒和突厥的定襄都督府有拔延州，[8]《唐会要》记"诸蕃马印"时提到定襄都督府所管有"拔延阿史德马"，[9] 大概就是指拔延州的阿史德氏所监管的马。以上这些"拔延""伏延""磨延"，与莫缘一样，是对同一个北族专名词语的不同音译。

　　克劳森的《13 世纪以前的突厥语语源辞典》中收入 ba:y 一词，

1　Mao-Tsai Liu, *Die Chinesischen Nachrichten zur Geschichte der Ost-Türken (T'u-küe)*, Wiesbaden: Otto Harrassowitz, 1958, vol. 1, p. 60.

2　护雅夫:《古代トルコ民族史研究》I，第 444—445 页。

3　王素:《高昌史稿·统治篇》，文物出版社，1998，第 190—202 页。

4　《隋书》卷三《炀帝纪上》，第 73 页。

5　《旧唐书》卷四〇《地理志三》，1638 页。

6　杜佑:《通典》卷一九九《北狄六·仆骨》，第 5467 页。

7　《新唐书》卷二一七下《回鹘传下》，第 6140 页。

8　《旧唐书》卷三八《地理志一》，第 1415 页。

9　王溥:《唐会要》卷七二《诸蕃马印》，中华书局，1957，第 1307 页。

意思是富人、富裕。[1] 这个词也见于鄂尔浑碑铭。阙特勤碑南面第 10
行、东面第 29 行，以及毗伽可汗碑北面第 7 行、东面第 14 行，都有
这个词，鲁尼文写作 **DꞋ**，转写作 b(a)y。[2] 在克利亚什托尔内（S. G.
Klyashtorny）提供的 Terkhin 碑（即 Tariat 碑）的转写和英译中，没
有 bay 一词。[3] 可是，在近年片山章雄提供的 Tariat 碑的最新转写和英、
日译文中，克利亚什托尔内认作 Bayarqu（拔野古）一词的地方（第
15 行），片山章雄释为 Bay Ïrqu，这样就出现了作为官号的 bay（北面
第 6 行）。[4] 不过这毕竟是存在争议的。而在森安孝夫最近转写和翻译
的 Šine-Usu 碑铭文里，有明确的 bay balïq。[5] 这个 bay balïq，应当就
是《新唐书》所记回鹘牙帐城以北的"富贵城"。[6] 这个富贵城见芬兰
学者阿尔托所绘地图，[7] 近年日本学者的调查表明该城在回鹘之后还为
契丹人和蒙古人所用。[8] 唐人意译 bay balïq 为富贵城，准确记录了 bay
的语源。现代土耳其语中，**bay** 是对男性的尊称，其来源应当与中古
突厥语中的美称专名有关。

可是，如果认为柔然的莫缘、突厥的拔延和回鹘的磨延，都是
对突厥语 bay 的音译，还是有疑问的。莫缘、拔延和磨延，词尾都
有鼻音，而 bay 是没有后鼻音的。所以我赞成刘茂才的猜测，莫缘
和磨延乃是对应于蒙古语中的 bayan 一词。普里察克把布古特碑的
粟特文词语 γwrγ'p'ynt 分解为 γwrγ 和 p'ynt 两个部分，其中 γwrγ 转

1　Sir Gerard Clauson, *An Etymological Dictionary of Pre-Thirteenth-Century Turkish*, p. 384.

2　Talât Tekin, *Orhon Yazıtları*, pp. 4, 16, 30, 40.

3　S. G. Klyashtorny, "The Terkhin Inscription," *Acta Orientalia Academiae Scientiarum Hungaricae*, Tomus XXXXVI, fasc. 1–3 (1982), pp. 335–366.

4　片山章雄：《タリアト碑文》，载森安孝夫与オチル（A. Ochir）主编《モンゴル国现存遗迹・碑文调查研究报告》，第 168—172 页。

5　森安孝夫：《シネウス遗迹・碑文》，载森安孝夫与オチル（A. Ochir）主编《モンゴル国现存遗迹・碑文调查研究报告》，第 178—186 页。

6　《新唐书》卷四三下《地理志七下》，第 1148 页。

7　Pentti Aalto, "G. J. Ramstedt's archäologische Aufzeichnungen und Itinerarjarten aus der Mongolei vom Jahre 1912," *Journal de la Société Finno-Ougrienne*, Vol. 67, No.2 (1966), p. 18.

8　林俊雄、白石典之、松田孝一：《バイバリク遗迹》，载森安孝夫与オチル（A. Ochir）主编《モンゴル国现存遗迹・碑文调查研究报告》，第 196—198 页。

写为 qorqa，p'ynt 转写为 bāyan（p'ynt 词尾的 t 是粟特文的复数形式）。[1] 这便是突厥汗国早期所使用的莫缘。吐鲁番阿斯塔那三二九号墓所出《高昌虎牙元治等传供帐》，第 7 行提到"婆演大官"。[2] 这里的"婆演大官"，即 Bayan Tarkan，婆演是 bayan 的另一种汉文转写形式。编纂时间不晚于 14 世纪初的《穆卡迪玛特蒙古语词典》（*Mukaddimat al-Alab*）收有 bayan 一词，意思是富裕的、富人、财主。[3] 可是，作为名号美称使用的 bayan，应当早已淡化了它的语词本义。从这个意义上说，蒙元史料中的 bayan（译作伯颜、巴颜、巴延、伯延，等等），[4] 并不一定要从"富人"的词义上去寻求语源，[5] 而应当把它看成经历了贬值过程的政治美名。比如《蒙古秘史》第 90 节提到"纳忽伯颜"，[6] 这本来是"官号（纳忽）＋官称（伯颜）"结构完整的名号，可是注释者往往强调伯颜的语词本义，解释该名号为 Naqu the Rich，[7] 而这种解释遮盖了该名号古老的政治内容。

这样，我们再次在柔然政治制度里看到了一个出自蒙古语而不是突厥语的职官。突厥从柔然汗国继承了 bayan 名号，并传递给了回鹘。尽管 840 年黠戛斯灭回鹘汗国以后，蒙古高原上以鄂尔浑河谷为统治中心的连续而强大的游牧汗国的政治传统突然中断了，[8] 但至迟从柔然时代已经演化成熟的那些草原政治与文化的因素，并没有骤然消失。随着回鹘民众的四外流散（the Uyğur diaspora），这些因素向草原、森林和农耕世界的广泛投射，使各地区此后的历史进程，或深或浅地打

1　Omeljan Pritsak, "The Old Turkic Title «γwrγ'p'ynt»," *Studia Turcologica, Memoriae Alexii Bombaci Dicata*, Napoli, 1982, pp. 403−406.

2　唐长孺主编《吐鲁番出土文书》第 1 册，第 461 页。

3　保朝鲁编《汉译简编穆卡迪玛特蒙古语词典》，内蒙古大学出版社，2002，第 13 页。

4　Francis Woodman Cleaves, "The Biography of Bayan the Bārin," *Harvard Journal of Asiatic Studies*, Vol. 19, No. 3/4 (1956), pp. 185−303.

5　札奇斯钦：《蒙古秘史新译并注释》，第 6 页。

6　《蒙古秘史》（校勘本）卷二，第 117 页。

7　Urgunge Onon, *The Secret History of the Mongols: The Life and Times of Chinggis Khan*, p. 74.

8　Michael R. Drompp, "Breaking the Orkhon Tradition: Kirghiz Adherence to the Yenisei Region after A. D. 840," *Journal of the American Oriental Society*, Vol. 119, No. 3 (1999), pp. 390−403.

上了鄂尔浑的烙印。[1] 只是在突厥化的中亚世界里，尽管一部分来自柔然汗国的政治传统仍在延续，总有相当一部分并非源自突厥语世界的政治元素终究要走向式微。一个例证就是出自蒙古语、作为政治名号的 bayan，在欧亚草原西部的突厥语世界里，被出自突厥语的 bay 或 bey 所替代。与 bayan 命运相同或相近的另外一些柔然时代的政治名号，如本文讨论的莫贺弗、莫贺去汾、达官等，之所以在近代以来的突厥学研究中众说纷纭、难有确解，原因就在于它们早就从突厥语各族群的政治传统中淡出甚或消失了，而且更重要的是，它们本来并不是从突厥语族群的政治发育中起源的。

余论：柔然官制研究的阿尔泰学意义

在国际阿尔泰学的研究中，阿尔泰语系各语言集团的各个族群间的历史联系，历来受到特别的重视。但是在一定的、哪怕未必是非常严重的程度上，对这种历史联系的评估，似乎受到了某种或许并非基于科学资料的先入之见的影响。无论是否接受阿尔泰理论（Altaic Theory），许多研究者倾向于重视突厥语言、突厥文化对蒙古语和蒙古文化的影响，而较少地看到反方向的历史过程。比如，克劳森认定突厥语与蒙古语的共同成分，多半是从突厥语借入蒙古语的。[2] 他的这种看法虽然较为极端，却有相当的代表性。[3] 他相信蒙古语中与游牧有关的许多语词都是借自突厥语的。[4] 德福持几乎一样的立场，也认为蒙古语与突厥语的共同词汇都是借词，其中蒙古语是借入语言，而

1　Peter B. Golden, *An Introduction to the History of the Turkic Peoples: Ethnogenesis and State-formation in Medieval and Early Modern Eurasia and the Middle East*, pp. 163–169.

2　Sir Gerard Clauson, "The Turkish Elements in 14th Century Mongolian," *Central Asiatic Journal*, Vol. 5 (1960), pp. 301–316.

3　Sir Gerard Clauson, "Turk, Mongol, Tungus," *Asia Major*, New Series, Vol. 8, Part I (1960), pp. 105–123.

4　Sir Gerard Clauson, *Turkish and Mongolian Studies*, London: The Royal Asiatic Society of Great Britain and Ireland, 1962, pp. 211–247.

突厥语是贷出语言。[1] 当然，这类研究早就受到阿尔泰学的大家鲍培（Nicholas Poppe）的批评。[2] 比较语言学领域里的这种倾向，在历史学领域有着更加令人不安的延伸。

以严谨细致和视野开阔著称的突厥史学家 Peter B. Golden，在其《突厥语民族历史导论》一书中，已经看到了突厥汗国的政治制度受到柔然汗国的影响极深，他说"突厥政治体制无疑多来自柔然"。[3] 但是，在同一本书中，他仍然要一再叙述和强调早期突厥人与印欧语民族的接触，因为他相信突厥人的许多政治称号来自与他们相邻的伊朗语和吐火罗语民族。[4] 比如，突厥和回鹘汗国的可汗子弟的称号特勒，以及本章重点讨论过的达官称号，克劳森根据它们有着粟特语的复数形式，判定它们尽管不是出自粟特语，却一定与伊朗语有着很深的关联，因为他相信这些称号首先出现于突厥政治体之内，是突厥政治发育过程中借自伊朗语民族的。[5] 可是，正如本文已经讨论过的，tarqan 称号出现在早于突厥的柔然汗国中，突厥的 tarqan 是从柔然借入的。我们也研究过，突厥的特勒，其实正是拓跋鲜卑的直勤。突厥的特勒制度，应当是从鲜卑集团的某一政治体（最大的可能仍然是柔然汗国）学习而来的。当然，我并不是说 tarqan 和 tegin 这两种古代北族的官称，是源于蒙古语或古蒙古语族群（这里主要是指鲜卑），要论证这一点，现有的鲜卑语言资料是远远不够的。但是我们至少应当知道，不必到突厥语中去寻找早已在其他语言族群中出现的制度的根源，更不必一定要到伊朗语和吐火罗语世界中去寻求答案。再如本章讨论过的莫贺与莫贺弗，我们知道 baγa（莫贺）与 bäg（弗）都是很

1　Gerhard Doerfer, *Türkische und Mongolische Elemente im Neupersischen*, Band I, *Mongolische Elemente im Neupersischen*, pp. 51–105.

2　鲍培：《阿尔泰语言学导论》，周建奇译，内蒙古教育出版社，2004，第 186—192 页。

3　Peter B. Golden, *An Introduction to the History of the Turkic Peoples: Ethnogenesis and State-formation in Medieval and Early Modern Eurasia and the Middle East*, p. 146.

4　Peter B. Golden, *An Introduction to the History of the Turkic Peoples: Ethnogenesis and State-formation in Medieval and Early Modern Eurasia and the Middle East*, p. 126.

5　Sir Gerard Clauson, "The Foreign Elements in Early Turkish," Louis Ligeti ed., *Researches in Altaic Languages*, pp. 43–49.

早就出现在说蒙古语及通古斯语的蒙古高原东部及东北地区的族群中间了，它们同时存在，甚至一起组合成新的、较为稳定的名号（莫贺弗）。可是，许多突厥学家认定，baγa 与 bäg 是同源的词语，bäg 是由baγa变化而来的，[1]其源头在伊朗语。[2]这也许反映了某种过高估计伊朗文化对欧亚草原影响的先入之见，但从学术研究的角度说，主要是因为对中国史籍及出土文献中北族史料的了解和研究不够，没有充分理解柔然汗国在蒙古高原的政治发展史上所扮演的承前启后的角色。

　　塞诺充分注意到柔然与突厥的复杂关系，对古突厥碑铭所表现的突厥文化进行梳理和比较，发现古突厥碑铭中的一些词语，特别是与姓名、官职及名号有关的重要词语，并不来源于突厥语。[3]有趣的是，他不是从印欧语文化资源里寻求解释，而是提出了乌戈尔语（Ugric）和萨莫亚语（Samoyed）作为新的探索对象。[4]当然，他也把蒙古语或古蒙古语的文化因素看成解决问题的重要方向，这方面他对 Umay 崇拜的研究提供了一个成功的范例。[5]李盖提对突厥文碑铭中出现的众多官号、官称也进行过研究，他认为，那些既非突厥语和蒙古语，也非伊朗语的政治名号，都是经由柔然而传递给突厥人的，其终极来源很可能是某一个古亚细亚社群（a paleoasiatic stratum）。[6]相比较那种仅仅在突厥语和伊朗语范围内寻求答案的惯性思维，李盖提和塞诺等人

1　Karl Menges, "Titles and Organizational Terms of the Qytan (Liao) and Qara-Qytaj (Śi-Liao)," *Rocznik Orientalistyczny*, Tomo XVII (1951 – 1952), pp. 68–79.

2　Louis Bazin, "Pre-Islamic Turkic Borrowings in Upper Asia: Some Crucial Semantic Fields," *Diogenes*, Vol. XLIII (1995), pp. 35–44.

3　Denis Sinor, "Some Components of the Civilization of the Türks (6th to 8th Century A.D.)," in G. Jarring and S. Rosén, eds., *Altaistic Studies: Papers at the 25th Meeting of the Permanent International Altaistic Conference at Uppsala, June 7–11, 1982*, Stockholm, 1985, pp. 145–159.

4　Denis Sinor, "Samoyed and Ugric Elements in Old Turkic," *Harvard Ukrainian Studies*, Vol. 3-4 (1979–1980), pp. 766–773.

5　Denis Sinor, "'Umay', A Mongol Spirit Honored by the Türks," *Proceedings of the International Conference on China Border Area Studies, National Chengchi University, April 22–23, 1984*, Taipei, 1985, pp. 1771–1781.

6　Louis Ligeti, "Mots de Civilisation de Haute Asie en Transcription Chinoise," *Acta Orientalia Academiae Scientiarum Hungaricae*, Tomus I (1950–1951), pp. 141–185.

指示了新的方向。尽管这方面的进展还有待比较语言学家们的继续努力，[1]但对历史研究来说，摆脱旧框架、开展新构想的条件已经越来越成熟了。

柔然在草原政治制度史上的特殊地位，提示我们应当重新观察公元5世纪以前蒙古高原及其周围地区各民族、各部族的政治发育历程。一般认为，草原政治体的高级形态是从匈奴帝国开始的，但是从现有的史料中，难以看到北匈奴溃灭以后匈奴政治制度在草原社会中究竟留下了哪些有生命力的遗产。尽管有很多学者努力从中古北族零碎的资料中挖掘匈奴制度的遗存，但如同蒲立本试图把单于比定为可汗一样，许多努力都难有可靠的结果。为什么强大而且持久的匈奴政治体没有给蒙古高原留下一笔明显的制度遗产呢？这是一个令人困惑的问题。我认为，这个问题的答案，很可能存在于匈奴与东胡的对立以及东胡后裔替代匈奴成为草原主人的历史中。

学界公认，秦汉史料所称的东胡，其语言不属于突厥语族，而主要属于蒙古语或古代蒙古语，中古的乌桓与鲜卑，即东胡的两大集团。秦汉之际匈奴崛兴之时，东有东胡，西有月氏，南有楼烦、白羊，都建立了高级政治体。史书记载有"东胡王"，表明东胡的政治演进此时至少已经进入酋邦阶段，甚至有可能是原始国家了。无论如何，东胡的政治发育水平并不比匈奴低。虽然作为统一政治体的东胡被匈奴击败并臣服，东胡不再是一个完整和统一的政治组织，但难以想象东胡已有的政治制度和组织形式会因此而消散，更不能相信此后东胡各集团、各部族的政治演进竟然无所凭借，需要从头再来。尽管史料方面是一片空白，但我们可以做以下推想：东胡政治体演化发展的大多数成果，被东胡各部族所继承、吸收，并在它们后来的政治演

1　魏业和杨茂盛在研究满语中的哈拉（hala）和穆昆（mukun）的语义时，把古老的莫弗、莫何与金代的谋克和满语－通古斯语中的穆昆联系起来，认为其义为宗族和姓氏，应当从社会组织发展史的角度去探寻语源。见魏业、杨茂盛《论哈拉、穆昆与姓、氏的联系及意义》，《北方文物》2005年第1期。这个研究的具体结论虽然颇多可以商榷之处，但这探索的方向是值得肯定的。

进中发挥着类似遗传密码的作用。这种作用的成果，既体现在东胡各部族在汉朝支持下长期与匈奴为敌的军事斗争中，也体现在匈奴衰亡以后东胡各部族在"匈奴故地"建立政权组织的政治实践中。东胡后裔各部族所建立的高级政治体，既有漠北檀石槐的鲜卑大联盟，也有长城地带的乌桓小王国。这些政治体当然或多或少地吸收了匈奴社会、文化和政治的因素，但是，考虑到东胡后裔各部族长期以来仇视匈奴的历史情感，我相信它们在制度层面上更倾向于维护东胡自己的传统。檀石槐联盟的传统，加上乌桓各王国的传统，汇合起来作用于鲜卑诸部的政治发育，终于在魏晋之际迎来了鲜卑诸部纷纷进入酋邦或原始国家阶段的大时代。拓跋鲜卑和柔然则是经历了这一时代的鲜卑诸部中，最终分别在漠南和漠北建立起统一政治体的两大部族。

因此，后匈奴时代（Post-Xiongnu era）的草原上，笼罩着东胡而不是匈奴的政治文化，柔然继承的是东胡的政治制度的传统。这一点，是研究者过去未曾注意的。尽管蒙古高原的草原地带，特别是草原地带的中心区域，仍然有数量占优势的说突厥语或其他非蒙古语的族群，但东胡政治文化的影响是如此深刻，我们可以相信至少在政治上，蒙古高原经历了一个"鲜卑化"的过程。突厥和回鹘对柔然政治制度的学习和继承，是这一过程的一个见证。因而，要考察柔然汗国那些后来传给突厥和回鹘的制度名号的语源等问题，我们绝不能忽略东胡的悠久传统。正是从这个角度，我们可以说，研究柔然的政治制度已经具有了崭新的阿尔泰学的意义。当然，我们现在对东胡的了解还非常有限，但通过以上分析，我认为，总算增加了一个对东胡做更进一步深入了解的动机。

第十二章　高句丽国名臆测

高句丽国名的语源当然是一个难有确解的问题，这里只是在前辈学者推测的基础上提出进一步的猜测。《三国志》卷三〇《魏书·高句丽传》有如下一段文字：

> 汉时赐鼓吹技人，常从玄菟郡受朝服衣帻，高句丽令主其名籍。后稍骄恣，不复诣郡，于东界筑小城，置朝服衣帻其中，岁时来取之，今胡犹名此城为帻沟溇。沟溇者，句丽名城也。[1]

汉朝授予册封体制下周边政权各类王侯君长封

1 《三国志》卷三〇《魏书·高句丽传》，第 843 页。

号，要伴以相应的印绶冠服和鼓吹仪仗。上引《高句丽传》所说"鼓
吹技人"就是这类仪仗人员。这种人到了高句丽，被高句丽统治者用
来"主其名籍"，因为他们熟悉汉朝的文书制度，懂得汉字书写，多
少了解一些汉朝的政治技术，这样他们就有点类似古代埃及的"书写
人"（scribe）。这些"鼓吹技人"是与印绶冠服一起送到玄菟郡的，
由玄菟郡代表汉朝廷正式转交，高句丽理应派人到玄菟郡领取。这可
能是西汉的情况。所谓"后稍骄恣，不复诣郡"，大概指两汉之际王
莽改变西汉外交政策所引发的疏离甚至敌对态度。这种态度造成高句
丽不再派人到玄菟郡，而是在边界上筑城，专门用来领受东汉朝廷依
照西汉制度所颁赐的印绶冠服等物。这座城当然不是一座空城，汉朝
官员也不会把礼仪物资放在一座空城里就离开，城里一定有高句丽的
守城人员，正是他们代表高句丽领取了这些印绶冠服。但对于高句丽
来说，这种交接方式也许大大减轻了正式交接时的卑屈色彩。据《魏
书·高句丽传》，这座城得到了"帻沟溇"的名称。

　　《高句丽传》所记的"帻沟溇"一名是非常有趣的材料。据此记
载，"沟溇"是高句丽语"城"的意思。[1]虽然"帻"是汉语，但这里
可能已经作为一个借词进入高句丽语，因此，"帻沟溇"是一个高句
丽语专名的汉文转写形式。值得注意的是，《魏书·高句丽传》称"今
胡犹名此城为帻沟溇"，强调的是该名至今（至魏晋时期）仍在使用，
而使用者是"胡"。这个"胡"大概是指汉晋之际辽东边境一带的所
谓"亡胡"或"降胡"。《三国志》记高句丽"自伯固（即《三国史
记》之新大王[2]）时，数寇辽东，又受亡胡五百余家"，不久"降胡亦
叛伊夷模（即《三国史记》之故国川王[3]）"。[4]这些胡人可能本是东汉

1　虽然从字面上看，"句丽名城也"也可以理解为"高句丽有名之城"，但正确的理解应该是高句丽
　　语之沟溇即城。井上秀雄正是这样翻译《三国志》此段文字的，见井上秀雄译注《東アジア民
　　族史 1 正史東夷伝》，东京：平凡社，1974，第 114 页。
2　金富轼：《三国史记》卷一六《高句丽本纪四》，李丙焘校勘本，首尔：乙酉文化社，1977，第
　　149—150 页。
3　金富轼：《三国史记》卷一六《高句丽本纪四》，第 150—152 页。
4　《三国志》卷三〇《魏书·高句丽传》，第 845 页。

中后期从北匈奴分裂南降而安置于辽东的匈奴部众，其族属、语言则无从考知。[1]这些胡人叛离高句丽之后，应该是投归公孙康，后又入魏。他们长期居住在东北边疆，且在高句丽和辽东公孙氏政权间摇摆不定，对东北的情形很了解，因此成为西晋时期有关东北的国际政治和地理历史知识的重要提供者。《三国志》有关"帻沟溇"的记载，与这些人的报告有紧密关系。无论"胡"指的是什么人，"帻沟溇"的名称源于高句丽，而为"胡"所接受并报告给了魏晋政府，从而得以进入史书。

　　所有研究古高句丽语言的论著，都会引到这条"帻沟溇"的材料。关于古高句丽的语言，近代以来日本、韩国学者已经做了大量工作，积累了丰富的成果。近年的新成果中，引人瞩目的是芬兰赫尔辛基大学的杨虎嫩（Juha Yanhunen）教授对高句丽语与古代通古斯语族各语言（Tungusic languages）关系的分析，[2]以及美国印第安纳大学的白桂思教授对古高句丽语与古代日本语之间关系的分析。[3]从他们两人的分歧也可以看出，我们距离清楚地了解高句丽语言属性的目标还很远，但目前在词汇分析方面已经取得了不小的进步。根据白桂思的统计，至少有140个高句丽语词语的音、义可以说已经被研究者解读出来。[4]研究者取得这样的成绩，主要是利用了《三国史记》中对高句丽地名（toponym）前后变化的记载。近年来全面依据《三国史记》的地名资料研究高句丽语词语的学者有很多，其中特别突出的除了白桂

1　两汉称匈奴为"胡"，魏晋至北朝末"胡"主要指来自中亚诸城邦的人（即所谓 Iranic speakers），或夹杂有这类人的西北族群（如卢水胡、羯胡、羌胡等）。汉晋之际活跃于东北亚地区的高句丽、扶余、乌桓和鲜卑等，一般不会被称为"胡"。

2　Juha Yanhunen, "The Lost Languages of Koguryo," *Journal of Inner and East Asian Studies*, Vol. 2, No.2 (2005), pp.65-86.

3　Christopher I. Beckwith, *Koguryo, The Language of Japan's Continental Relatives: An Introduction to the Historical-Comparative Study of the Japanese-Koguryoic Languages with A Preliminary Description of Archaic Northeastern Middle Chinese*, Leiden & Boston: Brill, 2004, 2007 (second edition).

4　Christopher I. Beckwith, *Koguryo, The Language of Japan's Continental Relatives: An Introduction to the Historical-Comparative Study of the Japanese-Koguryoic Languages with A Preliminary Description of Archaic Northeastern Middle Chinese*, preface to the second edition, p. xii.

思以外，还有日本的板桥义三教授。[1]

　　回到本章所关注的问题上来，在所有过去有关高句丽语言的研究中，《三国志》有关"帻沟溇"的材料都得到了充分的注意和讨论，从而给本章探讨高句丽国名的语源提供了一个很好的基础。

　　白鸟库吉最早曾以满语中表"国"的 gurun 来比对"沟溇"，[2] 后来又把"沟溇"拟音为 koru，以表"城寨"的蒙古语词语 χorya 和布里亚特语 kure 来比对。[3] 今西龙指出，高句丽五部之一的"桂娄"，高句丽之"句丽"，以及早期高句丽王所居的忽本城之"忽"，可能都和"沟溇"一样，源于同一个高句丽语词，而且，他还认为朝鲜语中表"州、县"的 koul，日语中的"评"（コホリ），可能都与满蒙语中的相关词语有历史联系。[4] 在白鸟库吉与今西龙的研究思路指引下，日本学者先后多人从语词语音的角度推动这一研究，其中较为突出的如稻叶岩吉、河野六郎、三田村泰助等。[5] 而论证最为深入的是精熟满文文献的今西春秋，他用满文来解释沟溇（golo）和忽（holo），认为这个词本义是水流之地，延伸指水边谷地，进一步延伸用来指女真通古斯人的居住之地，因而具备了"城"的词义。[6] 韩国学者也有多人对"沟溇"进行了出色的研究，比如金芳汉教授。[7]

　　今西龙把高句丽的"句丽"与"沟溇"联系起来，而后来的研

1　板桥义三：《高句麗の地名から高句麗語と朝鮮語・日本語との史的関係をさぐる》，载アレキサンダー・ボビン／长田俊树共编《日本語系統論の現在：Perspectives on the Origins of the Japanese Language》（日文研叢書 31），京都：国際日本文化研究センター，2003，第 131—186 页。板桥此文的英文题名是 "A Study of the Historical Relationship of the Koguryo Language，the Old Japanese Language，and the Middle Korean Language on the Basis of Fragmentary Glosses Preserved as Place Names in the Samguk Sagi"，可见有关高句丽的基本资料都出自《三国史记》。

2　白鸟库吉：《オランカイ及び刀伊の名義に就いて》，《塞外民族史研究》（下），第 140 页。

3　白鸟库吉：《塞外民族》，《塞外民族史研究》（上），第 533 页。

4　今西龙：《高句麗五族五部考》，《朝鮮古史の研究》，东京：国书刊行会，1970，第 407—446 页。

5　稻叶岩吉：《釋椋》，东京：大阪屋号书店，1936，转引自今西春秋《高句麗の城：溝溇と忽》，《朝鮮學報》第 59 辑，1971 年，第 1 页；河野六郎：《古事記に於ける漢字使用》，《古事記大成》3《語言文字篇》，东京：平凡社，1957，第 180 页；三田村泰助：《郡と倉》，《立命館文學》第 265 期，1967 年，第 392—393 页。

6　今西春秋：《高句麗の城：溝溇と忽》，《朝鮮學報》第 59 辑，1971 年。

7　金芳汉：《韓國語の系統》，大林直树訳，东京：三一书房，1985，第 112—113 页。

究者很少跟进这一思路。[1] 我认为，今西龙的这一联想，是一个非常重要的提示，我们应该根据这一提示进一步研究。也就是说，"句丽"和"沟溇"一样，是对高句丽语中一个表示"城"语义的词的不同汉文转写。这一高句丽语词语还有其他不同的汉文转写形式，比如"桂娄"和"忽"。[2]《三国志》记早期高句丽的五部（五族）有涓奴部、绝奴部、顺奴部、灌奴部、桂娄部。[3] 除桂娄部外，都以"奴"为部（族）单位。这个奴，又音译作那、壤、内等（汉字"奴"的选择当然是一个特意的行为，显示了书写权力的掌握与文化霸权的关系），与女真语的"纳"（nah）、满语的 na、日语的 na（如 na-ye，地震）有密切的关系，本义是川溪河谷之类的地理单元，引申为社会和政治集团。[4] 唯独桂娄部不以奴名，而以城名，这一方面反映了桂娄部作为王族和统治集团在历史建构方面的特权，[5] 另一方面则强调了作为统治部族的高句丽集团，其历史认同在政治体扩张过程中保持了连续性。

根据今西龙的观点，"高句丽"是由"高"和"句丽"两个词语联合组成的一个专名。从词组属性来说，"高句丽"是一个偏正结构的词组，"高"是修饰词，"句丽"是被修饰词，这个结构和"帻沟溇"完全一样。而且，"高句丽"也是由一个汉语词语（"高"）和一个高句丽语词语（"句丽"）联合构成的。因此，"高句丽"的语源和"帻沟溇"一样，本是一个城名。

如果"高"是一个汉字转写，那么它的高句丽语源是什么呢？孙进己根据前引"沟溇"为城，意识到高句丽之"句丽"即城，高句丽

1 后来研究高句丽语源的学者，都在别的方面进行探索。比如 Christopher I. Beckwith, *Koguryo, The Language of Japan's Continental Relatives: An Introduction to the Historical-Comparative Study of the Japanese-Koguryoic Languages with A Preliminary Description of Archaic northeastern Middle Chinese*, pp. 31—32。

2 可以肯定的是，史料中高句丽最早的都城纥升骨城之"骨"，也是同一个语词的不同汉字转写形式。

3 《三国志》卷三〇《魏书·高句丽传》，第 843 页。

4 三品彰英：《高句麗の五族について》，《朝鮮學報》第 6 辑，1954 年。

5 卢泰敦：《高句丽史研究》，张成哲译，学生书局，2007，第 41—79 页。

即高城，"高城当即山城之意"。[1] 刘子敏也说"高句丽的正确理解应为高城"，[2] 考古调查所见的高句丽多山城的事实，也支持这一联想。[3] 可惜他们都未能给出进一步的解释，而这种解释还必须获得语文学（Philology）论证的支持。受前辈学者的启发，我在下面尝试做一论证，以求教于方家。

我认为高句丽的"高"这个词的语源，极可能是表示"山"语义的一个词，这个词在《三国史记》里被转写为"达"或"达乙"。[4] 比如新罗在高句丽旧境所置汉州有达乙省县，"后名高烽"，[5] 还有高木根县，"一云达乙斩"，[6] 这两处用例中，"达乙"对应的都是"高"，可见达乙的词义可以引申为高。在另外一些有新旧对照的地名中，"达"对应的是"山"。兹举例如下：

a. 釜山县，一云松村活达；[7]

b. 功木达，一云熊闪山；[8]

c. 僧山县，一云所勿达；[9]

d. 大豆山城，本非达忽；[10]

e. 犁山城，本加尸达忽；[11]

f. 兔山郡，本高句丽乌斯含达县；[12]

1　孙进己：《东北民族史研究》（一），中州古籍出版社，1994，第197页。

2　刘子敏：《高句丽历史研究》，延边大学出版社，1996，第9页。

3　魏存成：《高句丽考古》，吉林大学出版社，1994，第30—36页。

4　请参看光冈雅彦《韓國古地名の謎—"秘図"にひめられた古地名を解読する》，东京：学生社，1982；板桥义三《高句麗の地名から高句麗語と朝鮮語・日本語との史的関係をさぐる》；宋基中《古代國語語彙表記漢字의字別用例研究》，서울：서울대학교출판부，2004。

5　金富轼：《三国史记》卷三七《杂志第六·地理四》，第351页。

6　金富轼：《三国史记》卷三七《杂志第六·地理四》，第352页。斩字与根字应是同音异译，达乙则对应高。

7　金富轼：《三国史记》卷三七《杂志第六·地理四》，第351页。

8　金富轼：《三国史记》卷三七《杂志第六·地理四》，第351页。

9　金富轼：《三国史记》卷三七《杂志第六·地理四》，第352页。

10　金富轼：《三国史记》卷三七《杂志第六·地理四》，第357页。

11　金富轼：《三国史记》卷三七《杂志第六·地理四》，第357页。

12　金富轼：《三国史记》卷三五《杂志第四·地理二》，第337页。

　　g. 兰山县，本高句丽昔达县；[1]

　　h. 蒜山县，本高句丽买尸达县；[2]

　　i. 松山县，本高句丽夫斯达县。[3]

以上九个用例中，"达"都是对应"山"的，大致可以肯定，"达"就是高句丽语词"山"的汉字拟音转写。虽然很多学者很自然地就把高句丽语的"达"与突厥语表"山"义的 dağ（土耳其语）或 tagh（维吾尔语）联系起来，[4] 但突厥语表"山"的这个词的语源，似乎并不是很清楚，有些土耳其学者甚至把它的语源与古汉语的"大、太、泰"联系起来。[5] 也许白桂思教授是对的，他把"达"（tar）与古日语"多气"（take）、"多加"（taka）、"高"（taka-i）联系了起来。[6]《三国史记》还记录"高城郡，本高句丽达忽"，[7] "山城"被译作"高城"，可见表"山"义的达或达乙（tar）又可以译为"高"。

　　因此，"高句丽"原本是由表"山"的"高"加上表"城"的"句丽"（即"沟溇"或"忽"）组成的一个地名或部落名，"高句丽"即"山城"，与后来作为高句丽属县的"达忽"完全一样。可以想象，这个在山上建有城郭的部落，在政治发育方面正处于部落（tribe）与国家（state）之间。也正是在此阶段，该政治体获得了"山城"这个身份（identity）并且稳定地保持了下来。《三国志》记"北沃沮一名置

1　金富轼：《三国史记》卷三五《杂志第四·地理二》，第 340 页。

2　金富轼：《三国史记》卷三五《杂志第四·地理二》，第 341 页。

3　金富轼：《三国史记》卷三五《杂志第四·地理二》，第 341 页。

4　其他几种主要的突厥语中，阿塞拜疆语亦作 dağ，哈萨克语作 taw，吉尔吉斯语作 too，塔塔尔语作 tau，土库曼语作 dag，乌兹别克语作 tog'。见 Kurtuluş Öztopçu, Zhoumagaly Abuov, Masir Kambarov, and Youssef Azemoun, *Dictionary of the Turkic Languages*, London & New York: Routledge, 1999, p. 96。

5　İsmet Zeki Eyuboğlu, *Türk Dilinin Etimolojik Sözlüğü*, İstanbul: Sosyal Yayınlar, 2004, p. 158.

6　Christopher I. Beckwith, *Koguryo, The Language of Japan's Continental Relatives: An Introduction to the Historical-Comparative Study of the Japanese-Koguryoic Languages with A Preliminary Description of Archaic northeastern Middle Chinese*, pp. 136–137.

7　金富轼：《三国史记》卷三五《杂志第四·地理二》，第 342 页。

沟娄"，[1]可见北沃沮在得名上与高句丽一样，都与该政治体历史上建立城郭的某个阶段有关。高句丽又曾是西汉玄菟郡属县之一，如何评估这个阶段的意义还有待研究。随着这个"山城"的扩张壮大，被它吞并征服的其他部族（城、部等）也都进入这个"山城"的政治体中，获得了同样的身份。

进一步看，当汉王朝接受了"高句丽"这个译法以后，汉字书写的"高句丽"随着汉朝文书制度一起进入高句丽，汉朝官方文书中的"高句丽"的汉字读音反过来形成一个新传统，为高句丽统治者所接受，从而出现了新的身份，绝然区别于"达忽"这样的地名了。

而中原王朝所拥有的书写文化特权，表现为他们可以在"高句丽""高句骊"之间进行选择。"骊"表牲畜的字义，使高句骊在交往之初的国名环节就失去了对等的机会。乌桓与乌丸之间的选择也是同一个道理。中原王朝对东亚书写语言的掌握，显然与它们的军事和政治优势是同步且协调的。正是这些军事、政治优势和文字书写特权等手段联合在一起，才构建了一个华夏传统史观中以为理所当然的东亚乃至更大范围内的世界秩序。这个秩序中，甚至仅仅从国名（部族名）的汉文用字，就要力图显现文明与野蛮的分野。正如同使用奴（匈奴）、卑（鲜卑）这些字眼一样，在官方文书上采用高句丽还是高句骊，反映的是政治优越感背后文化工具的力量。

汉魏官方的正式译名是"高句骊"，可是南北朝时期出现了"高句丽"，这个变化的发生，显然是高句丽利用有利的外交时机促成的。而且北朝中后期出现以高丽替代高句丽的用例，其中最显著的是北魏

---

1 《三国志》卷三〇《魏书·高句丽传》，第 847 页。按，置沟娄之"置"，很可能是"买"之讹。《三国志》卷二八《魏书·毌丘俭传》记"（高句丽王）宫遂奔买沟"（第 762 页）。这个买沟，可能就是北沃沮的"置（买）沟娄"。"买"是高句丽语词语，意思是"河流""水"，见 Christopher I. Beckwith, *Koguryo, The Language of Japan's Continental Relatives: An Introduction to the Historical-Comparative Study of the Japanese-Koguryoic Languages with A Preliminary Description of Archaic northeastern Middle Chinese*, p. 130. 如此说成立，那么北沃沮在某个时期曾得名于靠近河流的一座城。高句丽地名中有"买忽，一云水城"，见金富轼《三国史记》卷三七《杂志第六·地理四》，第 351 页。

宣武帝正始年间高句丽使者与宣武帝的对答，双方都使用高丽而不是高句丽——虽然在正式的册书中还是称高句丽。[1]

　　值得注意的是，南朝史书中存在着高句骊、高句丽、句骊、高骊、高丽混用的情况，比如梁武帝诏书里已提到"高骊"，[2] 对这些记载需要分析。利用今本南北朝史书中的"高丽"用例来证明南北政权采用"高丽"的时间上限，[3] 可能有一定风险，因为这些史书也许在编纂和流传的许多环节（特别是在唐代）中发生改写。比如，《翰苑》引梁元帝《职贡图》高骊国题记，即作"高骊"。[4] 而新近发现的张庚摹本《诸番职贡图卷》题记则作"高句骊"。[5] 可见《翰苑》在编纂时根据唐代习惯改写了《职贡图》题记原文。类似的情况自然会出现在唐代编定的南北朝正史中，甚至也会出现在唐代流传的、编定于南北朝的史书中。

　　比较之下，高句丽的金石铭文称"高丽"的用例值得特别注意。比如中原高句丽碑正面第一行有"五月中高丽大王祖王"的铭文，[6] 是高句丽官方改用"高丽"国名的重要证据，研究者认定该碑树立于文咨王时期。[7] 还有 1963 年发现于庆尚南道宜宁郡大义面下村里山四〇番地的延嘉七年金铜铭如来立像（现收藏在韩国国立中央博物馆）之背光铭文，亦称"高丽国"，时间当在 539 年或 599 年。[8] 由此可知，南北朝后期的南北政权各自采用"高丽"，很可能是出于高句丽政权

1　《魏书》卷一〇〇《高句丽传》，第 2216 页。

2　《梁书》卷五四《诸夷传》，第 803 页。

3　孙进己：《东北民族史研究》（一），第 273—276 页。

4　张楚金撰，雍公叡注《翰苑》，竹内理三校订、解说，东京：吉川弘文馆，1977，图版第 48—49 页，释文第 40 页。

5　赵灿鹏：《南朝梁元帝〈职贡图〉题记佚文的新发现》，《文史》2011 年第 1 辑，中华书局，2011，第 114 页。

6　田中俊明：《高句麗の金石文》，朝鲜史研究會编《朝鲜史研究會論文集》第 18 集，1981，第 121 页。

7　徐光辉：《中原高句丽碑》，载张志立、王宏刚主编《东北亚历史与文化——庆祝孙进己先生六十诞辰文集》，辽沈书社，1991，第 286—292 页。

8　National Museum of Korea, *Ancient Writings and Thereafter: Korean Ancient Writings Exhibition*, Seoul: 2011, p. 63.

的主动要求，反映了非汉语世界与作为书写语言的汉语及其文化价值系统发生深度接触之后的反弹。只不过，在这一过程中，高句丽这个专名在音、义等方面都发生了漂移，作为"山城"的本义早已隐遁于岁月的深处。

　　这就是我对"高句丽"语源的一点臆测。

第十三章　高句丽兄系官职的内亚渊源

　　众所周知，高句丽官制中有兄系官职，研究者称之为"兄系官位群"。韩国学者金哲埈早在 1956 年发表的《高句丽·新罗官阶组织的成立过程》，就对高句丽的兄系官职进行了系统的研究。[1] 1977 年日本学者武田幸男发表的《高句丽官位制及其展开》，更是这一领域的经典论著。[2] 近年中国学者

1　金哲埈：《高句丽·新罗の官阶组织の成立过程》，原载《李丙焘博士华甲纪念论丛》，首尔：一潮阁，1956；后收入金氏论文集《韩国古代社会研究》，首尔：知识产业社，1990，第 219—260 页；郑早苗、池内英胜、龟井辉一郎译，东京：学生社，1981，第 104—138 页。

2　武田幸男：《高句丽官位制とその展开》，《朝鲜学报》第 85 辑，1977 年。该文后来改题《高句丽官位制の史的展开》，收入氏著《高句丽史とアジアー"广开土王碑"研究序说》，东京：岩波书店，1989，第 356—405 页。本章引据前者。

在这个问题上也有不少成果。[1]不过，现有的研究几乎一律偏重于从官僚等级制度（韩国学者称之为"官阶组织"，日本学者称之为"官位制"）方面来解读中国古代史书对高句丽官制的记录，对于高句丽官制中的官称名号及其渊源流变则留意不多。造成这一局面的主要原因，似乎是中国史书（特别是编定于唐代的几种史书）本身十分强调高句丽官制中的等级序列及其品级差异。

　　需要指出的是，中国史料如此强调等级因素，并不一定是因为高句丽官制在等级序列方面十分发达，从而给汉文史料的记录者们留下了深刻的印象。在我看来，事实可能恰恰相反，这种史料特色的形成，是由于中国中古时代官僚制度高度发达，特别是其中官阶制度的发展达到了极为成熟的阶段。[2]身处官僚等级制度空前发达的这一传统中的人，在观察高句丽官制的时候，不免深受自身文化的束缚，特别重视并一定程度上夸大了高句丽官制中的等级因素。当然，不能否认高句丽等周边政权受到中原王朝官僚制度的影响，而刻意模拟中原的官阶制度，但这样的模拟不得不受制于其政治规模发展与官僚制度演化的阶段性状况。因此，过度信赖现有史料中有关高句丽官僚等级制度的记录，并由此一味探讨高句丽官制中的品级、官阶和官职序列，也许并不能揭示高句丽政治制度的真相。

　　本章在学习和利用前人研究高句丽官制诸多成果的基础上，以兄系官职的个案为中心，观察高句丽兄系官称的借入、分化及其对新罗官制的影响，由此尝试从一个新的角度，来理解高句丽政治制度在深受中原王朝影响的同时，还存在着与内亚政治文化传统，特别是与其政治名号传统的某种关联。

1　高福顺：《〈高丽记〉所记高句丽官制体系的初步研究》，载刘厚生、孙启林、王景泽编《黑土地的古代文明》，远方出版社，2000，第145—157页；杨军：《高句丽地方官制研究》，《社会科学辑刊》2005年第6期；高福顺：《高句丽中央官位等级制度的演变》，《史学集刊》2006年第5期；高福顺：《高句丽官制中的兄与使者》，《北方文物》2007年第2期。

2　关于中古中国官僚等级制度的研究，近年来最重要的成果就是阎步克的《品位与职位——秦汉魏晋南北朝官阶制度研究》（中华书局，2002）。

一　高句丽兄系官职的渊源与传承

　　高句丽兄系官职始见于《魏书》之《高句丽传》："其官名有谒奢、太奢、大兄、小兄之号。"[1]《魏书》这条材料应当源自李敖出使高句丽返回后的报告。以当时北方各国间的外交关系而论，高句丽开始与北魏正式来往以及李敖出使高句丽，应当在北魏太武帝发动灭北燕之战的前后，即延和元年（432）前后。《三国史记》系此事于长寿王二十三年（435），还是比较接近的。[2] 在《魏书》之后，史料中有关高句丽兄系官职的材料就非常多了，最突出的是《周书》所记十三等官制："大官有大对卢，次有太大兄、大兄、小兄、意俟奢、乌拙、太大使者、大使者、小使者、褥奢、翳属、仙人并褥萨，凡十三等。"[3] 嗣后无论是传世文献史料如《隋书》、《北史》、两唐书及《三国史记》，还是石刻史料如冉牟墓志、中原高句丽碑及泉氏诸墓志等，一再证明，由"兄"分化出来的兄系官职的确是高句丽官制中十分重要的组成部分，以往研究者对此已充分论证，这里就不赘述了。[4] 我们在此要提出的问题是，兄系官职是何时及如何出现在高句丽制度中的？高句丽官制中的兄系官职是否在《魏书》之前，并不见于记载呢？

　　值得注意的是，成书晚于《魏书》的《梁书》，记高句丽官制，全然不提兄系官职："其官有相加、对卢、沛者、古邹加、主簿、优台、使者、皂衣、先人，尊卑各有等级。"[5] 成书晚于李敖出使的范晔《后汉书》，记录高句丽官名则全同《梁书》，只是古邹加作"古邹大加"。[6] 当然，很容易就可以看出，《后汉书》和《梁书》几乎是袭用了

1　《魏书》卷一〇〇《高句丽传》，第2215页。

2　金富轼：《三国史记》卷一八《高句丽本纪六》，京畿道城南市：韩国精神文化研究院，1996，第185页。本章所引皆此版本。《三国史记》把北魏灭北燕的战争，记在长寿王二十三年至二十四年。据《魏书》卷四上《世祖纪》，灭燕之战从延和元年到太延二年（436），持续了5年之久。

3　《周书》卷四九《异域传上》，第885页。

4　武田幸男：《高句丽官位制とその展开》，《朝鲜学报》第85辑，1977年；高福顺：《高句丽官制中的兄与使者》，《史学集刊》2006年第5期；等等。

5　《梁书》卷五四《东夷传》，第801页。

6　《后汉书》卷八五《东夷传》，第2813页。

《三国志》的原文："其官有相加、对卢、沛者、古雏加、主簿、优台
丞、使者、皂衣、先人，尊卑各有等级。"[1]《后汉书》叙事止于汉末，
囫囵照搬尚情有可原，《梁书》为什么也要如此呢？简单批评姚思廉或
姚察的懒惰之失恐怕也不能解决问题，因为东晋南朝时期高句丽与江
左政权间的联系十分紧密，双方使节往来频繁，江左应当积累了相当
丰富的有关高句丽的知识，势必反映在史官档案中。如果这些知识明
显不同于《三国志》的记录，无论是梁代史官还是姚察都不会一点也
不加注意。

　　我们应当假设的是，江左对于高句丽政治制度的了解，使史官相
信《三国志》的记录仍然有效，即东晋南朝时代积累的有关高句丽官
制的知识，与陈寿在西晋时代所接触到的相关资料是一致的。或许正
是这个原因，李延寿编纂《南史》时，一方面说有关高句丽的起源史
"事详《北史》"，另一方面在制度风俗方面却重复了《梁书》的相关
内容。[2]

　　这样，关于高句丽官制的知识，就有南朝系和北朝系两个不同的
史料系统。我们分别以《梁书》和《周书》为代表，[3]简单对比一下这
两个系统：

　　　南朝系：相加、对卢、沛者、古邹加、主簿、优台、使者、
皂衣、先人
　　　北朝系：大对卢，次有太大兄、大兄、小兄、意侯奢、乌
拙、太大使者、大使者、小使者、褥奢、翳属、仙人、褥萨

两个系统重合的官称有对卢、使者和先人（《周书》作仙人），其中南
朝系的使者在北朝系中分化成了太大使者、大使者、小使者。最大的
不同是南朝系有各种以"加"为名的官称，如相加、古邹加（或作古

1　《三国志》卷三〇《魏书·东夷传》，第 843 页。

2　《南史》卷七九《夷貊传》，第 1969—1970 页。

3　《周书》所记的十三个官称中，意侯奢与翳属音近，褥奢与褥萨音近，似乎有重复计数问题。

雏加），《三国志》还另记有大加等，而北朝系有以兄为名的多种官称，其分化情形恰如使者类官职。

这提示我们推想，南朝系的"加"是否就是北朝系的"兄"呢？这样的推想不仅仅是为了解决两个史料系统之间的矛盾，而且这一推想的正确性还可以为我们理解高句丽的制度渊源找到一个全新的视角。

研究者都注意到魏晋的"加"到北朝被"兄"所取代，但似乎没有人想到它们二者很可能是同一个官称的不同翻译——这种情况自然应当是这样的："加"是音译，"兄"是意译。前述两个史料系统所记的官称中，既有音译，如对卢、沛者，也有意译，如使者、皂衣，也有音译与意译相混合者，如相加。看似意译的某些官称中，也许存在着从中原王朝借入的因素，如主簿。如果是借入官称，那么便无所谓音译或意译问题，但是，也可能只是在意译时的附会或攀附。《翰苑》注引《高丽记》提到高句丽官名中有"大兄加"，[1] 武田幸男认为加字为衍文，[2] 依我的理解其实不过是既有意译又有音译而已。[3] 无论属于哪一种情况，可以肯定"兄"并不是从中原王朝借入的，因为从汉到唐中原各政权都没有这样的职官。此外，把"兄"与"加"看作同一官称的意与音，使高句丽官制史中的断裂不复存在了。有学者试图从高句丽政治演进的角度解释这种断裂，比如杨军提出兄系官位的出现，反映了王权的成长及地方官进入权力中心的变化。[4] 当然，即使并不存在由加到兄的断裂，同一个官称在较长的历史时期内也会存在着权力、地位和功能的变化，但制度形式的相对稳定，如某一重要官称在同一

1　《翰苑》"蕃夷部"注引《高丽记》逸文 13 条之第 1 条。《翰苑》即日本福冈县太宰府天满宫所藏唐人写本（仅存第 30 卷），图版及释文见竹内理三校订并解说之《翰苑》。对《高丽记》全部逸文之研究，见吉田光男《〈翰苑〉注所引〈高丽记〉について一特に笔者と作成年次》，《朝鲜学报》第 85 辑，1977 年。又请参看《辽海丛书》本，辽沈书社，1985，第 2518 页。

2　武田幸男：《高句丽官位制とその展开》，《朝鲜学报》第 85 辑，1977 年，第 5 页。

3　同样在《高丽记》的这条逸文中，还提到"拔古邹加"，可见这个时候有些以"加"为称的官名可以被轻易地辨认出"兄"的语源来，有些则比较困难，所以会出现混乱的记录。

4　杨军：《高句丽中央官制研究》，《黑龙江民族丛刊》2001 年第 4 期。

个政治体内的长期沿用，应当是更为可信的历史常态。

武田幸男指出，高句丽早期官制中得到充分分化的使者与加，来自与高句丽的起源史有密切关系的夫余（扶余）。[1] 众所周知，《三国志》记夫余"皆以六畜名官，有马加、牛加、猪加、狗加、大使、大使者、使者"。[2] 无论是作为民族体还是政治体的高句丽，都与夫余有着源流先后的关系。[3] 因此可以肯定，高句丽是在形成自己的政治体之初，就从夫余那里借入了加的官名，[4] 并逐渐演化出复杂的加系官职（兄系官位群）。借入的官称通常是照搬原词的语音，"加"在高句丽内部自然是读为原词语音的，因此魏晋江左的资料中也采用音译的办法进行记录。可是当北魏的使臣出现在平壤以后，汉文史料中这种仅仅了解读音而不了解词义的历史就结束了。此后北朝系的史料中便只有意译，从而与南朝系的史料发生了明显的分歧。为什么北魏的使臣能够了解"加"的词义，后文还要讨论，这里从略。在这个问题上，隋唐官方文献与史书基本上是继承北朝系传统的，《三国史记》同样继承了这个传统，但这个传统从一开始就在书面记录中忽略了"兄"的读音，最终造成其读音在书面记录中的消失。随着高句丽政权的灭亡，"兄"与"加"的关系也就不复为人所知，或不复为人提及了。

然而高句丽的政治制度对整个半岛各地区各族群的政治发育是有显著影响的，许多因素沉淀到了稍后崛起的百济和新罗等政治体的政治制度中。在高句丽政权中十分重要的兄系官位群，就可以在新罗的官制中找到痕迹。《三国史记》卷三八记新罗"大辅"类高官凡十七等，前九等分别是：

> 一曰伊伐飡（原注：或云伊罚干，或云角干，或云角粲，或

1　武田幸男：《高句丽官位制とその展开》，《朝鲜学报》第 85 辑，1977 年，第 17 页。

2　《三国志》卷三〇《魏书·东夷传》，第 841 页。

3　杨军：《高句丽民族与国家的形成和演变》，中国社会科学出版社，2006，第 115—128 页。

4　郑早苗：《中国周边诸民族的首长号》，载《村上四男博士和歌山大学退官纪念——朝鲜史论文集》，东京：开明书院，1981，第 3—9 页。

云舒发翰，或云舒弗邯）

　　　二曰伊尺飡（原注：或云伊飡）

　　　三曰迎飡（原注：或云迎判，或云苏判）

　　　四曰波珍飡（原注：或云海干，或云破弥干）

　　　五曰大阿飡

　　　六曰阿飡（原注：或云阿尺干，或云阿粲）

　　　七曰一吉飡（原注：或云乙吉干）

　　　八曰沙飡（原注：或云萨飡，或云沙咄干）

　　　九曰级伐飡（原注：或云级飡，或云及伏干）[1]

　　原注所谓"或云"，其实是"异译"之意。利用这些同音异译，我们可以了解某些稀见字当时的读音，至少是新罗人当时的读音。从上面九等以"飡"为名的官称的异译中，我们可以看到"飡"的异译用字中最多的是"干"，这意味着"飡"的读音与"干"最为接近或完全相同。[2]这种用"干"而不用"飡"的译例，到了时代较晚的《三国遗事》中就十分普遍了。比如，《三国史记》卷一〇记元圣王立，"追封高祖大阿飡法宣为玄圣大王，曾祖伊飡义宽为神英大王，祖伊飡魏文为兴平大王，考一吉飡孝让为明德大王"。[3]《三国遗事》卷二"元圣大王"条记此事，"追封祖训人匝干为兴平大王，曾祖义官匝干为神英大王，高祖法宣大阿干为玄圣大王"。[4]可以建立起这样三组对应关系：

　　　1）高祖大阿飡法宣——高祖法宣大阿干

　　　2）曾祖伊飡义宽——曾祖义官匝干

1　金富轼：《三国史记》卷三八《杂志第七·职官上》，第374页。

2　韩国国立中央博物馆收藏的一件统一新罗时代（872）皇龙寺九层木塔（在今庆州境内）的刹柱本记，提到"监军伊干龙树"，说明当时用"干"而不用"飡"的情况并不少。

3　金富轼：《三国史记》卷一〇《新罗本纪十》，第114页。

4　一然：《三国遗事》卷二，李丙焘译注本，首尔：明文堂，2000，第64页。又请参看孙文范等校勘本，吉林文史出版社，2003，第76页。

3）祖伊湌魏文——祖训人匝干

这三组对应关系中，《三国史记》的"湌"在《三国遗事》中皆作"干"。不过，《三国遗事》中也颇多以"飡"代"湌"的例子。这说明要么《三国遗事》别有所本，要么《三国史记》的历史知识在口头和书面流传的过程中发生了分化，有些古代读音得到传承，有些则流失并且以讹传讹了。

金富轼自己并不理解新罗官称的词义，认为伊伐湌、伊湌这些官称"皆夷言，不知所以言之之意"。[1]金富轼尚且如此，到了一然的时代自然是谁也不能究明新罗官职中的湌系（干系）官称语义了。很可能湌（干）语义丢失的时间更早一些，也许早在新罗从高句丽借入这一官称的时候，其原本词义便已无人知晓，或无人关心了。成为专名并辗转流传的词语往往会经历本义脱落的过程，因为专名本身会赋予该词以新的意义，新的词义或其附加义在行用中会排挤原本的词义。湌（干）被借入之时已经是官职名称，其词义只能以制度上的新词义或附加义流传。正是因此，博学如金富轼亦不能了解其本来词义，只好说"不知所以言之之意"。

从夫余的加，到高句丽的加系诸官职，到北朝系史料意译加系职官所形成的兄系官位群，再到新罗的湌（干）系诸职官，我们看到同一个政治名号（包含官号与官称两个部分）在空间上从内亚向东北亚，在族群上从夫余经高句丽向新罗，在时间上从汉到唐的传播过程。在这个过程中，由于语言、文字和文化距离所造成的过滤，加（兄、湌、干）名号的内容与形式在分化、变异的同时，也发生了原有语义的脱落和迷失。只有依赖现代学术多学科的积累——就本章所关注的问题而言，主要是依赖现代阿尔泰学的某些积累——我们才有可能复原前述时间上、空间上与族群关系上的历史过程。接下来我们就尝试对加（兄、湌、干）名号的语源及其内亚渊源给出必要的考订。

1　金富轼：《三国史记》卷三八《杂志第七·职官上》，第374页。

二　加（兄）名号语源的内亚渊源

　　高句丽的加系职官源自夫余，但作为政治名号的加未必起源于夫余。这个名号的语源是什么？依据现有的阿尔泰比较历史语言学的知识，我们可以肯定这一名号的语源是东胡语（即古蒙古语）的 aka/aga，意为"哥哥"。《宋书》记慕容廆与其兄吐谷浑分裂，吐谷浑率部西迁，"后廆追思浑，作阿干之歌，鲜卑呼兄为阿干"。[1] 其后《魏书》《晋书》等，都有同样的记录。[2] 关于鲜卑语的属性归类，在李盖提的经典研究之后，[3] 现在学界一般同意鲜卑语、乌桓语（乌桓与鲜卑同属东胡集团，故亦可谓东胡语）均属于古蒙古语。[4]

　　最早对鲜卑语的"阿干"做出现代阿尔泰语比对的，是法国学者伯希和和日本学者白鸟库吉。伯希和在研究吐谷浑族属的文章里，讨论了"阿干"一词，并得出明确的结论："此阿干显为（蒙古语称兄）aqa 之对音。"[5] 白鸟库吉在《东胡民族考》中条列现代阿尔泰诸语言中表示"兄"的词语，如 aka/akan、aga/agan、aki/akin 等，都足以证明鲜卑语的阿干源自阿尔泰语系。[6] 亦邻真也指出："从'阿干'（兄）与蒙古语'阿合'（兄）的比较中可以推测东部鲜卑语同蒙古语有同源关系，而前者具有更为古老的形态。"[7] 据现代阿尔泰语源学研究，突厥语族诸语言的 aga/ağa（兄）都是从蒙古语的 aka/aga 借入的。[8]

1　《宋书》卷九六《鲜卑吐谷浑传》，2370 页。

2　《魏书》卷一〇一《吐谷浑传》，第 2233 页；《晋书》卷九七《吐谷浑传》，第 2537 页。

3　Louis Ligeti, "Le Tabghatch, un dialecte de la langue Sien-pi," in Louis Ligeti ed., *Mongolian Studies*, pp. 265–308.

4　Peter B. Golden, *An Introduction to the History of the Turkic Peoples: Ethnogenesis and State-formation in Medieval and Early Modern Eurasia and the Middle East,* pp. 26–27.

5　伯希和：《吐谷浑为蒙古语系人种说》，冯承钧译《西域南海史地考证译丛七编》，第 33 页。

6　白鸟库吉：《东胡民族考》上编，《塞外民族史研究》上册，第 126—127 页。

7　《中国北方民族与蒙古族族源》，《亦邻真蒙古学文集》，第 560 页。

8　İsmet Zeki Eyuboğlu, *Türk Dilinin Etimolojik Sözlüğü*, p. 11.

　　根据俄罗斯语言学家 Сергей Старостин 所建立的阿尔泰语源数据库，古阿尔泰语（Proto-Altaic）中表"哥哥"的词可以拟定为 *ákà，古代蒙古语的 *aka 借入突厥语中成为 *(i)āka，借入通古斯语中，就是 *akā / *kakā。[1]现代蒙古语的"兄"是 ax，[2]书面上应作 axa，但因为词尾的元音 -a 脱落，读作 ax。[3]《蒙古秘史》也提到这个词，如第 79 节提到"阿中合纳儿"，旁译"兄每"。[4]李盖提转写为 aqa-nar，[5]其他研究者也都采用同样的转写，可见中古蒙古语还以 aqa 为兄长。[6]现代达斡尔语作 ag，[7]反映了与现代蒙古语同样的词尾元音 -a 的脱落情况。在通古斯语族中，aka/aga 发生的变化也不大，满语和锡伯语中的哥哥均作 age。[8]突厥语族中 aka/aga 几乎是普遍存在的，比如维吾尔语的 aka 和土耳其语的 ağa（辅音 -g- 已经弱化了）。

　　鲜卑语的"阿干"在中古时代也进入了汉语，演化成后来汉语中极为重要的亲属称谓词"哥哥"。王力先生在《汉语史稿》中首次提出，从唐代起在口语中代替了"兄"的"哥"可能是外来语。[9]在王力先生提出这个问题之后，汉语史研究者对这个问题已经有了突破性的研究。他们同意，汉语的"哥哥"来自"阿哥"，而"阿哥"又来自鲜卑语的"阿干"。[10]蒲立本把"哥"字拟音为 ka，[11]那么

1　*Сергей Старостин*, Вавилонская Башня, основал в 1998 г. http://starling.rinet.ru/.

2　*Цогбадрахын Ганбаатар*, Шинэ Хятад Монгл Толь, Улаанбаатар: 2005 он, хуудас 122.

3　孙竹：《蒙古语文集》，青海人民出版社，1985，第 118 页。

4　《蒙古秘史》（校勘本）卷二，第 95 页。

5　Louis Ligeti, *Histoire Secrète des Mongols*, p. 48.

6　Gerhard Doerfer, *Türkische und Mongolische Elemente im Neupersischen*, Band I, *Mongolische Elemente im Neupersischen*, pp. 131−140.

7　仲素纯编著《达斡尔语简志》，民族出版社，1982，第 91 页。

8　刘厚生等编《简明满汉辞典》，河南大学出版社，1988，第 7 页；李树兰等编著《锡伯语简志》，民族出版社，1986，第 150 页。

9　王力：《汉语史稿》下册，中华书局，1980，第 506—507 页。

10　胡双宝：《说"哥"》，《语言学论丛》第六辑，商务印书馆，1980，第 128—136 页；赵文工：《"哥哥"一词来源初探》，《内蒙古大学学报》1998 年第 1 期；张清常：《〈尔雅·释亲〉札记——论"姐"、"哥"词义的演变》，《中国语文》1998 年第 2 期；赵文工：《唐代亲属称谓"哥"词义考证》，《内蒙古大学学报》1999 年第 1 期。

11　Edwin G. Pulleyblank, *Lexicon of Reconstructed Pronunciation in Early Middle Chinese, Late Middle Chinese, and Early Mandarin*, p.105.

阿哥可拟音为 aka。可是"干"字音为 kan，"阿干"读为 akan，明显不同的是"阿干"比"阿哥"多了一个鼻音 -n，如何解释这种矛盾呢？

　　亦邻真认为，阿干（*akan）附有尾鼻音 -n 也许是现代蒙古语 aka 更古老的形式，即古代蒙古语本来作 akan，后来尾鼻音 -n 脱落变成了 aka，这种变化与许多本来附有 -n 的元代蒙古语名词到现代蒙古语中其尾鼻音已经脱落，是同样的道理，比如 usun → ǔs（水），darasun → dras（酒）。[1] 按照这个解释，aka 在古代便只有 akan 这一个形式。但是，这个解释与《蒙古秘史》时代及稍后的中古蒙古语中同一个名词往往存在着附有尾鼻音和不附有尾鼻音两种形式的事实，是不相合的。而且，在现代蒙古语中，特别是在口语中，词尾为元音的某些名词，也存在着附有尾鼻音和不附有尾鼻音两种形式，甚至可以发现，尾鼻音似乎并没有严格的词、语音和语法功能。也就是说，蒙古语中某些词尾为元音的名词，在具体使用时后面再附加尾鼻音 -n，在某种语境中，在一定程度上，是具有随意性和不确定性的。对这种语言现象，陈宗振给出了一种简洁的解释。他认为，名词附加韵尾 -n 与蒙古语某些名词具备两种词干形式有关。蒙古语有些名词只有一种词干形式，是为"不变词干名词"；另有一些名词具有两种词干形式，即词尾带鼻化成分的原形词干与不带鼻化成分的简化词干，是为"可变词干名词"。这种具备两种词干形式的名词后接某些附加成分时，要用原形词干（即亦邻真所说的"更为古老的形态"），同时词尾的鼻化成分还原为舌尖鼻音；而在做主语、宾语、联合成分，或后接另一些附加成分时，要用简化形式。[2]

　　因此，aka 与 akan 尽管可以算作两个词干，但它们不过是

1　亦邻真：《中国北方民族与蒙古族族源》，第 560 页注 1。
2　陈宗振：《试释李唐皇室以"哥"称"父"的原因及"哥"、"姐"等词与阿尔泰诸语言的关系》，《语言研究》2001 年第 2 期。亦请参看道布编著《蒙古语简志》，民族出版社，1983，第 21—22 页。

同一个名词的不同形式。古代汉字在转写非汉语词语时，有时候会省略词首元音，如 işbara 译作沙钵略、始波罗。《三国志》用"加"（ka）音译夫余和高句丽的 aka，以及《三国史记》《三国遗事》用干、飡（kan）等单音节汉字音译新罗的 akan，词首元音a- 都被省略了。当然，这并不反映原词的词首元音的脱落，而只是汉字转写时为追求简洁所造成的省略。不过前引新罗官职中的大阿飡和阿飡，其阿干和阿飡并非省译，词首的元音是翻译出来了的。

综上可知，新罗官制中极为重要的那些官职，很多是以"飡"或"干"为官称，加上各种官号构成的政治名号，如：伊伐飡＝伊伐（官号）＋飡（官称）；伊罚干＝伊罚＋干；角干＝角＋干；伊尺飡＝伊尺＋飡；波珍飡＝波珍＋飡；海干＝海＋干；破弥干＝破弥＋干；等等。新罗的这一官称来自高句丽的"兄"（意译）或"加"（音译），新罗早期君主称号如居西干、麻立干，其名号结构完全相同，即居西（官号）＋干（官称），麻立（官号）＋干（官称），反映新罗早期在政治上曾经附庸于高句丽，从而接受了高句丽的官职。[1] 不过应当注意，尽管新罗采用了高句丽的官称 akan，可是那些官号（如"居西""麻立"等），完全可以是源于新罗自身的语言和政治传统。金富轼说："新罗王称居西干者一，次次雄者一，尼师今者十六，麻立干者四。罗末名儒崔致远作《帝王年代历》，皆称某王，不言居西干等，岂以其言鄙野不足称也。"[2] 早期新罗君主称号的不稳定，反映的正是新罗政治发育所带来的迅速变化。或者换一种说法，早期新罗君主与其他新罗贵族在称号上的平等（共同以"干"为官称），反映了王权尚未确立，王室还没有从贵族集团中超然而出。随着新罗在政治上的发展，新罗君主从智证麻立干开始，获得新的官称（王），"干"（akan）不再是君主的官称，而为新罗大臣所专有，由此"干"在新罗官制

1　武田幸男：《朝鲜三国の国家形成》，《朝鲜史研究会论文集》第 17 集（20 周年记念大会特集），东京：龙溪书舍，1980，第 41—54 页。

2　金富轼：《三国史记》卷四《新罗本纪四》，第 48 页。

内进一步分化为《三国史记》所记载的九等官职。在这一过程中，akan 的原始词义终于消失了，至少在官方史料中，后来不再有人知道这一官称来自高句丽的"兄"。而高句丽的加（兄）来自夫余，从《高丽记》中提到"大兄加"来看，高句丽内部还是知道"加"的原意的。

据现有研究，夫余的语言和族属还是非常不明确的。[1]白鸟库吉曾经非常笼统地把夫余、高句丽等民族所自出的"秽貊"列为"蒙古与通古斯之杂种族"，但仍然认为夫余语中，通古斯的成分较重，同时亦有少量蒙古语的成分。[2]后来白鸟通过研究夫余始祖东明王传说，进一步强调夫余与高句丽同样源于秽貊。[3]近年来有相当一些研究者主张夫余与鲜卑同源。[4]不过我倾向于相信，有极大的可能，夫余属于古通古斯语族，而不属于古蒙古语族。

从夫余的形成、规模及影响来看，夫余政治体的发育主要受到东胡的刺激和影响。因此有理由假定，东胡的一部分政治传统进入了夫余，"加"便是其中之一。当然，我们并没有证据说东胡已经有以 akan 为称的官名，但是，正如我们下面就要讨论的，可以溯源至东胡的拓跋鲜卑有这一官职，这为东胡拥有这一传统提供了部分的支持。在这个背景下，我相信 aka/akan 这一官称，是从东胡传入高句丽，然后从高句丽又传入新罗的。本来官称的传承和借入仅仅存在着语音的形式，但自从北魏的使臣到达高句丽之后，他们立即辨认出了这个以"加"为称的官职，就是鲜卑语的"阿干"。正是这批使臣，在报告他们所了解到的高句丽官制的时候，毫不犹豫地把"加"意译成了"兄"，从而形成了北朝系的有关高句丽官制的史料系统。北魏使臣这样做，并不仅仅是为了炫耀他们懂得这一词语的语源，我认为，他们

1　王珽：《古代东北亚史研究概览》，余太山主编《内陆欧亚古代史研究》，福建人民出版社，2005，第 200—204 页。

2　白鸟库吉：《塞外民族》，《塞外民族史研究》上册，第 532—533 页。

3　白鸟库吉：《夫余国の始祖东明王の传说に就いて》，《塞外民族史研究》下册，第 363—391 页。

4　刘高潮、姚东玉：《"日种"说与匈奴之族源——兼论夫余王族属东胡系统》，《求是学刊》1988 年第 4 期；杨军《高句丽民族与国家的形成和演变》，第 93—99 页。

通过这样的翻译，就避免了把高句丽的 akan 和北魏自己的"阿干"混为一谈。[1]

三　拓跋鲜卑及其他内亚民族以 aka/akan 为官称的情况

北魏有以"阿干"为称的官职，见于正史和石刻史料。《北史》记拓跋可悉陵年十七，以手格猛兽之勇，"即拜内行阿干"。[2]《新唐书》记宇文系在北魏时"位至内阿干"。[3]北魏张卢墓志称张卢之父张善由后秦入魏，"蒙国宠御，侧在内侍，为给事阿干"。[4] 1997 年发表的有关北魏文成帝南巡碑的报告，披露了碑阴题名中，第一列有 9 个"内阿干"：

宁□将军　宰官内阿干　魏昌男　　代伏云右子尼

左卫将军　内阿干　太子左卫率　安吴子　乙旃阿奴

□□将军　太子庶子　内阿干　晋安男　盖娄太拔

扬烈将军　内阿干　阴陵男　社利幡乃娄

安北将军　内阿干　东平公　是娄敕万斯

宁东将军　内阿干　建安男　尉迟沓亦干

中常侍　宁南将军　太子率更令　内阿干　南阳公　张天度

散□□□　内阿干　嘉宁男　若干若周

库部内阿干　□□库兰[5]

1　虽然《魏书》记出使高句丽的使臣只有李敖一个，但根据当时出使的习惯做法，通常在主使之外还有副使。比如著名的嘎仙洞刻铭中，排名第一的使臣是"谒者仆射库六官"，而《魏书》记其事，只提到排名第二的"中书侍郎李敞"，事实上李敞仅仅是副使。参看本书"高昌文书中的柔然政治名号"一章。这种情况的出现，可能与《魏书》最终编定时特意突出了中原士族的地位有关。李敖即使是主使，其副使及随行人员中，也必有许多熟悉北方诸族语言者，故必能了解高句丽 aka/akan 的词义。

2　《北史》卷一五《魏诸宗室传》，第 566 页。

3　《新唐书》卷七一下《宰相世系表一下》，第 2404 页。

4　赵超：《汉魏南北朝墓志汇编》，第 127 页。

5　山西省考古研究所、灵丘县文物局：《山西灵丘北魏文成帝〈南巡碑〉》，《文物》1997 年第 12 期。

按照碑阴题名的排列规则，在"库部内阿干□□库兰"之前、若干若
周之后字迹漫漶的 6 个人，以及张天度与若干若周之间的贾爱仁，都
应当带有"内阿干"的官职。也就是说，在文成帝南巡碑碑阴题名
中，本来可能有 16 个内阿干。内阿干就是《北史》所记的"内行阿
干"，亦即张卢墓志所谓"侧在内侍"之"给事阿干"。南巡碑碑阴题
名的第一列凡 51 人，都是"内侍之官"，而这些被算作内侍之官的 51
人，除了带侍中、中常侍、西起部尚书、殿中尚书、内都幢将官衔的
人员外，便是内阿干、内行内三郎、内行令和内行内小。内行可能就
是在内行走的意思，内阿干应该是"内行阿干"的省称，"侧在内侍"
以"给事"，就是对内阿干属性的简单概括。

　　日本学者松下宪一在其新著《北魏胡族体制论》中，把南巡碑碑
阴题名与《魏书》相关记载对勘，确认题名中的"散□□□内阿干嘉
宁男若干若周"即《魏书》中有传的苟颓之弟苟若周（散骑常侍、尚
书），"库部内阿干□□库兰"即《魏书》中有传的伊兰（散骑常侍、
库部尚书），由此推定南巡碑上的"内阿干"应与《魏书》中的尚书
相对应。[1] 松下据此进一步推论，所谓内阿干，在《魏书》中应当已
经被改写为尚书，比如南巡碑上的库部内阿干在《魏书》中是库部尚
书，南巡碑上的宰官内阿干应当是《魏书》中的宰官尚书，从而建立
起北魏早期鲜卑系官职内阿干与魏晋系官职尚书之间的对应关系。这
种关联也可以解释史料中北魏早期尚书职官的混乱芜杂，如鱼曹、牧
曹、虞曹亦有尚书等。[2] 但是如果认为北魏的内阿干就是尚书的鲜卑语
名称，恐怕是错误的。内阿干是拓跋鲜卑古老制度的一部分，某些情
况下也许可以与魏晋制度中的尚书强行比拟，但这种比拟并不能反映
制度本身的传统与属性。

　　拓跋鲜卑既用"阿干"为官称，同时似乎也在亲属称谓上继续使
用这个词。《南齐书》记北魏孝文帝迁都之始，一部分贵族企图发动

1　松下宪一：《北魏胡族体制论》，第 59—61 页。
2　罗新：《松下宪一〈北魏胡族体制论〉评介》，《北大史学》第 13 辑，北京大学出版社，2008。

旨在反对迁都的政变："伪征北将军恒州刺史钜鹿公伏鹿孤贺鹿浑守桑干，宏从叔平阳王安寿戍怀栅，在桑干西北。浑非宏任用中国人，与伪定州刺史冯翊公目邻、安乐公托跋阿幹儿谋立安寿，分据河北。"[1]这里的"恒州刺史钜鹿公伏鹿孤贺鹿浑"就是《魏书》里的陆睿（伏鹿孤为步六孤之异译，即 bilge），"伪定州刺史冯翊公目邻"即《魏书》中的穆泰，安寿即阳平王颐（本名安寿，孝文赐名颐），而"安乐公托跋阿幹儿"应该就是《魏书》里的安乐侯元隆。据《北史》，元隆系元丕长子。北朝史料不载元隆小字，据上引《南齐书》知道其鲜卑本名是"阿幹儿"。"阿幹儿"即"阿干儿"，犹言"小哥儿"，是个半音译半意译的词。同样的名字还有一例。《北史》记北齐末年安德王高延宗称帝于晋阳，其爪牙之臣有和阿于子。[2]阿于子当作阿干子，于、干形近致讹。《资治通鉴》作和阿干子，甚是。[3]阿干子即阿干儿，同样是半音译半意译的名字。给男孩取这样的小名，说明在鲜卑社会的亲属称谓里，"阿干"仍然是行用的。

　　古蒙古语的 aka/aga 很早就进入突厥语族，并且经由中亚突厥民族又传入波斯、阿富汗和巴基斯坦等非突厥语地区，在奥斯曼帝国时期更传入西亚、北非和东欧，作为一种荣誉头衔，既当作官号也当作官称使用。波斯 Qajar（Kadjar）王朝的建立者 Agha Muhammad Shah，就是以 agha（即 aga/aka）当作荣誉称号的。[4]在阿富汗、巴基斯坦、埃及和伊朗，aga 既作为荣誉头衔又作为家族姓氏使用。伊斯兰教什叶派第二大教派 Ismaili 中第一大分支 Nizari 的伊玛目（Imam）所世袭的头衔，就是 Aga Khan，而这两个词都来自阿尔泰的古老传统。今巴基斯坦有以 Aga Khan 为名的大学。1969—1971 年在任的巴基斯坦前总统叶海亚·汗的名号全称是 Agha Muhammad Yahya Khan，

1　《南齐书》卷五七《魏虏传》，第 996 页。
2　《北史》卷五二《齐宗室诸王传下》，第 1881—1882 页。
3　《资治通鉴》卷一七二陈宣帝太建八年，第 5363 页。
4　见 CL. Huart 与 L. Lockhart 为《伊斯兰百科全书》所写的 Agha Muhammad Shah 条，Vol. I，246b。

其中的 Agha 就是他的世袭荣誉头衔。[1]

更值得提及的是奥斯曼时期大量以 ağa（辅音 -g- 已经弱化不发音）为称的官职。在奥斯曼的军事和行政职官中，无论是最高等级还是基层，以 ağa 为官称的官职十分多。高级官吏中，如管理后宫（Harem）的大宦官是 Kızlar Ağası（Ağası 是 Ağa 的属格形式，表示与前面名词之间的领属关系）或 Darüssaade Ağası（也称 Harem ağası），管理皇宫（topkapı Sarayı）的大宦官是 Kapı Ağası 等。在基层官吏中，村长是 Köy Ağası，市场官是 Çarşı Ağası，旅店负责人是 Han Ağası，等等。各级军官的官称要么使用 baş（意思是"头"），要么使用 ağa，比如最著名的禁卫军长官是 Yeniçeri Ağası，轻装步兵的长官是 Azap Ağası。基层军官中，在千夫长（Binbaşı）与百夫长（Yüzbaşı）之间，有一级军官叫 Kol Ağası（一翼之长）。[2] 在深受奥斯曼制度影响的东欧地区，aga 作为官称也有明显的痕迹，比如罗马尼亚有一种执法官就叫 Aga。

不过不应忘记，即使是在突厥语世界的最西边，ağa 仍然保留了兄长的原始词义，如土耳其语的"哥哥"是 ağabey，便是由 ağa 加上对男子的敬词 bey 构成的复合词。当然，由 aga 具有的"尊长"的引申义，发展出另外一些词义。比如巴尔干西部的土耳其语以及土库曼语中，aga 是"祖父"；在雅库特语中，aga 是"父亲"。[3]

以上我在自己狭窄的知识范围内，寻找到几条阿尔泰民族在保留 aka/akan 的亲属称谓原始词义的同时，又用作政治名号特别是官称的例子。这些例子在博学的阿尔泰学家看来当然不值一哂，因为他们可以十分轻易地就举出多得多的例证。不过我的目的并不是要穷尽这些材料，我只是尝试举出一些例子来说明，夫余和高句丽，以及后来的

1　在巴基斯坦，世袭荣誉头衔 Agha 在使用时应当置于名字之后而不是之前，目前这种前置的形式是受英文影响的结果。

2　有关奥斯曼军政制度的知识，我首先是从 Halil Inalcik 的多种著作中学习的，特别是 *The Ottoman Empire, The Classical Age 1300–1600*, London: Phoenix, 2000。借此机会我要向这位奥斯曼史的一代宗师致敬。

3　见 H. Bowen 为《伊斯兰百科全书》所写的 agha 条，Vol. I, 244b。

新罗，采用这一源自东胡的亲属称谓当作重要的官称，其实是继承了东胡的传统，这个传统又可以说是内亚政治文化的一部分。

小　结

以上我们试图从阿尔泰传统和内亚文化影响的角度，考察高句丽政治制度中那些可以明确找到与内亚联系的官职，以说明高句丽的历史传统与阿尔泰民族间的深厚联系。我们的具体结论是：很可能在战国秦汉之际迅速崛起的东胡政治体内，发展出了源于亲属称谓 aka/akan 的政治名号，当然，根据我们对内亚政治名号一般演化情况的了解，首先是作为官号，逐渐沉淀为官称。深受东胡影响的夫余借入了这一政治名号，并且非常自然地传递给了随后发展起来的高句丽。当高句丽在魏晋及慕容鲜卑（包括北燕冯氏）的挤压下逐渐向半岛发展时，半岛其他民族集团开始借入高句丽的政治制度等文化成果，其中在 aka/akan 官称的传承方面留下了重要线索的就是新罗。在这一传递、借入、改造和分化的历史过程中，书面语言、口头语言、翻译及书面报告等环节，都参与了原始信息的遗失与重写，因此我们很容易理解为什么过去一直没有人了解这一真相。

第十四章　好太王碑与高句丽王号

　　好太王碑，学界又称广开土王碑，自清末发现以来，已成为高句丽史研究的核心史料之一。[1] 2012 年夏在同一地点附近所出的集安高句丽碑碑文体制虽与好太王碑近似，但未记王号，殊为可惜。[2] 好太王碑所记"国冈上广开土境平安好太王"，似乎是对这位已故国王最正式的称呼，可是这个称号到《三国史记》里只剩下"广开土王"，这也是为什么好太王碑通常被称作广开土王碑，好太王碑一称则来自碑文所记该王号的最后那一部分。本章将利用该碑碑文中对高句丽王王号形式的记载，对

1　有关好太王碑的发现与早期研究，最简明的总结请看日本学者佐伯有清《研究史：広開土王碑》，东京：吉川弘文馆，1974。

2　集文：《吉林集安新见高句丽石碑》，《中国文物报》2013 年 1 月 4 日，第 2 版。

高句丽的王号制度及其变化，做一点简单的推测。

金富轼编写《三国史记》的《高句丽本纪》时，能够参看到的史料，不仅有中国史书和统一新罗时期整理过的高句丽史，而且可能还有高句丽时代多次编定的史书原本或残卷，甚至还有更原始的金石铭刻资料。《三国史记》既采用了高句丽内部流传下来的历代高句丽王的人名，也参录了中国史书所记的名字。比如太祖大王的名字，中国史书所记是"宫"，《三国史记》采用为正式的名讳，同时又记"小名於漱"，保存了高句丽史料。又如故国原王的名字，《三国史记》记作"讳斯由，或云钊"，斯由是高句丽史书的记录，钊则来自中国史书。由此看来，很显然，对金富轼来说，中国史书和高句丽史书是两个同等重要却又有很大区别的史料传承系统。尽管如此，从广开土王的王号来看，《三国史记》的记录距离高句丽系统的史料中该王号的原始面貌还是相差很远的。那么可以肯定，至迟在长寿王以下的王号记录中，《三国史记》也存在同样或更严重的缺陷，而包括中国正史在内的其他史料的缺陷就更不用说了，这是我们在研究高句丽史时必须谨记在心的。因此，借助金石刻铭等第一手史料来认识高句丽的王号制度就显得十分必要了。

"国冈上广开土境平安好太王"这一正式的复合型称号，可以分解为三个部分：（1）国冈上；（2）广开土境平安好；（3）太王。这三个部分分别表达不同的意义，有着不同的来源，发挥不同的功能。据现有史料判断，至迟从广开土王时代开始，一个故去的高句丽王的正式王号里应该包含这三个部分。下面分别对这三个部分进行讨论。

一　太王

首先来讨论这三个部分的最后一个部分"太王"，这样做是因为作为一个复合型专有名称，"国冈上广开土境平安好太王"是一个偏正结构的词组，其中"太王"是被修饰的中心词，"国冈上广开土境平安好"则是一组内部关系平等而各有独特功能的修饰词。这种词序取决于高句丽语言的 AN 结构（即修饰词在被修饰词之前），和汉语一样。

高句丽获得汉朝封王的起始时间，与高句丽崛起的历史一样是不太清楚的。不过有一点可以肯定，由于汉武帝攻灭朝鲜，在东北地区设置四郡，极大地改变了这个地区的部族政治格局，一些原本强大的集团发生了崩解和衰落，一些原本弱小的集团得以重组与扩张，高句丽应该是这个变局中的受益者。从语源上说，高句丽就是"山城"的意思，表明高句丽集团的凝成与稳定，开始于作为一个山城的军事和政治单位。[1]《后汉书》记昭帝始元五年（前82）罢临屯、真番二郡以并乐浪玄菟，"玄菟复徙居句骊"。[2] 由此可知，汉以高句丽设县并一度成为玄菟的政治中心，正是高句丽逐步取得对周邻部族政治优势的重要契机。但是，作为玄菟属县时代的高句丽首领，应该只能得到侯或君长的封号，封王大概要等到高句丽成长扩张至玄菟郡难以控制的阶段才有可能。《三国志》记东汉"光武帝八年高句丽王遣使朝贡，始见称王"。[3] 以高句丽称王并获得汉朝认可在王莽之后。可是《汉书》记王莽时高句丽首领为侯，[4] 是在王莽普降四夷王侯封号之后，那么此前高句丽应当已经封王。可能正是因此，《资治通鉴》改为"复其王号"。[5]

"王"或者王的尊称"太王"（与"大王"等同）至迟从西汉后期起至高丽亡国，一直就是高句丽最高政治领袖的正式官称，即使在被王莽降封为侯的短暂时期内，高句丽对内一定会继续称王。而且可以设想，从西汉授予"王"的称号起，"王"这个词连音带义都进入高句丽语言中，成为一个高句丽语的词语。这种情况不仅发生在高句丽语中，扶余、百济、新罗、倭国和部分韩濊也一样借入该词。当然，这种情况也不仅是发生在东北亚，汉朝授予周边"外臣"以王、侯、君、长等级有异的封号及相应印绶，这类名号也就进入受封人群的语

1　参看本书"高句丽国名臆测"一章。

2　《后汉书》卷八五《东夷传》，第2817页。

3　《三国志》卷三〇《魏书·东夷传》，第844页。

4　《汉书》卷九九中《王莽传中》，第4115、4130页。

5　《资治通鉴》卷四二汉光武帝建武八年十二月条，第1360页。

言之中。大型的部族政治集团获得王的封号，因而也都借入了这个汉语词语。甚至可以说，"王"可能是最早一批进入华夏周边诸语言的汉语词语之一。而且由于模仿中原王朝的制度和传统，作为"王"的尊称的"太王"或"大王"，在这些部族政治集团中也应该是不罕见的。因此，不必过度强调"太王"一称的政治意义。[1] 1883 年在所谓太王陵附近出土的砖铭文字"愿太王陵安如山固如岳"，[2] 其实可以用于任何一个高句丽王陵。

　　值得探讨的一个问题是，在以"王"为最高政治领袖称号以前，高句丽君长的称号是什么呢？这个称号在"王"被引入之后的命运如何？《三国史记》记新罗汉阳郡有"遇王县"，"本高句丽皆伯县，景德王改名"；[3] 又记高句丽北汉山郡有"王逢县，一云皆伯，汉氏美女迎安臧王之地，故名王迎"。[4] 前人已经指出，"王逢"就是对"皆伯"的汉译，"王"对应的是"皆"，"逢"对应的是"伯"。[5] 应该注意的是，"王逢"这种译法是一种生硬直译，新罗景德王译作"遇王"才是遵从了汉语语法，可见高句丽语的语序与阿尔泰语一样，动词在受动名词的后面，即 SOV 结构，而不是汉语的 SVO 结构。从"王逢"到"遇王"，反映了把高句丽语专名译成汉语，存在着对书写语言的逐渐适应过程。很显然，"皆"在高句丽语中含有"王"或高级政治领袖这个义项。研究者曾试图把这个表示王的"皆"与"莫离支"之"支"、"麻立干"之"干"联系起来探索其语源。[6]

1　武田幸男：《高句麗史と東アジア——広開土王碑研究序説》，东京：岩波书店，1989，第245—278页。

2　武田幸男：《高句麗史と東アジア——広開土王碑研究序説》，第256—257页。

3　金富轼：《三国史记》卷三五《杂志第四·地理二》，第336页，本章引《三国史记》，均据李丙焘校勘本。

4　金富轼：《三国史记》卷三七《杂志第六·地理四》，第351页。

5　板桥义三：《高句麗の地名から高句麗語と朝鮮語・日本語との史的関係をさぐる》，载アレキサンダー・ボビン・长田俊树共编《日本语系统论の现在：Perspectives on the Origins of the Japanese Language》，第131—186页。

6　Christopher I. Beckwith, Koguryo, The Language of Japan's Continental Relatives: An Introduction to the Historical-Comparative Study of the Japanese-Koguryoic Languages with A Preliminary Description of Archaic northeastern Middle Chinese, pp. 124-125.

要探索"皆"的语源，我们应该看看史料中是否还有其他的音译形式。我认为是有的。《三国史记》记金蛙降世时的扶余王名为解夫娄，[1]且有自称"天帝子"的解慕漱，[2]大武神王"或云大解朱留王"，[3]琉璃明王二十三年所立的太子名解明，[4]大武神王十五年所立的太子名解忧，[5]闵中王名解色珠，[6]小兽林王"一云小解朱留王"，[7]这些人的名字或名号中都有"解"字。而且，《三国史记》记朱蒙"一云邹牟，一云象解"，校注者认为"象解"当是"众牟"之讹。[8]如果解字不讹，那么又增加了解字的一个用例。[9]虽然这些都是传说时代的人物，但高句丽在编写历史的过程中对他们的称呼里都有这个"解"字，这本身是很有认识价值的。

　　高句丽的史料传承系统所使用的是汉字，以汉字记录高句丽语言的专名，包括人名（anthroponym）、部族名和地名，在忠实表达方面难免存在不确定性和不稳定性。这就造成一个后果，即高句丽传承系统的史料本身，也存在很多问题。比如，同一个人名会有不同的汉字音写，以汉字形式凝固下来以后，其原有的共同语源却可能逐渐模糊乃至消失，从而增添了史料的混乱。比如，《三国史记》记美川王"讳乙弗，或云忧弗"，似乎乙弗与忧弗是两个不同的名字，其实二者一定是对同一个人名的不同汉字译写。需要指出的是，《三国史记》里出现这种看似混乱的情况，真实地反映了金富轼所面对的史料本身的复杂情况，特别是反映了有文字时代对无文字时代进行追记的史料特

1　金富轼：《三国史记》卷一三《高句丽本纪一》，第129页。
2　金富轼：《三国史记》卷一三《高句丽本纪一》，第129页。
3　金富轼：《三国史记》卷一四《高句丽本纪二》，第137页。
4　金富轼：《三国史记》卷一三《高句丽本纪一》，第133页。
5　金富轼：《三国史记》卷一四《高句丽本纪二》，第141页。
6　金富轼：《三国史记》卷一四《高句丽本纪二》，第141页。校者指出解色珠之"色"，《三国遗事》与《资治通鉴》皆作"邑"。
7　金富轼：《三国史记》卷一八《高句丽本纪六》，第166页。
8　金富轼：《三国史记》卷一三《高句丽本纪一》，第129页。
9　当然，象为众字之讹，应该是没有问题的。不仅朱蒙、邹牟是同一个专名的不同译写，而且"东明"及"东盟祭"的"东盟"，都是对同一个专名的不同译写。如果"众解"不误，则"众"只是一个省译，"解"是称号。

点，即不一致和不稳定。这种不稳定和不一致其实有助于我们窥探高
句丽早期历史的真实面貌，只是我们应该意识到史料本身的残缺及其
编织历程。

我认为，这个"解"，就是"皆伯"的"皆"，"解"与"皆"都
是高句丽内部对高句丽历史记忆或历史传说中早期最高领袖政治称号
的汉字音译，只是由于译写的时间不同、译者不同，而采用了不同
的汉字。可是，"解"与"皆"的语源又是什么呢？我相信，解、皆
所对应的高句丽名号，就是我过去讨论过的加、兄所对应的 aka。[1] 高
句丽的加系（即兄系）诸官职，来自夫余。从夫余的加，到高句丽的
加系诸官职，到北朝系史料意译加系职官所形成的兄系官位群，再到
新罗的湌（干）系诸职官，可以看到同一个政治名号在空间上从内亚
向东北亚，在族群集团上从夫余经高句丽向新罗，在时间上从汉到唐
的传播过程。在这个过程中，由于语言、文字和文化距离所造成的过
滤、折射作用，加（兄、湌、干）名号的内容与形式在分化、变异的
同时，也发生了原有语义的脱落和迷失。这一研究的意义，在于揭示
高句丽政治文化与政治制度中，存在着与内亚文化、制度传统的深刻
联系。

在引入"王"称之后，加（兄）已经降格为高句丽贵族大臣的官
称，可是为什么在"皆伯"用例里，"皆"仍可以对应"王"呢？也许
可以这样理解：正如汉语里"王"字在皇帝出现以后仍然保留最高政
治称号这一义项，高句丽语中的 aka 仍然保留了从前的词义，有时候
还是按照昔日用法使用的。

由以上论述可知，在得到汉朝"王"的封号之前，高句丽最高政
治首领的称号是 aka，与夫余的高级酋领一样，反映了政治体发育某
一阶段的状况，与传说阶段的史料中所显示的与夫余政权的关系是相
匹配的。

1　罗新：《高句丽兄系官职的内亚渊源》，原载东北亚历史财团编《東北亞関係史性格》，首尔：韩
　　国东北亚历史财团，2009，第45—66页。已收入本书，是为第十三章。

二　国冈上

"国冈上"是广开土王的陵墓所在地。《三国史记》记广开土王之前的高句丽王称号，很多是以葬地为名，略似汉朝皇帝的陵号。其中如大武神王"葬于大兽村原，号为大武神王"，校者以为"村"当作"林"，故葬地应是"大兽林原"。[1]"大兽林原"与"大武神王"是什么对应关系呢？比较小兽林王之得名，正因为"葬于小兽林，号为小兽林王"。[2]同样是"兽林"，一者名大，一者名小。其实，"兽"就是"虎"，显然是为避唐讳而改。同理，"大武神王"之"武"，也应是"虎"，大武者，大虎林也。这类避唐讳改汉字之举，究竟发生在高句丽后期，还是统一新罗时期，现在已难判断，不过这是一个非常有意思的问题。

可以肯定，高句丽有以葬地称呼故去的领袖的文化传统，这个传统是如何形成的，或者说，高句丽的这一传统，是否为东北亚其他部族政治集团所共享，要回答这些问题，当然还有待将来的进一步研究。不过从目前我们对高句丽早期历史的认识来看，高句丽直到壮大到一定程度之前，经历过政治中心的多次移徙，而高句丽传说史料对古代都城和领地的不断强调，与这种频繁移徙的历史之间似乎有某种内在的张力。以葬地称呼故去的君长，是强化历史记忆的手段之一，而历史记忆的建设，显然在高句丽政治体发育中发挥了重要作用。

以"国冈上"为名的高句丽王还有故国原王，"一云国罡上王"。[3]罡上，即冈上。而"国冈上"一词又可以分解为"国"与"冈上"两个部分。"冈上"（或"岗上"）这个词在《三国史记》所记的其他高句丽王的王号中还出现了两次：（1）阳原王"或云阳岗上好王"；[4]

1　金富轼：《三国史记》卷一四《高句丽本纪二》，第 141 页。
2　金富轼：《三国史记》卷一八《高句丽本纪六》，第 166 页。
3　金富轼：《三国史记》卷一八《高句丽本纪六》，第 164 页。
4　金富轼：《三国史记》卷一九《高句丽本纪七》，第 177 页。

（2）平原王"或云平冈上好王"。[1]我们把故国原王、阳原王和平原王
与冈上（罡上、岗上）的对应关系开列如下。

> a. 故国原王，一云国罡上王（"原"对应"罡上"）
> b. 阳原王，或云阳岗上好王（"原"对应"岗上"）
> c. 平原王，或云平冈上好王（"原"对应"冈上"）

这三条用例中，"原"字都是对应"冈上"的，可见"原"和"冈
上"是对同一个高句丽语词的不同汉文意译（liberal translation）。不
同的翻译，一定是出于不同的时间、不同的译者。金富轼编写《三国
史记》时，面对两套甚至多套不同传承系统的高句丽王号史料，他谨
慎地以其中一种为主，同时以"一云""或云"的方式保存了另一种。
而为主的一种，很可能是更完整、更权威、更为高句丽之后新罗、高
丽的学者认可的一种，通常，这会是更晚编定的史书。如果这种推测
成立，那么"原"的出现晚于"冈上"、"罡上"或"岗上"，它出现
的目的就是要代替"冈上"、"罡上"或"岗上"。为什么有这种代替
的必要呢？我认为，只能从汉文的典雅与否来理解。"原"当然是一
个更雅的汉字，而原来的译法即使是忠实的，但显得村野一些。只有
当统治集团较多成员的汉文修养达到一定程度之后，以更典雅的汉文
修订、重写历史才变得必要与可能。

新史修成，旧史仍在，因此出现了不同的史料传承系统。那么
新史修订发生在什么时候呢？从"平原王，或云平冈上好王"的记录
看，新史修成，发生在平原王之后，即高句丽（高丽）的最后三个国
王（婴阳王、荣留王和宝藏王）时期。《三国史记》记婴阳王十一年
"诏大学士李文真，约古史为《新集》五卷。国初始用文字，时有人
记事一百卷，名曰《留记》，至是删修"。[2]可见金富轼所依据的高句

1　金富轼：《三国史记》卷一九《高句丽本纪七》，第178页。

2　金富轼：《三国史记》卷二〇《高句丽本纪八》，第182页。

丽史著很可能包括婴阳王时期李文真删修旧史而成的五卷本《新集》，而改"冈（罡、岗）上"为"原"，应该就发生在《新集》之中。照前述修改原则，在《新集》或其他新出史书中，"国冈上广开土境平安好太王"似乎会被修改为"国原广开土境平安好太王"。不过这种假设很可能是错误的，因为自广开土王之后连续数代的高句丽王的主要称呼，改而使用谥号。对这几代高句丽王来说，陵地称号虽然存在，但似乎均未行用，因此新旧史书都未提到广开土王的陵地号，金富轼自然也就没有采入他的著作。

《三国史记》所记的以葬地为名的高句丽王号，还有一个与上述"冈上－原"对应关系相近似的系列，就是"壤－川"对应系列。《三国史记》所记高句丽诸王的王号中，有五次提到"壤"：

> a. 故国川王"或云国襄"；[1]
> b. 东川王"或云东襄"；[2]
> c. 中川王"或云中襄"；[3]
> d. 西川王"或云西壤"；[4]
> e. 美川王"一云好壤王"。[5]

以上诸例中，"襄"即"壤"，可以视作"壤"的假借字。在这五个用例中，"壤（襄）"与"川"是对应的。可见，"壤（襄）"与"川"是对同一个高句丽语词的不同汉文意译，与前述"冈上－原"的情况完全一样。可以认为，"壤（襄）"与"冈上"属于旧的史料系统，"川"与"原"则属于后出的、修订过的史料系统。这些陵地首先是以高句丽语的词语，出现在高句丽对故去国王的称呼中的，因此，王

1　金富轼:《三国史记》卷一六《高句丽本纪四》，第 150 页。
2　金富轼:《三国史记》卷一七《高句丽本纪五》，第 156 页。
3　金富轼:《三国史记》卷一七《高句丽本纪五》，第 158 页。
4　金富轼:《三国史记》卷一七《高句丽本纪五》，第 159 页。
5　金富轼:《三国史记》卷一七《高句丽本纪五》，第 162 页。

号首先不是以汉语的形式呈现出来的，而是先有高句丽语言的王号，后有汉文的翻译，因而会发生同一语词的不同翻译，以及对在前翻译的后续修订。无论如何，可以确知的事实，就是在高句丽内部，称呼高句丽诸王首先使用的是高句丽自己的语言，而后为了书面记录才翻译成汉文。

如果这个猜测是成立的，那么广开土王之父故国壤王，就应该还有另一个版本即故国川王，但《三国史记》在故国壤王名下并没有加上"一云国壤王"或"一云故国川王"，也许金富轼所见的史料就没有这样的改动，或最多只是在"国壤王"前增加了"故"。为什么呢？因为之前已经有一个故国川王了，如果把这个国壤王改为故国川王，二者必定重复。我的解释是，二者在王号中的这一部分（最开始的部分）的确是重复了，不过他们的王号中应该还有其他部分，足以把他们二人区分开，只是后来传承中后面的那些部分从历史记忆中遗失和脱落了。金富轼可能面对过这个难题，所以他仅仅在故国川王后面写了"或云国襄"，以便区别。

前面所举例子中，已多见"国"与"故国"。"国"指什么？"故国"与"国"是什么关系？我们整理两组相关用例，列成下面的对应关系。

  a. 故国川王，或云国襄（旧史称"国襄"，新史称"故国川"）
  b. 故国原王，一云国冈上王（旧史称"国冈上"，新史称"故国原"）

金富轼所见到的高句丽史书有清楚的新旧差异，最大的差异并不在于把"冈上"改为"原"，或把"壤（襄）"改为"川"，而在于把"国"改为"故国"，因为这一差异涉及空间和视点的改变。正如研究者已经指出的，"故"字是在长寿王迁都以后才加上的，而且加上的确切时间可能是高句丽后期（婴阳王及其以后的时期）重修国史之时。那么，"国"并不是指高句丽国家，而是指高句丽政治中心所在的都城，即国内城。以国内城为都的时代，称都城附近的王陵则带"国"字，此时期编定的史书亦遵此称。以平壤为都的时期所修订的史书（比如《新集》），对国内城附近的王陵改称"故国"。长寿王时期所立的好太王碑称"国冈上"，同一时期的牟头娄墓志第44行也只说"国罡上"，[1]而且庆州壶杆冢出土的青铜盒（现藏韩国国立中央博物馆）底部铭文亦作"国罡上"，[2]没有一例作"故国原"，道理就在这里。

三　广开土境平安好

"广开土境平安好"是谥号，该谥号是由长寿王时期的高句丽政权赠予的，这是研究者都同意的。好太王碑研究的初期，日本学者青江秀就认定"盖薨后所赠之谥"。[3]《三国史记》记高句丽最后一个王宝藏王，称"以失国故无谥"，[4]可见宝藏王之前诸王应有谥号。谥号是中国政治文化传统中极具特色的一部分，是阿尔泰传统中所没有的。中国古代史家很早就注意到内亚阿尔泰传统中没有谥号这个特点，但是并不知道谥号制度其实是春秋战国时代才发展起来的，春秋以前和内亚一样也有官号传统。[5]《北史·蠕蠕传》："蠕蠕之俗，君及大臣因其行能，即为称号，若中国立谥。既死之后，不复追称。"[6]长寿王死后，《魏书·高句丽传》记北魏孝文帝"举哀于东郊，遣谒者仆射李安上策赠车骑大将军、太傅、辽东郡开国公、高句丽

1　牟头娄墓志释文，依据武田幸男《牟頭婁一族と高句麗王権》，《高句麗史と東アジア——広開土王碑研究序說》，第317—322页。

2　National Museum of Korea, *Ancient Writings and Thereafter: Korean Ancient Writings Exhibition*, p.49.

3　青江秀:《东夫余永乐大王碑铭解》，1884年7月，转引自武田幸男《高句麗史と東アジア——広開土王碑研究序說》，第248页。

4　金富轼:《三国史记》卷二一《高句丽本纪九》，第190页。

5　参看本书"可汗号之性质"一章。

6　《北史》卷九八《蠕蠕传》，第3251页。

王，谥曰康"。[1] 然而，在《三国史记》的高句丽王系中，并没有称长寿王为"康王"的用例，说明高句丽并没有接受来自南北朝各王朝的谥号。

不过，尽管高句丽并没有行用来自南北朝各王朝的谥号，但这种谥号制度毕竟会影响高句丽的政治文化，最终，至迟到长寿王时期，高句丽有了自己的上谥制度，"广开土境平安好"就是现在已知高句丽给自己故去的国王所上的最早的谥号。韩国卢泰敦教授认为，《三国史记》所记的高句丽诸王中，4 世纪之前的王号都是原本不存在的，是 5 世纪以后的某一时期追加修订的，这些王号都有谥号的性质。[2] 按照这一理解，5 世纪的高句丽系统地整理了自己的历史，从而形成《三国史记》中高句丽王号的系谱，这当然是为了建设高句丽国家认同（national identity）所做的重要工作。我很赞成卢泰敦教授对高句丽王系形成史的研究，但我认为他把"谥号"理解得过于宽泛了。从传统和制度意义上说，"国冈上广开土境平安好太王"一组名号里，只有"广开土境平安好"是谥号，"国冈上"这一类以埋葬地称呼故去国王的称号至多是不严格的陵号（如前所述，葬地相同者，难以避免重复），当然不是谥号。

《三国史记》记广开土王之前的高句丽王，多以葬地为称，从广开土王开始，出现了严格意义上的谥号，这说明从广开土王到长寿王时期，的确是高句丽政治与文化发生重要变化的时期。长寿王给广开土王所上的谥号"广开土境平安好"应该如何念呢，是"广开土境 / 平安 / 好"还是"广开土 / 境平安 / 好"？从《三国史记》称他为"广开土王"来看，似乎后者是可以成立的。不过《三国史记》记录王号有随意或随机的特点。比如《三国史记》的长寿王本纪开头说长寿王是"广开王之元子也"，接着又说"开土王十八年立为太子"。[3]《三国

1　《魏书》卷一〇〇《高句丽传》，第 2216 页。

2　卢泰敦：《高句丽史研究》，第 38 页。

3　金富轼：《三国史记》卷一八《高句丽本纪六》，第 168 页。

遗事》也只说"广开王"。[1] 也许金富轼取材的史料原貌就是如此。也就是说，高句丽史料对故王谥号的记录本来就是颇为随意或随机的。值得注意的是，这种随意或随机的倾向可能出现很早，也就是早在好太王碑刚立的时候，就已经存在了。牟头娄墓志第 44—45 行所记"国罡上广开土地好太圣王"之称，不仅略去了"平安"二字，而且把"广开土境"写作"广开土地"。[2] 庆州壶杆冢所出青铜盒底部铭文亦作"国罡上广开土地好太王"，[3] 同样是略去了"平安"，并且作"广开土地"。也许这说明，即使在引入谥号制度之后，高句丽在提到先王的时候，也不一定用汉字的谥号，而可能用高句丽语的某种称呼，比如葬地称号或他生前的王号。

　　在转向高句丽王生前的王号之前，我们来看看，前述对广开土王的谥号讨论，可以在哪些方面帮助我们解读现有的史料，特别是《三国史记》里相关的王号记录。

　　高句丽史料对故王谥号记录较为随意或随机的倾向，在广开土王之外，一定还有反映。《三国史记》记录长寿王在位七十九年，薨年九十八岁，因而"号长寿王"。[4]"长寿"应该的确是谥号的一部分，但长寿王的谥号肯定还包括其他部分，可惜"长寿"一号用得过于普遍，谥号中的其余部分反倒都遗失不见了。长寿王之孙文咨明王，"一云明治好王"，[5]《三国遗事》作"名理好"，[6] 显然是避唐讳。根据上文对广开土王谥号的研究，我们可以大胆推测，"文咨明"和"明治"都是谥号的一部分，而且二者还有重叠的地方，也就是说，原来的谥号应该是"文咨明治"，旧史或称"文咨明"，或称"明治"，金富轼也只好兼采入书，却不明白二者本当合而为一。文咨明王之后的七位高句丽王，除最后一位宝藏王"以失国故无谥"外，其他六位都应该是

1　一然:《三国遗事》"王历"，第 10 页。
2　武田幸男:《高句麗史と東アジア—広開土王碑研究序說》，第 320 页。
3　National Museum of Korea, *Ancient Writings and Thereafter: Korean Ancient Writings Exhibition*, p. 49.
4　金富轼:《三国史记》卷一八《高句丽本纪六》，第 172 页。
5　金富轼:《三国史记》卷一九《高句丽本纪七》，第 173 页。
6　一然:《三国遗事》"王历"，第 13 页。

有谥号的，但未必留存下来，自然也不一定被金富轼采入《三国史记》。其中阳原王（阳岗上好王）和平原王（平岗上好王）是以王陵所在地为称的，这反映高句丽社会以葬地称呼故王的传统是何等深厚。另外安原王似乎也是以葬地为称的。剩下的三位，安臧王、婴阳王和建武王之名是否用谥号，已不可考。

好太王碑之得名，就因为碑文所记广开土王的全套称号的末尾是"好太王"。太王乃是对高句丽王的尊称，已如前述。那么"好"有什么意义呢？史料中并不是只有广开土王的称号里带这个"好"字。《三国史记》所记高句丽王号中含有"好"字的，还有：

> a. 美川王，"一云好壤王"；[1]
> b. 文咨明王，"一云明治好王"；[2]
> c. 阳原王，"或云阳岗上好王"；[3]
> d. 平原王，"或云平冈上好王"。[4]

例 a. "好壤王"是陵地号，"好"是修饰"壤"的，并不是修饰"王"或"太王"的，因此与"好太王"之"好"性质不同。剩下的三例结构上与"好太王"相同，性质与功能也应该一样。值得注意的是，此三王都在广开土王之后，正如严格意义上的谥号也是从广开土王以后才有的。因此可以推测，从长寿王即位并安葬广开土王开始，高句丽故王开始获得汉晋制度中那种谥号，而且每一位故王都被称为"好太王""好王"。其实，"好王"是后世称呼"好太王"的省略形式，作为尊称的"太（大）"被省略了。"好"，也许类似汉代大部分皇帝谥号里的"孝"字。南匈奴自呼韩邪之后，诸子六人相继为单于，其单于号的末尾，都有"若鞮"，如同汉代皇帝谥号中

1　金富轼：《三国史记》卷一七《高句丽本纪五》，第 162 页。
2　金富轼：《三国史记》卷一九《高句丽本纪七》，第 173 页。
3　金富轼：《三国史记》卷一九《高句丽本纪七》，第 177 页。
4　金富轼：《三国史记》卷一九《高句丽本纪七》，第 178 页。

皆有"孝"字。[1]高句丽的这个"好"字，可能出于同样的文化影响机制。

从这个意义上说，国内城附近的高句丽王陵在当时都可以被称为"太王陵"，但"好太王陵"，却可能只有广开土王陵与长寿王陵。如果如一些研究者所说长寿王迁都后葬在平壤，那么在集安的高句丽王陵墓中可以称为"好太王陵"的，就只有广开土王陵了。但毕竟拥有"好太王"称号的高句丽王除了广开土王之外，还有长寿王以下的多位，因此把广开土王碑命名为"好太王碑"，的确是有疑问的。

美川王"一云好壤王"，以葬地为称。美川王是高句丽后期重修国史时改定的，原作好壤王。前文已经论证，以葬地为称的高句丽王的名号，很多都在后期修史时得到修改，"壤（襄）"改为"川"，"冈（罡、岗）上"改为"原"。按照这个原则，"好壤王"改为"美川王"，说明"好"对应的就是"美"。从汉字字义上看，"美""好"可通，因此这里的好、美都是汉文语词，不是高句丽语词。改"好"为"美"，大约与改"冈上"为"原"、改"壤"为"川"一样，在于选用雅字。那么，在高句丽后期修订国史时，面对历代高句丽故王称号中的"好"字，是否也改为"美"字呢？这还有待今后的研究。

以上所论，都是高句丽王死后的称号，但他们在世时如何称呼呢？好太王碑提到"二九登祚，号为永乐太王"。青江秀在1884年就指出，永乐太王是"广开土王即位时高句丽群臣所上的尊号"，是广开土王生前实际使用的称号，同时也用作年号。[2]除了年号的解释以外，我认为青江秀的解释是非常正确的，而后来的种种讨论可取者不多。[3]即位时奉上尊号，嗣后以此尊号为称，这是内亚阿尔泰的古老政

1　参看本书"匈奴单于号研究"一章。

2　青江秀：《东夫余永乐大王碑铭解》，转引自武田幸男《高句麗史と東アジア―広開土王碑研究序說》，第252页。

3　这个问题最新的重要资料与研究，见武田幸男对集安所出"永乐铭瓦砖"的讨论，收入武田幸男《広開土王碑との対話》，东京：白帝社，2007，第314—315页。

治传统。很显然，高句丽的政治成长就孕育在内亚和阿尔泰的这一传统之下。

依照阿尔泰的传统，成熟的政治名号由官号和官称两部分联合构成。这种名号并不是死后被追赠的，而是生前与其政治领袖的职务同时获得的，是他生前的正式称号，代替其姓名与此前的一切称号。广开土王在即位时获得了"永乐"的尊号（官号），此官号与他的官称（王）一起，组成他的正式称号。碑文称永乐某某年，意思是永乐太王在位之某某年，如《春秋》等编年史之纪年，绝不意味着王号又用作年号。

即位时获得王号，生前即以此王号为称，这当然不应该是广开土王一个人的孤例，在他之前、之后的高句丽诸王即位之时，也都理所当然地会获得各自的、生前行用的王号。还应该讨论的是，与谥号相区别，这个生前行用的王号既然遵从高句丽的古老传统，那么是否使用高句丽语而不是汉文语词？广开土王的王号"永乐"是不是一个高句丽语词语的汉文翻译？史料所限，难以深究。不过，在广开土王之前的烽上王"一名雉葛"，[1] 小兽林王"一云小解朱留王"，[2]"雉葛"和"朱留"应是高句丽语词，说明此二王的称号中有此非汉语词语。在广开土王之后，高句丽（高丽）末期的几个王之一是"荣留王"，[3]"荣留"也不应是汉语词语。当然，朱留和荣留称号在王号中的性质和功能已不可知，但高句丽王的称号系列里包含有高句丽语词语，应该可信。

综上，高句丽至迟从广开土王开始，有了谥号。可是，这个谥号在高句丽政治和社会生活中应用的程度也许非常有限。书面提到这些谥号时有随意性，而口语中人们是否广泛使用这些谥号，还相当可疑。

1　金富轼：《三国史记》卷一七《高句丽本纪五》，第160页。

2　金富轼：《三国史记》卷一八《高句丽本纪六》，第166页。

3　金富轼：《三国史记》卷二〇《高句丽本纪八》，第187页。

余论：高句丽王号与书写语言

从好太王碑所记广开土王的全套王号来认识高句丽的王号制度，有助于我们观察古代东亚多语言社会里书写语言所发挥的政治功能。在中原华夏政治体逐步扩张的历史过程中，尽管东亚各地区都是多语言多族群社会，然而很长时间内汉语保持了唯一书写语言的独特地位，在政治与行政中发挥了其他任何语言都不能替代的作用。以汉语为母语并最熟练掌握这种书写语言的，就是周秦汉魏中原华夏政治体，它们凭借政治体规模、文化复杂度与各类技术发展等方面的优势，在东亚世界取得了领先和支配的地位，建立了以中原朝廷为中心的国家秩序。而书写在这一历史中的意义，自是无待烦言。

应该考察的问题是，书写语言在国家秩序下的多语言社会里如何发挥作用，发挥哪些作用，如何影响与书写语言完全分离的口头语言，又如何为非母语人群所掌握、所利用。这些都是很大的题目，但都值得我们思考，并在具体的文本研读中进一步细化研究。

高句丽进入汉朝四夷王侯君长体系以后，就势必要进入以汉语为书写语言的文书世界。书写语言不仅仅是书写工具，汉语所代表的文化价值、文化理想、政治技术、道德伦理和制度原则，都会随着书写语言的应用而极大地作用于东北亚的非汉语社会。然而，非汉语社会并不是单纯的受影响者。[1]高句丽统治集团也会利用这种书写语言去建立和巩固对周边族群的文化与政治优势。在中原国家秩序中处于边缘地位的高句丽，会以同样的秩序建构方式塑造自己在东北亚的中心地位。好太王碑文中对韩濊、新罗、百济、倭国的描述方式，就是借助

1　Joseph K. Yamagiwa, "From the Chinese to the Korean, Japanese, and Vietnamese Systems of Writing: Three Cases of Linguistic Nationalism," in Denis Sinor ed., *American Oriental Society, Middle West Branch, Semi-Centennial Volume: A Collection of Original Essays,* Bloomington: Indiana University Press, 1969, pp. 233-267.

和发挥了书写语言自身的传统。[1]好太王碑改百济为百残，就是最典型的例证。

从作为书写语言的汉语在非汉语社会所发挥的政治和文化影响这个视角，重新审视古代东亚、东北亚、东南亚乃至内亚世界的历史，应该可以获得一些新鲜且富有启发的认识。

---

1 武田幸男:《長壽王の東アジア認識》,《高句麗史と東アジア—広開土王碑研究序説》, 第 201—244 页。

第十五章　论阙特勤之阙

　　基于突厥学及突厥史研究已有的巨大积累，把中国古代文献中用汉字转写的古突厥称号与专名（titles and proper names）尽可能多地还原为突厥语原生或突厥语借词词语，成为一项越来越可能并且越来越紧迫的任务。鄂尔浑突厥文碑铭被解读并研究以来的一百多年间，这方面已经积累了相当丰富的成果。近年有学者开始从事较为综合的工作，试图系统地总结已有的零碎研究。其中最为突出的有Rybatzki对古突厥文碑铭中突厥和回鹘君主的名号所进行的全面整理，[1]以及涂逸珊在把《旧唐书·突厥传》翻译成土耳其文时对突厥称号与专名的条

1　Volker Rybatzki, "Titles of Türk and Uigur Rulers in the Old Turkic Inscriptions," *Central Asiatic Journal*, Vol. 44, No.2 (2000), pp. 205-292.

列和分析。[1] 这两项工作，一个是试图找到突厥文中的名号所对应的中古汉文转写形式，另一个则是试图把汉文转写的突厥名号还原为突厥语词语，方向虽然相反，目标却完全一致，即总结和完善一百多年来众多突厥学家和突厥史学家对中国中古时代汉字转写的突厥称号与专名的研究，努力发掘汉文突厥史料所包含的丰富的突厥史信息。

由于单音节方块汉字在表音方面的局限，也由于我们对中古汉字读音的认识并不完整和精确，要辨识和还原中古时期以汉字转写的外来语词汇，绝非易事。至今存有争议的众多案例，加上更多无人触及的汉字转写突厥名号，使要完全实现这一目标似乎是不可能的。可是，随着研究的深入，一方面是对古突厥语知识的积累，另一方面是对汉文史料的挖掘，局部地推进这一研究的可能性越来越大。试举一例。《太平寰宇记》卷三八振武军金河县下有"磨勒城水"条："突厥名鱼为磨勒，此水出鱼倍美，故以指名。"[2] 今突厥语族的大多数方言，还称鱼为 balık，[3] 显然"磨勒"（特别要注意，"勒"是以 -k 收声的入声字）就是 balık 的汉字转写形式。克劳森在其辞典的 balık 条下所举最早的用例来自古回鹘文。[4] 鄂尔浑突厥文碑铭中虽然多次出现发音完全相同的 balïk，但词义仅限于城镇与泥土，没有词义为鱼的用例。[5]《太平寰宇记》的"磨勒城水"这条用例可能是已知最早的一条。从"磨勒城水"可知，南迁的突厥人不仅以磨勒名水，还以磨勒名城。在汉文史料中，像这样可以找到突厥语对应语汇的转写形式还有很多，每解决一个具体问题，整体上增进突厥史知识的可能也就变大了。

本章以阙特勤的特勤号"阙"为个案，具体探讨该名号的语源、用法及其汉字转写的多种形式，并进而探寻它在突厥及前突厥时代的

1　İsenbike Togan, *Çin Kaynaklarında Türkler: Eski T'ang Tarihi (Chiu T'ang-shu)*, Açıklamalı Metin Neşri, Ankara: Türk Tarih Kurumu, 2006, pp. 345-412.

2　乐史：《太平寰宇记》卷三八，文海出版社，1962，第 315 页。

3　Hasan Eren, *Türk Dilinin Etimolojik Sözlüğü*, 2. Baskı, Ankara: Bizim Büro Basım Evi, 1999, p. 36.

4　Sir Gerard Clauson, *An Etymological Dictionary of Pre-Thirteenth-Century Turkish*, p. 335.

5　Talât Tekin, *A Grammar of Orkhon Turkic*, pp. 307-308.

内亚草原上的使用情况，以展示中古时期内亚民族诸政权在名号制度方面的继承性和连续性。

一　阙特勤之阙的语源问题

在毗伽可汗碑与阙特勤碑的汉文和突厥文碑文中，"阙特勤"是突厥文词语 kül tigin（特勤的拉丁转写又有 tejin/tekin 等形式）的汉字转写形式，对应"阙"的是 kül，可见唐代史料中的阙特勤就是 kül tigin，反映了唐朝官方的译法。据 Talât Tekin 统计，除了主格形式的 kül tigin 之外，还存在其他语法形态的变化，如所有格及与格的表达，分别有所有格的 kül tigin atïsï（阙特勤之侄）、与格的 kül tiginig az ärin irtürü（派阙特勤与少量的人去）和所有格 kül tiginiŋ altunïn kümüsïn（阙特勤之金银）等多种形式。[1] 值得注意的是，kül 在毗伽可汗碑中还有两个用例，与阙特勤无关，见毗伽可汗碑南面第 13 行和第 14 行，分别是西部达头部（Tarduš）的首领 Kül Čor（阙啜）和汗庭贵族 Säbig Kül Irkin（娑墨阙俟斤），这两个人都不是指阙特勤。[2] 在所有这些用例中，阙（kül）只是一个官号或一组官号的一部分，与其修饰对象官称如特勤、啜和俟斤结合构成一个完整的政治名号。尽管用单音节的汉字"阙"未必能够贴切地模拟 kül 的发音，但如果考虑到"阙"是以 -t 收声的入声字，那么 kül 词尾的辅音 -l 短促而轻微的发音，还是部分地得到了表现。此外，还应考虑到唐人之所以选用这个汉字，很可能与它所含有的"缺失、不恭"的贬义有关。

突厥学家们几乎都同意，kül 与 küli 及 külü 是同一个词，也许词尾有短元音 -i/ü 的 küli/külü 是这个词的原始形态，也许 -i/ü 只是 kül 与后面以辅音开头的词语连读时自动嵌入的连接元音（connective

---

1　Talât Tekin, *A Grammar of Orkhon Turkic*, p. 353.

2　Talât Tekin, *Orhon Yazıtları*, p. 54.

vowel）。比如克劳森就强调，küli 作为该词原始形态的可能性是不能排除的。[1]有了这个短元音之后，作为一个完整音节的 -li/lü 在转写时通常不可能被忽略。1912 年波兰突厥学家科特维奇（Władysław Kotwicz）在蒙古发现著名的 Küli Čor 碑，因西面第 2 行记碑主为 išbara čiqan küli čor，一般称此碑为 Küli Čor 碑。[2]也许是因为多数研究者都相信这个 Küli Čor 就是毗伽可汗碑南面第 13 行所提到的 Kül Čor（阙啜），[3]中国学者通常音译此碑为"阙利啜碑"。可是在唐代文献中我们找不到"阙利啜"这样的译法，而只能找到"阙律啜"、"屈律啜"和"屈利啜"等转写形式。《新唐书》的《突厥传》记突骑施部落有"处木昆匐延阙律啜"（匐延即 bayan，即柔然及早期突厥之"莫缘"[4]），同书《苏定方传》却记作"屈律啜"。[5]《旧唐书》所记"西突厥重臣屈利啜"，[6]其实也是 Küli Čor 的转写形式。这些 Küli Čor 虽然不是同一个人，却都拥有 küli čor 的名号，可见官号 küli 与官称 čor 的结合十分紧固。这种紧固关系肯定给唐朝官员留下了深刻印象，所以他们在记录突厥职官时把这个包含着官号与官称（"屈律啜"）的复合名号，与设（šad）、特勤（tegin）、阿波（apa）、吐屯（tutun）和俟斤（irkin）等非复合名号并列，当成一个固定的官职。[7]当然，也有学者把"屈律啜"还原为 külüg çor，[8]这样处理的前提是认为 külüg 与 küli 一样，是由名词词干 kü 加上后缀 -lüg 或 -li 组成，自然是同源且同义的。

    不过，也有一些突厥学家如吉罗等认为 kül tegin 实际应当是 köl

1　Sir Gerard Clauson, *An Etymological Dictionary of Pre-Thirteenth-Century Turkish*, p. 715.

2　Talât Tekin, *A Grammar of Orkhon Turkic*, p. 257.

3　芮传明：《古突厥碑铭研究》，第 304—305 页。

4　参看本书"虞弘墓志所见的柔然官制"一章。

5　《新唐书》卷二一五下《突厥传下》，第 6068 页；卷一一一《苏定方传》，第 4138 页。

6　《旧唐书》卷一九八《西戎·焉耆传》，第 5302 页。

7　杜佑：《通典》卷一九七《北狄四·突厥上》，第 5402 页；《旧唐书》卷二一五上《突厥传上》，第 6028 页。

8　İsenbike Togan, *Çin Kaynaklarında Türkler: Eski T'ang Tarihi (Chiu T'ang-shu)*, pp. 80–83.

tegin。[1]巴赞还强调这里的 -ö 是长元音。[2]巴赞把麻赫默德·喀什噶里的《突厥语大词典》中对 köl 一词的解释当作阙特勤之"阙"最早的语源依据。《突厥语大词典》举出葛逻禄首领的称号 köl irkin，köl 即"湖、池"，并解释说 köl irkin 就是"如满池的水一样聚集起来"。[3]这当然令人联想起成吉思汗的可汗号"成吉思"（Činggis/Tengis）和菊儿汗的可汗号"菊儿"（Gür），词义都是湖、海，显示以这类美称为可汗号或官号至少在后来的北族中是流行的（还有达赖喇嘛的喇嘛号 Dalai/Tuluy[4]）。但是克劳森认为，根据汉字"阙"的发音情况来推测，辅音 k 与 l 之间不那么确定的元音应当是 -ü 而不是 -ö，并斥责 köl irkin 的语源解释为"荒谬"。[5]从我们前面已经举出的"屈"及随后将要举证的更多的汉字转写形式可以看到，克劳森及绝大多数突厥学家的判断是正确的。

现在我们来看看 kül 的语源与词义问题。在抛弃了 köl 的释读之后，有学者相信，kül 是由名词词干 kü-（词义为"光荣"）加上后缀 -l 构成的形容词，意思是"光荣的"。[6]Küli 则是由 kül 继续添加后缀所形成的同义词。这一语源假定的前提是突厥汗国的官号 kül 出自突厥语。正如本章随后所要讨论的，由于这个基于美称所凝固下来的官号早已出现在中古北族的其他族群中，特别是出现在说古蒙古语的拓跋

1　勒内·吉罗：《东突厥汗国碑铭考释——骨咄禄、默啜和毗伽可汗执政年间（680—734）》，第 106 页。持同样看法的学者还有很多，参看 Wolfgang-Ekkehard Scharlipp, *Die frühen Türken in Zentralasien. Eine Einführung in ihre Geschichte und Kultur*, Darmstadt : Wissenschaftliche Buchgesellschaft, 1992, p. 19.

2　路易·巴赞：《突厥历法研究》，耿昇译，中华书局，1998，第 180—182 页。此外，他怀疑 küli čor 之间省略了一个辅音 č，即 kül-ič-čor（ič 是突厥语"内"的意思）。当然这一怀疑是不成立的，这是他不理解北族名号结构而造成的错误。见该书第 215 页。

3　Mahmūd al-Kāšgari, *Compendium of the Turkic Dialects (Dīwān Luγāt at-Turk)*, Part I, p. 137.

4　Denis Sinor, "The Mysterious 'Talu Sea' in Öljeitü's Letter to Philip the Fair of France," *Analecta Mongolica Dedicated to Owen Lattimore*, Bloomington, Indiana: Mongolia Society Occasional Papers No. 8, 1972, pp. 115–121.

5　Sir Gerard Clauson, *An Etymological Dictionary of Pre-Thirteenth-Century Turkish*, p. 715.

6　阔南诺夫：《七—九世纪突厥鲁尼文字文献语法》第一至第六章，王振忠译，《突厥语研究通讯》1985 年第 3—4 期，第 21 页。

鲜卑和柔然政权中，有理由相信这个前提是存有疑问的。另有许多学者相信，kül 的语源很可能与"灰烬、炭灰"有关。这个词义在古回鹘文献和中古多种突厥方言中存有用例，引申义有散布、传播、尘土、飞扬，等等。[1]但这个词很可能是突厥语借自波斯语的。波斯语 gul（火）借入突厥语之后，衍生出"灰烬"等词义，派生出 külhan（锅炉房）等与燃烧、灰烬有关的词。[2]问题是突厥语从波斯语借入这个词的时间是不是早于中古时期？[3]是否在突厥崛起之前这个词已经进入古蒙古语之中？正如"莫贺"（baɣa）和"跋"（bäg）未必是从波斯语借入内亚草原一样，[4]把中古内亚诸游牧政权中流行的官号 kül 的语源看作波斯语借词，以迄今所知的语言和历史资料来看，还是十分可疑的。

显然，目前还没有办法明确 kül 的语源。虽然我们知道它一定是一个从美称演进而来的官号，但这个美称的原始词义已经难以考证。这一困境是阿尔泰学家们在考察其他绝大多数北族专名，比如探寻"莫贺""跋""俟斤"等官号或官称的语源时，都不可避免地遭遇过的。不过这并不妨碍我们对其官号属性的确认，也不妨碍我们进一步探讨这个官号在突厥时代及前突厥时代的内亚游牧诸政权中的使用情况。尽管对某些转写形式的辨识未能如阙特勤之阙那样获得突厥鲁尼文碑铭的直接支持，但随着我们逐步积累有关中古汉文转写外来语特别是阿尔泰语专名的规律性知识，以及我们对中古汉语语音的一般知识，这种尝试还是具有一定可行性的。

当然，并不是所有汉文转写的专名都可以还原为一个确切无疑的阿尔泰语词语，但至少我们可以把某一暂时不能确认的北族专名的不同转写逐渐给辨识出来加以归类。例如东突厥第一汗国有始毕可汗，

1　Sir Gerard Clauson, *An Etymological Dictionary of Pre-Thirteenth-Century Turkish*, p. 715.

2　İsmet Zeki Eyuboğlu, *Türk Dilinin Etimolojik Sözlüğü*, İstanbul: Sosyal Yayınlar, 2004, p. 456.

3　在喀什噶里《突厥语大词典》里已经有 kül 的这个借入的词义，出现在"吹火胜似吹灰"这条谚语中，见 Mahmūd al-Kāšgari, *Compendium of the Turkic Dialects*（*Dīwān Luɣāt at-Turk*），Part I, p. 267。

4　参看本书"柔然官制续考"一章。

研究者一直无法把这个可汗号"始毕"还原为一个突厥语词。然而我们知道北朝鲜卑有名什伐者。《文苑英华》载北周庾信撰《周陇右总管长史赠太子少保豆卢公神道碑》，记豆卢永恩之祖名代，[1]今本《庾子山集》亦同，[2]显然是全袭旧本。好在原碑于 1919 年在陕西咸阳出土，现藏咸阳博物馆，可用以校订《文苑英华》本的字句讹误。[3]在出土的碑文中，豆卢永恩的祖父名什伐。什伐与始毕几乎同音，伐与毕都是对 bäg 一词的转写，什与失尚无可考索（可能就是 iš），但可以肯定什伐与始毕是对同一组名号组合的不同转写。昭陵六骏有名"什伐赤"者，赤指马的毛色，什伐则是北族政治名号，"什伐赤"与"特勤骠"的构词形式是一样的，什伐之赤恰好对应特勤之骠。[4]尽管我们最终无法知道"什伐 / 始毕"这一名号组合中的第一部分"什 / 失"是否省略了某个音节，[5]但把几种不同的转写形式联系起来，必将有助于下一步的研究。

为了说明这种工作多少能够给深入探索突厥史带来启发，我们再举一个例子。突厥的可汗号和官号中有"尔伏"（尔伏可汗）和"泥步"（泥步设），凭借我们对中古汉语语音的认识，至少可以确认，这

---

1 《文苑英华》卷九二五，第 4868 页。

2 《庾子山集注》卷一四，第 924 页。

3 毛远明：《石本校〈庾子山集〉二篇》，"纪念西安碑林九百二十周年华诞国际学术研讨会"论文，2007 年 10 月。

4 鄂尔浑碑铭中有多处将突厥官号与马联系在一起的用例，恰好可以证明昭陵六骏中的"什伐赤""特勤骠"的得名，源自突厥传统。阙特勤碑文东面第 32 行有 tadïq/tadık（字母 ï 与 ı 均表示突厥语中窄的非圆唇后元音）的官号，与官称"啜"（čor/çor）组合在一起，以所有格（有后缀 -ïŋ/-ın）的形式修饰骏马。见 Talât Tekin, *A Grammar of Orkhon Turkic*, p. 235；Talât Tekin, *Orhon Yazıtları*, p. 16. 对这种以所有格形式出现的政治名号，从语法上判断，后面的骏马与前面的名号之间具有领属关系。也就是说，tadïq/tadık čor/çor 是马的主人的名号（官号＋官称），而不是马的荣誉称号。参看芮传明《古突厥碑铭研究》，第 163—174 页。由此可见，昭陵六骏"什伐赤"与"特勤骠"之名，什伐与特勤都是有具体指向的人的名号。

5 关于突厥可汗号"失毕"，最有影响力的研究是苏联学者古米廖夫（L. N. Gumilev）做出的，他在《古代突厥》一书中，提出"失毕"对应的突厥词语应当是 şibir，见该书的土耳其文译本 *Eski Türkler*, İstanbul: Birleşik Yayıncılık, 1999, pp. 212–218. 中国学者薛宗正在其《突厥史》书末所附"突厥历代君长、名臣汉译名号的突厥语还原"表中，把失毕还原为 Ix bəg，但未能给出适当的解释，见《突厥史》，第 785 页。

两个词其实是对同一个北族名号的不同音译，也就是说，尔伏就是泥步，它们不过是对同一个或一组北族专名不同的汉文转写而已。在这一基础上，我们还可以进一步探求它在其他语言中的转写形式。在著名的粟特文布古特碑铭文中，左侧第 2 行提到 niwar/ nawār/ näwär 可汗，对应的就是中国史籍中的摄图（即始波罗 / 沙钵略可汗）。[1] 研究者难以在 niwar/ nawār/ näwär 与中国史籍中摄图后来的可汗号或其某一部分之间建立起对应关系。克利亚什托尔内敏感地意识到可能与摄图早期的可汗号"尔伏"之间有一定联系，但不敢肯定。[2] 护雅夫也在这种对应关系后面打了个问号。[3] 其实，古代突厥语词尾 -g 与其他语言（特别是粟特文和其他伊朗语族的语言）转写中 -r 的对应，是相当普遍的现象。因此 niwar/ nawār/ näwär 也就是 nibag/nabag/näbäg，也就是汉文史料中的"尔伏"或"泥步"。《隋书》记载佗钵可汗时以摄图为"尔伏可汗"，既然"尔伏"曾经是摄图的可汗号，那么突厥人以"尔伏"称呼他是自然之理。由此完全可以肯定，粟特文的 niwar/ nawār/ näwär 形式，和汉文的"尔伏""泥步"一样，都是对摄图原先的可汗号的不同转写形式。有趣的是，从语音复原的角度来分析，汉文的转写形式（"尔伏"或"泥步"）距离古突厥语的读音（nibag/ nabag/näbäg）可能更接近一些。

二　隋唐时期的俱卢与处罗

《隋书》记摄图被立为突厥可汗，其可汗号是"伊利俱卢设莫

1　这个 niwar/ nawār/ näwär 出现在布古特碑铭文的 B-1 第 2 行，见 S. G. Kljaštornj and V. Livšic, "The Sogdian Inscription of Bugut Revised," *Acta Orientalia Academiae Scientiarum Hungaricae*, Tomus XXVI(1), 1972, pp. 69-102. 布古特粟特文铭文的最新录文，请参看吉田丰录文，载森安孝夫与オチル（A. Ochir）主编《モンゴル国现存遗跡・碑文調查研究報告》，第 122—124 页。

2　S. G. Kljaštornj and V. Livšic, "The Sogdian Inscription of Bugut Revised," *Acta Orientalia Academiae Scientiarum Hungaricae*, Tomus XXVI(1), pp. 74-75.

3　护雅夫:《古代トルコ民族史研究》Ⅱ，东京：山川出版社，1992，第 206 页。

何始波罗"，[1] 隋朝简称之为"沙钵略"，沙钵略即始波罗（išbara）之异译，这种译法显然是为了在字面上赋予这个名字一定的贬义。[2] 对摄图的可汗号"伊利俱卢设莫何始波罗"，伯希和还原为 El kül šad bagha išbara，其中对应"俱卢"的就是 kül，[3] 可见"俱卢"是隋代对 kül 的汉字转写形式之一。伯希和的这一观点得到后来研究者的完全同意，比如普里察克在研究汉文史籍中有关古突厥统治者的诸名衔时，就接受了伯希和的这一还原，只是对"伊利"的对应词略做调整（ilik<ilig<il+lig）。[4] 普里察克还认为汉文"伊利俱卢"的发音（在伊利 ilig 与俱卢 külü 之间省略了重叠的辅音 -g），准确反映了古突厥语中非常典型的排斥双辅音的倾向。[5]

在突厥时代，kül 的汉文转写形式除了以上讨论过的阙、阙律、屈利、屈律和俱卢以外，我认为还可以加上"处罗"。隋炀帝时期，西突厥泥利可汗死后，其子达漫立，是为泥撅处罗可汗，简称处罗可汗。[6] 唐初，东突厥第一汗国始毕可汗死，弟俟利弗设被立为可汗，其可汗号同样是"处罗"。[7] 对这个"处罗"，涂逸珊在否定了还原为 kara（黑色）的观点以后，采取了谨慎的处理方式，仅仅使用拼音（Ch'u-lo）。[8] 按突厥汗国时代以 kara 为名号的事例当然是有的，但汉文转写形式并不是处罗，而是科罗或珂罗。《通典》记突厥"谓黑色者为珂罗便，故有珂罗啜"。[9] 显然，珂罗是 kara 的转写，珂罗啜即

1 《隋书》卷八四《北狄·突厥传》，第 1865 页。

2 "始波罗"是突厥方面自己的译法，"沙钵略"则是隋朝官方故意赋予贬义的译法，所以在突厥给隋朝的书信中作"始波罗"，在隋文帝的回信中则作"沙钵略"，俱见《隋书》卷八四《北狄·突厥传》，第 1865—1870 页。

3 伯希和：《中亚史地丛考》，冯承钧译《西域南海史地考证译丛五编》，第 118—119 页。

4 Omeljan Pritsak, "Old Turkic Regnal Names in the Chinese Sources," *Journal of Turkish Studies*, Vol. 9, 1985, pp. 205-206.

5 Omeljan Pritsak, "Das Alttürkische," *Handbuch der Orientalistik*, Erste Abteilung, Fünfter Band, Erster Abschnitt, 2nd ed., Leiden, 1982, p. 33.

6 《隋书》卷八四《北狄·西突厥传》，第 1876 页。

7 《旧唐书》卷一九四上《突厥传上》，第 5154 页。

8 İsenbike Togan, *Çin Kaynaklarında Türkler: Eski T'ang Tarihi (Chiu T'ang-shu)*, p. 96.

9 杜佑：《通典》卷一九七《北狄四·突厥上》，第 5403 页。

Kara Čor。[1] 由此可知，《周书》所记突厥第二个可汗原名科罗（即乙息记可汗），[2] 应当和珂罗一样都是 kara 一词的转写。据蒲立本所构拟的早期及后期中古音，"科"与"珂"字的元音都是 -wa/-ua/-a（后元音），"屈"和"处"的元音则非常接近 -ü 的前元音。[3] 处罗显然不是 kara 的音译。

　　但是，要说"处罗"便是 kül 的另外一种转写形式，需要解决用"罗"字音译 kül 词尾的辅音 -l 的问题。在始波罗（išbara）和珂罗（kara）两例中，"罗"字用来转写最后一个音节 -ra，是因为它的中古读音是 la，[4] 以汉语的发音来说，-ra 与 -la 是没有区别的。可是对于后面不带元音的 -l 来说，用不收声的 -la 来拟音，无论如何是不够协调的。那么，如何理解以"处罗"音译 kül 的情况呢？我认为，虽然作为官号使用的 kül 在与官称或其他官号并列组合为一个政治名号时，是不需要添加任何形式的后缀的（添加后缀就会改变该名号内部各单元之间的关系），但这并不意味着它与后面的官号或官称连读时不会被嵌入任何连接元音。事实上，只要 kül 与后面以辅音开头的词连读，某个合适的连接元音的嵌入就是不可避免的。而且，这个自动嵌入的元音有时并不必然追求与前一个音节中的元音 -ü 相协调（元音和谐）。事实上，后续词语第一个音节的元音会影响嵌入元音的选择。比如在"处罗可汗"这一名号组合中，Kül 与 Khagan 之间所嵌入的元音应当受到 Khagan 的第一个元音 -a 的影响，因而形成 kül-a-khagan 的发音形式。因此，对这里的 kül-a，用"处罗"来拟音就是非常准确的。

　　阿尔泰词汇词中或词尾常见的辅音 -l/-r 组合，在汉语里如何转写呢？还是以 išbara 为例，突厥人自己的音译作"始波罗"，而隋朝音译作明显带有贬义色彩的"沙钵略"，"略"与"罗"一样都是对应 -ra

---

1　韩儒林：《突厥官号考释》，《穹庐集》，第 309 页。

2　《周书》卷五〇《异域·突厥传》，第 909 页。

3　Edwin G. Pulleyblank, *Lexicon of Reconstructed Pronunciation in Early Middle Chinese, Late Middle Chinese, and Early Mandarin*, pp. 172, 260, 60.

4　Edwin G. Pulleyblank, *Lexicon of Reconstructed Pronunciation in Early Middle Chinese, Late Middle Chinese, and Early Mandarin*, p. 203.

的。可是据蒲立本构拟的中古音，"略"与"勒"一样应读作 liak，[1]是以 -k 收声的入声字，与 la 的区别是非常明显的，有趣的是时人仍然能够接受这样的音译。又如歌罗禄（葛逻禄）是对 Karluk 的音译，其中"罗""逻"对应不带元音的小舌音 -r，反映了汉语对 -r 拟音的困难之处（把短促的音节拉长了，把不重读的音节重读了），不过这也提示我们不应过度强调这些拟音汉字本身的元音的重要性。当词干中的辅音 -l 不带元音时，对它的音译用字事实上仍然呈现出五花八门的景象，其中有些是入声字，有些不是，其元音也多种多样，尽管看似毫无章法，但考虑到连读及其他各种情况，其实并不是不能理解的。这就是为什么我们注意到许多名号词尾的 -l，被译写成了如勒、乐、略、六、洛、落、罗、鹿、卢等相互关系很不清晰的汉字。

我们再举几个例子。唐代常用"毗伽"来音译 bilge，这是 bilge 最著名的译法。由于"毗"是不收声的，这种译法就明显省略了一个音节 -l，这在古代用汉字转写外来语词语时是常见现象。如《旧唐书》提到开元四年有突厥降户阿悉烂等反叛，[2]阿悉烂显然是 aslan（狮子，突厥语从波斯语借入的词语）。这个词容易辨认是因为汉字转写未曾省略音节，而在省略了音节、反映原词语连读或快读的转写情况下，就常常难以确认了。比如突厥起源传说中有个"阿贤设"，我怀疑即 Aslan Šad，[3]就如以"毗伽"转写 bilge 一样，轻读或省略了辅音 -l 的发音。对于 bilge 这个词，隋代以前的译法，通常用三个汉字，把 bilge 的三个音节都译出来。拓跋鲜卑有步六孤氏（后改为陆氏）和步鹿根氏（后改为步氏），北朝稽胡的全称是步落稽（有时又写作步落坚），北齐武成帝的小字是步落稽，柔然有可汗本名步鹿真，这些全都是 bilge 的不同音译形式。[4]译写 -l 音节的汉字分别是六（luwk）、

1　Edwin G. Pulleyblank, *Lexicon of Reconstructed Pronunciation in Early Middle Chinese, Late Middle Chinese, and Early Mandarin*, p. 205.

2　《旧唐书》卷一九四上《突厥传上》，第 5173 页。

3　如果这一推测成立，可以看到突厥诸起源传说中，确有鲜明的伊朗文化影响。

4　Peter A. Boodberg, "Two Notes on the History of the Chinese Frontier," in *Selected Works of Peter A. Boodberg*, pp. 301–304.

落（lak）、鹿（lǝwk），都是以 -k 收声的入声字，用来模拟不带元音的 -l 短促轻微的发音。再如北齐斛律金字阿六敦，阿六敦即 altun（"金"，今突厥诸方言中多作 altın，蒙古语作 altan），同样是用"六"来音译 -l 这个音节。不仅出自突厥语族的斛律金有这个名字，出自讲古蒙古语语言的慕容鲜卑的慕容垂，同样有"小字"阿六敦。[1] 北魏文成帝南巡碑碑阴题名中有"武毅将军、内三郎、敕烦阿六敦"，[2] 说明拓跋集团中也有以 altun 为名的。无论是 bilge 还是 altun，辅音 -l 后面都没有元音，其发音短促而轻微，用汉字六、落、鹿（都以 -k 收声）来拟写这个音节，基本上是准确的。

　　因此有理由把"处罗"与 kül 勘同。也就是说，东、西突厥的两个"处罗可汗"其实就是 Kül Khagan，其可汗号与阙特勒的特勤号是完全相同的。如果是这样，那么也有利于我们分析"处罗"与其他名号结合而形成的新名号组合。比如，《新唐书》记唐太宗派遣果毅何处罗拔出使罽宾。[3] 何是粟特姓（何国，音译为屈霜你迦，即 Kusânika/Kusânik/Kusâniyya），处罗拔是名，这个名字就是一个北族名号组合，即 Kül Bäg。突厥政治名号广泛施用于中亚伊朗语人群中，这是西突厥长期统治和影响的结果。如《新唐书》记康国（音译为飒秣建，即 Samarkand）的石国（音译为者舌、赭石或柘支，即 Chach）国王的王号为"伊捺吐屯屈勒"，[4] 屈勒亦为 kül 的异译，整组王号可以还原为 Inel Tutun Kül，完全来自突厥的政治名号传统。唐诗常见宝马"叱拔"之名，蔡鸿森先生认为"叱拔"可能是"什伐"的异译，而且试图在粟特语中寻找其语源。[5] 其实，"叱"与"什"有明显的辅音差异，所对应的语词很难认为是同一个。我觉得，叱拔与处罗拔一样，是对 kül bäg 的拟音（叱和阙一样是以 -t 收声的入

1　《太平御览》卷一二五引崔鸿《十六国春秋》，第 605 页。
2　山西省考古研究所、灵丘县文物局：《山西灵丘北魏文成帝〈南巡碑〉》，《文物》1997 年第 12 期，第 77 页。
3　《新唐书》卷二二一上《西域传上》，第 6241 页。
4　《新唐书》卷二二一下《西域传下》，第 6246 页。
5　蔡鸿生：《唐代九姓胡与突厥文化》，中华书局，1998，第 225—229 页。

声字）。不过 kül 与 bäg 组合起来的传统并非始自突厥，北魏文成帝南巡碑碑阴题名中有"宁朔将军、内三郎、晋安子斛律出六拔"，我们知道斛律即屈律（küli），而出六拔即处罗拔（kül bäg），这一姓名可以复原为 Küli Kül Bäg。北齐文宣帝高洋时曾经"于长城内筑重城，自库洛拔而东至于坞纥戍，凡四百余里"，[1] 这里的"库洛拔"地点不详，不过这个地名显然同样出自 Kül Bäg 或 Külü Bäg，与处罗拔、出六拔是一样的。

吐鲁番阿斯塔那三二九号墓出土的《高昌虎牙元治等传供帐》，第 1 行提到"珂寒（即可汗）使"，第 7 行提到"婆演大官"（即 Bayan Tarkan），第 8 行提到"供恕罗珂寒乌都伦大官"。[2] 姜伯勤先生推测，这里的"恕罗珂寒"，就是西突厥的处罗可汗。[3] 恕罗与处罗勘同，十分可疑。如果他的判断是正确的，那么说明在高昌地区用汉字转写处罗可汗的可汗号时，采用了"恕罗"的形式。

值得注意的是"处罗侯"这一组合。东突厥第一汗国在摄图（始波罗可汗，即 Išbara Khagan）之后的可汗是叶护可汗（Yabgu Khagan），被立为可汗之前号曰"叶护处罗侯"。[4] 如果"处罗侯"是一组由"处罗"加上"侯"构成的名号组合，那么应当如何还原"侯"呢？蒲立本构拟的"侯"的中古音是 γǝw，其语源目前还难以解索。同样属于突厥语族的高车有"叱洛侯"，显然是处罗侯的异译，在"侯"的语源被解决之前，我们还不能急切地把此处的叱洛或处罗与 kül 联系起来。

因此，我们知道在突厥时代作为突厥政治名号（主要是官号）的 kül，至少有以下 8 种汉文转写形式：阙、阙律、屈利、屈律、俱卢、屈勒、处罗和出六。接下来我们还要讨论在前突厥时代，即在说蒙古

---

1 《北齐书》卷四《文宣纪》，第 64 页。

2 唐长孺主编《吐鲁番出土文书》第 1 册，第 461 页。

3 姜伯勤：《高昌魏朝与东西突厥——吐鲁番所出客馆文书研究》，《敦煌吐鲁番文献研究论集》第五辑，第 39 页。

4 《隋书》卷八四《北狄·突厥传》，第 1870 页。

语或古蒙古语、同属汉晋时期鲜卑族群的柔然和拓跋两个集团中间，同一个 kül 名号的应用及其汉字转写形态。

三　前突厥时代 kül 名号在内亚的应用

语言资料的状况决定了现代阿尔泰研究偏重于突厥以下的诸内亚民族。突厥之前的内亚主要民族集团，如匈奴、乌桓和鲜卑等，由于语言资料仅仅以零碎稀少的汉字转写形态存在，对它们深入和全面的研究几乎无法进行。不过，在这里能够给我们巨大帮助的，正是内亚各政治体在语言、文化和政治传统诸方面所具有的相关性、继承性和连续性。特别是在政治制度方面，由于前一政权所使用的制度性政治名号通常会被后一个政权所继承，尽管族群主体（主要是统治族群）可能发生很大变化，新的族群主体可能讲一种不同的语言，但制度化了的名号传统会被继承并延续下去。这一历史特征反过来帮助我们，把那些不仅出现在突厥、回鹘，而且出现在突厥之前的诸内亚政治体中的政治名号（官号与官称）联系起来，比如前面提到的 bilge 等，让我们更加真切地认识到内亚历史统一与连续的一面。

例如，本书下面将讨论，唐代突厥的暾欲谷（Tonyuquq）作为一组官号组合，是 ton 与 yuquq 两个官号结合而成的，同样的组合方式还发生在慕容鲜卑中，即著名的吐谷浑，吐谷浑与暾欲谷是对同一组北族官号的不同音译。[1]事实上，这组官号并不单单见于慕容鲜卑，还出现在拓跋鲜卑中。北齐元洪敬墓志称洪敬"曾祖吐谷浑，改封南平，谥康王"。[2]这个南平康王吐谷浑，就是《魏书》提到的阳平王熙之第二子浑，太武帝时出继广平王连（据元洪敬墓志，连是日连的省写）。[3]可见《魏书》中的浑是吐谷浑的节略形式，其全名应当是吐谷

1　参看本书"再说暾欲谷其人"一章。

2　北齐元洪敬墓志的拓片图版见河北正定定武山房供稿的《齐太尉中郎元府君墓志》，《书法》2002年第 1 期；墓志录文与疏解见罗新、叶炜《新出魏晋南北朝墓志疏证》，第 176—178 页。

3　《魏书》卷一六《道武七王列传》，第 395 页。

浑。这个吐谷浑当然与慕容部的吐谷浑一样，是一组北族官号。而且
这组官号的两个组成部分，即 ton 和 yuquq，在拓跋集团里也可以分
别找到。《魏书》卷一一三《官氏志》记内入诸姓，有吐伏卢氏（改
为卢氏）。[1]吐伏卢，就是吐（ton）与伏卢结合而成的一组名号，伏卢
是一个独立的名号，因为同志还记载有莫芦氏（改为芦氏），伏卢与
莫芦同音，理应是同一个名号，其语源可能是蒙古语与突厥语共有的
bal（蜜）。《官氏志》还记载"谷浑氏，后改为浑氏"。[2]另外，北魏有
尉古氏，其语源同样是 yuquq。我们知道，在中古北族政治体中，个
人、家庭、氏族、部落、酋邦乃至国家的名字或名称，往往起源于由
美称演化而来的政治名号。我们处理有关北族部族名称和政治人物的
名字时，都要把它们与北族的名号传统结合起来。正是在这一思想背
景下，我们可以知道，从慕容鲜卑到拓跋鲜卑，然后再到突厥汗国，
无论是作为一组名号的 Tonyuquq 还是其组成部分的 ton 与 yuquq，都
一直存在着。

　　同样的逻辑与现象也见于 kül 这个名号。至迟从北魏的史料开始，
有许多名号的语源可以追溯到 kül。《官氏志》所记的内入北族中，包
括以下诸姓：

　　　　叱罗氏，后改为罗氏；

　　　　叱利氏，后改为利氏；

　　　　叱吕氏，后改为吕氏；

　　　　叱卢氏，后改为祝氏。

　　《北史》为北魏"代西部人"叱列延庆立传，[3]陈连庆认为叱列氏
即叱利氏。[4]南宋邓名世《古今姓氏书辩证》卷三七提到鲜卑有屈卢

---

1 《魏书》卷一一三《官氏志》，第 3008 页。
2 谷浑氏后来很可能是改作谷氏而不是浑氏，见陈连庆《中国古代少数民族姓氏研究》，第 110 页。
3 《北史》卷四九《叱列延庆传》，第 1784—1785 页。
4 陈连庆：《中国古代少数民族姓氏研究》，第 112 页。

氏，称出自《后魏书》之《官氏志》，但今本《魏书》无屈卢氏，可能是佚文或出自异本。[1]《魏书》还提到"西部泣黎大人茂鲜"，[2] 是西部有以泣黎为部族名者。《北史》提到有"高车叱洛侯者"，叱洛可能是高车十二姓之一叱卢的异译。[3] 以上叱罗、叱利、叱吕、叱卢、叱列、屈卢、泣黎、叱洛，汉字转写形式凡八种，都是对同一个北族名号 kül 的不同音译。

如果再向前追溯，可以认为十六国时代的西秦王族乞伏（或作乞扶、乞佛）氏，也与 kül 有关。我们知道乞伏部的得名是由于该部历史上一位领袖获得了"乞伏可汗托铎莫何"的称号。我曾疑惑这个称号中的"可汗"何以位于明显是可汗号的"托铎莫贺"之前，因为按照我所理解的北族名号传统，这个称号的次序应当是"乞伏托铎莫何可汗"。现在可以推想，乞伏即 kül bäg，而这里的 kül，实际上是指陇西鲜卑三部之一的叱卢部。乞伏者，叱卢部之大人酋首也。这样理解，恰好解决了史料中对陇西鲜卑部族的矛盾记载。《晋书》记陇西鲜卑"自漠北南出大阴山"时，只有"如弗斯、出连、叱卢三部"，然而当叙及"一小儿"出现时，却说"时又有乞伏部有老父无子者，请养为子"。[4] 似乎三部之外，别有乞伏部。其实这个老人和小儿都出自叱卢部，以叱卢部大人的身份而崛起为三部联盟的首领，只有在成为联盟（酋邦）的首领之后，才正式获得"乞伏可汗托铎莫何"的称号。后人无法把乞伏与叱卢部联系起来，并且不得不另造一个乞伏部，就是因为不了解这些名号的来历，从而迷失在"叱卢"与"乞"的不同汉字转写形式之中了。

官号"托铎"，也可以在北朝的柔然及唐代的突厥中找到可能相同的用例。吐鲁番哈喇和卓 90 号墓出土的阚氏高昌时期《高昌主

1　邓名世:《古今姓氏书辩证》卷三七，王力平点校，江西人民出版社，2006，第576页。

2　《魏书》卷二《太祖纪》，第25页。

3　高车十二姓，有叱卢氏，《北史》卷九八《高车传》误作吐卢，参看中华书局点校本"校勘记"第46条，第3282页。

4　《晋书》卷一二五《乞伏国仁载记》，第3113页。

簿张绾等传供帐》(75TKM90:20),[1] 第 9 行记录了柔然的 "秃地提勤无根"。这里作为提勤(特勤)号的秃地,与乞伏的官号托铎,可能是同一个名号。"秃地" 很可能就是后来突厥时代的官号 tadïq/tadık(字母 ï 与 ı 均表示突厥语中窄的非圆唇后元音)。[2] 这个专名 tadïq/tadık 在阙特勤碑文中(东面第 32 行)作为官称 "啜"(čor/çor)的官号,以所有格(有后缀 -ïŋ/-ın)的形式修饰骏马,说明马的主人。[3] 如果这个推测不误,那么 "乞伏托铎莫何可汗" 可以还原为 Kül Bäg tadık Bagha Kaghan。在这一名号中,"乞伏托铎莫何"(Kül Bäg tadık Bagha)这一组称号都是可汗号。在这一组可汗号中,只有 "乞伏"(Kül Bäg)被经常使用从而变成了该可汗的个人名字,可汗个人的名字最终转变成整个政治体的名字。乞伏鲜卑即由此得名。

应当注意的问题是,根据《官氏志》,叱罗、叱利、叱吕、叱卢这些姓氏,在姓氏改革之后分别成了罗、利、吕、祝,乞扶氏也改成了扶氏。这样一改,该姓氏的原始面貌就彻底消失了,绝无可能从改革后的姓氏推测出它们原来出自一个共同的北族名号。不过,改革的跨度虽然很大,但它的基础还是此前已经把同一个名号音译成了不同的汉字。那么,是不是可以认为改革之前的叱罗、叱利、叱吕、叱卢诸姓本来出自同一部族呢?当然是不可以的。来自北族不同背景、不同族群集团的政治人物,获得同一个政治名号(官号),是一点也不奇怪的。当这些人物的官号转移成为他们的部族、家族或部落的名称时,彼此全无干系的部族、家族或部落就拥有了同样的名称。北朝内入诸族对此是完全了解的,因此,在使用汉字音译各自部族、家族或部落名称时,就有意识地使用了不同的汉字,使这种区别变得十分鲜明。例如在《官氏志》之内,同样出自 bilge 的有步六孤氏和步鹿根氏,前者改为陆氏,后者改为步氏,两不相涉。这样,字面上混乱的音译状况,却能够反映北族部族构造的实际面貌。

---

1 唐长孺主编《吐鲁番出土文书》第 1 册,第 122—123 页。

2 参看本书 "高昌文书中的柔然政治名号" 一章。

3 Talât Tekin, *A Grammar of Orkhon Turkic*, p. 235;Talât Tekin, *Orhon Yazıtları*, p. 16.

北朝 kül 名号的应用还远不止于此。高车有斛律氏，[1] 北魏文成帝
南巡碑碑阴题名有斛律氏多人，[2] 柔然有可汗名斛律（即蔼苦盖可汗），[3]
我怀疑斛律也是 kül 或 küli 的异译。据《北史》卷九八《蠕蠕传》，柔
然早期首领有木骨闾之子车鹿会，我推测车鹿会即"车鹿"与"会"
两个名号的组合，因为鲜卑时代有非常多词尾音节的元音为 -uei/-uai
的人名，如檀石槐、慕容廆、拓跋珪、阿那瓌等，显示这是一个在名
号问题上非常重要的单词或特殊后缀，只可惜暂时难得确解。"车鹿"
很可能同样是 kül 的异译形式。柔然匹侯跋有子启拔，北魏初年草原
部落中有黜弗部，黜弗、启拔这两个名号与乞伏一样是 kül bäg 的转
写（这种组合方式让人可以联想到前文提到过的唐代的何处罗拔）。
柔然可汗吴提（即敕连可汗）有兄名乞列归，丑奴（即豆罗伏拔豆伐
可汗）时有莫何去汾李具列，乞列和具列应当也是 kül 的异译。而文
成帝南巡碑碑阴题名还提到一个"鹰扬将军、北部折纥真、宣道男
泣利俦但"，[4] 俦但，即南凉秃发俦檀之"俦檀"；[5] 而泣利，应即 kül 或
küli。

综上所述，北族名号 kül 在突厥之前的鲜卑、高车诸北族集团中
的重要性，一点也不逊色于（甚至可能超过）它在突厥汗国时代的作
用。可以肯定地说，突厥正是从柔然、高车或铁勒诸政治体学习并
继承了包括 kül 在内的许多政治文化传统的。而在对突厥影响特别深
刻的诸游牧政治体中，长时间保持了对漠北诸族统治地位的柔然最为
重要。而柔然与拓跋一样，都发育于汉晋之际鲜卑集团进入并曾长时
期控制蒙古高原的背景之下。因此，我们要格外强调从说蒙古语或古
蒙古语的鲜卑，到说古突厥语的突厥，其间北族政治制度的传统有

---

1 《北史》卷九八《高车传》，第 3270 页。
2 山西省考古研究所、灵丘县文物局：《山西灵丘北魏文成帝〈南巡碑〉》，《文物》1997 年第 12 期。
3 《北史》卷九八《蠕蠕传》，第 3251 页。
4 山西省考古研究所、灵丘县文物局：《山西灵丘北魏文成帝〈南巡碑〉》，《文物》1997 年第 12 期，
   第 77 页。
5 北魏长孙季墓志称长孙季"字俦但"，俦但是他的鲜卑本名，见赵君平编《邙洛碑志三百种》，
   第 30 页，图版第 27 号。可见俦但、俦檀，是鲜卑族群中相当流行的一个名号。

着强固的连续性和继承性。[1] 充分认识这一事实，对我们分析中古时代蒙古高原上的民族形势、政治进展和社会发育，有着极为重要的意义。

---

1 至于 kül 名号在突厥之后的北亚游牧政权中的应用情况，不是本章考察的目标，姑置不论。这里仅仅举出一个例子。元武宗海山（Qaišan）的蒙古语称号是曲律合罕（Külüg Qayan），其合罕号曲律（Külüg）即来自中古北族之 kül。请参看洪金富《元朝皇帝的蒙古语称号问题》，《汉学研究》第 23 卷第 1 期，2005 年 6 月。据洪金富先生考证，这个称号是武宗在位时已经行用的，而不是如《元史》所说的所谓庙号。不过他不能肯定武宗究竟在何时获得此称号。依据中古北族的名号传统，可汗即位时会获得全新的可汗号。铁木真在 1206 年即大汗位，获得成吉思之号，似乎就是中古北族传统的延续。因此，曲律这个称号应当是武宗即位时获得的。

第十六章　再说暾欲谷其人

　　迄今已知在蒙古发现的古突厥鲁尼文碑铭，共有43种。[1] 在这43种突厥与回鹘时代的宝贵史料中，暾欲谷碑最受重视，被研究得最多。[2] 然而，对于本已见诸唐代史籍的暾欲谷的身份，从碑铭发现之初到现在，研究者一直见解分歧。夏德于19世纪末最早提出，暾欲谷与另一见于唐代史籍的阿史德元珍是同一个人，[3] 由此开启了此后一连串的大争论。反对的声音中，以刘茂才、岑仲勉与岩佐精一

1　Béla Kempf, "Old-Turkic Runiform Inscriptions in Mongolia: An Overview," *Turkic Languages*, Vol. 8, No. 1 (2004), pp. 41–52.

2　铃木宏节:《暾欲谷碑文研究史概论》，载森安孝夫主编《シルクロードと世界史》，大阪：大阪大学大学院文学研究科，2003，第113—129页。中译文由罗新翻译，载《中国史研究动态》2006年第1期。

3　Friedrich Hirth, "Nachworte zur Inschrift des Tonjukuk," in W. Radloff, *Die Alttürkischen Inschriften der Mongolei*, Band 2, *Zweite Folge*, pp. 9–16.

郎最为有力。[1]可是，随着克利亚什托尔内与护雅夫从语义、官制和历史等方面的一再论证，[2]暾欲谷与阿史德元珍为一人说，渐渐取得压倒性优势，几乎已成定论。[3]

我们在这里旧话重提，并不是要对以往的争论做出总结与评判，而是要凭借本书前面对中古北族政治文化与制度的新观察，特别是对北亚民族政治名号渊源与制度演化的新认识，重新考察暾欲谷及相关名号，从而对探究暾欲谷其人与阿史德元珍之间的关系，提供一个新的认识角度。

一　暾欲谷是一组官号

鲁尼文"暾欲谷"一词写作↓↓ƷＥ＞ƃ，[4]鲁尼文的书写顺序是自右向左，拉丁字母转写形式一般作 Toñuquq，[5]也可以写作 Tonyuquq、Tonjuquq 或 Tonyukuk，没有实质的差别。土耳其语言学家埃勒韦（Elöve）指出，Tonjuquq 是由 ton 和 quq 两个词组成的词组，ton 的意思是"第一个""头一个"，quq 是由动词 joq 构成的形容词，这个词组的意思是"第一个高官"。[6]克利亚什托尔内即据此论证暾欲谷与元珍语义相同，因而可把暾欲谷与元珍看成同一个名字的突厥语与汉语的两种形式。可是，即使 ton 与"元"意思接近，"珍"与官之间似乎也不能立即画等号。要解决这个问题，还是应当回到对 Toñuquq 基

1　Mao-Tsai Liu, *Die Chinesischen Nachrichten zur Geschichte der Ost-Türken (T'u-küe)*, Vol. 2, pp. 594–597；岑仲勉：《突厥集史》，第 865—866 页；岩佐精一郎：《突厥の复兴に就いて》，载和田清编《岩佐精一郎遗稿》，东京，1939，第 148—149 页。

2　С. Г. 克利亚什托尔内：《古代突厥鲁尼文碑铭——中亚细亚史原始文献》，第 24—27 页；护雅夫：《阿史德元珍と Tonyuquq》，载《山本博士还历纪念东洋史论丛》，东京：山川出版社，1972，第 457—468 页。该文已收入护雅夫《古代トルコ民族史研究》Ⅱ，第 86—97 页。

3　芮传明：《古突厥碑铭研究》，第 286—287 页。

4　Talât Tekin, *Tunyukuk Yazıtı*, p. 2.

5　René Giraud, *L'inscription de Baïn Tsokto*, Paris: Adrien-Maisonneuve, 1961, p.53; Talât Tekin, *A Grammer of Orkhon Turkic*, p. 249.

6　转引自 С. Г. 克利亚什托尔内《古代突厥鲁尼文碑铭——中亚细亚史原始文献》，第 26 页。

本属性的认识上来。我们完全赞成埃勒韦的判断，暾欲谷并不是一个单词，实际是由两个单词联合组成的词组，但并不是 ton + quq，而是 ton + yuquq，也就是说，我们并不认为 -yu- 是一组连接音。这个词组的语义暂时可不加推测，首先应当考虑的是这一词组的性质、结构以及各组成部分各自的功能。我认为，"暾欲谷"并不是人名，也不是某种官称，而是一长串官号中的一个部分，这一部分本身，又是由两个官号组成的一组官号。

　　暾欲谷碑以第一人称的叙述方式讲述暾欲谷对于东突厥第二汗国的诸多功绩，[1]每次说到自己时，都自称 Bilgä Toñuquq，只在第一碑的西面第 6 行，记录了起兵之初暾欲谷的全部名号 Bilgä Toñuquq Boyla Baγa Tarqan，[2]按照唐代的音译习惯，应作"毗伽暾欲谷裴罗莫贺达干"。这一组名号中，tarqan 是官职，Bilgä Toñuquq Boyla Baγa 都是官号。我们知道，北族制度传统中，获得一个政治职务的同时，也会获得一个或一组官号，形成一组完整的政治名号。这组名号是由"官号 + 官称"构成的。对于这组名号的拥有者来说，官号的重要性丝毫不亚于官职，有时甚至更为重要，因为他的称谓（其意义和功能相当于现代的 ID 或姓名）取决于官号的全部或部分。暾欲谷的得名同样如此。从碑文来看，虽然他的全部官号是"毗伽暾欲谷裴罗莫贺"，可是只有其中的"毗伽暾欲谷"（Bilgä Toñuquq）才是他的新身份、新名称，而唐朝史料中却只取"暾欲谷"，甚至省略了过于常见的"毗伽"。所以我们说，暾欲谷并不是人名，也不是官称，而是一个官号，或者说是一组官号（毗伽 + 暾欲谷 + 裴罗 + 莫贺）中的一部分。

　　与本书前面讨论过的拓跋、乞伏、阙特勤等名号一样，暾欲谷

1　暾欲谷碑、毗伽可汗碑等突厥古碑以第一人称叙事，与中原碑志体例大大不同，其原因难以索解。陈述依据他对契丹陵寝制度中寝殿学士代先王言等传统制度的研究，假定突厥、回鹘也有类似的制度，以此解释自叙体例的来源。我认为这个解释很有参考价值。见陈述《契丹政治史稿》，人民出版社，1986，第 47 页。

2　Volker Rybatzki, *Die Toñuquq-Inschrift*, p. 45.

也是由两个单词联合构成的一个词组。正如前引埃勒韦所指出的，Tonjuquq 可以分解为 ton（暾）和 juquq（欲谷）两个部分。埃勒已经举麻赫默德·喀什噶里的《突厥语大词典》有关第一个儿、女的词组中，ton 是表示"第一个""头生"意思的单词。克劳森《13 世纪以前突厥语语源辞典》，收有 tu:n 一词，指出西北阿尔泰地区的突厥系民族语言中保存了这个单词，妇女的第一个丈夫被称为 tu:n beg。[1] 当然，这并不意味着暾欲谷的暾就可以这样在突厥语中寻找语源。塞诺早就指出，古突厥碑铭中的一些词语，特别是与姓名、官职及名号有关的重要词语，并不来源于突厥语。[2] 无论"暾"和"欲谷"的语源如何，它们的结合才构成了暾欲谷一词。从北族名号分化和官号传统的意义上说，暾与欲谷首先是美称，然后才获得名号价值，并由此发生分化，具备了官号和官称功能。暾与欲谷这两个官号或官称，都可以与其他官号或官称组合成新的官号以修饰某种官称，也可以独立与某一官称结合，形成完整的政治名号（完整的政治名号必须包括官号与官称两种要素）。

《旧唐书》载西突厥咄陆五啜，其三曰摄舍提暾啜；弩失毕五俟斤，其三曰拔塞干暾沙钵俟斤。[3] 在这两个例子里，暾分别是官称啜和俟斤的官号。同书记回纥怀仁可汗为叶护时，称"其酋长叶护颉利吐发"。[4] 显然叶护是官职，"颉利吐发"是叶护的官号。通常颉利与发联合组成颉利发 [el bäg]，或为官号，或为官职，因此我怀疑"颉利吐发"是"颉利发吐"的讹误。《唐会要》记为"回鹘暾叶护"，[5] 省颉利发而单取暾为叶护的官号，可见吐即 ton（暾）的汉译异写。《新唐书》记葛逻禄有"叶护顿毗伽"，[6] 顿当亦是 ton 的异译，顿毗伽（Ton

1　Sir Gerard Clauson, *An Etymological Dictionary of Pre-Thirteenth-Century Turkish*, p. 513.

2　Denis Sinor, "Some Components of the Civilization of the Türks (6th to 8th Century A.D.)," in *Studies in Medieval Inner Asia*, Aldershot & Brookfield: Ashgate, 1997, Ⅲ, pp. 145–159.

3　《旧唐书》卷一九四下《突厥传下》，第 5186 页。

4　《旧唐书》卷一九五《回纥传》，第 5198 页。

5　王溥：《唐会要》卷一〇〇《葛逻禄国》，第 1788 页。

6　《新唐书》卷二一七下《回鹘传下》，第 6143 页。

Bilgä）是葛逻禄叶护的官号（叶护号）。《文苑英华》载张九龄《侍中
兼吏部尚书裴光庭神道碑》，记开元中（按，即开元十四年，公元 726
年）突厥来使为"其相执失颉利发与其介阿史德暾泥熟"。[1] 夏德曾试
图证明这里的"阿史德暾泥熟"是"阿史德暾泥郭"之讹，并进而证
明阿史德暾泥郭即阿史德暾欲谷，亦即阿史德元珍。[2] 当然，如此牵强
附会是没有说服力的，因为泥熟是突厥名号中的常用词，此处并没有
讹误。[3] 值得注意的是这里的"暾泥熟"是由暾与泥熟两个单词构成的
词组，其结构形式与暾欲谷完全一样，暾作为源于美称的官号的功能
是非常清晰的。此外，正如克利亚什托尔内所指出的，西突厥统叶护
可汗的可汗号"统叶护"，在吐蕃文献中被写成 Ton Yabgo，[4] 可见统也
是 ton（暾）的异译。

　　与暾一起构成"暾欲谷"的单词"欲谷"（yuquq），同样是一个
源于美称的名号，自然也有官号和官称的功能。由于语言资料的关
系，我们不知道唐代史料中对这个单词还有什么别的音译方式。仅以
"欲谷"而言，西突厥乙毗咄陆可汗在立为可汗之前，担任"设"，其
官号（设号）就是"欲谷"，合称"欲谷设"（Yuquq Šad）。[5] 这是"欲
谷"一词作为官号单独使用的显例。和"暾"一样，欲谷可以单独和
某一官称结合构成名号，也可以与其他官号一起构成一组官号来修饰
某一官称。暾与欲谷能够结合成一组官号，就这一组合的内部结构而
言，这两个部分并不是平等的关系，其中暾是官号而欲谷是官称，这
种结构与"乞伏""拓跋"完全一样。从这个意义上讲，"暾"与"欲
谷"结合成"暾欲谷"，是一种偶然现象，是变化纷繁的官号组合中
的一种形式而已。

　　以上论证"暾欲谷"是一组官号，是由暾和欲谷两个官号联合构

1　《文苑英华》卷八八四，4660 页。

2　Friedrich Hirth, "Nachworte zur Inschrift des Tonjukuk," in W. Radloff, *Die Alttürkischen Inschriften der Mongolei*, Band 2, *Zweite Folge*, pp. 9–13.

3　Mao-Tsai Liu, *Die Chinesischen Nachrichten zur Geschichte der Ost-Türken (T'u-küe)*, Vol. 2, pp. 596–597.

4　С. Г. 克利亚什托尔内：《古代突厥鲁尼文碑铭——中亚细亚史原始文献》，第 26 页。

5　《旧唐书》卷一九四下《突厥传下》，第 5184 页。

成的，这组官号与其他一些官号一起，与官职达干相结合，构成暾欲谷的全部政治名号。这一组名号当中，只有 Bilgä Toñuquq 作为他的常用名称，而唐代史籍只取用 Toñuquq，译为暾欲谷，这就是他得名的缘由。

二　吐谷浑即暾欲谷

官号"暾"与官号"欲谷"组合在一起的情况，并非仅此一例。魏晋之际鲜卑慕容部首领慕容廆的庶兄吐谷浑，其名称"吐谷浑"，其实就是暾欲谷的另一种译写。胡三省注释"吐谷浑"的读音曰："史家传读，吐，从暾入声；谷，音欲。"[1]可见吐谷浑实可写作"暾欲浑"。按中古早期翻译习惯，译"浑"音者又可写作"昆"。如汉武帝元狩二年（前121）匈奴驻河西的浑邪、休屠二王降汉，其浑邪王，在《史记》中一律写作浑邪王，不作昆邪王。而在《汉书》中，或作浑邪王，或作昆邪王。王力说昆和浑是同源字。[2]据蒲立本构拟的早期中古音，谷音 kəwk，浑音 ɣwən，昆音 kwən。[3]可见吐谷浑又可以写作暾欲昆，昆、谷二字同组，阳入对转，吐谷浑与暾欲谷几乎可以说是同音。由此可知，吐谷浑与暾欲谷是同一组北族名号的不同译写。

《宋书》记慕容鲜卑乙那娄与吐谷浑对话，称吐谷浑为"可寒"。[4]由此知道吐谷浑当时的官称是可寒，可寒即可汗（Khagan）。[5]《旧唐书》记北魏乐府所传北歌，"今存者五十三章，其名目可解者六章：《慕容可汗》《吐谷浑》《部落稽》《钜鹿公主》《白净王太子》《企喻》也。其不可解者，咸多可汗之辞。按今大角，此即后魏世所谓《簸逻回》者是也，其曲亦多可汗之辞。北虏之俗，皆呼主为可汗。吐谷浑

1　《资治通鉴》卷九○胡注，第2852页。

2　王力：《同源字典》，商务印书馆，1982，第503—504页。

3　Edwin G. Pulleyblank, *Lexicon of Reconstructed Pronunciation in Early Middle Chinese, Late Middle Chinese, and Early Mandarin*, pp.111, 135, 179.

4　《宋书》卷九六《鲜卑吐谷浑传》，第2369页。

5　《北史》卷九六《吐谷浑传》载此事与《宋书》略同，可寒即作可汗（第3178页）。

又慕容别种，知此歌是燕魏之际鲜卑歌"。[1] 其中《慕容可汗》当是歌咏慕容廆事迹的，而《吐谷浑》很可能就是慕容廆思念其兄的所谓《阿干之歌》。慕容廆称可汗，吐谷浑亦称可汗，二人之父名亦洛韩，"韩"字当是"可汗"的省译，而"亦洛"很可能是 el/ilig 的音译（如突厥伊利可汗之可汗号）。慕容鲜卑的君长父子皆称可汗，这是因为当时可汗一职尚未演化为高级政治体的首脑的称谓。[2] 慕容廆的可汗号是若洛廆（若洛应即亦洛），吐谷浑的可汗号就是吐谷浑，若洛廆和吐谷浑都是可汗号，亦即官号，与突厥时代的暾欲谷毫无二致。

吐谷浑正式成为部族名称，在吐谷浑之孙叶延时。据《宋书》："（叶延）自谓曾祖弈洛韩始封昌黎公，曰：'吾为公孙之子，案礼，公孙之子，得氏王父字。'命姓为吐谷浑氏。"[3] 这显然是以华夏传统附会吐谷浑部族之得名。按照中古北族的传统，部族重要首领的名称，往往变成整个部族的代称，而部族首领的名称，又往往来自他的官号。魏晋时期鲜卑诸部的得名，多循此道。吐谷浑在世时，其部落由其名称（即官号）已暂时获得吐谷浑之名，不过这很可能仅仅是他称，而不是自称。吐谷浑去世后，也许周围诸部对吐谷浑部的称谓并没有改变，原来的他称由此得以强化，促使吐谷浑部族内部开始接受这一称谓，并使之变成自称，到叶延时候才正式予以确认。经历一个由首领名号到部族他称，由他称转为部族自称的这样一个过程，很可能是魏晋时期鲜卑诸部得名的普遍情况。

可见，慕容鲜卑中有 ton + yuquq 这一名号组合（其性质是官号），而在拓跋鲜卑中也同样有这一组合（其性质同样是官号）。北齐元洪敬墓志称元洪敬"曾祖吐谷浑，改封南平，谥康王"。[4] 这个南平康王吐谷浑，理应是《魏书》所记阳平王拓跋熙之第二子拓跋浑，拓跋浑

1　《旧唐书》卷二九《音乐志二》，第1071—1072页。

2　请参看本书"可汗号之性质"一章。

3　《宋书》卷九六《鲜卑吐谷浑传》，第2371页。

4　北齐元洪敬墓志的拓片图版见河北正定定武山房供稿的《齐太尉中郎元府君墓志》（《书法》2002年第1期），墓志录文与疏解见罗新、叶炜《新出魏晋南北朝墓志疏证》，第176—178页。

于太武帝时出继广平王拓跋连（据元洪敬墓志，连是日连的省写）。[1]

塞诺指出，古突厥碑铭所反映出的突厥汗国的文明因素来源复杂，而在非突厥的各种外来影响中，蒙古语的影响应当特别予以重视。[2] 从现存史料看，吐谷浑（即暾欲谷，Toñuquq）一词首先出现在魏晋时期的慕容鲜卑和拓跋鲜卑中。一般认为慕容鲜卑源于东胡，而东胡是讲蒙古语或古代蒙古语言的民族，[3] 慕容鲜卑与拓跋鲜卑也不例外。[4]《魏书》记内入北族之改姓，有"谷浑氏，后改为浑氏"。[5] 这里"谷浑"即是词组"吐谷浑"的第二个部分，作为官号已经凝固成了部族名称。伯希和认为吐谷浑是"蒙古语系人种"。[6] 那么，Toñuquq 这个词组及其两个部分，是不是源于蒙古语呢？这还需要语言学家再研究。魏晋时期在鲜卑部族中最先使用的一些名号，未必就源自鲜卑或东胡民族自身的文化传统。比如"可汗"一词，国际阿尔泰学界迄今未能确认其语源，很多学者认为在阿尔泰语系里找不到它的源头。[7] 然而无论如何，突厥时代的 Toñuquq，应当是从曾经被鲜卑政治文化所笼罩的蒙古草原上继承而来的。

三　暾欲谷不是阿史德元珍

暾欲谷碑第一碑的西面第 6 行和第 7 行，记录了起兵之初，当暾欲谷帮助骨咄禄成为 Eltäriš（按唐代翻译习惯，可译作"颉跌利施"）可汗后，他也获得了新的身份 Bilgä Toñuquq boyla baɣa tarqan（毗伽暾欲谷裴罗莫贺达干）。[8] 毗伽可汗碑南面第 14 行提到暾欲谷时，也使

1　《魏书》卷一六《道武七王列传》，第 395 页。

2　Denis Sinor, "'Umay', A Mongol Spirit Honored by the Türks," in Denis Sinor, *Studies in Medieval Inner Asia*, IV, pp. 1–7.

3　Peter B. Golden, *An Introduction to the History of the Turkic Peoples*, p. 69.

4　Louis Ligeti, "Le Tabghatch, un dialecte de la langue sien-pi," in Louis Ligeti ed, *Mongolian Studies*, pp. 287–291.

5　《魏书》卷一一三《官氏志》，第 3008 页。

6　伯希和：《吐谷浑为蒙古语系人种说》，冯承钧译《西域南海史地考证译丛七编》，第 32 页。

7　Peter B. Golden, *An Introduction to the History of the Turkic Peoples*, pp. 71–72.

8　Volker Rybatzki, *Die Toñuquq-Inschrift*, p. 45.

用了这一全称。[1]这说明从骨咄禄初称汗，到第二汗国的第三任可汗毗伽可汗时代，暾欲谷的官称和官号并没有变化。而《旧唐书》记阿史德元珍投奔骨咄禄时，"骨咄禄得之，甚喜，立为阿波达干，令专统兵马事"。[2]阿波达干即 Apa Tarqan。与暾欲谷获得前述名号的同时，阿史德元珍在投奔骨咄禄之初，得到的官称与暾欲谷一样是达干，但其官号却是阿波，与暾欲谷的官号明显不同。没有任何材料显示暾欲谷曾经获得阿波的官号。暾欲谷碑第一碑北面第 10 行，记突厥大军留驻阿尔泰山时，与暾欲谷同在军中的将领中，还有一个 Apa Tarqan。而且在毗伽可汗碑南面第 13 行，即在第 14 行提到暾欲谷之前，却提到一位 apā tarqa[n]，[3]也就是说，与暾欲谷同时期，确实有一位阿波达干。因此，不能认为暾欲谷与阿史德元珍是同一个人。

残损严重的阙利啜（Küli Čor）碑的西面第 1 行，比较明显的文字只有中部的 čïqan tonyuquq ātïγ bermis，加上上部有一个单词 üčün，[4]大致意思是某人使某人成了 čïqan tonyuquq，这里的 tonyuquq 很明显是某种官职或官号。这个 čïqan tonyuquq 应当不是暾欲谷，尽管他们的名号有一部分重合。林俊雄和大泽孝 1997 年对阙利啜碑做了一次调查，并提供了新的转写与英、日译文。[5]在这个最新的录文中，他们在 čïqan tonyuquq 之前还认出了 apa [tarqan]。括号内的 tarqan 显然是猜出来的，是因为前面有 apa 才做此推测的。但是，apa 是不是又因为后面有 tonyuquq 而被识读出来的呢？因为相信暾欲谷与阿史德元珍是同一个人，又因为唐代史料上明确说阿史德元珍当了阿波达干，所以这里令人产生一些联想倒是可以理解的。可是，即使这里的 tonyuquq 的确是指暾欲谷，而且他也的确担任阿波达干，那么正确的书写格式，应当是 tarqan 出现在 tonyuquq 之后，而不能出现在 tonyuquq 前

1　Talât Tekin, *A Grammar of Orkhon Turkic*, p. 246.

2　《旧唐书》卷一九四上《突厥传上》，第 5167 页。

3　Talât Tekin, *A Grammar of Orkhon Turkic*, p. 246.

4　Talât Tekin, *A Grammar of Orkhon Turkic*, p. 257.

5　森安孝夫与オチル（A. Ochir）主编《モンゴル国现存遗跡・碑文调查研究报告》，第 148—157 页。

面。即使林俊雄和大泽孝的新录文是可信的，这个 apa tarqan 与 čïqan tonyuquq 也是两个人。总之，阙利啜碑文出现的 tonyuquq，并不能帮助我们了解暾欲谷的情况，但可以让我们进一步相信，tonyuquq 作为一组官号组合，在突厥第二汗国时代并不罕见。

由于阿波达干明显与暾欲谷的名号不符，护雅夫假设阿波达干是"专统兵马事"的最高达干，因为阿波有父辈、长辈的意思。[1]但他忘记了隋唐史料中阿波作为可汗号和普通官号，在突厥等北族中广泛使用的情况，在那些案例里，并不能证明阿波的称号中含有与父辈、长辈或高级等相关的意思。比如，沙钵略立大逻便为阿波可汗，[2]两人是兄弟辈，大逻便在同时期多位可汗中班次也不高，阿波的意义又何在呢？护雅夫显然是做出了一个迂曲而且并不成立的解释，这个错误是由于对北族官号制度缺乏了解。北族官号都起自美称，形成官号之后，就具有一定的稳定性，其应用并不一定都与该美称的原始意义相应。护雅夫说 Eltäriš（颉跌利施）的意思是"召集诸部族"，因此骨咄禄获得这一称号应当是在 686 年或以后，此前他还不能被称为 Eltäriš，护雅夫由此假定暾欲谷那一组名号也是在较晚而不是在起兵之初获得的。这又是对可汗号制度的误解。骨咄禄既称可汗，必有可汗号，正如暾欲谷既任达干，亦必有达干号。Eltäriš 正是骨咄禄的可汗号，他不可能等到七八年之后才获得可汗号。后来武则天册立默啜为"颉跌利施大单于、立功报国可汗"，此"颉跌利施"，即骨咄禄的可汗号 Eltäriš，其价值在于作为美称的性质，并不一定要与本来的词义相对应。

到目前为止，还没有足够的证据可以把暾欲谷和阿史德元珍联系在一起。有趣的问题是，为什么有那么多学者愿意做此联想呢？我想还是汉文史料的强大影响起了作用。在汉文史料里，当元珍投奔骨咄禄之后，每次元珍参与的行动里，他的名字都被特别标出，有时甚

1　护雅夫：《阿史德元珍と Tonyuquq》，载《山本博士还历纪念东洋史论丛》，第 457—468 页。收入护雅夫《古代トルコ民族史研究》Ⅱ，第 86—97 页。

2　《隋书》卷八四《北狄·北狄传》，第 1865 页。

至还列在骨咄禄的前面。显然，唐朝官方非常重视元珍的存在及其作用，他的名字才会一再出现在各种相关文献里。这也许说明了阿史德元珍在突厥起兵之初的实际影响，但这也许仅仅反映了唐朝官方的特有观点。参与反叛的突厥贵族，包括骨咄禄在内，起兵之前似乎都只是部落官，只有阿史德元珍在单于府任职（检校降户部落），也就是只有元珍拥有唐朝官员的身份。这很可能是唐朝官方特别重视他投奔反叛者的原因，这种重视也多少使官方文件夸大了阿史德元珍在突厥复国运动中的作用。受这种史料的影响，现代学者不免会在突厥碑铭所叙述的突厥历史中寻找阿史德元珍的影子。然而，不能忘记的是，暾欲谷碑在介绍暾欲谷时，只说他生长在中国，却一点也没有说到他曾经贵为唐朝的官员。

第十七章　从可汗号到皇帝尊号

什么是皇帝尊号？秦始皇自称皇帝以后，皇帝就由某种神圣的名号组合（皇＋帝）变成了一种官职，虽然史料中常见以"称尊号"代指称帝（即担任皇帝职务），但这种"尊号"与本文所说的皇帝尊号是不同的。唐代以前，皇帝在世时除了本人姓名和"皇帝"职务，别无名号，死后乃有庙号与谥号。比如《隋书》卷一《高祖纪》的第一句话是"高祖文皇帝姓杨氏，讳坚，弘农郡华阴人也"。[1] 杨坚是姓名，高祖是庙号，文皇帝是谥号。而《旧唐书》卷八《玄宗纪上》的第一句话是"玄宗至道大圣大明孝皇帝讳隆基"。[2] 隆

1　《隋书》卷一《高祖纪》，第 1 页。
2　《旧唐书》卷八《玄宗纪上》，第 165 页。

基是名，玄宗是庙号，至道大圣大明孝皇帝是谥号。表面上，除了玄宗的谥号比较繁复以外，隋唐皇帝制度在形式上并无不同。可是事实上，唐玄宗在世的时候，有过五次"上尊号"和"加尊号"的事情：先天二年（开元元年，713）十一月戊子，"上加尊号为开元神武皇帝"；开元二十七年（739）二月己巳，"加尊号开元圣文神武皇帝"；天宝元年（742）二月丁亥，"加尊号为开元天宝圣文神武皇帝"；天宝八载（749）闰月丁卯，"上皇帝尊号为开元天宝圣文神武应道皇帝"；天宝十三载（754）二月乙亥，"上尊号为开元天地大宝圣文神武孝德证道皇帝"；肃宗乾元元年（758），"肃宗与群臣奉上皇尊号曰太上至道圣皇帝"。[1] 在第一次和第二次之间的开元十八年（730），"百僚及华州父老累表请上尊号内请加'圣文'两字"，玄宗没有同意。[2] 类似唐玄宗这样，皇帝在任期间发生的所谓"上尊号"和"加尊号"，在皇帝称谓前面附加制度化的修饰语的情况，两汉至隋的皇帝制度中，是不存在的。这种制度化的修饰语，就是皇帝尊号。

皇帝尊号又称皇帝徽号。唐宋尊号与徽号并用，无所区别。如柳宗元于唐宪宗元和十四年（819）上《礼部贺册尊号表》，一边说"陛下膺受尊号，率土臣子庆抃无穷"，一边说"唯有徽号，是彰中兴，所以上探天心，下极人欲"。[3] 元代以后，尊号多施之于皇帝，徽号多施之于母后，不过也经常混用，难做严格分别。尊号或徽号，强调的都是陆贽所说的"美名"，只不过这种美名已经制度化了，成为皇帝制度的一部分。

《旧唐书》卷一三九《陆贽传》记陆贽答唐德宗问尊号之言曰："尊号之兴，本非古制。行于安泰之日，已累谦冲；袭乎丧乱之时，尤伤事体。……不可近从末议，重益美名。"[4] 胡三省说："上尊号，事

1　《旧唐书》卷八《玄宗纪上》、卷九《玄宗纪下》，第 171、210、215、223、227、235 页。

2　《旧唐书》卷八《玄宗纪上》，第 196 页。

3　柳宗元：《柳河东集》卷三七，上海人民出版社，1974，第 579 页。

4　《旧唐书》卷一三九《陆贽传》，第 3792 页。

始于开元元年。"¹胡三省所指的就是前面提到的唐玄宗先天二年（713，十二月改元开元）十一月戊子，"上加尊号为开元神武皇帝"。显然胡三省把唐玄宗这一次"加尊号"看作皇帝尊号制度的开端。可是陆贽认为尊号制度的起源要早得多，"古之人君称号，或称皇、称帝，或称王，但一字而已；至暴秦，乃兼皇帝二字，后代因之，及昏僻之君，乃有圣刘、天元之号"。²圣刘指西汉哀帝建平二年（前5）"号曰陈圣刘太平皇帝"；³天元指北周宣帝于大象元年（579）"自称天元皇帝"。⁴汉哀帝改号、周宣帝称天元皇帝，无疑都是反传统行为，虽然文化背景各不相同，但都被后来人否定，被视为离奇怪异之举，没有后继者。而唐代大多数皇帝都采行皇帝尊号，俨然奉为故事和传统。可以说，皇帝加尊号，是从唐代开始的。当然，正如本章将要论述的，唐代皇帝加尊号，始于唐高宗，盛于武则天，由唐玄宗确立并制度化，进而形成皇帝制度的新传统。制度化的皇帝尊号，是唐代政治文化的创造性发展，影响后世既深且远。

制度化的皇帝尊号为什么出现在唐代呢？我认为，唐代的皇帝尊号制度根本上源于内亚民族的政治文化传统，即本书前面所讨论的官号传统。但唐代皇帝尊号的直接来源，则是突厥的可汗号制度。唐代发端的皇帝尊号制度，正是突厥等北方民族政治文化强烈影响下的产物，是唐代政治文化深受非华夏传统影响的又一个证据。

什么是可汗号？可汗号是官号的一种。本书前面已经论证过，从柔然社崘称丘豆伐可汗开始，柔然、高车、突厥、吐谷浑、铁勒诸部等内亚政治体，其政治首领皆称可汗。可汗在任期间，其称谓前面，都各有一个修饰性名号，这个名号就是可汗号。比如，丘豆伐是社崘的可汗号，沙钵略是摄图的可汗号。早期社会的政治组织，是从名号的分化展开其制度形式的，名号分化为官称与官号，官号

1 《资治通鉴》卷二二九胡注，第7389页。
2 《旧唐书》卷一三九《陆贽传》，第3792页。
3 《汉书》卷一一《哀帝纪》，第340页。
4 《周书》卷七《宣帝纪》，第119页。

与官称相依相伴。可汗号是官号的最高形态，每个可汗都有可汗号，二者不可分离。这是早期社会的许多政治体共有的特征，而在古代内亚游牧社会的政治体中，表现得尤为突出，因此我把可汗号看作内亚草原部族政治文化传统的一个重要特征。在此传统之下，每一个新任可汗经过就职仪式，都会获得一个专门为他准备的可汗号。可汗号用以表彰可汗特有的品德与能力，因此每一个可汗都有只属于他个人的可汗号。虽然后任可汗也可能采用曾经使用过的可汗号，但这是个别的和偶然的行为，理论上可汗号是不能继承的，可汗号本质上就是为了使担任可汗的人具备全新的身份，这种身份既是至高无上的，又是唯一的和独特的。

历史上，由于华夏民族的中原王朝及其优势文明的存在，内亚草原部族的发育与进化不可能避开这一无比强大的文化与政治力量的持续作用，而使内亚部族社会与政治过程的历史方向，受到某种命定意味的影响。一波又一波的草原部族进入长城以南的农耕地区，经历种种历史运动，最终失去部族面貌与文化传统，获得新的历史记忆，从而具备与原农耕地区居民毫无分别的身份与认同，此乃中国历史的特征之一，可谓老生常谈。但是，问题还存在着另外一面。在中原王朝的政治和文化持续而强烈地作用于内亚诸民族时，内亚的政治文化传统，也会在适当的时候，由于某种机缘，而反方向地作用于中原王朝，使中原王朝的政治文化受到影响，由此生发出新的因素，进而形成新的传统。就本章所讨论的可汗号问题而言，我认为，唐代开始的所谓皇帝尊号的制度形式，其历史渊源就是内亚诸政治体的可汗号传统。试论证如次。

朱熹说："尊号始于唐德宗，后来只管循袭。"[1] 据前引胡三省语，早在唐玄宗时，已屡次加上尊号，唐德宗不过因循故事而已，并非创始人。甚至连唐玄宗也不是创始人。封演《封氏闻见记》卷四"尊号"条："秦汉已来，天子但称皇帝，无别徽号。……

---

[1] 黎靖德编《朱子语类》卷三九，第 1017 页。

则天以女主临朝，苟顺臣子一时之请，受尊崇之号，自后因为故事。"[1]封演把皇帝加尊号的起始时间上推到武则天时期，无疑是有充分理由的。武则天在"革唐命"称帝之前，就已经由皇太后的身份"加尊号曰圣母神皇"，[2]称帝后立即"加尊号曰圣神皇帝"，[3]此后又连续加上尊号"金轮圣神皇帝""越古金轮圣神皇帝""慈氏越古金轮圣神皇帝""天册金轮圣神皇帝"。[4]到神龙元年（705）唐中宗逼武则天传位后，还"上尊号曰则天大圣皇帝"。[5]虽然武则天临死时"令去帝号"，改为"则天大圣皇后"，但她的确开创了在位期间一再加上尊号的传统，对唐代皇帝尊号制度的形成起了决定性的作用。在她之后，唐中宗先"加皇帝尊号曰应天，皇后尊号曰顺天"，又"上皇帝尊号曰应天神龙，皇后尊号曰顺天翊圣"。[6]唐睿宗虽然没有加尊号，但在位短暂，唐玄宗即位后，立即恢复了加尊号的传统，并且经他多次加上尊号的实践之后，皇帝尊号制度便被后来者视为不可置疑的传统与故事了。宋敏求编《唐大诏令集》，其帝王部列有"尊号批答"、"尊号册文"和"册尊号赦"等几个门类，[7]可见加上尊号是唐代皇帝政治生活中相当重要的一个方面。[8]

可是，在史事中对皇帝尊号循流穷源，就还要继续向前追寻。唐

1　封演著，赵贞信校注《封氏闻见记校注》卷四，中华书局，1958，第 23 页。

2　《旧唐书》卷六《则天皇后本纪》，第 119 页。

3　《旧唐书》卷六《则天皇后本纪》，第 121 页。

4　《旧唐书》卷六《则天皇后本纪》，第 123—124 页。

5　《旧唐书》卷六《则天皇后本纪》，第 132 页。

6　《旧唐书》卷七《中宗本纪》，第 141、145 页。

7　宋敏求编《唐大诏令集》卷六至卷一〇，商务印书馆，1959，第 36—65 页。

8　日本学者户崎哲彦 1991—1992 年在滋贺大学《彦根论丛》上发表的一系列有关唐代皇帝尊号的研究，虽然主旨与本书所论不同，但几乎穷尽了唐代有关皇帝尊号的资料，论证细密周翔，使得我们在这里完全没有必要对尊号制度本身再做考证。请参看户崎哲彦以下诸文:（1）《古代中国の君主号と"尊号"》，《彦根論叢》第 269 号，1991 年;（2）《唐代君主号制度に由来する"尊号"とその别称: 唐から清、および日本における用语と用法》，《彦根論叢》（吉田龍惠教授退官記念論文集）270、271 号，1991 年;（3）《唐代皇帝受册尊号儀の復元（上）》，《彦根論叢》第 272 号，1991 年;（4）《唐代皇帝受册尊号儀の復元（下）》，《彦根論叢》（越後和典教授退官記念論文集）第 273、274 号，1991 年;（5）《唐代尊号制度の構造》，《彦根論叢》第 278 号，1992 年。

高宗上元元年（674），有一个重新确定祖宗谥号的"追尊"事件："秋八月壬辰，追尊宣简公为宣皇帝，懿王为光皇帝，太祖武皇帝为高祖神尧皇帝，太宗文皇帝为文武圣皇帝，太穆皇后为太穆神皇后，文德皇后为文德圣皇后。"[1]这在中国皇帝制度的历史上是一个重要变化，历来简洁的皇帝谥号就此变得十分繁复。后来高宗谥曰"天皇大帝"，应当是由武则天决定的。不过，在武则天之后，中宗谥曰"孝和皇帝"，颇有复古的意味。不久，在玄宗主持下，睿宗谥曰"大圣贞皇帝"，又回到高宗和武则天的老路上了。事实上唐玄宗走得更远，天宝十三载二月甲戌，玄宗也重新给历代祖宗尊上谥号："上高祖谥曰神尧大圣大光孝皇帝，太宗谥曰太宗文武大圣大广孝皇帝，高宗谥曰高宗天皇大圣大弘孝皇帝，中宗谥曰中宗太和大圣大昭孝皇帝，睿宗谥曰睿宗玄真大圣大兴孝皇帝。"[2]这是使后来皇帝谥号变得繁复冗长的一个关键步骤。唐玄宗为什么要这么做呢？原来，他是为了先予后取。就在追尊祖宗的第二天，他给自己加上了更加辉煌的"开元天地大宝圣文神武孝德证道皇帝"的尊号。从《唐大诏令集》所载玄宗答蒋庆绪等上尊号表及答裴光庭等上尊号三表，可知他对自用"圣""文"二字感到不合适，因为太宗、睿宗的谥号里已经用了这两个字。[3]可见追尊祖宗，不惜改变古制，其实只是为自己留余地。和唐玄宗一样，唐高宗追尊祖宗，也是要先予后取。就在追尊的同一天，他给自己和皇后武氏改变了称号："皇帝称天皇，皇后称天后。"虽然改变称号与后来的皇帝加尊号究有不同，但这一改动从性质上看是为了提高高宗夫妇的名望地位，与后来皇帝所加尊号实际上同一轨辙，因此可以说，唐代皇帝加尊号，实以唐高宗改称天皇为最早。

唐高宗尊为皇帝，天下已无人可与抗礼，为什么还要改称"天皇"呢？显然，这次"改称"，对高宗意义不大。从这次"改称"中受益的人是武则天。武则天虽然早在永徽六年（655）就立为皇后，

1　《旧唐书》卷五《高宗本纪下》，第99页。
2　《旧唐书》卷九《玄宗本纪下》，第228页。
3　宋敏求编《唐大诏令集》卷六，第37页。

并且在显庆四年（659）逼逐长孙无忌，"自是政归中宫"，[1]"权与人主侔矣"，[2]但她毕竟只是皇后，她的权力来自高宗，是临时的和非制度性的，所以得不到制度的保障。麟德元年（664）杀上官仪之后，"上每视朝，天后垂帘于御座后，政事大小皆预闻之，内外称为'二圣'"。[3]武则天这时已经在行使皇权，与皇帝无异。可是其权位的临时性和非制度性的性质，并没有改变。从理论上说，一旦高宗去世，长君即位，武则天就自动失去对皇权的占有。因此，她必须发动某种制度变革，给自己占有皇权寻求制度保障。上元元年八月的追尊祖宗和改称天皇、天后，就是这一意图的体现。不把祖宗提拔上去，高宗夫妇就不好给自己加上"天"这样的神圣美名；不把高宗推为"天皇"，武后自己的"天后"就没有着落。天后既是装饰性美称，又是超越和凌驾历代皇后的新的职位，在这个新的称号下，武后获得了超越皇后的地位和权力，为进一步控制皇权准备了制度的基础。《资治通鉴》记上元元年这次变革，有"皇帝称天皇，皇后称天后，以避先帝、先后之称"，[4]似是唐高宗的诏册原文。胡三省注曰："实欲自尊，而以避先帝、先后之称为言，武后之意也。"[5]可谓得其确解。高宗死后，中宗即位，武则天的权力丝毫不损，还给自己加上超越于皇帝职位的"圣母神皇"的尊号，就因为她获得"天后"称号已经很多年了，她的权力早已获得制度的保障。

改变皇帝称号，背弃古制，毕竟是怪异不经之举。虽然唐高宗不惮于"自我作古"，[6]武后更是"旷世怪杰"，[7]但如此重大的制度变革，必定会有一定的现实依据和灵感源泉。天后之称，自然是顺应天皇而来，那么天皇呢？我认为是从"天可汗"而来。

1　《资治通鉴》卷二〇〇唐高宗显庆四年八月，第6317页。

2　《资治通鉴》卷二〇〇唐高宗显庆五年十月，第6322页。

3　《旧唐书》卷五《高宗本纪下》，第100页。

4　《资治通鉴》卷二〇二唐高宗上元元年八月，第6372页。

5　《资治通鉴》卷二〇二胡注，第6372页。

6　《旧唐书》卷五《高宗本纪下》，第109页。

7　陈寅恪：《唐代政治史述论稿》，上海古籍出版社，1982，第60页。

　　自从唐太宗贞观四年（630）四月"西北诸蕃咸请上尊号为天可汗"并得到太宗允可，[1]历代唐天子一直被"西北诸蕃"称为天可汗，[2]而且唐王朝"降玺书赐西域北荒君长，皆称为皇帝天可汗"。[3]唐高宗当然也是天可汗，在与"西域北荒君长"的会见仪典和文书往来中，高宗本人既被呼为天可汗，也自称天可汗。可汗"犹言皇帝"，[4]天可汗，不就是天皇帝吗？北族传统中，天可汗与天皇帝本无区别。直到耶律阿保机称帝，"国人呼之'天皇王'"，[5]其子耶律德光称帝前，先"立为天皇王"。[6]天皇王应当就是天可汗的汉译。刘义棠认为天可汗即 Tängri Qaghan 一词之意译，突厥与回纥之登里可汗即天可汗。[7]武则天发动的"改称"变革，既得到可汗号传统的灵感启示，又直接借用唐太宗、高宗两代皇帝所拥有的"天可汗"称呼而转为"天皇"，皇帝尊号制度即滥觞于此。

　　对于唐太宗接受天可汗称呼，范祖禹批评道："太宗以万乘之主，而兼为夷狄之君，不耻其名，而受其侫，事不师古，不足为后世法也。"[8]他的批评是否可取，这里暂置不论，但他把接受天可汗称呼视为重要事件，可以说是对唐代政治文化变化的一种洞察。只不过，李渊、李世民父子接受可汗称号，并不始于贞观四年。陈寅恪先生在《论唐高祖称臣于突厥事》一文中，考证李渊起兵之初，曾称臣于突厥始毕可汗，并接受可汗封号，只是"唐高祖所受突厥封号究为何名，史家久已隐讳不传"，但比较当时李仲文被突厥封为"南面可

1　《旧唐书》卷三《太宗本纪下》，第39页。关于唐太宗接受天可汗称号的时间，请参看朱振宏《唐代"皇帝·天可汗"释义》，《汉学研究》第21卷第1期，2003年。
2　罗香林：《唐代天可汗制度考》，《新亚学报》第1卷第1期，1955年，后收入罗香林《唐代文化史》，台湾商务印书馆，1955，第54—87页。对罗香林此文的批评，请参看章群《唐代蕃将研究》，联经出版事业公司，1986，第341—366页。
3　王溥：《唐会要》卷七三，第1312页。
4　杜佑：《通典》卷一九四《北狄一·序略》，第5301页。
5　叶隆礼：《契丹国志》卷一，第2页。
6　叶隆礼：《契丹国志》卷二，第11页。
7　刘义棠：《天可汗探原》，《中国西域研究》，正中书局，1997，第71—109页。
8　范祖禹：《唐鉴》卷二，上海古籍出版社影印宋刻本，1984，第33页。

汗"，刘武周被封为定杨可汗，梁师都被封为大度毗伽可汗（按，即Tarduš Bilge Qaghan，大度和毗伽都是可汗号），李子和被封为平杨可汗，则"高祖所受封号亦当相与类似，可无疑也"。[1]《通典》载隋末突厥始毕可汗乘乱而起，称霸东亚，"中国人归之者甚众，又更强盛，势陵中夏。迎萧皇后，置于定襄。薛举、窦建德、王充、刘武周、梁师都、李轨、高开道之徒，虽僭尊号，俱北面称臣，受其可汗之号。东自契丹，西尽吐谷浑、高昌诸国，皆臣之。控弦百万，戎狄之盛，近代未之有也"。[2]李渊也是称臣并接受可汗封号者之一。李仲文、刘武周等既臣服突厥，突厥乃封以可汗，可汗必有可汗号，南面、定杨、大度毗伽等，都是可汗号。只是李渊所受的可汗号，为史臣所遮掩，已无从考知。李世民自称与突厥有"香火之情"，[3]陈寅恪先生感叹"是太宗虽为中国人，亦同时为突厥人矣"。[4]陈三平研究唐代皇权继承问题时，也强调了李唐皇室的北族文化背景。[5]由此可见，当贞观四年唐王朝与突厥的政治关系发生颠覆性变化时，唐太宗欣然接受"天可汗"的称呼，是有深刻的历史缘由的。天可汗与此前李渊所接受的突厥可汗之间最大的差别，一定是反映在可汗号上。李渊的可汗号虽无可考，想来与南面、定杨、大度毗伽（解事）等大致相仿，足以体现与突厥关系中始毕为君李渊为臣的性质。而现在天可汗的可汗号，则体现了唐与突厥全新的政治关系。

更早被突厥尊为可汗的中原王朝皇帝，是隋文帝杨坚。《隋书》载启民可汗上隋文帝及隋炀帝表文两件，上文帝表直称"大隋圣人莫

1　陈寅恪：《寒柳堂集》，上海古籍出版社，1980，第97—108页。有学者（如李树桐先生）对陈寅恪先生的论点提出反驳，不认可唐高祖曾经称臣于突厥。本章仍然赞成陈寅恪先生的意见。请参看王荣全《有关唐高祖称臣于突厥的几个问题》，载史念海主编《唐史论丛》第七辑，陕西师范大学出版社，1998，第224—237页。

2　杜佑：《通典》卷一九七《北狄四·突厥上》，第5407页。

3　《旧唐书》卷一九四上《突厥传上》，第5156页。

4　陈寅恪：《寒柳堂集》，第108页。

5　Sanping Chen, "Succession Struggle and the Ethnic Identity of the Tang Imperial House," *Journal of the Royal Asiatic Society*, Series 3, VI (1996), pp. 379–405.

缘可汗"，上炀帝表提到"已前圣人先帝莫缘可汗存在之日"。[1] 皆以莫缘可汗称文帝，显然是尊文帝为可汗，其可汗号就是莫缘。莫缘是突厥得自柔然的官号，[2] 谷霁光猜测莫缘即莫何、莫贺之别译，[3] 是不对的，莫缘即 bayan。隋文帝、隋炀帝对启民上表中的莫缘可汗受之泰然，不是曾经正式接受过这一称号，就是默许了突厥一方的如此称呼。谷霁光认为隋唐两代天子皆对突厥称可汗，从而把隋唐国家定性为"二元性帝国"。[4] 从柔然侵逼北魏，到突厥凌驾东魏、北齐与西魏、北周，中原政权对柔然和突厥的可汗号制度已经相当了解了。从这个意义上说，北周宣帝自称天元皇帝，并先后给阿史那氏皇太后上尊号为"天元皇太后"和"天元上皇太后"，就是以仿行突厥可汗号和官号的方式，来向突厥表达和解和改善关系的意向。[5]

　　因此，北朝后期到隋唐之际，由于突厥汗国与中原政权间复杂多变的关系，两者间密切的政治接触带来了文化交流。对可汗号制度的了解，对突厥所给予的可汗号的接受，使隋唐政治文化受到明显的和持续的突厥影响。事实上，基于对突厥可汗号制度的了解，隋唐朝廷也以向突厥封授可汗号的方式体现王朝意志。比如，隋文帝拜染干（突利可汗）为意利珍豆启民可汗，[6] 隋炀帝赐内降的西突厥处罗可汗为曷萨那可汗，[7] 唐高宗赐西突厥阿史那弥射为兴昔亡可汗、阿史那步真为继往绝可汗，[8] 武则天赐步真之子斛瑟罗袭封继往绝可汗，寻改封竭忠事主可汗，[9] 又赐突厥默啜为迁善可汗、立功报国可汗，[10] 唐玄宗册立

1　《隋书》卷八四《北狄·突厥传》，第 1873—1874 页。
2　吴玉贵：《突厥汗国与隋唐政治关系史》，第 148—150 页；亦请参看本书"虞弘墓志所见的柔然官制"一章。
3　谷霁光：《唐代"皇帝天可汗"溯源后记》，《史林漫拾》，第 123—125 页。
4　谷霁光：《唐代"皇帝天可汗"溯源》，《史林漫拾》，第 116—122 页。
5　吴玉贵：《突厥汗国与隋唐政治关系史》，第 91 页。
6　《隋书》卷八四《北狄·突厥传》，第 1872 页。
7　《隋书》卷八四《北狄·突厥传》，第 1879 页。
8　杜佑：《通典》卷一九九《北狄六·突厥下》，第 5460 页。
9　杜佑：《通典》卷一九九《北狄六·突厥下》，第 5461 页。
10　杜佑：《通典》卷一九八《北狄五·突厥中》，第 5435 页。

突骑施别种苏禄为忠顺可汗，[1]等等。隋唐朝廷向突厥赐予体现王朝意志的可汗号，反映中原王朝与突厥政治文化中可汗职位和可汗号不可分割的联系——不仅了解，并且还能够主动加以利用。[2]

皇帝尊号就是在这样的政治文化背景下出现的。只有当唐代朝野人士对天可汗称号及相关的可汗号传统基本接受，唐高宗改称天皇一事才有条件实现；只有当武则天需要改革以寻求在制度上保障自己权位的时候，唐高宗改称天皇一事才有可能发生。武则天的政治需要，与突厥政治文化对隋唐的持续影响，这两个历史条件的结合，使唐高宗改称天皇、武后因而改称天后变成事实。武则天"革唐命"之后，故技重施，多次加上尊号，无非是为了进一步树立权威，以震慑现实的和潜在的政治对手。中宗复位后，两次加上尊号，与韦后欲"仿武曌之前例行事"，[3]关系甚大。因此可以说，武则天和韦后时期发生的多次加尊号事件，都有其现实的政治背景，都是为了满足迫切的政治需求。而中宗给相王李旦"加号安国相王"，给太平公主"加号镇国太平公主"，也反映了突厥官号传统对唐朝政治制度的直接影响。[4]睿宗似乎对加尊号这一套做法没有什么兴趣，如果随后的玄宗也如睿宗一样，那么很可能皇帝加尊号的传统就此中断，并成为后人指斥武则天的又一理由。然而玄宗对他祖母的政治方略相当尊崇，对她加尊号的做法也效之不疑。[5]唐玄宗之后，皇帝加尊号已经属于唐代宫廷政治的故事与制度，影响及于后世。

封演批评皇帝尊号"允文允武，乃圣乃神，皇王盛称，莫或逾此。既以为祖父之称，又以为子孙之号，虽颠之倒之，时有变易，曷曾离此？数代之后，将无所回避"。[6]这个道理不是很难明白的，但为

1　杜佑：《通典》卷一九九《北狄六·突厥下》，第5463页。

2　唐朝廷赐予回纥等部族可汗号，更是举不胜举，此处从略。

3　陈寅恪：《唐代政治史述论稿》，第63页。

4　《旧唐书》卷七《中宗本纪》，第136页。

5　当然，玄宗即位不久就加尊号，也许同样有现实政治利益的考虑，因为他逼睿宗传位，权力基础还不是很牢固。

6　封演著，赵贞信校注《封氏闻见记校注》卷四，第23页。

什么皇帝尊号传统还能够长久维持呢？从根本上说，是皇帝制度下的君臣关系决定的。在观念上和制度上，君主愈尊，则臣下批评的锋芒就愈不可能触及使皇帝显得尊崇的那些制度和传统。否定这一制度和传统的力量，只可能来自个别头脑清醒的皇帝本人。清康熙六十年（1721）三月乙丑，群臣上疏，鉴于康熙皇帝"以七十岁寿考之圣人，为六十年太平之天子"，建议上尊号"圣神文武钦明濬哲大孝弘仁体元寿世至圣皇帝"。康熙皇帝回答："从来所上尊号，不过将字面上下转换，乃历代相沿陋习，特以欺诳不学之人主，以为尊称，其实何尊之有？当时为臣下者，劝请举行，以致后人讥议，往往有之。……这所奏庆贺，无益，不准行。"[1]康熙讽刺历代尊号"不过将字面上下转换"，与封演所谓"颠之倒之"意思一样。但康熙批评臣下，却赶不上封演批评皇帝。因为尊号传统的长盛不衰，取决于皇帝制度下的君臣关系，无论从起源还是发展看，使尊号传统得以维持的动力都来自皇权。

王国维在《遹敦跋》一文中，据西周金文中周穆王生前即称穆王，联系相关事例，提出，"周初诸王，若文、武、成、康、昭、穆，皆号而非谥也"，这些号都是"美名"，可见"周初天子诸侯爵上或冠以美名，如唐宋诸帝之有尊号矣"。[2]王国维讨论的正是与可汗号传统同一源流的周代王号和官号问题，他却敏锐地联想到了"唐宋诸帝之有尊号"，这真是深具天才的联想。从周代谥号制度兴起，经历了谥号与官号并存混用时代，到战国中期谥号已经全面取代官号。也就是说，随着华夏社会及政治的发展，从官号中分化出来的谥号，慢慢取代了王号与官号，这个过程与集权政治的成长与定型，有着正相关的关系。[3]所以，从汉代到唐初，并不存在皇帝号（即皇帝尊号）。可是，到唐代却又出现了类似周代王号的皇帝尊号，从华夏中央集权政治制度的内部逻辑，是找不到合理答案的。正如本文所努力揭示的，答案

1　《清实录》第六册《圣祖实录（三）》卷二九一，中华书局，1985，第831页。

2　王国维：《遹敦跋》，《观堂集林》卷一八，第895—896页。

3　参看本书"可汗号之性质"一章。

来自中原政治与文化体的外部。

　　探寻尊号制度的起始，我们不能不重视突厥文化对唐代政治的渗透和影响。从制度进化的观点看，可汗号与官号制度，本来是浅化与后进的内亚部族政治文化的古老传统，随着其政治体发展阶段的提高和政治文化的成熟，这种服务于早期政治组织的制度形式，理应向秦汉魏晋的华夏传统靠近。可是历史进程的复杂性与多样性，就这样表现于唐代皇帝尊号制度的形成与延续。在突厥等北方部族与隋唐的关系上，我们看到了交互影响，然而，并不是所有的影响都线性地指向历史"进步"。

第十八章　统万城与统万突

　　赫连勃勃下令兴筑统万城是在大夏凤翔元年（晋安帝义熙九年，413），去他于龙昇元年（义熙三年，407）称天王、建大夏已六年，距真兴元年（晋恭帝元熙元年，419）宫城竣工、城门命名还有六年。统万即一统万国，得名在筑城之始。赫连勃勃说："朕方统一天下，君临万邦，可以统万为名。"[1]在夏国统治集团的多语言环境中，统万显然是汉语。那么，在非汉语人群所说的某种（或某几种）混杂着突厥语和蒙古语的语言中，如何称呼统万城呢？

　　由文献和出土墓志，知统万城又作统万突或吐万突。《周书》记北周明帝"小名统万突，……

1 《晋书》卷一三〇《赫连勃勃载记》，第 3205 页。

生帝于统万城，因以名焉"。[1] 当时习见以出生地为名，可见统万突即
统万城。元彬墓志记元彬曾任"统万突镇都大将、夏州刺史"，元昭
墓志记元昭祖父历官，元融墓志记元融父亲历官，元举墓志记元举祖
父历官，元湛墓志记元湛父亲历官，都有"统万突镇都大将"一职。[2]
元保洛墓志记保洛曾祖素连历官，有"吐万突镇都大将"。以上六例，
其实所指只是两个人。元保洛墓志中的曾祖素连，即元昭墓志之"祖
连"，其鲜卑语本名之音译见于文成帝南巡碑，[3] 亦即史书之常山王拓
跋（元）素。[4] 可见吐万突即统万突之异写。其余四例都是指拓跋（元）
彬，因为元彬就是元融和元湛的父亲，也是元举的祖父。《魏书》记
元彬历官，作"统万镇都大将"。[5] 元彬及其子孙的四方墓志均以"统
万突"代替"统万"，可能反映了家族内部先人记忆的某种连续性。

　　北魏继承了赫连夏的城名，即汉语的"统万"和非汉语的"统
（吐）万突"。"统（吐）万突"这个非汉语名称可以视为"统（吐）
万"与"突"两个部分构成的一个词组，其中"统（吐）万"很容易
就可以辨识出它的语源是阿尔泰语系各语族共有的 tümen（tumen，意
思是"一万"）。这个 tümen 是阿尔泰各人群很常见的人名，匈奴的头
曼、突厥的土门，语源都被研究者认定为 tümen 一词。

　　北魏时期有不少代人以 tümen 为名，比如阳平王拓跋（元）熙有
个孙子叫吐万，[6] 穆崇的孙子穆寿有个孙子叫吐万，[7]《魏书》记北魏末年
的尔朱兆"字万仁"，[8]《周书》记为"吐万儿"，[9] 知万仁即吐万儿的汉

1　《周书》卷四《明帝纪》，第 53 页。
2　赵超：《汉魏南北朝墓志汇编》，第 38、146、205、215、239 页。
3　文成帝南巡碑碑阴题名有"征西将军常山王直（勤素）连戊烈"，见山西省考古研究所、灵丘县
　　文物局《山西灵丘北魏文成帝南巡碑》，《文物》1997 年第 12 期，第 73 页。
4　《北史》卷一五《昭成子孙列传》，第 566 页。
5　《魏书》卷一九下《景穆十二王列传下》，中华书局修订本，2017，第 585 页。本章所引《魏书》
　　均据此版本。
6　《魏书》卷一六《道武七王列传》，第 456 页。
7　《魏书》卷二七《穆崇传》，第 754 页。
8　《魏书》卷七五《尔朱兆传》，第 1797 页。
9　《周书》卷一《文帝纪》，第 10 页。

译雅化，因仁、儿同音。南朝史料中，音译其名为"吐没儿"，[1] 与吐万儿也基本一致。阿尔泰语数字词中万最大，故以万为名者甚众。有意思的是，尔朱兆本名 tümen（后面加"儿"应该是爱称或昵称），但定汉名时却不满足于 tümen 对应的汉语词"万"，而是提高了一百倍，以"兆"为名。[2]

不仅人名，代人姓氏中也有吐万氏，比如隋代有个吐万绪。这说明草原部落中本有以 tümen 为号者，内入之后，部落首领家族乃至部落属民都以吐万为姓。《元和姓纂》称《魏书·官氏志》载吐万氏后改为万氏。[3] 这一条虽不见于今本《魏书》，但郑樵《通志·氏族略》"代北复姓"条，记"统万氏，改为万氏"，当有所本。[4] 吐万 / 统万之改万氏，音义两通，且可以搭上华夏原有万氏的顺风车，最契合非华夏姓氏的华夏化规则。当然中古蛮人华夏化过程中也有些家族以万为姓，这和其他蛮人家族姓梅、姓文的定姓机制一样，都是取一个与"蛮"字音同形异的汉字为姓。这些万氏与来自内亚的万氏虽源流各异，但时过境迁，也就难以区分了。

有研究者认为，汉语的"统万"是"统万突"的省称。[5] 这个看法是不对的。蒲立本构拟"万"的早期中古音是 muan。[6] 用汉字"吐万"来音译阿尔泰语的 tümen，可以说相当合适。可是，"统万"就有问题了，因为 tümen 的第一个音节 tü 并不存在"统"字元音部分所含的鼻音。可以肯定，通常情况下，用"统"对译 tü 不符合中古时代的音译习惯。那么，如何理解"统万突"比"吐万突"更多见这个事实呢？我们知道，统万城在获得非汉语名称的同时，也有了汉

1　《梁书》卷三二《陈庆之传》，第 461—462 页。

2　王逸注《楚辞·九章》"又众兆之所仇"句："兆，众也，百万为兆。"见王泗源《楚辞校释》，中华书局，2014，第 155 页。

3　林宝：《元和姓纂》卷九"奋氏"条："吐万氏后改为奋氏。"据岑仲勉校记，此处奋字是万字之误。见《元和姓纂》（附岑仲勉四校记本），第 1277 页。

4　郑樵：《通志二十略》，王树民点校，中华书局，1995，第 179 页。

5　陈喜波、韩光辉：《统万城名称考释》，《中国历史地理论丛》2004 年第 3 辑，第 156—157 页。

6　Edwin G. Pulleyblank, *Lexicon of Reconstruction Pronunciation in Early Middle Chinese, Late Middle Chinese, and Early Mandarin*, p. 318.

语名称"统万"。在汉语环境下，人们不会使用它的非汉语名称。在非汉语的口语环境下，人们只会使用它的非汉语名称。统万城的非汉语名称音译为汉字，是比较晚的，在汉语名称与非汉语名称都广为人知之后。在这种情况下，非汉语名称的音译书写，受到了汉语名称的影响，tümen 更多地被写成"统万"，于是就有了较多的"统万突"。

"统（吐）万突"这一词组的第二个部分是"突"。卜弼德早在1933 年所写的《胡天汉月方诸》第五章中，就对周明帝的小名统万突进行语源分析，把"突"理解为蒙古语的形容词词尾 -tü，称"统万突"的意思是"生于统万城"。[1] 卜弼德那时还没有见到墓志中的"吐万突"用例，所以把"统万突"中的"统万"等同于统万城的汉语名称"统万"。近年研究者已经知道"统（吐）万突"中的"统（吐）万"其实是 tümen，但仍然和卜弼德一样建议"突"是蒙古语的词尾 -tü。[2] 我不同意这个说法，下面尝试另外提供一个解释。

汉语名称"统万"由"统 + 万"两个词构成，字面意义完美表达了赫连勃勃所说的"统一天下，君临万邦"。它其实是一个省略了主语的短句：大夏（省略）+ 统 + 万。这个短句的语序在语法上就是：施动词（省略）+ 动词（统）+ 受动词（万），即主语（省略）+ 谓语（统）+ 宾语（万）。这完全符合汉语语法的 SVO 语序。然而，阿尔泰语言不同于汉语，是 SOV 语序，即动词（谓语）在受动词（宾语）之后。也就是说，在非汉语环境下，提到统万城的非汉语名称时，要说成"万 + 统"而不是"统 + 万"，名词"万"在前，动词"统"在后。非汉语名称"统（吐）万突"便是"统（吐）万 + 突"的 SOV 语序，其中"统（吐）万"对应汉语的"万"，也就是阿尔泰语的tümen，而"突"对应汉语的"统"，必定是一个独立的动词，不会是一个如 -tü 这样意义含混的词尾后缀。

1　Peter A. Boodberg, "Selections from *Hu T'ian Han Yüeh Fang Chu*," in *Selected Works of Peter A. Boodberg*, p. 108.

2　陈喜波、韩光辉:《统万城名称考释》,《中国历史地理论丛》2004 年第 3 辑，第 157 页。

那么"突"是哪一个阿尔泰语词的汉字音译呢？

根据蒲立本的拟音，汉字"突"在魏晋时期（中古早期）的读音是 dwət，隋唐时期（中古后期）是 tɦut。[1] 中古后期以前，在音、义两方面都与以上讨论相契合的阿尔泰语词，是鄂尔浑古突厥文碑铭中的 tut，词义大致上是统治、控制、获取等。鄂尔浑碑铭里用例甚多，下面略举三条。[2]

（1）毗伽可汗碑南面第 9 行

män toquz yegirmi yïl šad olurtum, toquz yegirmi yïl qaγan olurtum, il tutdum.

译文：我为设十九年，为可汗十九年，治理了国家。

这个用例中，tut 以单数第一人称过去时态 tutdum 出现在句子的最后，意思是统治、治理。

（2）暾欲谷碑第二碑西面第 6 行

qaγanïn tutdumïz.

译文：我们抓住了他们的可汗。

这个用例中，tut 以复数第一人称过去时态出现在句末，意思是获取、抓获。

（3）阙特勤碑东面第 38 行

anta yana kirip türgis qaγan buyruqī az tutuquγ äligin tutdï.

译文：在那里，他再次冲入敌阵，亲手抓获了突骑施可汗手下的梅录阿孜都督。

这个用例中，tut 以单数第三人称的过去时态出现在句末，意思是抓住、抓获。

第三条语例中的官号（tutuq）官称，研究者一般认为是借自汉语的都督。但也有一些研究者，比如丹尼斯·塞诺，认为这个官称可能

1　Edwin G. Pulleyblank, *Lexicon of Reconstruction Pronunciation in Early Middle Chinese, Late Middle Chinese, and Early Mandarin*, p. 311.

2　后所列三条鄂尔浑碑铭语例，皆出自 Talât Tekin, *A Grammar of Orkhon Turkic*, pp. 246, 252, 236。

是从突厥语的动词 tut 发展出来的，意思是指挥者。[1] 尽管这个说法至今也不为大多数研究者接受，但还是很具启发力的。另外一个突厥汗国时代的官称 tutun（中古汉语史书译作吐屯），一定是从突厥语动词 tut 发展出来的称号。与 tutuq 通常用在那些军事高官身上不同，吐屯一般是突厥汗国派遣到宾附属国行使管理权的官员，这和该名号的动词词根 tut 原有的抓住、管理、统治、治理等词义是相关的。

综上所述，我们的结论是：统万城的非汉语名称"统（吐）万突"的语源是 tümen tut，非汉语环境下人们就是用 tümen tut 指称统万城。

汉语 SVO 语序与阿尔泰语 SOV 语序的差异，在两大语言集团的长期深度接触中，当然会留下许多痕迹，但这些痕迹在汉文史料里不太容易保存，即使偶有记录，也不大容易引起读史者注意。我举两个例子来说明这一点。

第一个是人所共知的，匈奴帝国西部的军政长官号曰"日逐王"，这个名号原来肯定是匈奴语（大概属于突厥语族），意思是追逐太阳，引申为向西方扩张。汉人把这个名号意译为"日逐王"时，尊重了这个名号原来的 SOV 语序，没有按照汉语的 SVO 语序改为"逐日王"。从汉语语法的内在要求来说，这个翻译是不彻底的，可谓半道而止。后之读史者习而不察，不大留意这个名号其实是两种语言冲撞的结果。

另一个例子反映了不同语序冲撞的全过程。据金富轼《三国史记》，新罗汉阳郡有一个县，名为"遇王县"，小注云："本高句丽皆伯县，景德王改名。"[2] 同书又记高句丽北汉山郡有"王逢县"，小注云："一云皆伯，汉氏美女迎安臧王之地，故名王迎。"[3] 两县其实指同

1　Denis Sinor, "The Turkic Title *tutuq* Rehabilitated," in *Turcica et Orientalia, Studies in Honour of Gunnar Jarring on his Eightieth Birthday*, Istanbul: Swedish Research Institute, Transactions Vol. I, 1988, pp. 145−148.

2　金富轼：《三国史记》卷三五《杂志第四·地理二》，第 336 页。

3　金富轼：《三国史记》卷三五《杂志第四·地理二》，第 351 页。

一个地方，名称不同，源于高句丽和新罗不同政权时期的汉文书写差异。前人已经指出，"王逢"是对"皆伯"的汉文翻译，"王"对应的是"皆"，"逢"对应的是"伯"。[1] 县名来自汉氏美女在此迎见安臧王的故事，在高句丽语中，动词后置，受动词前置，皆（王）在前，伯（逢）在后。高句丽政权需要书面记录时，先是把县名用汉字音译成皆伯，后进一步意译为王逢，但语序未变，保留了高句丽语的 SOV 语序。到新罗时期整理行政建置，把王逢县改为遇王县，改成了汉语的 SVO 语序。从皆伯到王逢，再到遇王，汉译的全过程得以完成。

中古以后史料丰富，有了直接讨论汉语与阿尔泰语语序差异的记录。南宋洪迈《夷坚志》丙志卷一八"契丹诵诗"条："契丹小儿初读书，先以俗语颠倒其文句而习之，至有一字用两三字者。顷奉使金国时，接伴副使秘书少监王补每为予言以为笑。如'鸟宿池中树，僧敲月下门'两句，其读时则曰'月明里和尚门子打，水底里树上老鸦坐'。大率如此。"从汉语的 SVO 语序到契丹语（属于蒙古语族）的 SOV 语序，动词"打""坐"全都放在句末。值得注意的是不仅语序颠倒，动词（谓语）后置，甚至连句子的次序也改变了，汉语两句诗的先后顺序被契丹人颠倒了。[2] 当然这种句序颠倒的情况可能别有原因，未必反映了两种语言间的语法差异或对译习惯。[3]

不同语言间语法、词汇和语音等因素的冲撞，甚至可能因某种敏感而引发政治反应。宋元之际的周密《癸辛杂识》"桃符获罪"条："盐官县学教谕黄谦之，永嘉人，甲午岁题桃符云：'宜入新年怎生呵，百事大吉那般者。'为人告之官，遂罢去。"[4]

语言接触反映了不同人群、不同文化间的深度接触，[5] 当然这种接触归根结底是不同政治体之间复杂关系的结果。我在讨论历史上多语

1　参看本书"好太王碑与高句丽王号"一章。
2　聂鸿音：《〈夷坚志〉契丹诵诗新证》，《满语研究》2001 年第 2 期。
3　高山杉：《辨析所谓"契丹小儿诵诗新证"》，《南方都市报》2015 年 2 月 1 日。
4　周密：《癸辛杂识》续集下，吴企明点校，中华书局，1988，第 195 页。
5　白玉冬：《华言胡语水乳之契》，《上海书评》2018 年 8 月 22 日。

言社会书写语言与口头语言差异时说过："从语言深度接触来理解族群接触和政治体接触，就可以给我们提供一个新的观察角度，让我们看到古代东亚世界的历史变迁，其实也是不同语言之间交互作用的过程，让我们对东亚当今状况的形成有一个具有历史纵深感的理解。"[1]本章探讨十六国北朝时期统万城的汉语名称与非汉语名称间的关系，算是为这个研究视角补充了一个材料。

---

1 罗新：《当人们都写汉语时》，《上海书评》2013 年 5 月 26 日。

第十九章　跋敦煌莫高窟所出北魏太和十一年刺绣发愿文

　　我在写"北魏直勤考"一章时，曾尽力搜罗北魏史料（包括传世文献与出土文物）中的"直勤"用例，以证北魏直勤制度之渊源、性质与功能。然而限于学力与见识，遗漏必多，其中或竟不免有十分重要者。本章所要讨论的敦煌莫高窟所出北魏太和十一年供养刺绣上的发愿文，就是我过去本不知晓、经王丁先生提示才注意到的。这件刺绣是 1965 年 3 月由敦煌文物研究所在莫高窟第 125—126 窟的窟前遗址发现的，现藏敦煌研究院。有关发现经过及对刺绣内容形式方面的重要研究，见敦煌文物研究所 1972 年发表的《新发现的北魏刺绣》一文。[1]这篇文章根据刺绣品的内容、结构、供养人衣冠样式与刺绣的花纹艺术形式等特征，认为发愿文中"十一年四月八日"之前所残缺的年号，应是北魏孝文帝的年号"太和"，发愿文中的"直勤广阳王慧安"，即在《魏书》和《北史》都有传的广阳王元嘉。虽然后来有关该件刺绣的许多方面已有不少研究，[2]但前述结论的正确性至今未受质疑，可见写作于 20 世纪 70 年代初的这篇简报学术水平之高。

发愿文共 14 行，每行 11 字。[3]不过，前述文章仅仅提供了供养人像题名和发愿文最后两行十五个字的文字，并没有对发愿文的其余文字进行录文。当然，该件刺绣的保存状况很不好，残缺较甚，发愿文部分更是支离破碎，录文难度极大。而且，当期《文物》所提供的两幅黑白图版既未反映该件刺绣的全貌，也不够清楚。大概是因为该发愿文太过残泐，且内容也比较一般，后来的三十多年间，竟一直没有人尝试给出全面的录文。[4]好在近年来该件刺绣在海外的多个展览中展出，展览图录中收有质量不错的彩色图版，[5]兹据以录文如次。

行 1　　　□□□□□□言像之表

1　敦煌文物研究所：《新发现的北魏刺绣》，《文物》1972 年第 2 期。这篇文章的实际执笔人是马世长先生，文章在收入马先生的论文集《中国佛教石窟考古文集》（财团法人觉风佛教艺术文化基金会，2001）时，马先生特在文末做了说明，见该书第 293 页。

2　以往的研究见王素、李方所编的研究索引《魏晋南北朝敦煌文献编年》，新文丰出版公司，1997，第 143 页。其中尤为重要的是宿白先生的研究，收入宿白《中国石窟寺研究》，文物出版社，1996，第 104、220、276 页。

3　第 8 行未写满，但因刺绣残缺，不知究竟空缺多少字，这里依据现存刺绣，假定仅最后一字空缺。

4　就连黄征、吴伟编校的《敦煌愿文集》（岳麓书社，1995）也未收此篇愿文。

5　承荣新江先生赐示，2001 年 10 月至 2002 年 4 月，先后于纽约的亚洲协会博物馆（Asia Society Museum）和佛罗里达的诺顿艺术博物馆（Norton Museum of Art）展出的"僧侣与商贾：中国西北所出丝路珍宝"专题展，收有这件北魏刺绣，见同题的展览图录 Monks and Merchants: Silk Road Treasures from Northwest China, New York: Harry N. Abrams, Inc., 2001, p. 144。2004 年 10 月至 2005 年 1 月在纽约大都会艺术博物馆展出的"走向盛唐"专题展，展出了该件刺绣，图版见展览图录 China: Dawn of a Golden Age, 200–750 AD, New York: The Metropolitan Museum of Art, 2004 pp. 172–173。2005 年 7 月至 9 月在东京的森美术馆的专题展"中国★美の十字路展：後漢から盛唐へ"，亦收有此件刺绣，图版见展览图录《中国★美の十字路展》，东京：株式会社大広，2005，图版第 148 号。

行 2 　□□难教□□九域之内□

行 3 　高轨扬于□□□妙宗而仗

行 4 　赖弟子雄□□□□□会庆

行 5 　遵像法之化□□□□□早

行 6 　倾灵荫每悼□□□□□款

行 7 　雄复兴设讲□□□□□遂

行 8 　建兹晖像树□□□□□

行 9 　天祚永康□□□隆亡过先

行 10 　王缘□□□□□妙乐之乡

行 11 　朗怀□□□□□在家馆恒

行 12 　住休庆□□□□十方含生

行 13 　等成菩提□□□十一年四

行 14 　月八日直勤广阳王慧安造[1]

　　既然"十一年"前所缺的年号是"太和"，那么这里的直勤广阳王慧安肯定就是元嘉。对于北魏直勤制度的研究来说，这条材料的重要性主要是以北朝原始史料的身份明确了直勤制度行用的年代下限。正如许多研究者早已指出的，拓跋之直勤，即突厥之特勤。关于直勤制度终结的时间，我在"北魏直勤考"一章中推测应是孝文帝太和十六年（492）"改降五等"之时。这个推测主要基于直勤制度自身的性质、功能及在孝文帝改革中的尴尬地位，但是并没有直接的证据，唯一接近的证据来自南朝的萧齐。《南齐书》载王融上疏议给魏书籍，分析北魏"抑退旧苗，扶任种戚"的政治格局，称"师保则后族冯晋国，总录则邦姓直勤渴侯，台鼎则丘颓、苟仁端，执政则目凌、钳耳"，并认为如果南方的书籍传至北方，"冯李之徒，必欲遵尚，直勤等类，居致乖阻"。[2] 如中华书局点校本"校勘记"所言，这里的直勤

1　录文承王丁先生审核并补订若干处，凌文超也帮助释读若干字，谨此一并致谢。

2　《南齐书》卷四七《王融传》，第 819 页。

即直勤之讹，[1]"邦姓"疑是"邦姓"之讹，邦姓直勤渴侯，指当时的北魏重臣元丕。牟发松考证王融上疏时间，在齐武帝永明七年，即北魏孝文帝太和十三年。[2]当然，也存在稍晚一年，即太和十四年的可能性（这一年的主使还是邢产，是在南北间恢复通使关系后连续第二年出使）。王融上疏是史料中最后一次出现直勤之名，但出自南朝人之口，并非北朝第一手史料。到目前为止，我所知道的北朝原始史料中最晚出现直勤的，就是这篇元嘉的供养刺绣发愿文了。

由发愿文知道，元嘉（拓跋嘉）到太和十一年（487）四月八日时仍然自称直勤，可以肯定此时直勤制度仍在行用中。虽然此前一年孝文帝已经"始服衮冕，朝飨万国"了，但朝政大柄仍然掌握在冯太后手中。据《魏书》，就在元嘉造供养刺绣的后一个月，"诏复七庙子孙及外戚缌服以上，赋役无所与"。[3]这里的七庙，康乐认为应当是指神元帝拓跋力微（始祖）、平文帝拓跋郁律（太祖）、道武帝拓跋珪（烈祖）、明元帝拓跋嗣（太宗）、太武帝拓跋焘（世祖）、文成帝拓跋浚（高宗）和献文帝拓跋弘（显祖）。[4]北魏七庙之制如果从道武帝开国时的草创期算起，到孝文帝太和十六年大举改革之前，已逾百年，虽然常常变动，但变动的只是昭成帝与献明帝，始祖力微与太祖郁律的地位一直是十分稳固的。在这个相对稳定的七庙结构下，宗室血亲的范围是从始祖神元帝力微算起的。太和十一年的诏书"复七庙子孙及外戚缌服以上，赋役无所与"，就是再次肯定已行之百年的宗室认证原则，凡力微子孙皆为宗室。从直勤制度的角度来说，就是凡力微的男性后裔皆可称直勤。

可是太和十四年九月冯太后死，半年后，孝文帝就改造了北魏的七庙制度，去掉了平文帝，以道武帝为太祖。[5]再过大半年，即太和

---

1 《南齐书》卷四七"校勘记"第 5 条，第 829 页。

2 牟发松：《王融〈上疏请给虏书〉考析》，《武汉大学学报》（哲学社会科学版）1995 年第 5 期。

3 《魏书》卷七下《高祖纪下》，第 162 页。

4 康乐：《从西郊到南郊——国家祭典与北魏政治》，第 249 页。

5 《魏书》卷一〇八之一《礼志一》，第 2747—2748 页。

十六年正月，"始以太祖配南郊"，一百多年来神元帝力微无可匹敌的
历史地位终于被道武帝取代了，而且，仅仅四天以后，孝文帝就发动
了"改降五等"，"制诸远属非太祖子孙及异姓为王"皆依次而降。[1]在
新的制度下，只有道武帝的子孙可以算宗室。如果此时仍然行用直勤
制度，那么只有道武帝的男性后裔可称直勤，而此时的朝廷重臣元丕
就再也不能说是"邦姓直勤渴侯"了，因为他已经失去拥有王爵的资
格，也就不再能拥有直勤头衔了。

　　孝文帝在太和十五年和十六年对宗庙礼制的激烈改革，与太和
十一年的诏书"复七庙子孙及外戚缌服已上，赋役无所与"的立场比
较起来，反差是如此之大，我们可以清楚地了解，太和十一年的诏书
绝非孝文帝的本意，而反映了冯太后的意志。冯太后绝对没有触动那
么多拓跋宗室成员政治经济利益的动力和动机，相反，她需要在厚待
外戚的同时，拉拢宗室以获得支持。那么，太和十四年九月冯太后去
世之前的所有重大决策，势必要体现她的这一立场——尽管孝文帝或
许略早一些已经开始实际掌权。因此，可以肯定，直勤制度的正式消
亡不能早于冯太后的死亡时间，或者可以说，一定是在太和十六年正
月改降五等之时或稍前一点点。

　　我在"北魏直勤考"中讨论过，魏晋北朝时期直勤又有特勤、提
勤、敕勤等异译。沙畹解释敕勤"为突厥变号特勤（Tegin）之讹"。[2]
这就把嚈哒的敕勤与突厥的特勤，以及拓跋鲜卑的直勤联了起来。
吐鲁番哈喇和卓90号墓出土的阚氏高昌时期《高昌主簿张绾等传供
帐》（75TKM90:20），正面15行、反面2行共17行的文字中，提到
一些接受传供的北族人物，其中有若愍提勤与秃地提勤无根，可以肯
定是指柔然贵族。提勤即直勤之异译。特勤的用例见于《宋书》。《宋
书》载宋将姚耸夫"手斩托跋焘叔父英文特勤首，焘以马百匹赎之"。[3]

1　《魏书》卷七下《高祖纪下》，第169页。

2　沙畹：《宋云行纪笺注》，冯承钧译《西域南海史地考证译丛六编》，第43页。

3　《宋书》卷六五《杜骥传》，第1722页。

这个英文，很可能就是《魏书》中的"建德公婴文"。[1]英文、婴文，可能与北朝史书中的意文、俟汾、逸文以及前引高昌文书中的"若愍"等名号，出于同一个北族语词。而且极有可能，"宇文"的语源也要从这个词中寻觅。此外，在不那么严格可靠的史料中，也有与直勤相关的材料（如《太平御览》卷五九八引石崇《奴券》）。

我曾经讨论过，该文中的宜勤当亦直勤之讹写，胡奴直勤，既是"恶羝奴"，又自称"胡王子"，属于魏晋时所谓胡奴。直勤乃是他作为"胡王子"所带的传统称号。魏晋洛中豪贵所谓胡奴，常得自并州，而多为羯人。因此，石崇《奴券》中"恶羝奴"，或当作"恶羯奴"。值得注意的是，在并州羯人社会里，直勤名号可能还发展成一种美称，用作人名。南朝史书提到一个王敕勤，在《宋书》里是"冠军将军游击将军并州刺史南清河太守太原公军主王敕勤"，[2]在《南齐书》里是"辅国将军王敕勤"，[3]当然是同一个人。这个王敕勤，就是并州胡人。

《魏书》记延兴三年（473）"刘昱将萧顺之、王敕勤等领众三万，入寇淮北诸城"。[4]又记太和十六年尉元上表议彭城军事，云："今计彼戍兵，多是胡人。臣前镇徐州之日，胡人子都将呼延笼达因于负罪，便尔叛乱，鸠引胡类，一时扇动。赖威灵遐被，罪人斯戮。又团城子都将胡人王敕勤负衅南叛，每惧奸图，狡诱同党。"[5]可见王敕勤本是北魏军队中的胡人，以团城子都将的身份叛投刘宋，遂效力于宋、齐两朝。尉元所说戍守彭城的胡人，应来自并州。《宋书》记元嘉二十八年正月北魏太武帝与臧质书云："吾所遣斗兵，尽非我国人，城东北是丁零与胡，南是三秦氐、羌。设使丁零死者，正可减常山、赵郡贼；胡死，正减并州贼；氐、羌死，正减关中贼。卿

1　《魏书》卷一四《神元平文诸帝子孙·建德公婴文传》，第 345 页。本传不言婴文死于与宋的战争，或为史文遗漏。

2　《宋书》卷七四《沈攸之传》，第 1935 页。

3　《南齐书》卷二四《柳世隆传》，第 449 页。

4　《魏书》卷五〇《尉元传》，第 1113 页。

5　《魏书》卷五〇《尉元传》，第 1113—1114 页。

若杀丁零、胡，无不利。"[1] 北魏军中的并州胡人后来被投入彭城前线，即尉元所说的"今计彼成兵，多是胡人"，而王敕勤就是其中的一员。《宋书》记他的官爵为并州刺史、太原公，显示刘宋对他的优遇，官以本州，爵以本州首郡。此人以敕勤为名，并不一定说明他出身贵族（如石崇《奴券》中的胡王子直勤），而是表明在并州胡人的部族传统中，直勤／敕勤渐渐失去其政治名号的特有意义，开始向普通专名和美称方向转化，已经成为部族成员用以制名的资源。而在并州胡人以直勤／敕勤／特勤为个人取名资源的同时，拓跋鲜卑还在严格地把此名号限定在制度领域。也许，从名号分化、演化的角度看，并州胡人在政治名号的领域是先于或绝不晚于拓跋鲜卑采用这一名号的。

元嘉的本传附见《魏书》卷一八的《广阳王建传》下，但《魏书》此卷久佚，今本是从《北史》等书补入的，过于简略。《北史》卷一六《广阳王建传》所附元嘉的传，没有提到元嘉崇信佛教。前引《新发现的北魏刺绣》一文据唐释法琳《辩证论》卷四有"魏尚书令广阳王嘉"条，云："喜愠不形，沉敏好学，仁厚至孝，造次不渝。读一切经凡得三遍，造爱敬寺以答二皇，为众经抄一十五卷。归心委命，志在法城。"由此可以理解为什么元嘉自己和他的妻女都取有僧尼之名。[2] 元嘉所为供养的此件刺绣，应是文献中所谓"幢幡"之类，是当时主要的供养功德形式之一，其数量势必多于寺庙、金石造像和石窟。这样的刺绣"绣像"幡应该是一式多件的，如此方可广泛流布，幸而其中一件在莫高窟保存下来。应当指出，今天研究北魏佛教者，注意力多集中于金石造像和石窟，少有论及"幢幡"上的绣像、织成像者，[3] 那是因为金石质地易于保存，并非北魏佛事中只有金

1　《宋书》卷七四《臧质传》，第1912页。

2　敦煌文物研究所：《新发现的北魏刺绣》，《文物》1972年第2期，第57页。

3　佐藤智水：《北魏仏教史論考》，冈山：冈山大学文学部，1998，第108—110页。

石造像。[1]

前引《南齐书》王融上疏称北魏政局"师保则后族冯晋国，总录则邦姓直勒渴侯，台鼎则丘颓、苟仁端，执政则目凌、钳耳"，其中目凌应该是"丘目凌"的省写，即后来的穆氏。这里的丘目凌是指穆亮，孝文帝吊比干碑作"丘目陵亮"。[2] 根据《北史》，元嘉的后妻穆氏就是穆亮的从妹。[3] 这位穆氏应当就是本文所讨论的那件供养刺绣上的"妻普贤"，她与元嘉所生的元渊，《北史》避唐讳改作元深；深子元湛，字士深，后人大概嫌其与父名相重，又回改为士渊。[4] 这种混乱幸赖元湛墓志而得以澄清。[5] 按照这件供养刺绣的布局，在发愿文右侧的供养人像，应该是元嘉一家的男性成员，即元嘉本人和他的儿子。可惜刺绣已经严重残缺，不然的话，我们不仅可以知道元渊（元深）的僧名，而且可以知道元嘉是否有别的儿子。

非常幸运的是，元嘉的鲜卑语本名，也保存在南朝史料里。《南齐书》两处提到北魏的"郁豆眷"，在《魏虏传》里记齐高帝建元二年（480）"（拓跋）宏遣大将郁豆眷、段长命攻寿阳及钟离"，[6] 在《垣崇祖传》里则作"建元二年，虏遣伪梁王郁豆眷及刘昶，马步号二十万，寇寿春"。[7] 姚薇元先生根据《魏书》记太和初元嘉晋"假梁郡王"，考定《南齐书》里的郁豆眷即《魏书》之元嘉。[8] 元嘉之外，以郁豆眷为名的元魏宗室，还有见于文成帝南巡碑碑阴题名的"顺阳

1　承王丁先生赐示，德国探险队搜集的西域佛寺遗址出土数百件幢幡残片，现有印度学者查雅编目出版，见 Chhya Bhattacharya-Haesner, *Central Asian Temple Banners in the Turfan Collection of the Museum für Indische Kunst, Berlin: Painted Textiles from the Northern Silk Road*, Berlin: Dietrich Reimer, 2003. 其中有数十件丝绣残片。

2　王昶：《金石萃编》卷二七。

3　《北史》卷一六《太武五王传》，第 616 页。

4　《北史》卷一六《太武五王传》"校勘记"第 38 条，第 626—627 页。

5　赵万里：《汉魏南北朝墓志集释》，图版第九六号。

6　《南齐书》卷五七《魏虏传》，第 986 页。

7　《南齐书》卷二五《垣崇祖传》，第 462 页。

8　姚薇元：《宋书索虏传南齐书魏虏传北人姓名考证》，原载《清华学报》第 8 卷第 2 期，1933 年，收入姚薇元《北朝胡姓考》（修订本），第 494 页。

公直勤郁豆眷"，[1]《魏书》和《北史》记其名为郁，[2]显然是截取其鲜卑语本名的第一个音节为汉名。

郁豆眷，即鲁尼文古突厥文碑铭中的 ötükän，唐代译作于都斤、乌德鞬、郁督军等，岑仲勉先生《外蒙于都斤山考》一文考证翔实，罗列精当，兹不赘。[3]但在唐代以下的用例中，ötükän 仅仅用来指杭爱山或其主峰，未见有用作人名者。[4]根据我们对北族名号的研究，名号起源于政治名号，分化为官称和官号两个部分。任何一个获得政治职务（官称）的人，都会同时获得只从属于他个人的、与官称一起使用的官号。政治名号＝官号＋官称。在 ötükän 这一名号里，ötü 是官号，kän/kan 是官称。官号与官称本来可以自由组合，但一组长期联结使用的名号（含有官号与官称两个部分）会逐渐凝聚成一个词，在政治名号中作为一个固定的官号使用来修饰其他官称。当然，这个名号也会丧失其政治名号的某些属性，退化为普通专名，作为人名、族名和地名使用。在这个意义上，我们不应当对 ötükän 这一名号组合在北朝北族中被用作人名感到奇怪。

白鸟库吉认为匈奴时代的兜衔山可能与突厥时代的于都斤山相同，[5]也许比较牵强，不过岑仲勉先生把匈奴单于于除鞬的名字与 ötükän 联系起来，[6]还是很有说服力的。如果这一说法成立，那么 ötükän 这一名号组合在内亚草原上的传统之悠久，应当引起我们的特别注意，特别是对匈奴与鲜卑之间在政治文化上的联系，要进行深入

---

1 山西省考古研究所、灵丘县文物局：《山西灵丘北魏文成帝〈南巡碑〉》，《文物》1997 年第 12 期，第 74 页。

2 《北史》卷一五《魏诸宗室传》，第 544 页；《魏书》卷四四《和其奴传》，第 993 页。

3 岑仲勉《外蒙于都斤山考》，原载《中央研究院历史语言研究所集刊》第 8 本第 3 分，1939 年，后收入岑仲勉《突厥集史》，第 1076—1090 页。

4 请参看蔡鸿生所译苏联学者波塔波夫的文章《古突厥于都斤山新证》，原文发表于 1957 年，译文收入蔡鸿生《唐代九姓胡与突厥文化》，第 231—247 页。按，今日杭爱山主峰犹名 Отгон Тэнгэр уул（Otgon Tenger Uul），Отгон 或许与古老的 ötükän 有联系，这显示了地名的历史连续性。

5 白鸟库吉：《东胡民族考》上编，《塞外民族史研究》上册，第 190 页。

6 岑仲勉：《外蒙于都斤山考》，第 1078 页。

探究。无论如何，拓跋鲜卑集团有此名号组合是无可怀疑的，前述元魏宗室有二人以 ötükän 为名，便是显例。事实上，同样出自 ötükän 一词的汉译名号"逸豆归"，还可以在东部鲜卑的宇文、慕容两部中找到用例。宇文部有所谓"别部逸豆归"，[1]是宇文泰的祖先。慕容永的西燕政权里，有两个逸豆归，[2]一个是慕容永的从兄太尉大逸豆归，一个是慕容永的从子征东将军小逸豆归，之所以有大小之不同，可能是因为二人同名不易分别，只好以年龄或行辈分称大小以别之。此外，《北史》记柔然可汗大檀（牟汗纥升盖可汗）弟大那之子名于陟斤。[3] 陟，据蒲立本所构拟的早期中古音，应为 trik，[4]是知于陟斤亦为 ötükän 之别译。此外，一般认为出自高车的库狄氏也有以 ötükän 为名者，如《北史》记库狄干"曾祖越豆眷"。[5]

　　拓跋集团中还有壹斗眷和郁都甄两个姓氏，反映了以壹斗眷和郁都甄为名的两个不同部族的存在。这两个部族名称的汉字虽然分别写作壹斗眷和郁都甄，但它们都源自同一个阿尔泰语词 ötükän，而且它们得名的原因很可能是这两个部族历史上各有一位重要首领，其名号的官号部分就是 ötükän。之所以分别译作壹斗眷和郁都甄，正是为了加以区别，使人不至于误以为它们属于同一个部族。《魏书·官氏志》记"壹斗眷氏改为明氏"，"郁都甄氏改为甄氏"。[6]白鸟库吉指出壹斗眷氏改为明氏，是取其词义而非读音。[7]当然，拓跋集团姓氏汉化中的确有从义不从音者，如"叱奴氏，后改为狼氏"，[8]即取 čina (chino'a)

1　《晋书》卷一〇九《慕容暐载记》，第 2815 页。又见《北史》卷九八《匈奴宇文莫槐传》，第 3268 页。《周书》作"侯豆归"，见《周书》卷一《文帝纪上》，第 1 页。"侯"乃"俟"之讹误，"俟豆归"即"逸豆归"。《北史》卷九《周本纪上》更误作侯㽑归豆，见第 311 页。

2　《魏书》卷九五《徒何慕容廆传》，第 2065 页。

3　《北史》卷九八《蠕蠕传》，第 3252 页。

4　Edwin G. Pulleyblank, *Lexicon of Reconstructed Pronunciation in Early Middle Chinese, Late Middle Chinese, and Early Mandarin*, p. 409.

5　《北史》卷五四《库狄干传》，第 1956 页。

6　《魏书》卷一一三《官氏志》，第 3011、3013 页。

7　白鸟库吉：《东胡民族考》上编，《塞外民族史研究》上册，第 162 页。

8　《魏书》卷一一三《官氏志》，第 3013 页。

的词义而非语音。这提示我们，也许从语源上理解 ötükän 的工作的确是可能的。[1]与壹斗眷氏改为明氏不同，郁都甄氏改为甄氏则是取音了。由于《广韵》及诸姓氏书引《魏书》时郁都甄氏被写作郁原甄氏，《魏书》中华书局点校本甚至怀疑郁都甄氏实当作郁原甄氏。[2]其实错误的是《广韵》和姓氏书，不能据以校改《魏书》。

　　与突厥时代 ötükän 仅用作山名的情况不同，[3]包括柔然在内的鲜卑诸部以 ötükän 为人名的情况如此普遍，我们有理由相信，ötükän 在鲜卑诸族群中早已经历了由政治名号向普通名号退化的过程，反映了此一名号在鲜卑语族群中的古老存在。与 ötükän 形成鲜明对比的，是本章所讨论的北魏刺绣发愿文中提到的"直勤"（tegin/tigin/tekin）。在魏晋北朝的鲜卑语部族（目前仅知有拓跋与柔然）中，tegin/tigin/tekin 被用作特定意义的官称，反映其存在时间未必久长。而在同时期的并州胡（即羯胡）中，敕勒名号已经被用作人名了。这个事实是否说明并州羯胡获得此一名号更早呢？当然，这是有待于今后进一步研究的。[4]

1　岑仲勉：《外蒙于都斤山考》，《突厥集史》，第 1078—1079 页。

2　《魏书》卷一一三《官氏志》"校勘记"第 41 条，第 3023 页。

3　当然，这是由于我们目前的研究还相当有限。也许随着研究的深入，我们会发现突厥、回鹘时代的草原诸民族中，ötükän 不仅用作地名，也用作人名、部族名和其他专名。

4　对于这一段有关名号贬值与时间先后的猜想，胡鸿提出这样的意见："我想那个名号贬值与时间相关的理论，还值得进一步细化。像并州胡以敕勒为姓名，而拓跋魏仍然以直勤为贵重名号，说明同一名号在同一时间可以具有不同的价值。显然他们有共同的来源，但借入时间不同。如果名号像放射性元素衰变一样精确地贬值，照理不应该在同一时间出现这么大的差异。所以影响名号贬值速度的因素应该不只是时间，甚至不一定主要是时间，还和借入这一名号的族群本身的社会发育水平以及已有的名号系统的复杂度有关。可能并州胡羯久处中原，原有的部落结构和名号系统受到华夏式名号系统的冲击比拓跋大，贬值也就更加迅速。石勒创业中，分配给下面的名号全是将军、都督、太守之类；称赵王时，所署管理胡人的官职都叫'门臣祭酒''门生主书'，虽然不伦不类，却都是汉式名号无疑。只有署给石虎的'单于元辅'，和石泰、石同等（看这几个名字应该也是石勒的同族）撰写的《大单于志》，留下一点所谓'胡制'的影子。这可作为一个证据。"这个意见是值得进一步思考的。

第二十章　北魏申洪之墓志中的内亚名号

　　申洪之墓志是 20 世纪 40 年代由日本学者在大同附近发现的，具体出土地点不详。虽然墓志志石一直收藏在大同市博物馆，但长期以来却为整理和研究北朝墓志的学者所忽略，不见收于赵万里《汉魏南北朝墓志集释》与赵超《汉魏南北朝墓志汇编》。非常惭愧的是，尽管殷宪先生于 2000 年已经刊发了有关此志的研究，[1] 我和叶炜在 2005 年出版的《新出魏晋南北朝墓志疏证》中还是遗漏了此志。我本人更是迟至 2006 年夏拜读侯旭东先

1　殷宪：《北魏早期平城墓铭析》，中国魏晋南北朝史学会、大同平城北　　朝研究会编《北朝研究》第 1 辑，北京燕山出版社，2000，第 163—　　192 页。

生《北魏申洪之墓志考释》[1]一文之后，才注意到这方珍贵的北魏平城
时代的墓志。嗣后我两次访问大同市博物馆，承馆方雅意，得以观摩
志石之形制并细读墓志文字。当然，有赖于殷宪和侯旭东两位先生的
研究，申洪之墓志的各相关问题已基本上得到解决，但墓志提到的几
个北族人物和北族官名，似乎还有进一步讨论的余地。

先转录申洪之墓志全文如下，文字与标点尽据侯旭东文。

> 君姓申，讳洪之。魏郡魏县人也。曾祖钟，前赵司徒、东
> 阳公。祖道生，辅国将军、兖州刺史、金乡县侯，子孙家
> 焉。君少遭屯蹇，与兄直勤令乾之归命于魏。君识干
> 强明，行操贞敏，孝友慈仁，温恭惠和。兄弟同居，白首
> 交欢，闺门怡怡，九族式范。是以诠才委任，甫授东宫
> 莫堤，将阐茂绩，克崇世业，而降年不遐，年五十有七，
> 以魏延兴二年十月五日丧于京师。以旧坟悬远，归
> 窆理难，且赢博之塟，盖随时矣。考谋龟筮，皆亦云吉，
> 遂筑堂于平城桑干河南。行随化往，德与时著，敢克
> 斯石，以昭不朽。
> 先地主文怛于吴提、贺赖吐伏延、贺赖吐根、
> 高梨高郁突四人边买地廿顷，官绢百匹。从来
> 廿一年，今洪之丧灵，永安于此，故记之。

根据我们对中古北族传统中的政治名号的了解，北朝北族社会中
包括姓和名在内的名氏系统（anthroponym），在很大程度上根源于政
治名号。通常，姓源自部族名（ethnonym），部族名则来自该部族历
史上某位重要领袖的官号，而官号是政治名号的一部分。政治名号中
的官号和官称，构成政治人物的个人名号，同时也成为家庭制名的主

---

1 侯旭东：《北魏申洪之墓志考释》，吉林大学古籍研究所"1—6世纪中国北方边疆·民族·社会
   国际学术研讨会"论文，长春，2006年8月。该论文收入吉林大学古籍研究所编《"1—6世纪
   中国北方边疆·民族·社会国际学术研讨会"论文集》，科学出版社，2008，第207—223页。

要资源。因此，官名、家庭姓氏和人名虽然在华夏社会的文化环境下
有巨大差异，但从起源意义上说，在北族的历史传统中则没有什么分
别，都可以纳入名号研究的视域之中。本章就是要尝试对申洪之墓志
中的北族名号略加分析。

　　申洪之墓志提到的北魏官名有：（1）直勤令；（2）东宫莫堤。北
族人物则有：（1）文忸于吴提；（2）贺赖吐伏延；（3）贺赖吐根；（4）
高梨高郁突。其中作为官名的直勤令一时难以索解，姑置不论；而高
梨高郁突可能正如周伟洲、殷宪先生所说是高句丽人，[1]其名字的语源
是高句丽语还是鲜卑语，[2]实未可知，故此处亦不加讨论。下面依次讨
论此二者之外的四个北族名号。

一　东宫莫堤

　　侯旭东先生在前引文章中对"东宫莫堤"进行了探讨，指出这是
一个源自鲜卑自身政治传统的官职，也许可以与"东宫内侍长""东宫
侍郎"相对应。这是非常重要的提示。在孝文帝改革以前，北魏的官
制杂糅了魏晋官制与草原旧制两种不同的传统，名号纷错，未可以其
中之一种概言另一种，两者也不可能有严格的对应关系。东宫侍郎、
东宫内侍长也都是后来追述时依汉魏传统的译名。《魏书》卷八四
《儒林·陈奇传》：

　　　　奇曰："祖，燕东部侯〔俟〕厘。"雅质奇曰："侯〔俟〕厘何
　　官也？"奇曰："三皇不传礼，官名岂同哉？故昔有云师、火正、
　　鸟师之名。以斯而言，世革则官异，时易则礼变。公为皇魏东宫

1　殷宪：《北魏早期平城墓铭析》，《北朝研究》第 1 辑，第 189—190 页。
2　尽管现代朝鲜语（韩国）是否能够列入阿尔泰语系是存在着很大争议的，但古代高句丽的语
　　言比较接近阿尔泰语系的满洲－通古斯语族和古蒙古语族，则是无可怀疑的。

内侍长，侍长竟何职也？"由是雅深憾之。[1]

　　能够与"俟厘"（il/el）对举且令游雅哑口无言的，自然不是"侍长"这一官名，而是"莫堤"一类的北族名号。《南齐书》记北魏官制，称"又有俟勤地何，比尚书；莫堤，比刺史；郁若，比二千石；受别官比诸侯"。[2]提到莫堤即相当于魏晋官制中的刺史，当然，这一解释在官职的阶级和职掌方面并没有很大的参考价值，最主要的意义在于说明了莫堤这一官职在北魏政权中的普遍存在，而申洪之墓志所记的东宫莫堤只是其中之一而已。应该注意的是，作为官称的莫堤来自北族政治名号，而古老的政治名号通常也会成为家庭制名的资源。事实上拓跋集团就有以莫提为名者，如《魏书》记穆崇宗人丑善之子名莫提，[3]《宋书》记北魏有武昌王宜勒（即直勤）库莫提（由库与莫提两个部分联合组成的一组名号）。[4]莫提、莫堤，无疑是同名异译。北魏郭定兴墓志称定兴之父郭沙为"库部莫堤"，[5]是另一个用例。

　　那么，莫堤的语源又是什么呢？

　　我猜想，北魏的莫堤与后来突厥时代的 bitig 有一定联系。古突厥文 bitig 的意思是书写、书记或记录。这个词出现在阙特勤碑的南面第 13 行（bu bitig "此一铭文"），东南面（bunča bitig "这篇铭文"），北面第 13 行（bitig taš，碑石）。[6]阙利啜碑南面第 3 行的最后 3 个词 bunča bitig bitidim（"我写下了这篇铭文"），[7]更标明了 bitig 的词

1　《魏书》卷八四《陈奇传》，第 1846—1847 页。"俟厘"《魏书》讹作"俟厘"，见"校勘记"第 3 条，第 1867 页。

2　《南齐书》卷五七《魏虏传》，第 985 页。

3　《魏书》卷二七《穆崇传》，第 676 页。

4　《宋书》卷九五《索虏传》，第 2334 页。

5　洛阳市第二文物工作队：《洛阳纱厂西路北魏 HM555 发掘简报》，《文物》2002 年第 9 期。另请参看罗新、叶炜《新出魏晋南北朝墓志疏证》，第 95—96 页。

6　Talât Tekin, A Grammar of Orkhon Turkic, pp. 231-238；耿世民：《古代突厥文碑铭研究》，第 135—137 页。

7　Talât Tekin, A Grammar of Orkhon Turkic, p. 258；耿世民：《古代突厥文碑铭研究》，第 182 页。铭文中 biti-（后面的 -dim 是第一人称单数过去式的后缀）是"书写"的动词，而 bitig 则是名词，表示书写的结果或书写动作本身。

根 biti。出自敦煌藏经洞、编号 Or. 8212 的古突厥文《占卜经》(*Irk Bitig*) 之得名，就因为其第 66 段（第 101 页）有一句："bu ırk bitig (ä) dgü ol（这本预言书是很好的）。"[1] 这个词在突厥语族各语支的使用情况，可以参看克劳森辞典的简明概述。[2] 后来突厥语族各语言中"书"的这一义项逐渐为阿拉伯语借词 kitap 所取代，但即使在现代土耳其语的一些东部方言中，还是保留了 bitgi 这个词，[3] 而 bitgi 也许是 bitig 语音换位（metathesization）之后的形式。

有趣的是，名词 bitig 的词根是动词 biti（很多研究者认为最后的元音 i 是一个长元音），而 biti 是一个从汉语借入的借词，其语源就是我们熟悉的"笔"。据蒲立本构拟的中古音，"笔"音 pit，[4] 借入强调元音的阿尔泰语以后读作 biti 是十分贴切的。问题是，在汉语中"笔"兼有名词与动词两种词性，那么借入阿尔泰语言后如何加以区别呢？是否以重读部位的不同来区别呢（这样就可以解释碑铭中作为动词的 biti 后面都是长元音）？这还需要阿尔泰学专家来研究。很显然，早于突厥汗国的拓跋鲜卑已经在使用这个借词了，或者可以说，这个借词早就完成了内化为北族语词的过程，只是不清楚鲜卑人是在进入草原腹地之后才从突厥语部族借入这个词，还是在更早的时候就已经使用这个借词了。

有这一语词知识为背景，《魏书》中的一个故事就可以获得新的解释了。《魏书》卷二八《古弼传》：

> 古弼，代人也。少忠谨，好读书，又善骑射。初为猎郎，使长安，称旨，转门下奏事，以敏正著称。太宗嘉之，赐名曰笔，取其直而有用，后改名弼，言其辅佐材也。……世祖大阅，将校

1　Talât Tekin, *Irk Bitig: The Book of Omens,* Wiesbaden: Harrassowitz Verlag, 1993, p. 27.

2　Sir Gerard Clauson, *An Etymological Dictionary of Pre-Thirteenth-Century Turkish*, p. 303.

3　İsmet Zeki Eyuboğlu, *Türk Dilinin Etimolojik Sözlüğü*, p. 93.

4　Edwin G. Pulleyblank, *Lexicon of Reconstructed Pronunciation in Early Middle Chinese, Late Middle Chinese, and Early Mandarin*, p. 33.

猎于河西。弼留守，诏以肥马给骑人，弼命给弱者。世祖大怒曰：
"尖头奴，敢裁量朕也！朕还台，先斩此奴。"弼头尖，世祖常名
之曰笔头，是以时人呼为笔公。[1]

　　这段记事是有一点混乱的，从字面上看，古弼在明元帝时候被赐
名为"笔"，后改为"弼"，原因都与古弼的品德和能力有关，而与其
体貌特征无关。而到太武帝时，由于古弼的头比较尖，形似笔头，故
太武帝称之为尖头奴、笔头，时人也都呼曰笔公。可是，如果我们知
道"笔"即 biti，考虑到人名称呼在不同语言环境中的不同应用，就
会理解明元帝之所以给古弼赐名"笔"，一定是因为古弼头形似笔，
而他当时又担任"门下奏事"，其职掌与文书的上下行关系密切。明
元帝所赐的"笔"是鲜卑名（即 biti），汉字"弼"则是书之于汉文文
书时所定的雅名。中古汉语"弼"的读音是 bit，[2]完美地对应了鲜卑语
的 biti。"取其直而有用"（笔）、"言其辅佐材也"（弼），都不过是后
来的缘饰。因此，太武帝称古弼为笔头，也许是以 biti 加上一个表示
"头"（如突厥语中的 baš）的鲜卑语词，从而组合为一组新名号，构
成了古弼的新名，并且流行于当时。《宋书》所记的吐奚弼，[3]即《魏书》
的古弼。[4]如果不了解鲜卑语环境下"笔"的读音，《魏书》此段记事
就难以得到确解。
　　据以上所说，莫堤应该是从 biti 派生出的、职掌与文书有关的一
个官称。《南齐书》记录北魏职官，称"曹局文书吏为比德真"。[5]李盖
提认为比德真是对应蒙古语形式的 bitekčin，而不是突厥语的 bitigüči

1　《魏书》卷二八《古弼传》，第 689—692 页。
2　Edwin G. Pulleyblank, *Lexicon of Reconstructed Pronunciation in Early Middle Chinese, Late Middle Chinese, and Early Mandarin*, p. 36.
3　《宋书》卷九八《氐胡传》，第 2409 页。同书卷九五《索虏传》记作吐奚爱弼，见第 2335 页。
　　"爱"当是衍文。
4　姚薇元：《宋书索虏传南齐书魏虏传北人姓名考证》，原载《清华学报》第 8 卷第 2 期，1933 年，
　　收入姚薇元《北朝胡姓考》（修订本），第 477 页。
5　《南齐书》卷五七《魏虏传》，第 985 页。

和 bitkäči 两种形式。[1] 无论是古代蒙古语的 bitekčin，还是古代突厥语的 bitigüči 和 bitkäči，其词根都是从汉语借入的 biti，这一点大概是没有疑问的。莫堤的地位远远高于比德真，这也许是其词尾不加上 -čin 或 -či 这个后缀的原因。

二　文忸于吴提

殷宪和侯旭东两位先生已经指出，文忸于、万忸于和勿忸于都是对同一个北族姓氏的不同汉文音译，迁洛后改为于氏。吴提显然也是那时北族的常用名，最有名的是柔然敕连可汗，其本名即吴提。[2] 北魏文成帝南巡碑碑阴题名里，有内三郎怡吴提和内三郎丘目陵吴提。[3] 北魏苟颓的祖父名乌提，[4] 吐谷浑有将领名呼那乌提，[5] 赫连夏有河内公费连乌提，[6] 乌提是吴提的异译。这个文忸于吴提，可能就是《魏书》和《北史》有传的于提。[7]《北史》卷八五《节义传》：

> 朱长生、于提者，并代人也。孝文时，长生为员外散骑常侍，与提俱使高车。既至，高车王阿伏至罗责长生等拜，长生拒之。阿伏至罗乃不以礼待。长生以金银宝器奉之，至罗既受献，长生曰："为臣内附，宜尽臣礼，何得口云再拜，而实不拜。"呼出帐，命众中拜。阿伏至罗惭其臣下，大怒曰："帐中何不教我拜，而辱我于大众？"夺长生等献物，内之丛石，兵胁之曰："为

1　Louis Ligeti, "Le Tabghatch, un dialecte de la langue Sien-pi," in Louis Ligeti ed., *Mongolian Studies*, pp. 265-308.

2　《北史》卷九八《蠕蠕传》，第 3293 页。

3　山西省考古研究所、灵丘县文物局：《山西灵丘北魏文成帝〈南巡碑〉》，《文物》1997 年第 12 期，第 77 页。

4　《魏书》卷四四《苟颓传》，第 993 页。

5　《晋书》卷一二五《乞伏炽磐载记》，第 3123 页。

6　《资治通鉴考异》，附见《资治通鉴》卷一二一宋文帝元嘉五年二月，第 3799 页。

7　《魏书》卷八七原阙，今本乃后人以某种史钞所补，文字与《北史》略有不同。请参看中华书局点校本此卷"校勘记"第 1 条，第 1897 页。

我臣则活，不降则杀汝！"长生与于提瞋目厉声责之曰："我为鬼，不为汝臣！"阿伏至罗大怒，绝其饮食。从者三十人皆求阿伏至罗，乃给以肉酪。长生与提又不从，乃各分徙之。三岁乃放还。孝文以长生等守节，远同苏武，拜长生河内太守，提陇西太守，并赐爵五等男，从者皆为令长。[1]

这个故事的起因见于《北史》卷九八《高车传》：

> （太和）十四年，阿伏至罗遣商胡越者至京师，以二箭奉贡。云："蠕蠕为天子之贼，臣谏之不从，遂叛来此，而自竖立，当为天子讨除蠕蠕。"孝文未之信也，遣使者于提往观虚实。阿伏至罗与穷奇遣使者薄颉随提来朝，贡其方物。诏员外散骑侍郎可足浑长生复与于提使高车，各赐绣裤褶一具、杂彩百匹。[2]

在与可足浑长生（即朱长生）正式出使高车之前，于提曾受孝文帝之命前往高车"观虚实"。于提能够多次担负这种特殊的外交使命，或许因为他和北魏末年的于谨一样具备"兼解诸国语"的能力，[3]可惜史书没有保存相关的史料。按照北魏代人姓名汉化或史官追记的习惯，文忸于吴提应简化作于提。而从《魏书》《北史》中于提活动的时代来看，也正在孝文帝前后，与申洪之墓志中的文忸于吴提基本同时。因此，尽管北族同名同姓的情况非常普遍，把于提与文忸于吴提勘同，还是有相当理由的。

现在我们对文忸于和吴提这两个名号的语源做一点大胆的推测。

文忸于（万忸于、勿忸于）的语源，可能是古突厥文碑铭中的 mängü/mäŋgü/beŋgü（不朽、永恒）。阙特勤碑南面第 11 行和第 12

---

1 《北史》卷八五《节义传》，第 2845 页。

2 《北史》卷九八《高车传》，第 3274 页。

3 《周书》卷一五《于谨传》，第 244 页。

行都提到 beŋgü taš（永久之石），[1] 而翁金碑还记录了它的另一个形式
beŋigü，[2]《突厥语大词典》收录了 mäŋgü 的形式，丹可夫（Dankoff）
指出该词具有简单名词和动名词的双重词性。[3] 克劳森说突厥语的这个
词是很早就从蒙古语借入的，而中古蒙古语的形式是 möŋke。[4] 1953
年在蒙古国发现的"释迦院碑记"（又称"蒙哥汗碑"）的蒙古文部
分，记蒙哥汗的蒙古语称号是 Möngke Qaɣan，[5] 可见在中古蒙古语世界
里 möŋke 曾被用作可汗号，其政治名号的属性是非常明确的。现代
土耳其语还保留了 bengi 这个形式。假定这个词作为专名早已在鲜卑
社会中行用，而且其最末一个音节的辅音 g- 是弱读甚至不发音的（即
土耳其语中的 ğ），那么中间嵌入了一个元音的 benigü/menigü 形式，
就可以与文忸于（万忸于、勿忸于）对应起来。

　　如果 -en 作为复合元音从属于词首的辅音 m-/b-，鼻音 -n 不与后
面的元音连读，则 ben-i-ğü/men-i-ğü 的形式就会忽略掉汉译中的"忸"
音。依据这种读音分析，我们就可以理解，见于《魏书》卷九《肃
宗纪》的"凉州幢帅于菩提"，[6] 到《北史》卷九六《吐谷浑传》被写作
"万于菩提"，[7] 这里的万于，并不是万忸于的省写，而是 män-i-ğü 这种
形式的确切拟音。正是在这一认识的基础上，我们还要进一步指出，
十六国时期出现的没奕于氏（如果"于"字并非"干"字误写的话），
以及史料中北魏后期才出现的万俟氏，可能与代北的文忸于（万忸
于、勿忸于）氏，都是同一个名号的不同汉译。这种同一姓氏在北魏
前后有不同汉译形式却又为史官所忽略的情况，从一个侧面反映了代
北传统在洛阳的断裂。

1　Talât Tekin, *A Grammar of Orkhon Turkic*, p. 232；耿世民：《古代突厥文碑铭研究》，第 119—120 页。

2　Talât Tekin, *A Grammar of Orkhon Turkic*, p. 256；耿世民：《古代突厥文碑铭研究》，第 190 页。

3　Mahmūd al-Kāšgari, *Compendium of the Turkic Dialects*（*Dīwān Luɣāt at-Turk*），Part Ⅱ, p. 343.

4　Sir Gerard Clauson, *An Etymological Dictionary of Pre-Thirteenth-Century Turkish*, pp. 350–351.

5　Yöngsiyebü Rinčen, "L'inscription sinomongole de la Stèle en L'honneur de Möngke Qaɣan," *Central Asiatic Journal*, Vol. Ⅳ (1959), pp. 130–138; Nicholas Poppe, "Notes on the Monument in Honor of Möngke Khan," *Central Asiatic Journal*, Vol. Ⅵ (1961), pp. 14–23.

6　《魏书》卷九《肃宗纪》，第 236 页。

7　《北史》卷九六《吐谷浑传》，第 3185 页。

吴提、乌提的语源暂时难有确解，我们在这里斗胆提出一个推测。

鲁尼文古突厥文碑铭中的 ötükän，唐代译作于都斤、乌德鞬、郁督军等，岑仲勉先生《外蒙于都斤山考》一文有详细考证。[1]我们也曾经指出，ötükän 这个名号在十六国北朝各鲜卑集团中又被用作人名和部族名，其汉译形式有郁豆眷、逸豆归、于陟斤、越豆眷、壹斗眷、郁都甄等。[2]根据我们的分析，和所有中古北族的政治名号一样，ötükän 也是由官称和官号两个部分组成的，其中 ötü 是官号，kän（即 qan/kan 的前元音形式）是官称。当然我们已不可能准确地了解 ötükän 的语义和语源，虽然后世蒙古语中与 ötükän 有继承关系的 etügen 等都是土地女神之名，[3]但可能是专名借用发生了概念转移。不过，由于《魏书》记"壹斗眷氏改为明氏"，似乎给我们理解 ötükän 的语义提供了一个机会。白鸟库吉指出壹斗眷氏改为明氏，是取其词义而非读音。[4]拓跋集团姓氏汉化中从义不从音的例子还有一些，如"叱奴氏，后改为狼氏"，[5]即取 čina (chino'a) 的词义而非语音。因此，即使岑仲勉先生所谓 ötükän 在语源上有神明之意未必可取，[6]要说 ötükän 或其中的 ötü 与"光明"有关，总是大致可行的。

吴提、乌提，或许就是 ötü 的汉译。尽管目前在唐代及其以前的北族语文资料（主要是古突厥文文献）中找不到 ötü 的用例，但由于它作为官号部分用于 ötükän 这一名号组合中，可以肯定 ötü 是一个古老的名号。从读音上看，用以与吴提、乌提勘同，似乎是说得过去的。顺便指出，《魏书》记太武帝时期有个"安远将军、广川公乙乌

1　岑仲勉：《外蒙于都斤山考》，《突厥集史》，第 1076—1090 页。

2　请参看本书"跋敦煌莫高窟所出北魏太和十一年刺绣发愿文"一章。

3　山田信夫：《テュルクの聖地ウトュケエン山—ウトュケエン山に関する覚書 1》，《北アジア游牧民族史研究》，东京：东京大学出版会，1989，第 59—71 页。

4　白鸟库吉：《东胡民族考》上编，《塞外民族史研究》上册，第 162 页。

5　《魏书》卷一一三《官氏志》，第 3013 页。

6　岑仲勉：《外蒙于都斤山考》，《突厥集史》，第 1078—1079 页。

头"，[1]这个乌头如果是音译人名的话，大概与吴提、乌提一样是对同一个名号的异译。而且，代北姓氏中的尉迟氏，极可能也是源于同一个名号。

三 贺赖吐伏延

首先讨论姓氏"贺赖"。《魏书》记"神元皇帝时余部诸姓内入者"之贺赖氏，与"北方贺兰"氏，都改为贺氏。[2]姚薇元先生认为"贺赖乃贺兰之异译，二者本一氏也"。[3]依此理解，贺赖、贺兰为同一姓氏，本无区别，异译的差异是随机的和偶然的。胡三省虽然也把二者理解为同一姓氏，但对差异的解释不同，他认为之所以会有赖、兰之异，"盖内入者为贺赖氏，留北方者为贺兰氏。兰、赖语转耳"。[4]这显然是对前述《魏书》"诸姓内入"和"北方贺兰"说法的机械套用。事实上《魏书》的"内入"是指力微时期加入拓跋集团者，而"北方贺兰"也绝不是"留北方者"，要知道凡是在太和后期接受了姓氏改革的代人，都是内迁代人，那些滞留在六镇地带的代人大多数还没有参与进来。

据我的初步印象，《魏书》记北魏迁洛以前的史事，贺兰、贺赖两氏都有，北魏前期的石刻史料记具体姓名时有贺赖无贺兰，而到了北魏末年至北周的史料中，却只有贺兰而无贺赖了。贺赖、贺兰是同一个名号，这一点大概无人否认。可是我们知道，拥有同样名号的不同部族未必有亲缘关系，而且在汉字音译时还会故意以不同汉字加以区别。[5]北魏前期也许分别存在着以贺赖和贺兰为名的部族，才会形成贺兰、贺赖两氏并存的情况。而北朝后期的贺兰氏都是新从北镇南下

1 《魏书》卷五一《封敕文传》，第1135页。
2 《魏书》卷一一三《官氏志》，第3007、3013页。
3 姚薇元:《北朝胡姓考》(修订本)，第36—43页。
4 《资治通鉴》卷一〇八晋孝武帝太元二十一年十二月胡注，第3435页。
5 参看本书"论阙特勤之阙"一章。

的，他们选择贺兰而不是贺赖，或许因为贺兰氏为北魏开国时期的著名姻族，名声比较响亮。

　　但无论如何，贺赖、贺兰应当有共同的语源。《元和郡县图志》解释贺兰山得名之由，云："山有树木青白，望如驳马，北人呼驳为贺兰。"[1] 按杜佑的说法，北人是指突厥人。《通典》记北方诸国之"驳马国"条下有小注云："突厥谓驳马为曷剌，亦名曷剌国。"[2]《新唐书》记驳马国"或曰弊剌，曰遏罗支，直突厥之北，距京师万四千里"。[3] 遏罗、曷剌大概是同一个突厥语词。《突厥语大词典》记录乌古斯（Oγuz）方言有关"混合"词义的词根，有 qar-，[4] 音、义都可以与"驳"联系起来。但是我怀疑对贺兰山名语源的解释，是唐人根据突厥语知识而附会出来的，这个解释也许不仅不能用来说明贺兰山得名之由，而且也不宜用以解释北朝的重要名号贺赖、贺兰的语源。

　　魏晋北朝的贺赖、贺兰应该另有语源，因为这个名号不仅用作部族名，还用作职官名和人名。东魏侯景部下有一个将领库狄曷赖，[5] 这个用作人名的曷赖与贺赖、贺兰是同一个名号。《南齐书》记北魏孝文帝的黑毡行殿旁边"皆三郎曷剌真"，[6] "曷剌真"之"真"，是蒙古语后缀 čin。[7] 同书同卷又说北魏"带仗人为胡洛真"，[8] 文成帝南巡碑还提到许多斛洛真，胡洛真、斛洛真当然都是"曷剌真"的异译。唐代突厥语族群继承了北朝的这一名号。《通典》记唐代仆骨部有"大酋婆匐俟利发歌蓝伏延"，[9]《新唐书》写作"娑匐俟利发歌滥拔延"，[10] 歌

1　李吉甫：《元和郡县图志》卷四，贺次君点校，中华书局，1983，第 95 页。

2　杜佑：《通典》卷二〇〇《北狄七·驳马》，第 5493 页。

3　《新唐书》卷二一七下《回鹘传下》，第 6146 页。

4　Mahmūd al-Kāšgari, *Compendium of the Turkic Dialects*（*Dīwān Luγāt at-Turk*）, Part I, p. 326; Part Ⅱ, p. 57; Part Ⅲ, p. 128.

5　《北齐书》卷二〇《慕容俨传》，第 280 页。

6　《南齐书》卷五七《魏虏传》，第 994 页。

7　《中国北方民族与蒙古族族源》，《亦邻真蒙古学文集》，第 561 页。

8　《南齐书》卷五七《魏虏传》，第 985 页。

9　杜佑：《通典》卷一九九《北狄六·仆骨》，第 5467 页。

10　《新唐书》卷二一七下《回鹘传下》，第 6140 页。

蓝、歌滥当即贺赖、曷剌、贺兰、曷赖之异译。

赖、剌、兰、蓝、滥这几个汉字的中古音分别是 lajh、lat、lan、lam、lamh，[1]除去音调的差异，那么这里有四个音，即 laj、lat、lan 和 lam，它们都被用来对拟某个辅音为 r-，元音为 -a、-an、-am 或 -aj 的音。考虑到剌是以 -t 收声的入声字，我感觉原元音最大的可能是 -an（也就是说，贺赖、贺兰的语源或许是 qaran）。这个现象说明，中古时代以汉字音译北族语词时，存在着对 -a、-an、-am 以及 -aj 这些具有不同尾音的元音之间的差异予以忽略的习惯。这一观察对我们进一步讨论中古汉字音译的北族名号，是有着重要意义的。

接下来我们讨论"吐伏延"这一组被用作人名的名号。这一组名号是由两个部分组成的，即"吐"与"伏延"。这个"吐"，与"吐谷浑"之"吐"一样，对应的是后来突厥文中的 ton，而正是这个 ton，与 yuquq（通常汉译为欲谷）一起组合成著名的"暾欲谷"名号。[2]《旧唐书》记西突厥咄陆五啜，其三曰摄舍提暾啜；弩失毕五俟斤，其三曰拔塞干暾沙钵俟斤。[3]在这两个例子里，暾（ton）分别是官称啜（Čor）和俟斤（Irkin）的官号。《新唐书》记葛逻禄有"叶护顿毗伽"，[4]顿也是 ton 的异译，顿毗伽（Ton Bilgä）是葛逻禄叶护的叶护号。《文苑英华》载张九龄《侍中兼吏部尚书裴光庭神道碑》，记开元中突厥来使为"其相执失颉利发与其介阿史德暾泥熟"。[5]"暾泥熟"是由暾与泥熟两个名号联合构成的一组名号，其结构形式与暾欲谷完全一样。克利亚什托尔内还指出，西突厥统叶护可汗的可汗号"统叶护"，在吐蕃文献中写成 Ton Yabgo，[6]可见统也是 ton（暾）的异译。

伏延就比较简单了。伏延应当就是 bayan 的音译。这个 bayan 在

1　Edwin G. Pulleyblank, *Lexicon of Reconstructed Pronunciation in Early Middle Chinese, Late Middle Chinese, and Early Mandarin*, pp. 181–182.

2　参看本书"再说暾欲谷其人"一章。

3　《旧唐书》卷一九四下《突厥传下》，第 5186 页。

4　《新唐书》卷二一七下《回鹘传下》，第 6143 页。

5　《文苑英华》卷八八四，第 4660 页。

6　С. Г. 克利亚什托尔内：《古代突厥鲁尼文碑铭——中亚细亚史原始文献》，第 26 页。

北朝隋唐时期又有莫缘、拔延、磨延等异译。[1] 兹不赘述。总之，"吐伏延"实即 Ton Bayan 之汉文音译。

四　贺赖吐根

贺赖已如上述，现在我们只讨论吐根。北朝史料中以吐根为名者还有两个人，一个是北魏道武帝之孙，一个是北齐时的"安息胡人"。《北史》记道武帝之子"京兆王黎，天赐四年封。薨。子吐根袭，改封江阳王"。[2] 吐根，《魏书》作"根"，[3] 显然是一个简写。另有北齐时的"安息胡人"安吐根，亦以吐根为名。[4] 安吐根虽然出自中亚，但曾祖时已经入魏，他本人多次代表东魏出使柔然，理应精通北族语言。正如下面所要讨论的，吐根乃北族名号，出自中亚的安吐根竟按照北族传统取名，可见北朝时的东来粟特等西域胡人已经融入鲜卑社会。

和几乎所有常见的北朝北族名号一样，吐根也有许多汉文异译。现在我们试把这些异译罗列如下。

a. 狄干　北魏初有贺狄干，[5] 与贺赖吐根同名同姓。

b. 地干　北魏昭成帝第七子名地干，[6] 明元、太武时期有尉地干。[7] 地干有时被误写作地于，如《北史》记孝文帝初年"时有敕勒部人蛭拔寅，兄地于坐盗食官马，依制命死"，[8] 地于是地干的讹写。

c. 沓干　北魏道武帝是有"幽州刺史封沓干"，[9] 太武帝时有宿沓干；[10] 沓干有时被误写作沓千，如献文帝时尉元上表提到"子都将于沓

1 参看本书"虞弘墓志所见的柔然官制"一章。
2 《北史》卷一六《道武七王传》，第595页。
3 《魏书》卷一六《道武七王列传》，第401页。
4 《北史》卷九二《恩幸传》，第3047页。
5 《魏书》卷二八《贺狄干传》，第685—686页。
6 《北史》卷一五《魏诸宗室传》，第560页。
7 《魏书》卷二六《尉古真传》，第659页。
8 《北史》卷八五《节义传》，第2844页。
9 《魏书》卷二《太祖纪》，第36页。
10 《魏书》卷三〇《宿石传》，第724页。

干"，[1]沓千是沓干的讹写。

　　d. 丑归　北魏初叔孙建"长子俊，字丑归"。[2]

　　e. 度归　北魏太武帝时有"成周公万度归"，[3]在北魏进兵西域的历史上非常重要。

　　f. 地鞬　北魏道武帝时有"纥突邻大人屈地鞬"。[4]

　　以上六种汉译形式，极可能都是吐根的异译。此外，根据前面有关汉译时忽略某些元音尾音差异的讨论，我们还想建议，北魏时的北族官称"地河"或"地何"，也可以纳入这种异译的系列中来。而且，唐代契丹有李吐干，[5]这个吐干，应该也是一种异译。

　　那么，吐根、狄干、地干、沓干、丑归、度归、地鞬等汉译形式，其共同的语源是什么呢？当然难有确解，不过我们在这里打算提供一个假说：后来突厥语世界里常见用作人名的 togan/toɣan，或许就是上述诸种汉译形式共同的北族语源。

　　《突厥语大词典》在解释"回鹘"（uyɣur）这个词时，提到与作者同时的一个人，全名是 Nizām ad-Din Isrāfil Toɣan Tegin，[6]其中 Toɣan 作为特勤号的一部分使用。与它前面那些源于伊斯兰教的名号不同，Toɣan 是源于阿尔泰语的，至于是来自古突厥语还是古蒙古语，如果我们上面的建议成立的话，那么可以说，至少在中国中古的史料中，两者都是可能的。

　　接下来的问题是：作为名号的 togan 的语源又是什么呢？古突厥文《占卜经》在第4段、44段和64段提到 togan kuš（隼鸟），[7]与第3段、

1　《魏书》卷五〇《尉元传》，第1111页。

2　《魏书》卷二九《叔孙建传》，第705页。

3　《魏书》卷四下《世祖纪下》，第98页。

4　《魏书》卷二《太祖纪》，第23页。屈地鞬，《北史》卷九八《高车传》作屋地鞬，见第3276页。按，屋、屈二字形近易讹，必有一误，但要判断孰正孰误，则殊为不易。如果作屋，其语源当为 ev；如果作屈，其语源是 kül，二者皆可通。

5　《资治通鉴》卷二一二唐玄宗开元十二年，第6762页。《旧唐书》卷一九九下《北狄·契丹传》作"吐于"，见第5352页，吐于显然是吐干的讹写。

6　Mahmūd al-Kāšgari, *Compendium of the Turkic Dialects*（*Dīwān Luɣāt at-Turk*），Part I, p. 139.

7　Talât Tekin, *Irk Bitig: The Book of Omens*, pp. 8, 20, 26.

43 段和 51 段的 kara kuš（鹰）对举，[1] togan 就是隼。因此可以认为，togan 的本义是隼，作为一个美称成为名号，主要是官号和人名。以凶猛的动物名为美称名号，本来是阿尔泰民族的传统，如虎（bars）、狮（arslan）、狼（böri 和 čina）等，togan 之成为常用名号，便是源自这一古老的传统。

德福在《新波斯语中的突厥语与蒙古语因素》的第 3 册《新波斯语中的突厥语因素》中，讨论了波斯语中的طوغان（tōḡān）一词，对该词的解释是："鹰隼科猛禽。与蒙古语词ایتلگو相近。又写作toɣan。"[2] 德福所举的大量证据显示，阿尔泰语中的 togan/toɣan/dogan 一词，还被借入波斯语，成为一个重要的名号。

1　Talât Tekin, *Irk Bitig: The Book of Omens,* pp. 8, 20, 22.

2　Gerhard Doerfer, *Türkische und Mongolische Elemente im Neupersischen,* Band Ⅲ, *Türkische Elemente im Neupersischen,* Wiesbaden: Otto Harrassowitz, 1965, pp. 351-352. 这条材料是由北京大学外国语学院西亚系王一丹教授赐示的，谨此致谢。

第二十一章　石勒的名与姓

石勒本来是没有姓氏的，也没有华夏式人名，更不会有字。《晋书·石勒载记》一开头就说："石勒字世龙，初名匐，上党武乡羯人也。"又在叙石勒参加汲桑起兵时说："桑始命勒以石为姓，勒为名焉。"《太平御览》偏霸部引崔鸿《十六国春秋》，没有"初名匐"，同样缺失的还有石虎的父祖姓名等，大概都是因节引省略，并非崔鸿原文未记。汤球辑补《十六国春秋》时全录《晋书》，也是合适的。

不过，崔鸿原文，或确切地说，崔鸿所见的汉赵史料的原文，是不是也说石勒"初名匐"？用匐这个汉字音译非华夏语言的人名，现在可见的用例只是西晋末年的羯人，如石虎的祖父名匐邪，有个羯人首领姓张名匐督。这个字的本义已不可知，但

从勹从背，大约是指身体佝偻，用以译音，符合那时以劣义字词对译
非汉语人名族名的翻译传统。不过，匐邪、匐督都是多音节，不似匐
为单音节。《魏书·羯胡石勒传》："羯胡石勒，字世龙，小字匐勒。"
可见石勒的本名不是单音节的匐，而是多音节的"匐勒"或"匐勒"。
正是因此，后来汲桑为他确定华夏式姓名时，为符合华夏的单名传
统，取其名中的一个音节为名，匐、匐为字不雅，故取勒。《晋书》
"初名匐"显然是脱落了一个"勒"。

　　匐勒或匐勒很容易让人联想起高车阿伏至罗的称号"侯娄匐勒"
中的"匐勒"。匐勒这个名号的语源，很可能是阙特勤碑和毗伽可汗
碑中的 buyruq（梅录），当然也可能是暾欲谷碑中的 boyla，难有确
定答案。无论北朝的高车还是唐代的突厥，都属于中古漠北的突厥语
（Turkic）人群，他们固然在语言、文化和历史传统上各有区别，但
很大程度上又共享一个有一定连续性的草原政治文化传统，甚至可以
说，这个传统与中古鲜卑语各人群也有密切关联。

　　不过，研究者一般并不认为羯人属于突厥语或鲜卑语人群。羯人
号称"匈奴别部"，体质特征鲜明（高鼻深目多髯），文化传统特异
（有"胡天"这种被研究者疑为祆教祭祀场所的建筑空间），似乎与中
亚（特别是粟特人）有关。《史记·大宛列传》："自大宛以西至安息，
国虽颇异言，然大同俗，相知言，其人皆深目多须髯。"《北史·西域
传》也说康国"人皆深目高鼻多髯"。唐长孺先生认为，魏晋羯胡中
颇多人源于西域，但并非直接从西域东来，而是先作为匈奴属部（奴
部）被迁到北方草原上，再（随着降汉匈奴）从草原南徙塞内。唐先
生说羯人南徙较晚，其实也许徙至上党武乡晚一些，徙入塞内则很可
能与南匈奴同时或稍后。羯人在匈奴所统各人群中属于低贱的奴部，
这一地位在迁入塞内后亦无改变，这使他们与自居匈奴正胤的南匈奴
各部地位悬隔，汉朝优待降人的政策也落不到他们身上。

　　曹魏正始年间陈泰为并州刺史、护匈奴中郎将，赴任时"京邑贵
人多寄宝货，因泰市奴婢"。看起来使用并州奴婢是洛阳上层社会的
一个时尚。当然，这个故事得以记录在《三国志》里，是因为陈泰拒

绝照做（"皆挂之于壁，不发其封"），但如果他（和他的前任、后任一样）乐于为京邑贵人帮忙，那么他可以从哪里、在什么市场上购买呢？这些奴婢当然不会是华夏编户，也不会是五部匈奴。陈泰要么是从边市奴隶贩子处购买草原奴隶，要么是从五部匈奴的贵族手里购买其别部羯人。特殊的体貌特征、低贱的社会地位，羯人不是被曹魏时五部贵族出卖（换取宝货），就是被西晋末年的并州政府出卖（换取粮食）。

源自西域的羯人肯定有自己的语言（Iranic），但他们久在草原，身处突厥语世界，几代人下来，势必在一定程度上受突厥语影响。这种情况和建立匈奴帝国的那个核心集团一样。正如亦邻真先生所指出的，以单于家族为核心的匈奴统治集团在进入漠北之前，无论是说某种伊朗语还是说某种突厥语，抑或是说某种蒙古语，到他们进入漠北建立帝国之后，势必要经历突厥化过程，几百年下来，就变成某种突厥语人群了。匈奴政治体之下的羯人也不会例外得太远，就算还能保存自己的部分文化（如宗教）和语言，很大程度上也会突厥化。因此，可以把他们视为中古内亚突厥、鲜卑两大语言群人群的一部分，对其名号进行比较分析。例如，北魏与萧齐对峙时期，齐军有个将领王敕勤，是魏军的叛将（北魏团城子都将），其身份就是并州胡人。并州胡既可能指离石胡等吕梁山胡人，也可能指上党羯人。这个王敕勤的名字敕勤，就是拓跋鲜卑的直勤，以及后来突厥回鹘的特勤，语源即内亚汗室子弟的专有称号 tegin。

以此为基础，我们看石虎的祖父（石勒的伯父或叔父）名䨲邪，似乎可以与中古阿尔泰常见名号中的 bey 或 bayan 相联系。而羯人酋长（部大）张䨲督的䨲督，似乎可以对应古突厥文碑铭里的表"伟大、强大"的 bedük 一词。当然，这些都只是猜测，不可视为有价值的研究。在这个思路上，把石勒的本名"䨲勒"与 buyruq 或 boyla 联系起来，表面上看也有一定道理。不过，我在这里想对石勒本名的语源提供另一个猜测。

石勒字世龙，各种史料都不提世龙这个字得自何时。可能性最大的是，字的获得与姓、名的获得是同时的，也就是说，是汲桑一次性确定的。汲桑是晋朝的马牧率，大小也是个官，总是有点文化的。他为石勒定姓名、取表字，当然会遵循名、字相应的规则。在这里，世龙应与訇勒或匋勒相应。汲桑从石勒的本名訇勒中取末一个音节为名，另取一个表字来表达原名訇勒的本义。那么，訇勒／匋勒的本义是什么？我猜想，就是表示"鱼"的突厥语词语 balïk，唐人译为"磨勒"。《太平寰宇记》卷三八振武军金河县有"磨勒城水"条："突厥名鱼为磨勒，此水出鱼倍美，故以指名。"今突厥语族的大多数方言，都还称鱼为 balïk，"磨勒"即 balïk 的汉字转写形式。石勒以鱼（訇勒／匋勒 balïk）为名，汲桑给他取字世龙，就是用来对应水族的本义，不过升级为龙了。

石虎字季龙，名和字应该都是他在葛陂见到石勒以后获得的。他的本名肯定不是汉语，但可能与后来定的汉语名"虎"是有关系的。石勒被掠卖到山东为奴后，他母亲王氏拉扯着石虎留在并州，落到刘琨手里。刘琨为了拉拢石勒，于嘉平元年（311）十月，把王氏和石虎送到石勒在葛陂的大营。这一年石虎十七岁，研究者据此推算石虎生于晋惠帝元康五年（乙卯，295）。年数推算自来不易得实，多一年少一年也是常态。我认为石虎生年实际上应提前一年，即元康四年（甲寅），因为这一年才是虎年，石虎即由此得名。古突厥文碑铭中的虎是 bars，不知道石虎的本名是用这个突厥语词语呢，还是用了羯语词语。石虎与石勒重逢以后，地位与以往不同了，要有华夏式名、字，所以直接取汉字虎为名，算是意译，而以季龙（小龙）为字，算是与石勒的字相应和。

更值得讨论的是"石"这个姓氏。同样是西晋末年的羯人，有的人有姓氏（如部大张訇督），有的人没有（如石勒），造成这一差别的原因在于各自不同的社会与政治地位。非华夏人群本无姓氏，内附使他们进入汉魏晋的管理体制，其首领阶层及其家庭可能因登记著籍的需要而获得姓氏，但普通部众在文书中仅以数字存在而无须著籍，故不必确定华夏式姓氏。问题在于，我们对那时的管理制度所知甚少，比如，武乡羯人的管理权是在武乡县，还是在上党郡？抑或是在护匈奴中郎将系统？希望今后有新资料可以帮助我们知道更多。

概括而言，普通羯人因无著籍需求而不必拥有华夏式姓氏。石勒没有姓氏，说明他的家庭连"部落小率"都不是，即便在羯人社会内地位也是不高的，所以他随时可能被管理者缚卖为奴。事实上，他先是差一点被"北泽都尉刘监"（疑是匈奴五部的上层人物，北泽或当作北部）卖掉，后是被并州刺史司马腾抓住送到山东"卖充军食"。值得注意的是，并非所有羯人都如此悲惨，有部大身份的张督一直拥兵驻扎上党，说明上层羯人得免为奴，被缚卖的主要是石勒这样低贱的羯人，而他们是没有姓氏的。

汲桑何以为石勒取"石"为姓？姚薇元《北朝胡姓考》据《魏书》记石勒"居于上党武乡羯室"，认为"羯室"和《魏书》的"者舌"，以及唐代的"柘支""赭时"等一样，是对 Chach（昭武九姓之石国）的一种音译，并由此得出结论说，石勒得姓非由音译，而是一种意译。町田隆吉也说，羯人源于西域的石国，羯即 Chach 之音译。按照这个理解，一部分石国粟特人先被匈奴掠至草原，东汉时又裹挟到塞内，最后落脚在武乡。匈奴人一直以他们的故国之名 Chach 称呼他们，魏晋官方则用"羯"这个含有羞辱色彩的汉字（本义为骟过的公羊）予以音译。羯人一直记得 Chach 的意思是石头城，汲桑即据此为石勒确定了姓氏。

这一理解中最有力的部分是石国的地理位置，即中亚绿洲城邦中最接近草原的地带，草原游牧人崛起时受影响最深最直接。匈奴势力覆盖西域时，如果从中亚绿洲诸国掳掠一部分人到草原，那么石国是最方便的目标。但是，Chach 的本义是不是石头，还存在很大的疑问。虽然有隋唐史料的支持，加上托勒密《地理学指南》所记"石塔"的旁证（11 世纪的阿尔比鲁尼 Al-Biruni 说托勒密的石塔就是塔什干，但有研究显示这一比对很可疑），研究者仍有所保留。

语言学家试图把 Chach 与石头联系起来，如蒲立本《上古汉语的辅音系统》试图论证康居 / 羌渠的本义是石头等。阿拉伯征服后，

Chach 逐渐为阿拉伯语的转写形式 Shash 所替代，11 世纪后连 Shash 也为突厥语波斯语的混合形式 Tashkent（塔什干，意思是石头城）所替代。流行的说法是，Tashkent 的出现是对应 Chach/Shash 本义的。不过早就有研究者建议，Tashkent 可能是从 Tazkent（大食人之城）转化而来。这里不做烦琐引证，简而言之，Chach 的本义是石头城这个说法还是应该存疑的。

隋唐史料把 Chach 译为石国，到底是意译还是音译呢？如果是意译，就与传统史书对西域各国的译名规则不一致。我认为，以石国译 Chach 是音译而不是意译，称石国王室姓石氏，反映的是汉文史书的叙述传统，并非石国的真实情况。有意思的是，隋唐史官提到石国时，并没有联想到西晋末年的羯人与石勒，把二者联系在一起的是 20 世纪的史学家。这种联系基于三个理由：羯与赫石音近；西域胡人的形貌特征及祆教信仰；石勒获得的姓氏。当然，建立某种间接的联系并不违反逻辑，但必须看到这些联系是间接的和纤弱的，有时甚至是不必要的。

回到石勒得姓上。我相信，汲桑为石勒制姓时，并没有进行历史和地理考证，而石勒这样的寒微之人，对羯人部族数百年来的源流也不可能有什么认识。汲桑唯一的依据就是石勒来自羯人，故拟羯音为其姓，命他姓石。石即羯，二字音近，且为常见的华夏姓氏。取非华夏人群之名称（现在所谓"族称"）为华夏式姓氏，常见于中古，如蛮人可姓文、万、梅、问，氐人姓齐，扶余人姓余，高句丽人姓高，狄人姓翟，累姐羌人姓雷，等等，都是所谓"以国为氏"的例子。汲桑因石勒为羯人，遂以羯为姓，只是羯这个字显然是魏晋官方特意采用的恶称，不宜用作姓氏，所以另选了音近可通且为华夏旧姓的石字。

至于羯人的故乡是不是药杀水上的 Chach，Chach 的本义是不是石头，这些问题当然还有讨论的空间，而我并不具备参与讨论的能力。我只是想强调，汲桑为石勒制姓时，脑子里是没有这些背景知识的。

【补记】本章是受胡鸿《石勒：翻转华夷秩序的"小胡"》一文启发而作，多为猜想，谈不上考证研究。草成后请于子轩同学审读，他对羯人本名的语源另有考虑，我认为很有道理，值得重视。现把他的话附在这里："我赞成您对'石'的理解，也接受《晋书》'初名匐'后脱'勒'字的判断。将'匐勒/匐勒'释作 balïq 进而与'龙'联系起来，很大胆，也说得通。不过我对这个问题的看法是，既然汉字转写'匐'与羯人呈绝对的相关关系（且有三例）而不见于其他突厥语或其他非汉语名号，它背后极有可能是一个伊朗语词，我认为是中古时期整个伊朗语世界都很常见的 baγ/βγ (god, lord)。在 Lurje 的粟特语人名集里收录了 17 种以 βγ 为第一部分的人名，这些人名的第二部分可以是好多词（连在一起意思如神奴、神的荣耀、新神等），这与汉文史料中带'匐'人名的情况非常符合。在音韵上，匐、匐的收声 -k/-j 和 βγ 的收声 γ 也对得上。我觉得也许以伊朗语理解羯人的名字比突厥语更合适，因为史料里清晰展现了他们与匈奴帝国的其他人群相比独特的一面。这个时代的对音问题难有确定的答案，仅作参考。"

附录　始建国二年诏书册与新莽分立匈奴十五单于

2000 年从额济纳汉代居延第九隧房舍遗址出土的一组木简（编号 2000ES9SF4:1 至 2000ES9SF4:12）[1]，李均明先生明确地辨识为"新莽诏书行下文残篇"，[2] 马怡先生称之为"'始建国二年诏书'册"。[3] 经马怡和邬文玲两先生重新排定简序，[4] 该册书虽然仍然残损，但已经大致可读了。有关该诏书册所涉及的新莽与匈奴间由和平转向战争的史

1　魏坚主编《额济纳汉简》，广西师范大学出版社，2005，第 231—238 页。

2　李均明：《额济纳汉简法制史料考》，载魏坚主编《额济纳汉简》，第 58 页。

3　马怡：《"始建国二年诏书"册所见诏书之下行》，《历史研究》2006 年第 5 期。

4　邬文玲：《始建国二年新莽与匈奴关系史事考辨》，《历史研究》2006 年第 2 期。

事等问题，邬文玲先生的文章已结合文献做出了深入研究。本章只想就该诏书册所提到的王莽分立匈奴十五单于的问题略做补充，以见该诏书册史料价值之一斑。

始建国二年诏书册中的两枚简提到了分立匈奴十五单于之事，兹参照邬文玲的释文，间以己意，重做释文如次：

> 者之罪恶，深藏发之。□匈奴国土人民以为十五，封稽侯殿子孙十五人皆为单手〈于〉，左致庐儿侯山见在常安朝郎南，为单手〈于〉，郎将、作士大夫，殿南手〈于〉子，蔺苴副，有书（2000ES9SF4:11）
>
> 校尉苴□□度远郡益寿塞，檄召馀十三人当为单手〈于〉者。苴上书，谨□□为单手〈于〉者十三人，其一人葆塞，稽朝侯咸妻子家属及与同郡虏智之将业（2000ES9SF4:10）

正如邬文玲已经指出的，稽侯殿即呼韩邪单于稽侯狦。左致庐儿侯山之"左"，过去都释为"在"，我以为应释作"左"。他应当就是《汉书·匈奴传》中的"右致庐儿王醯谐屠奴侯"。文献中左右混淆相当常见，比如《汉书·匈奴传》记上引简文中的"咸"的职务，或作"左犁汙王"，或作"右犁汙王"，揆以史事，"右"字实为"左"字之讹误。简中"左致庐儿侯"在《汉书·匈奴传》中写作"右致庐儿王"，正如简中的"稽朝侯咸"在《汉书·匈奴传》中写作"右犁汙王"一样，是因为王莽登基之初就下令"四夷僭号称王者皆更为侯"，[1] 匈奴诸王在新莽官方文书中都要称为侯。"醯谐屠奴侯"之更名"山"，更是王莽执政时要求匈奴"为一名"的结果，"山"与"醯谐"的发音比较接近。

尽管上引两简的文字还有不少窒塞难通的地方，但根据可以通解的部分文字，我们对王莽分立匈奴十五单于的史事，已经可以有更具

---

1 《汉书》卷九九中《王莽传中》，第 4105 页。

体、更明确的认识了。

首先，有关新立的十五单于的候选资格，简文说"封稽侯殿子孙十五人皆为单手〈于〉"，亦即这十五名单于是从呼韩邪单于的子孙范围内产生的。《汉书·王莽传》记始建国二年（公元 10 年）十二月王莽诏书，亦称"今分匈奴国土人民以为十五，立稽侯狦子孙十五人为单于"。[1] 可是《汉书·匈奴传》却说"于是大分匈奴为十五单于……诱呼韩邪单于诸子，欲以次拜之"，又说"因分其地，立呼韩邪十五子"。[2] 一则为"子孙"，一则为"诸子"，明显不同。额济纳简诏书册与《王莽传》所记诏书，都具有原始文献的性质，因而仅仅从文献学的意义上也比《匈奴传》相关纪事更为可靠。而且，依据现有匈奴史料，我认为呼韩邪单于诸子中，到始建国二年还在世的，已经远远凑不够十五个了。

《匈奴传》记呼韩邪单于除颛渠阏氏和大阏氏所生的六子外，还有王昭君所生一子，此外"又它阏氏子十余人"。[3] 呼韩邪的儿子本来是不止十七八个的，但呼韩邪在位凡二十八年（前58~前31），从他去世到始建国二年，又有四十二年了。这么长的时间内，诸子物故者必多，比如，仅仅在单于位上死去的就有三位。呼韩邪死前确定了诸子轮流继承单于位的制度，"约令传国于弟"。诸子中最后一个当单于的是第五阏氏子舆，舆为单于时，兄弟之中只剩下王昭君所生的伊屠知牙师，[4] 可以推测伊屠知牙师是呼韩邪最小的儿子，或最小的儿子之一。

呼韩邪在诸子中确立了"传国于弟"的继承制度，但是决定继承次序的，主要不是年龄，而是前单于在位时的安排。比如呼韩邪本来打算让且莫车继位，在颛渠阏氏的坚持下，才让年龄居长的雕陶莫皋即位。此后也出现过不按年龄顺序的事例，比如囊知牙斯即位后，以

1　《汉书》卷九九中《王莽传中》，第 4121 页。
2　《汉书》卷九四下《匈奴传下》，第 3823—3824 页。
3　《汉书》卷九四下《匈奴传下》，第 3806—3807 页。
4　《后汉书》卷八九《南匈奴列传》，第 2941 页。

乐为左贤王，以舆为右贤王，决定了在他之后继承单于位的次序。而此时乐的同母兄咸却只做了左犁汙王，显然其继承次序被排在他两个弟弟的后面了，这也是为什么在囊知牙斯死后（那时乐也已经死了），当王昭君的女儿云与其夫须卜当立咸为单于时，《匈奴传》称"越舆而立咸"。虽然按年龄来说咸理应排在舆的前面，谈不上越次，但从政治制度上说，舆早就获得了优先权，所以现在立咸就是破坏法定次序。从这个意义上说，年龄因素并非单于继承顺序的决定因素。然而，我们看实践中呼韩邪诸子的继承次序，包括南匈奴时期在内，[1]竟然没有一例是弟在兄先的。那么是不是可以说，年齿即使不是决定性的因素，也是非常重要的因素，或者说是基本的因素？从这个思路出发，我们通过观察呼韩邪诸子在继承实践中的出现情况，来计算始建国二年呼韩邪诸子仍然在世的人数。

排比《汉书》及《后汉书》的相关材料，可以确定始建国二年仍然在世的呼韩邪诸子还有至少五人（以年龄为序）：囊知牙斯（颛渠阏氏次子）、咸（大阏氏第三子）、乐（大阏氏第四子）、舆（第五阏氏子）和伊屠知牙师（王昭君子）。[2]即使另有漏记的两三个，总数也绝不会超过十人，无论如何不能满足"十五单于"之数。以当时西汉和新莽朝廷与匈奴交通往来的密切程度来说，长安方面能够了解匈奴的重要人事情况。而且，在决定分立匈奴十五单于的时候，对哪些人应当担任单于一定有清楚的计划，故《王莽传》记王莽诏书称"遣中郎将蔺苞、戴级驰之塞下，召拜当为单于者"。[3]而且，《匈奴传》明确记载，当蔺苞和戴级二人在云中塞下诱胁咸父子三人时，不仅拜咸为孝单于，还拜咸子助为顺单于，这显然是符合原定的分立十五单于方案的，可见原方案中就不仅有呼韩邪的儿子，还有他的孙子。因此可

1　参看本书"匈奴单于号研究"一章。
2　《汉书》卷九四下《匈奴传下》记囊知牙斯晚年"子苏屠胡本为左贤王，以弟屠耆者阏氏子卢浑为右贤王"（第3827页）。这里的"弟"不知是指囊知牙斯之弟，还是苏屠胡之弟。如果是前者，那么说明当时呼韩邪有第六个儿子在世。不过我觉得还是指苏屠胡之弟的可能性更大。
3　《汉书》卷九九中《王莽传中》，第4121页。

以肯定,《王莽传》和额济纳简始建国二年诏书册中的"立稽侯狦（简文中作'厕'）子孙十五人"反映了王莽诏书的原始面貌,《匈奴传》只提呼韩邪诸子是错误的。

那么,是不是说呼韩邪所有的子孙都在"当为单于者"的范围之内呢？当然不是的,如果算上孙辈,呼韩邪的"子孙"在世者数量一定远远多于十五人。事实上,当蔺苞和戴级胁拜咸为孝单于,并拜咸子登为顺单于时,咸的另一个儿子助也在场,其并没有被立为单于。后来登、助被胁迫到长安,登病死,助才得以继为单于,以足十五之数。可见所谓的"子孙"是有具体指向的,并非呼韩邪的子孙人人都可得立为单于。到底是哪些"子孙"进入了王莽的方案呢？在额济纳简始建国二年诏书册出土以前,我们只知道咸和登两人,当然还可以推测咸的弟弟乐、舆和伊屠知牙师都理应进入王莽的名单,但对其他人选就难以猜测了。幸运的是,现在依靠新出土的诏书册,我们不仅确切地得知在咸与登之外有一个被封为单于的人,而且还可以由此推测其他人选都大致具备什么条件。

始建国二年诏书册说得非常清楚,在确定分立匈奴十五单于的政策时,进入名单的十五人中,有一个本来就在长安,蔺苞和戴级的任务是招诱另外十四人。这个本来就在长安的人就是左致庐儿侯山,亦即《汉书》里的右致庐儿王醯谐屠奴侯。右致庐儿王醯谐屠奴侯是复株絫若鞮单于（雕陶莫皋）即位之初派到长安的侍子。问题在于,每当单于更换时,新单于必须派出自己的儿子做侍子,而且在同一个单于任内,侍子通常会有更换。复株絫若鞮单于在位十年,这期间侍子理应有过更换。即使一直没有更换,当搜谐若鞮单于（且麋胥）即位后,立即派其子左祝都韩王胸留斯侯到长安为侍子,醯谐屠奴侯自动失去侍子身份,为什么到三十二年以后居然还在长安呢？当然存在其他的可能,即醯谐屠奴侯本来早已返回匈奴,后因故（或许是政治避难）而重返长安并定居下来。无论他因为什么而恰好在始建国二年出现在长安,他是王莽名单中第一个被封立为单于的人,则毫无疑问。

从醯谐屠奴侯进入王莽的十五单于名单,加上咸之子登也被封为单于，我推测，十五单于的名单中除了呼韩邪诸子仍然健在者外，还包括已经去世的诸子中较为重要的那些人（比如担任过单于的人）的长子。当然要明确一句：这十五人中不会有现任单于屠知牙斯本人及其诸子。在屠知牙斯之前担任过单于的呼韩邪诸子有三个人，因此至少他们每人都有一个儿子（通常是长子）会进入王莽的名单。呼韩邪诸子仍然健在者除了屠知牙斯以外还有至少四人，他们加上他们每人一个儿子进入名单，那么进入王莽名单的就至少可以有十一个人了。虽然尚不足十五之数，但考虑到文献记载的阙漏，我们也不能期望能够完全确认名单的构成情况。不过现在我们已经基本明确了该名单的构成原则：仍然健在的呼韩邪诸子及诸子的长子，以及已经故去的呼韩邪诸子中那些比较重要者（担任过单于的人）的长子。

始建国二年诏书册称扬蔺苞和戴级的功劳，说他们在益寿塞招诱十四个"当为单于者"颇有成绩，十四人中有一人葆塞，一人带领妻子家属以及部众共万余人表示归降。这里所说的葆塞，就是在政治上已经归附，来到长城一带依托朝廷的威力，其实就是指咸。而另外那个归降的，是指咸之子登。咸父子明明是被诱骗到塞下与蔺苞、戴级见面并被胁迫立为单于的，后来咸被放归草原，登与弟助则被当作人质胁至长安。到了王莽诏书中，咸成了"葆塞"，登成了"凡万余人皆降"，显示了分立匈奴十五单于决策的辉煌胜利。不过从史实来看，除了这三个人被立为单于以外，似乎并没有第四个进入王莽名单的呼韩邪子孙前来接受封拜。而且，这三个人中的"孝单于咸"一旦获得人身自由，立即"驰出塞归庭"，还是向屠知牙斯效忠去了。分立十五单于的本意是要制造匈奴的分裂，不过这个目标并没有实现。

诏书册中"益寿塞"之前有"度远郡"，不见于史。我怀疑这个度远郡即云中郡，是王莽所改的郡名之一。《汉书》记云中郡"莽曰受降"，[1] 但王莽更改官名地名的次数很多，度远或许是早期的改名。

参考文献

史料、典籍部分

《史记》，中华书局点校本，1959。

《汉书》，中华书局点校本，1962。

《三国志》，中华书局点校本，1959。

《晋书》，中华书局点校本，1974。

《宋书》，中华书局点校本，1974。

《南齐书》，中华书局点校本，1972。

《周书》，中华书局点校本，1971。

《魏书》，中华书局点校本，1974。

《北史》，中华书局点校本，1974。

《隋书》，中华书局点校本，1973。

《旧唐书》，中华书局点校本，1975。

《新唐书》，中华书局点校本，1975。

《辽史》，中华书局点校本，1974。

《元史》，中华书局点校本，1976。

《资治通鉴》，中华书局点校本，1956。

朱彬：《礼记训纂》，饶钦农点校，中华书局，1996。

杜预：《春秋经传集解》，上海古籍出版社，1988。

荀悦：《汉纪》，张烈点校《两汉纪》上册，中华书局，2002。

杜佑：《通典》，中华书局点校本，1988。

范祖禹：《唐鉴》，上海古籍出版社影印宋刻本，1984。

浦起龙：《史通通释》，上海古籍出版社，1978。

王溥：《唐会要》，中华书局，1957。

《宋本册府元龟》，中华书局影印本，1989。

欧阳询：《艺文类聚》，上海古籍出版社，1982。

《太平御览》，中华书局影印本，1960。

《文苑英华》，中华书局影印本，1966。

乐史：《太平寰宇记》，文海出版社影印本，1962。

李吉甫：《元和郡县图志》，中华书局，1983。

叶隆礼：《契丹国志》，上海古籍出版社，1985。

《清实录》，中华书局，1985。

严可均编《全上古三代秦汉三国六朝文》，中华书局影印本，
1958。

宋敏求编《唐大诏令集》，商务印书馆，1959。

郭茂倩：《乐府诗集》，中华书局，1979。

王嘉撰，萧绮录《拾遗记》，中华书局，1981。

柳宗元：《柳河东集》，上海人民出版社，1974。

李志常：《长春真人西游记》，党宝海译注，河北人民出版社，
2001。

林宝：《元和姓纂》（附岑仲勉四校记本），中华书局，1994。

洪适：《隶释》，中华书局影印洪氏晦木斋刻本，1985。

陈彭年：《钜宋广韵》，上海古籍出版社影印南宋闽中刻本，

1983。

　　拉施特：《史集》，余大钧、周建奇译，商务印书馆，1983。

　　《蒙古秘史》（校勘本），额尔登泰、乌云达赉校勘，内蒙古人民出版社，1980。

　　《翰苑》，竹内理三校订本，东京：吉川弘文馆，1977。

　　王昶：《金石萃编》，陕西人民美术出版社影印上海扫叶山房1921年石印本，1990。

　　郦道元注，杨守敬、熊会贞疏《水经注疏》，江苏古籍出版社，1989。

论著、论文部分

Aalto, Pentti

G. J. Ramstedt's archäologische Aufzeichnungen und Itinerarjarten aus der Mongolei vom Jahre 1912, *Journal de la Société Finno-Ougrienne*, Vol. 67-2 (1966).

　　阿尔达扎布译注

　　《新译集注〈蒙古秘史〉》，内蒙古大学出版社，2005。

　　巴赞，路易（Bazin, Louis）

　　《突厥历法研究》（*Les systèmes chronologiques dans le monde turc ancien*），耿昇译，中华书局，1998。

Pre-Islamic Turkic Borrowings in Upper Asia: Some Crucial Semantic Fields, *Diogenes* XLIII, 1995.

　　保朝鲁编

　　《穆卡迪玛特蒙古语词典》，内蒙古大学出版社，2002。

　　鲍培（Nicholas Poppe）

　　《阿尔泰语言学导论》（*Introduction to Altaic Linguistics*, Wiesbaden: 1965），周建奇译，内蒙古教育出版社，2004。

Barfield, Thomas J.

The Hsiung-nu Imperial Confederacy: Organization and Foreign Policy, *The Journal of Asian Studies*, Vol. 41, No. 1, 1981.

The Perilous Frontier: Nomadic Empires and China, 221BC to AD 1757, Cambridge MA: Blackwell Publishers Inc., 1996.

Beckwith, Christopher I.

The Chinese Names of Tibetans, Tabghatch, and Turks, *Archivum Eurasiae Medii Aevi*, Vol. 14 (2005).

The Tibetan Empire in Central Asia, Princeton NJ: Princeton University Press, 1987.

伯恩什达姆，A.

《6 至 8 世纪鄂尔浑叶尼塞突厥社会经济制度（东突厥汗国和黠戛斯）》，杨讷译，新疆人民出版社，1997。

Bombaci, Alessio

On the Ancient Turkic Title eltäbär, *Proceedings of the IXth Meeting of the Permanent International Altaistic Conference*, Napoli, 1970.

Boodberg , Peter A.（卜弼德）

Selected Works of Peter A. Boodberg, compiled by Alvin P. Cohen, Berkeley: University of California Press, 1979.

伯希和（Pelliot, Paul）

《支那名称之起源》，载冯承钧译《西域南海史地考证译丛一编》，商务印书馆，1962。

《汉译突厥名称之起源》，载冯承钧译《西域南海史地考证译丛二编》，商务印书馆，1962。

《中亚史地丛考》，载冯承钧译《西域南海史地考证译丛五编》，中华书局，1956。

《吐谷浑为蒙古语系人种说》，载冯承钧译《西域南海史地考证译丛七编》，中华书局，1957。

蔡鸿生

《唐代九姓胡与突厥文化》，中华书局，1998。

《成吉思及撑黎孤涂释义》，《中国史研究》2007 年第 2 期。

曹文柱

《北魏明元、太武两朝太子的世子监国》，《北京师范大学学报》1991 年第 4 期。

岑仲勉

《西突厥史料补阙及考证》，中华书局，1958。

《突厥集史》，中华书局，1958。

《冒顿之语源及其音读》，原载《西北通讯》第 3 卷第 1 期，1948 年，收入林幹编《匈奴史论文选集（1919—1979）》，中华书局，1983。

《跋突厥文阙特勤碑》，《辅仁学志》第 6 卷第 1、2 期合期，1936 年。

晁福林

《先秦时期爵制的起源与发展》，《河北学刊》1997 年第 3 期。

陈发源

《柔然君名"可汗"考》，《新疆社会科学》1988 年第 2 期。

陈立

《白虎通疏证》，吴则虞点校，中华书局，1994。

陈连庆

《中国古代少数民族姓氏研究》，吉林文史出版社，1993。

Chen, Sanping

Succession Struggle and the Ethnic Identity of the Tang Imperial House, *The Journal of the Royal Asiatic Society*, Series 3, VI (1996).

Son of Heaven and Son of God: Interactions among Ancient Asiatic Cultures Regarding Sacral Kingship and Theophoric Names, *The Journal of the Royal Asiatic Society*, Series 3, Vol. 12, no. 3 (2002).

陈爽

《世家大族与北朝政治》，中国社会科学出版社，1998。

陈述

《契丹政治史稿》，人民出版社，1986。

陈寅恪

《唐代政治史述论稿》，上海古籍出版社，1982。

《寒柳堂集》，上海古籍出版社，1980。

陈垣

《二十史朔闰表》，中华书局，1962。

陈宗振

《试释李唐皇室以"哥"称"父"的原因及"哥"、"姐"等词与阿尔泰诸语言的关系》，《语言研究》2001 年第 2 期。

程溯洛

《唐宋回鹘史论集》，人民出版社，1993。

Choi Han-Woo

A Study of the Ancient Turkic "TARQAN", *International Journal of Central Asian Studies*, Vol. 5 (2000).

Clauson, Sir Gerard

The Turkish Elements in 14th Century Mongolian, *Central Asiatic Journal*, Vol. 5 (1960).

Clauson, Sir Gerard

Turkish and Mongolian Studies, London: The Royal Asiatic Society of Great Britain and Ireland, 1962.

The Foreign Elements in Early Turkish, in Louis Ligeti (ed.), *Researches in Altaic Languages*, Budapest: 1975.

An Etymological Dictionary of Pre-Thirteenth-Century Turkish, Oxford: The Clarendon Press, 1972.

Turk, Mongol, Tungus, in: *Asia Major*, new series, Vol. 8, part I (1960).

Cleaves, Francis Woodman

The Biography of Bayan the Bārin, *The Harvard Journal of Asiatic Studies*, Vol. 19, no. 3/4 (Dec. 1956).

The Secret History of the Mongols, Vol. I (translation), Cambridge, MA: Harvard University Press, 1982.

Crespigny, Rafe de

Northern Frontier, The Policies and Strategy of the Later Han Empire, Canberra: Australian National University, 1984.

T'an-shih-huai and the Hsien-pi Tribes of the Second Century A. D., *Papers on Far Eastern History*, Canberra: Australian National University, 1977.

Старостин, Сергей

Вавилонская Башня, основал в 1998 г. http://starling.rinet.ru/.

道布

《蒙古语简志》，民族出版社，1983。

邓名世

《古今姓氏书辩证》，王力平点校，江西人民出版社，2006。

Doerfer, Gerhard

Türkische und Mongolische Elemente im Neupersischen, Band I, Wiesbaden, 1963.

Doerfer, Gerhard

Türkische und Mongolische Elemente im Neupersischen, Band Ⅱ, Wiesbaden: Harrassowitz, 1965.

Dresch, Paul

The Significance of the Course Events Take in Segmentary Systems, *American Ethnologist*, Vol. 13, No. 2 (May, 1986).

Drompp, Michael R.

Breaking the Orkhon Tradition: Kirghiz Adherence to the Yenisei Region after A. D. 840, in: *Journal of the American Oriental Society*, Vol. 119, No. 3 (1999).

杜勇

《金文"生称谥"新解》，《历史研究》2002 年第 3 期。

段连勤

《丁零、高车与铁勒》，上海人民出版社，1988。

Ecsedy, Hilda

Old Turkic Titles of Chinese Origin, *Acta Orientalia Academiae Scientiarum Hungaricae*, Tomus XVIII (1965).

江上波夫

《骑马民族国家》，张承志译，光明日报出版社，1988。

额尔登泰　乌云达赉　阿萨拉图

《〈蒙古秘史〉词汇选释》，内蒙古人民出版社，1980。

Eren, Hasan

Türk Dilinin Etimolojik Sözlüğü, 2. Baskı, Ankara: Bizim Büro Basım Evi, 1999.

Eyuboğlu, İsmet Zeki

Türk Dilinin Etimolojik Sözlüğü, İstanbul: Sosyal Yayınlar, 2004.

范祥雍

《洛阳伽蓝记校注》，上海古籍出版社，1978。

冯承钧

《西域南海史地考证论著汇辑》，中华书局，1957。

冯家昇

《匈奴民族及其文化》，《禹贡》第 7 卷第 5 期，1937 年。

Feng Chia-sheng

History of Chinese Society: Liao (907−1125), Philadelphia: The American Philosophical Society, 1949, reprinted by Lancaster Press, 1961.

Fletcher，Joseph

The Mongols: Ecological and Social Perspectives, *The Harvard Journal of Asiatic Studies,* Vol. 46, No. 1, 1986.

Frye, Richard N.

The History of Ancient Iran, München: C. H. Beck'sche Verlagsbuchhandlung, 1984.

符拉基米尔佐夫，Б. Я.

《蒙古社会制度史》，刘荣焌译，中国社会科学出版社，1980。

弗雷泽，詹姆斯·乔治（James George Frazer）

《金枝》（*The Golden Bough: A Study in Magic and Religion*），徐育新等译，大众文艺出版社，1998。

Gabain, Annemarie von

Die uigurische Übersetzung der Biographie Hüen-tsang's, in: *Sprachwissenschaftliche Ergebnisse der deutschen Turfan-Forschung*, Band I, Leipzig: Zentralantiquariat der Deutschen Demokratischen Republik, 1972.

Ганбаатар, Цогбадрахын

Шинэ Хятад Монгл Толь（新编汉蒙词典），Улаанбаатар: 2005 он.

高福顺

《〈高丽记〉所记高句丽官制体系的初步研究》，载刘厚生、孙启林、王景泽编《黑土地的古代文明》，远方出版社，2000。

《高句丽中央官位等级制度的演变》，《史学集刊》2006 年第 5 期。

《高句丽官制中的兄与使者》，《北方文物》2007 年第 2 期。

耿世民

《古代突厥文碑铭研究》，中央民族大学出版社，2005。

Gardiner, K. H. J.

T'an-shih-huai and the Hsien-pi Tribes of the Second Century A. D., *Papers on Far Eastern History*, Canberra: Australian National University, 1977.

Giraud, René

L' Empire des Turcs Celestes, Les règnes d'Elterich, Qapghan et Bilgä (680–734): Contribution à l'histoire des Turcs d'Asie Centrale, Paris: Librairie d' Amerique et d'Orient, 1960;《东突厥汗国碑铭考释》，耿昇译，新疆社会科学院历史研究所，1984。

L'inscription de Baïn Tsokto, Paris: Adrien-Maisonneuve, 1961.

Golden, Peter B.

An Introduction to the History of the Turkic Peoples: Ethnogenesis and state-formation in medieval and early modern Eurasia and the Middle East, Wiesbaden: Otto Harrassowitz Verlag, 1992.

Wolves, Dogs and Qipčaq Religion, *Acta Orientalia Academiae Scientiarum Hungaricae*, L, Nos. 1–3, Budapest, 1997.

Nomads and Sedentary Societies in Medieval Eurasia, Washington DC: American Historical Association, 1998.

龚世俊　吴广成

《西夏书事校证》，甘肃文化出版社，1995。

Grousset, René

The Empire of the Steppes, A History of Central Asia, English edition, translated by Naomi Walford, New Brunswick, NJ: Rutgers University Press, 1970.

顾颉刚

《秦汉的方士与儒生》，群联出版社，1955。

谷霁光

《唐代"皇帝天可汗"溯源后记》，《史林漫拾》，福建人民出版社，1982。

Gumilev, L. N. （古米廖夫）

《古代突厥》，土耳其文译本，*Eski Türkler*, İstanbul: Birleşik Yayıncılık, 1999.

郭沫若

《谥法之起源》，载《金文丛考》，东京：日本文求堂书店，1932；收入《郭沫若全集》考古编第五卷，科学出版社，2002。

韩儒林

《穹庐集——元史及西北民族史研究》，上海人民出版社，1982。

羽溪了谛

《西域之佛教》，贺昌群译，商务印书馆，1999。

河北正定定武山房供稿

《齐太尉中郎元府君墓志》,《书法》2002 年第 1 期。

何德章

《北朝鲜卑族人名的汉化——读北朝碑志札记之一》，武汉大学
历史系魏晋南北朝隋唐史研究室编《魏晋南北朝隋唐史资料》第十四
辑，武汉大学出版社，1996。

《北魏太武朝政治史二题》，载武汉大学中国三至九世纪研究所
《魏晋南北朝隋唐史资料》第十七辑，武汉大学出版社，2000。

Henry Yule（裕尔）

Cathay and the Way Thither, new edition, New Delhi: Munshiram
Manoharlal Publishers Pvt. Ltd., 1998, Vol. 1.

Hirth, Friedrich

Sinologische Beiträge zur Geschichte der Türkvölker I: Die Ahnentafel
Attila's nach Johannes von Thurocz, S. Petersburg: Wissenschaften,
1900.

Nachworte zur Inschrift des Tonjukuk, in W. Radloff, Die
Alttürkischen Inschriften der Mongolei, Zweite Folge, St. Petersburg: 1899.
Reprinted in two volumes, Osnabrük: Otto Zeller Verlag, 1987.

Holmgren, Jennifer

*Annals of Tai, Early To-pa History According to the First Chapter of the
Wei-shu*, Canberra: Australian National University Press, 1982.

洪金富

《元朝皇帝的蒙古语称号问题》,《汉学研究》第 23 卷第 1 期，
2005 年 6 月。

胡宝国

《汉唐间史学的发展》，商务印书馆，2003。

胡双宝

《说"哥"》,《语言学论丛》第六辑，商务印书馆，1980。

黄怀信

《逸周书汇校集注》，上海古籍出版社，1995。

黄烈

《中国古代民族史研究》，人民出版社，1987。

黄汝诚集释

《日知录集释》，岳麓书社，1994。

Inalcik, Halil

The Ottoman Empire, The Classical Age 1300-1600, London: Phoenix, 2000.

池田温

《中国古代写本识语集录》，东京：东京大学东洋文化研究所，1990 年。

岩佐精一郎

《突厥の复兴に就いて》，载和田清编辑《岩佐精一郎遗稿》，东京，1939。

姜伯勤

《高昌麴朝与东西突厥——吐鲁番所出客馆文书研究》，北京大学中国中古史中心编《敦煌吐鲁番文献研究论集》第五辑，北京大学出版社，1990。

《敦煌吐鲁番文书与丝绸之路》，文物出版社，1994。

志费尼（Juvaini, Ala-ad-Din Ata-Malik）

《世界征服者史》（*The History of the World-Conqueror,* translated from the text of Mirza Muhammad Qazvin by John Andrew Boyle, Vol. I, Manchester: Manchester University Press, 1958），何高济译，内蒙古人民出版社，1980。

康乐

《从西郊到南郊——国家祭典与北魏政治》，稻乡出版社，1995。

Kāšgari, Mahmūd al-

Compendium of the Turkic Dialects (Dīwān Luγāt at-Turk), edited and Translated with Introduction and Indices by Robert Dankoff, in collaboration with James Kelly, Cambridge, MA: Harvard University, 1982.

片山章雄

《タリアト碑文》，载森安孝夫与オチル（A. Ochir）主编《モン
ゴル国現存遺跡・碑文調査研究報告》，大阪：中央ユーラシア学研究
会，1999。

克利亚什托尔内，С. Г.

《古代突厥鲁尼文碑铭——中亚细亚史原始文献》，李佩娟译，黑
龙江教育出版社，1991。

Kempf, Béla

Old-Turkic Runiform Inscriptions in Mongolia: An Overview, *Turkic
Languages*, Vol. 8, No. 1 (2004).

金哲埈

《韩国古代社会研究》，日译本，郑早苗、池内英胜、龟井辉一郎
译，东京：学生社，1981。

Kljaštornj , S. G.

The Sogdian Inscription of Bugut Revised, *Acta Orientalia Academiae
Scientiarum Hungaricae*, Tomus XXVI(1), 1972.

The Terkhin Inscription, *Acta Orientalia Academiae Scientiarum
Hungaricae*, Tomus XXXXVI, fasc. 1–3 (1982).

洼添庆文

《魏晋南北朝官僚制研究》，东京：汲古书院，2003。

桑原骘藏

《蒲寿庚考》，陈裕菁译，中华书局，1954。

阔南诺夫（А. Н. Кононов）

《七—九世纪突厥鲁尼文字文献语法》（Грамматика языка
тюркских рунических памятников VII - IX вв., Ленинград: 1980），中
译本（一至六章），王振忠译，《突厥语研究通讯》1985 年第 3—4 期。

Krader, Lawrence

Formation of the State, Englewood Cliffs, NJ: Prentice-Hall, Inc., 1968.

劳费尔（Berthold Laufer）

《中国伊朗编》（*Sino-Iranica: Chinese Contribution to the History of Civilization in Ancient Iran*），林筠因译，商务印书馆，1964。

李丙焘译注

《三国遗事》，首尔：明文堂，2000。

李朝阳

《吕他墓表考述》，《文物》1997 年第 10 期。

李范文

《西夏研究论集》，宁夏人民出版社，1983。

李桂芝

《辽金简史》，福建人民出版社，1996。

李均明

《额济纳汉简法制史料考》，载魏坚主编《额济纳汉简》，广西师范大学出版社，2005。

李树兰等

《锡伯语简志》，民族出版社，1986。

李新魁

《中古音》，商务印书馆，2000。

李珍华、周长楫

《汉字古今音表》，中华书局，1999。

李志敏

《可汗名号语源问题考辨》，《民族研究》2004 年第 2 期。

Ligeti, Louis

Le Tabghatch, un dialecte de la langue sien-pi, *Mongolian Studies* (Bibliotheca Orientalis Hungarica, Vol. XIV), edited by L. Ligeti, Budapest: Akadémiai Kiadó, 1970.

Histoire Secrète des Mongols, Budapest: Akadémiai Kiadó, 1971.

Lim, An-King（林安庆），

Old Turkic Elements in Certain Apellatives of Ancient Han Frontier

History, *International Journal of Central Asian Studies*, Vol. 4, 1999.

On the Etymology of T'o-Pa, *Central Asiatic Journal*, Vol. 44/1(2000).

林幹

《匈奴史》，内蒙古人民出版社，1979。

《突厥史》，内蒙古人民出版社，1988。

林梅村

《稽胡史迹考——太原新出隋代虞弘墓志的几个问题》，《中国史研究》2002 年第 1 期。

Lindner, Rudi Paul

What Was a Nomadic Tribe?, *Comparative Studies in Society and History*, Vol. 24, Issue 4 (Oct., 1982).

刘浦江

《辽朝"横帐"考——兼论契丹部族制度》，《北大史学》第八辑，北京大学出版社，2001。

刘厚生等

《简明满汉辞典》，河南大学出版社，1988。

刘高潮

《"日种"说与匈奴之族源——兼论夫余王族属东胡系统》，《求是学刊》1988 年第 4 期。

刘义棠

《中国西域研究》，正中书局，1997。

Liu Mao-Tsai

Die Chinesischen Nachrichten zur Geschichte der Ost-Türken (T'u-küe), Wiesbaden: Otto Harrassowitz ,1958, Vol. 1.

Livšic,V.

The Sogdian Inscription of Bugut Revised, *Acta Orientalia Academiae Scientiarum Hungaricae*, Tomus XXVI(1), 1972.

卢弼

《三国志集解》，中华书局影印 1957 年古籍出版社排印本，1982。

路远

《后秦〈吕他墓表〉与〈吕宪墓表〉》,《文博》2001 年第 5 期。

罗丰

《一件关于柔然民族的重要史料——隋〈虞弘墓志〉考》,《文物》2002 年第 6 期。

《胡汉之间——"丝绸之路"与西北历史考古》, 文物出版社, 2004。

罗香林

《唐代文化史》, 台湾商务印书馆, 1955。

罗新

《吐谷浑与昆仑玉》,《中国史研究》2001 年第 1 期。

《十六国北朝的五德历运问题》,《中国史研究》2004 年第 3 期。

《跋北魏太武帝东巡碑》,《北大史学》第十一辑, 北京大学出版社, 2005。

《新出魏晋南北朝墓志疏证》, 中华书局, 2005。

罗新　叶炜

《新出魏晋南北朝墓志疏证》, 中华书局, 2005。

罗振玉

《丙寅稿》,《罗雪堂先生全集续编》第一册, 文华出版公司, 1969。

吕思勉

《两晋南北朝史》, 上海古籍出版社, 1983。

《吕思勉读史札记》, 上海古籍出版社, 1982。

马长寿

《乌桓与鲜卑》, 上海人民出版社, 1962。

《碑铭所见前秦至隋初的关中部族》, 中华书局, 1985。

马怡

《"始建国二年诏书"册所见诏书之下行》,《历史研究》2006 年第 5 期。

町田隆吉

《北魏太平真君四年拓跋焘石刻祝文をめぐって——"可寒"·"可敦"称号を中心として》，载《アジア诸民族における社会と文化——冈本敬二先生退官记念论集》，东京：国书刊行会，1984。

《前秦建元十六年（380）梁阿广墓表试释》，《桜美林大学"国际レヴュー"》第 18 号，2006 年 3 月。

松田寿南

《吐谷浑遣使考》（上、下），《史学杂志》第 48 编第 11、12 号，1939 年。

松下宪一

《北魏胡族体制论》，札幌：北海道大学出版会，2007。

毛远明

《石本校〈庚子山集〉二篇》，"纪念西安碑林九百二十周年华诞国际学术研讨会"论文。

Menges, Karl

Titles and Organizational Terms of the Qytan (Liao) and Qara-Qytaj (Śi-Liao), *Rocznik Orientalistyczny*, Tomo XVII (1951 – 1952).

米文平

《鲜卑石室寻访记》，山东画报出版社，1997。

苗普生

《伯克制度》，新疆人民出版社，1995。

摩尔根，路易斯·亨利（Lewis Henry Morgan）

《古代社会》（*Ancient Society*），杨东莼、马雍、马巨译，商务印书馆，1977。

护雅夫

《古代トルコ民族史研究》Ⅰ，东京：山川出版社，1967。

《古代トルコ民族史研究》Ⅱ，东京：山川出版社，1992。

森安孝夫

《シネウス遗迹·碑文》，森安孝夫与オチル（A. Ochir）主编

《モンゴル国現存遺跡・碑文調査研究报告》，大阪：中央ユーラシア学研究会，1999。

牟发松

《王融〈上疏请给虏书〉考析》，《武汉大学学报》1995 年第 5 期。

Müller, F. W. K.

Uigurica II: Abhandlungen der Berliner Akademie der Wissenschaften, phil. – hist. KL., Berlin: 1910; also in *Sprachwissenschaftliche Ergebnisse der deutschen Turfan-Forschung*, Band I, Leipzig: Zentralantiquariat der Deutschen Demokratischen Republik, 1972.

倪璠

《庾子山集注》，许逸民校点，中华书局，1980。

宁夏固原博物馆编著

《固原历史文物》，科学出版社，2004。

Onon, Urgunge

The Secret History of the Mongols, the Life and Times of Chinggis Khan, Richmond, Surrey: Curzon, 2001.

大泽孝

《オンギ碑文》，森安孝夫与オチル（A. Ochir）主编《モンゴル国現存遺跡・碑文調査研究报告》，大阪：中央ユーラシア学研究会，1999。

Parker, E. H.

A Thousand Years of the Tartars, London & New York & Bahrain: Kegan Paul Limited, 2002. 此书第一章 "The Empire of the Hiung-Nu" 被向达译作《匈奴史》出版，商务印书馆，1934。

潘悟云

《中古汉语方言中的鱼和虞》，《语文论丛》1983 年 2 期。

彭裕商

《谥法探源》，《中国史研究》1999 年第 1 期。

Pritsak, Omeljan

Von den Karluk zu den Karachaniden, *Zeitschrift der Deutschen*

Morgenländischen Gesellschaft, Vol. 101, nf (1951).

Das Alttürkische, *Handbuch der Orientalistik*, Erste Abteilung, Fünfter Band, Erster Abschnitt, 2nd ed., Leiden, 1982.

Old Turkic Regnal Names in the Chinese Sources, *Journal of Turkish Studies*, Vol. 9 (1985).

蒲立本（Pulleyblank, Edwin G.）

《上古汉语的辅音系统》（*The Consonantal System of Old Chinese, Asia Major,* New series, Vol. IX , 1962），潘悟云、徐文堪译，中华书局，1999。

Pulleyblank Edwin G.

A Sogdian Colony in Inner Mongolia, *T'oung Pao*, Vol. 41, Nos. 4–5 (1952).

The Chinese Name for the Turks, *Journal of the American Oriental Society*, Vol. 85, No. 2 (1965).

Lexicon of Reconstructed Pronunciation in Early Middle Chinese, Late Middle Chinese, and Early Mandarin, Vancouver: University of British Columbia Press, 1991.

钱伯泉

《从〈高昌主簿张绾等传供状〉看柔然汗国在高昌地区的统治》，敦煌吐鲁番学新疆研究资料中心编《吐鲁番学研究专辑》，1990。

钱大昕

《廿二史考异》，商务印书馆，1958。

《十驾斋养新录》，江苏古籍出版社，2000。

屈万里

《谥法滥觞于殷代论》，《中央研究院历史语言研究所集刊》第13本，1948 年。

Rachewiltz, Igor de

The Secret History of the Mongols: A Mongolian Epic Chronicle of the Thirteenth Century, Vol. 1, Leiden: Brill, 2004.

荣新江

《高昌王国与中西交通》,《欧亚学刊》第二辑, 中华书局, 2000。

《中古中国与外来文明》, 三联书店, 2001。

《隋及唐初并州的萨保府与粟特聚落》,《文物》2001 年第 4 期。

《阚氏高昌王国与柔然、西域的关系》,《历史研究》2007 年第 2 期。

《シルクロードの新出土文書—吐魯番新出文書の整理と研究》,《東洋學報》第 89 卷第 2 号, 2007 年。

Rossi, Adriano V.

In Margine a On the Ancient Turkish Title ‹Ša δ ›, *Studia Turcologica, Memoriae Alexii Bombaci Dicata*, Napoli: 1982.

芮传明

《古突厥碑铭研究》, 上海古籍出版社, 1998。

Rybatzki, Volker

Die Toñuquq-Inschrift, Szeged: Department of Altaic Studies, University of Szeged, 1997.

Titles of Türk and Uigur Rulers in the Old Turkic Inscriptions, *Central Asiatic Journal*, Vol. 44/2 (2000).

佐口透

《18-19 世纪新疆社会史研究》, 凌颂纯译, 新疆人民出版社, 1983。

Scharlipp, Wolfgang-Ekkehard

Die frühen Türken in Zentralasien. Eine Einführung in ihre Geschichte und Kultur, Darmstadt : Wissenschaftliche Buchgesellschaft, 1992.

Service,Elman R.

Primitive Social Organization: An Evolutionary Perspective, second edition, New York: Random House, Inc., 1962.

Origins of the State and Civilization: The Process of Cultural Evolution, New York: W. W. Norton & Company, Inc., 1975.

Profiles in Ethnology, New York: Harper Collins Publishers, 1978.

沙畹（Edouard Chavannes）

《西突厥史料》[*Documents sur les Tou-Kiue (Turcs) Occidentaux*]，冯承钧译，商务印书馆，1934。

《宋云行纪笺注》，载冯承钧译《西域南海史地考证译丛六编》，商务印书馆，1956。

山西省大同市博物馆、山西省文物工作委员会

《山西大同石家寨北魏司马金龙墓》，《文物》1972 年第 3 期。

山西省考古研究所、灵丘县文物局

《山西灵丘北魏文成帝〈南巡碑〉》，《文物》1997 年第 12 期。

山西省考古研究所、太原市考古研究所、太原市晋源区文物旅游局

《太原隋代虞弘墓清理简报》，《文物》2001 年第 1 期。

陕西省文物管理委员会

《陕西省三原县双盛村隋李和墓清理简报》，《文物》1966 年第 1 期。

师宁

《论生称谥及谥法起源问题》，《首都师范大学学报》（社会科学版）1994 年第 6 期。

白鸟库吉

《东胡民族考》上编，载《塞外民族史研究》上册，东京：岩波书店，1986；方壮猷译，商务印书馆，1934。

《西域史研究》上册，东京：岩波书店，1941。

《夫余国の始祖东明王の传说に就いて》（1936），《塞外民族史研究》下册，东京：岩波书店，1986。

Sinor, Denis

Central Eurasia, in Denis Sinor ed., *Orientalism and History*, Bloomington, IN: Indiana University Press, 1970.

The Mysterious "Talu Sea" in Öljeitü's Letter to Philip the Fair of France, *Analecta Mongolica Dedicated to Owen Lattimore*, Bloomington, Indiana: Mongolia Society Occasional Papers No. 8, 1972.

The Legendary Origin of the Türks, in Egle Victoria Zygas and Peter Voorheis, eds., *Folklorica: Festschrift for Felix J. Oinas*, Bloomington, IN: Indiana University Publications, 1982.

The Turkic Title *tutuq* Rehabilitated, in Ulla Ehrensvärd ed., *Turcica et Orientalia: Studies in Honour of Gunnar Jarring on His Eightieth Birthday*, Stockholm: Swedish Research Institute in Istanbul, 1988, transactions Vol. 1.

Some Components of the Civilization of the Türks (6th to 8th Century A.D.), in Denis Sinor, *Studies in Medieval Inner Asia*, Aldershot & Brookfield: Ashgate, 1997, Ⅲ.

'Umay', A Mongol Spirit Honored by the Türks, in Denis Sinor, 1997, Ⅳ.

Springling, M.

Tonyukuk's Epitaph, in *The American Journal of Semitic Languages and Literatures*, Vol. 56, No. 4 (Oct., 1939).

孙竹

《蒙古语文集》，青海人民出版社，1985。

孙文范校勘

《三国遗事》，吉林文史出版社，2003。

铃木宏节

《暾欲谷碑文研究史概论》，森安孝夫主编《シルクロードと世界史》，大阪：大阪大学大学院文学研究科，2003；罗新译，《中国史研究动态》2006年第1期。

武田幸男

《朝鲜三国の国家形成》，《朝鲜史研究会论文集》第17集（20周年纪念大会特集），东京：龙溪书舍，1980。

《高句丽史とアジア—"广开土王碑"研究序說》，东京：岩波书店，1989。

谭其骧主编

《中国历史地图集》第 3 册，中国地图出版社，1982。

唐兰

《西周青铜器铭文分代史徵》，中华书局，1986。

唐长孺

《魏晋南北朝史论拾遗》，中华书局，1983。

《〈木兰诗〉补证》，《江汉论坛》1986 年第 9 期。

（主编）《吐鲁番出土文书》第一册，文物出版社，1992。

Tekin, Talât

A Grammar of Orkhon Turkic, Bloominton: Indiana University, 1968.

Orhon Yaııtları, Ankara: Türk Tarıh Kurumu Basinm Evı, 1988.

Tunyukuk Yazıtı, Ankara: Sımurg, 1994.

手塚隆义

《匈奴単于相続考──とくに狐鹿姑単于の登位について》，《史苑》第 20 巻第 2 号，1959 年。

田旭东

《逸周书汇校集注》，上海古籍出版社，1995。

田余庆

《拓跋史探》，三联书店，2003。

Togan，Zeki Vilidi

Memoires: Struggle for National and Cultural Independence of the Turkistan and other Moslem Eastern Turks, translated by H. B. Paksoy, http://www.spongobongo.com/zy9857.htm.

Togan, İsenbike

Çin Kaynaklarında Türkler: Eski T'ang Tarihi (Chiu T'ang-shu), Açıklamalı Metin Neşri, Ankara: Türk Tarih Kurumu, 2006.

户崎哲彦

《古代中国の君主号と"尊号"》，《彦根論叢》第 269 号，1991 年。

《唐代君主号制度に由来する"尊号"とその別称：唐から清、および日本における用語と用法》，《彦根論叢》（吉田龍惠教授退官記

念論文集）第 270、271 号，1991 年。

《唐代皇帝受册尊号儀の復元（上）》,《彦根論叢》第 272 号，1991 年。

《唐代皇帝受册尊号儀の復元（下）》,《彦根論叢》（越後和典教授退官記念論文集）第 273、274 号，1991 年。

《唐代尊号制度の構造》,《彦根論叢》第 278 号，1992 年。

内田吟风

《北アジア史研究・匈奴篇》，京都：同朋舍，1975。

《北アジア史研究・鮮卑柔然突厥篇》，京都：同朋舍，1975。

万绳楠整理

《陈寅恪魏晋南北朝史讲义》，黄山书社，1987。

王国维

《观堂集林》，中华书局影印本，1959。

王力

《汉语史稿》，中华书局，1980。

《同源字典》，商务印书馆，1982。

王明珂

《论攀附：近代炎黄子孙国族建构的古代基础》,《中央研究院历史语言研究所集刊》第 73 本第 3 分，2002 年。

汪宁生

《民族考古学论集》，文物出版社，1989。

《古俗新研》，敦煌文艺出版社，2001。

王荣全

《有关唐高祖称臣于突厥的几个问题》，史念海主编《唐史论丛》第七辑，陕西师范大学出版社，1998。

王素

《吐鲁番出土高昌文献编年》，新文丰出版公司，1997。

《高昌史稿・统治篇》，文物出版社，1998。

王珽

《古代东北亚史研究概览》，余太山主编《内陆欧亚古代史研究》，福建人民出版社，2005。

王希隆

《秦、汉时期匈奴单于继承制度考辨》，《民族研究》2003 年第3 期。

魏斐德（F. E. Wakeman）

《洪业——清朝开国史》，陈苏镇、薄小莹等译，江苏人民出版社，2003。

魏坚主编

《额济纳汉简》，广西师范大学出版社，2005。

魏良弢

《西辽史纲》，人民出版社，1991。

魏业

《论哈拉、穆昆与姓、氏的联系及意义》，《北方文物》2005 年第1 期。

Wittfogel，Karl A.，

History of Chinese Society: Liao (907−1125), Philadelphia: The American Philosophical Society, 1949, reprinted by Lancaster Press, 1961.

武沐

《秦、汉时期匈奴单于继承制度考辨》，《民族研究》2003 年第3 期。

邬文玲

《始建国二年新莽与匈奴关系史事考辨》，《历史研究》2006 年第2 期。

吴玉贵

《突厥汗国与隋唐政治关系史》，中国社会科学出版社，1998。

谢剑

《匈奴政治制度的研究》，《中央研究院历史语言研究所集刊》第

41 本第 2 分，1969 年。

谢维扬

《中国早期国家》，浙江人民出版社，1995。

薛宗正

《突厥史》，中国社会科学出版社，1992。

阎步克

《品位与职位——秦汉魏晋南北朝官阶制度研究》，中华书局，2002。

姚东玉

《"日种"说与匈奴之族源——兼论夫余王族属东胡系统》，《求是学刊》1988 年第 4 期。

杨茂盛

《论哈拉、穆昆与姓、氏的联系及意义》，《北方文物》2005 年第 1 期。

杨军

《高句丽中央官制研究》，《黑龙江民族丛刊》2001 年第 4 期。

《高句丽地方官制研究》，《社会科学辑刊》2005 年第 6 期。

《高句丽民族与国家的形成和演变》，中国社会科学出版社，2006。

杨希枚

《先秦文化史论集》，中国社会科学出版社，1995。

姚大力

《北方民族史十论》，广西师范大学出版社，2007。

姚薇元

《北朝胡姓考》，中华书局，1962。

《宋书索虏传南齐书魏虏传北人姓名考证》，原载《清华学报》第 8 卷第 2 期，1933 年，收入姚薇元《北朝胡姓考》（修订本），中华书局，2007。

易建平

《部落联盟与酋邦——民主·专制·国家：起源问题比较研究》，社会科学文献出版社，2004。

亦邻真

《亦邻真蒙古学文集》，内蒙古人民出版社，2001。

吉田光男

《〈翰苑〉注所引〈高丽记〉について一特に笔者と作成年次》，《朝鲜学报》第 85 辑，1977 年。

余大钧译注

《蒙古秘史》，河北人民出版社，2001。

Yü, Ying-shih（余英时）

Trade and Expansion in Han China, Berkeley and Los Angeles: University of California Press, 1967.

札奇斯钦

《蒙古秘史新译并注释》，联经出版事业公司，1979。

张广达

《西域史地丛稿初编》，上海古籍出版社，1995。

张清常

《〈尔雅·释亲〉札记——论"姐"、"哥"词义的演变》，《中国语文》1998 年第 2 期。

张庆捷

《虞弘墓志考释》，《唐研究》第七卷，北京大学出版社，2001。

章群

《唐代蕃将研究》，联经出版事业公司，1986。

赵超

《汉魏南北朝墓志汇编》，天津古籍出版社，1992。

赵君平

《邙洛碑志三百种》，中华书局，2004。

赵万里

《汉魏南北朝墓志集释》，科学出版社，1956。

赵文工

《"哥哥"一词来源初探》,《内蒙古大学学报》1998 年第 1 期。

《唐代亲属称谓"哥"词义考证》,《内蒙古大学学报》1999 年第 1 期。

赵贞信

《封氏闻见记校注》,中华书局,1958。

郑求福等

《译注三国史记》,首尔:韩国精神文化研究院,1996。

周伟洲

《敕勒与柔然》,上海人民出版社,1983。

《吐谷浑史》,宁夏人民出版社,1985。

《隋虞弘墓志释证》,荣新江、李孝聪主编《中外关系史:新史料与新问题》,科学出版社,2004。

周一良

《魏晋南北朝史论集》,中华书局,1963。

朱振宏

《唐代"皇帝·天可汗"释义》,《汉学研究》第 21 卷第 1 期,2003 年。

郑早苗

《中国周边诸民族の首长号》,载《村上四男博士和歌山大学退官记念——朝鲜史论文集》,东京:开明书院,1981。

仲素纯

《达斡尔语简志》,民族出版社,1982。

图书在版编目（CIP）数据

内亚渊源：中古北族名号研究 / 罗新著. -- 北京：
社会科学文献出版社, 2023.1
（九色鹿）
ISBN 978-7-5228-0292-3

Ⅰ. ①内… Ⅱ. ①罗… Ⅲ. ①古代民族-民族历史-
研究-中国-中古 Ⅳ. ①K289

中国版本图书馆CIP数据核字（2022）第107209号

·九色鹿·

内亚渊源：中古北族名号研究

著　　者／罗　新

出　版　人／王利民
责任编辑／郑庆寰　陈肖寒
责任印制／王京美

出　　　版／社会科学文献出版社·历史学分社（010）59367256
　　　　　　地址：北京市北三环中路甲29号院华龙大厦　邮编：100029
　　　　　　网址：www.ssap.com.cn
发　　　行／社会科学文献出版社（010）59367028
印　　　装／南京爱德印刷有限公司

规　　　格／开　本：787mm×1092mm 1/16
　　　　　　印　张：23.75　字　数：342千字
版　　　次／2023年1月第1版　2023年1月第1次印刷
书　　　号／ISBN 978-7-5228-0292-3
定　　　价／88.80元

读者服务电话：4008918866